中华学术·有道

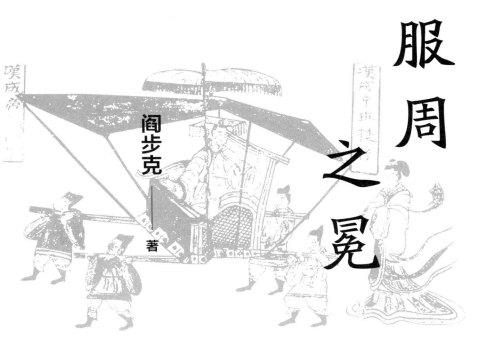

# 服周之冕

阎步克

著

《周礼》
六冕礼制的
兴衰变异

中华书局

**图书在版编目(CIP)数据**

服周之冕:《周礼》六冕礼制的兴衰变异/阎步克著. —北京:中华书局,2024.11. —(中华学术·有道). —ISBN 978-7-101-16828-0

Ⅰ.K224.06

中国国家版本馆 CIP 数据核字第 20244FH156 号

| | | |
|---|---|---|
| 书　　名 | 服周之冕:《周礼》六冕礼制的兴衰变异 | |
| 著　　者 | 阎步克 | |
| 丛 书 名 | 中华学术·有道 | |
| 责任编辑 | 余　瑾 | |
| 装帧设计 | 刘　丽 | |
| 责任印制 | 管　斌 | |
| 出版发行 | 中华书局 | |
| | (北京市丰台区太平桥西里 38 号　100073) | |
| | http://www.zhbc.com.cn | |
| | E-mail:zhbc@zhbc.com.cn | |
| 印　　刷 | 北京盛通印刷股份有限公司 | |
| 版　　次 | 2024 年 11 月第 1 版 | |
| | 2024 年 11 月第 1 次印刷 | |
| 规　　格 | 开本/920×1250 毫米　1/32 | |
| | 印张 15⅞　插页 4　字数 386 千字 | |
| 印　　数 | 1-4000 册 | |
| 国际书号 | ISBN 978-7-101-16828-0 | |
| 定　　价 | 88.00 元 | |

图 1　多种服饰史著作采用的秦汉皇帝冕服图
所画服章系依郑玄说,有宗彝而无华(花),与汉明帝永平冕制不合
(《中国历代服饰大观》,台湾百龄出版社 1984 年版,第 34 页)

图 2  晋武帝冕服图,据阎立本《历代帝王图》绘

(周锡保:《中国古代服饰史》,中国戏剧出版社 1984 年版,封面)

**图 3　敦煌壁画，于阗国王供养图（局部）**

六旒十二玉冕，装饰极其华丽，非古冕之比

（敦煌研究院编：《中国敦煌》，江苏美术出版社 2000 年版，第 114 页）

图 4　敦煌壁画中的帝王冕服

（敦煌文物研究所编:《中国石窟·敦煌莫高窟》第 3 卷，
文物出版社 1987 年版,第 154 页）

# 目 录

# 第一章 绪 论

**图 5　忧伤的雅典那,peplos 式袍衣**

（梅洛:《希腊人》,台湾三民书局 1997 年版,第 49 页）

# 1. 从唐初的"君臣冕服等级倒置"说起

在古典希腊，人们习惯于朴素的生活。与朴素的风气相应，无论贵族平民，无论穷人富人，都穿一种宽松的白色长袍，称 Chiton。Chiton 有多利安式（Doric Chiton）、爱奥尼亚式（Ionic Chiton）、佩普罗斯式（Peplos）等若干种[1]，它们都给人简洁质朴之感，却没有等级制痕迹，看不出尊与卑、贵与贱、官与民、君与臣的差异来。正如雅典政治家伯里克利所言："我们爱好美丽的东西，但是没有因此而至于奢侈……我们把财富当作可以适当利用的东西，而没有把它当作可以自己夸耀的东西。"[2]Chiton 洋溢着人

---

[1] 参看布朗等：《世界历代民族服饰》，四川民族出版社 1988 年版，第 5 章；威尔科克斯：《西方服饰大全》，漓江出版社 1992 年版，第 3 章；华梅：《中外服饰的演化》，中国社会科学出版社 1992 年版，第 3 章；李当岐：《西洋服装史》，高等教育出版社 1995 年版，第 1 章第 4 节；陈东生、甘应进：《新编中外服装史》，中国轻工业出版社 2002 年版，第 11 章；孙世圃：《西洋服饰史教程》，中国纺织出版社 2000 年版；曾慧洁编著：《国外历代服饰图典》，江苏美术出版社 2002 年版，第 23 页以下；叶立诚：《中西服装史》，中国纺织出版社 2002 年版，第 43 页以下；华梅：《西方服装史》，中国纺织出版社 2003 年版，第 4 章；Sara Pendergast and Tom Pendergast, *Fashion, Costume and Culture*, Vol. I, *The Ancient World*, Detroit: Thomson Gale Inc., 2004, pp. 124–128。

[2] 修昔底德：《波罗奔尼撒战争史》，商务印书馆 1987 年版，第 132 页；或王杭、云丽春选编：《历史上最伟大的演说辞》，天津社会科学院出版社 2001 年版，第 12 页。伯里克利在《在阵亡将士国葬典礼上的演说》中还宣称："至于贫穷，谁也不必以承认自己的贫穷为耻；真正的耻辱是不择手段以避免贫穷。"这份演说有可能是修昔底德的文学虚拟，不过仍不妨碍把它看成希腊精神的体现。桑内特说："随着时间的流逝，我们越来越倾向于认定，这篇讲词的确反映了那个时代。"见其《肉体与石头：西方文明中的身体与城市》，上海译文出版社 2006 年版，第 3 页。

性的光辉,被赞为"崇尚自由的服饰"①,其中渗透着人类一个古老而永恒的梦,那就是平等。

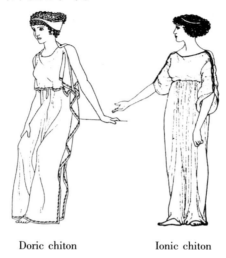

Doric chiton　　　　Ionic chiton

**图6　多利安式 chiton 与爱奥尼亚式 chiton**

(叶立诚:《中西服装史》,中国纺织出版社2002年版,第43页)

古典希腊服饰上的等级印记阙如,只应看成特例,宛如一个美丽的"寓言"。在各个传统社会里,等级身份与等级服饰如影随形。如格罗塞所说:"在较高的文明阶段里,身体装饰已经没有它那原始的意义。但另外尽了一个范围较广也较重要的职务:那就是担任区分各种不同的地位和阶级。"②又如傅克斯的看法:"新时装都是统治阶级创造出来的。统治阶级竭力用各种办法把自己同下层阶级隔离,在外表上也是如此。"③在性别、年龄、地域、民

①陈恒:《失落的文明:希腊》,华东师范大学出版社2001年版,第119页。
②格罗塞:《艺术的起源》,商务印书馆1984年版,第81页。
③傅克斯:《欧洲风化史·风流世纪》,辽宁教育出版社2000年版,第113—114页。

族、职业、地位、阶层等众多方面，服饰都发挥着区别功能。穿衣戴帽在今天属个人自由了，取决于个人偏好与消费能力①。"成功人士"通常衣冠楚楚，但若一个农民工西装革履，谁也不能把他怎么着，法律保障他的平等穿着权利。而在前现代社会就不同了，服饰僭越要冒触犯法律的危险。

"人的衣生活是社会制度的附属品。"②麦克道尔甚至认为："服装是一种压迫工具，一种与穷人为敌的武器。"③服饰会变成一种权力，甚至内衣都可能成为压迫的工具④。一位衣衫褴褛者在气宇轩昂、衣着豪华面前，将笼罩在强烈的压迫感中。服饰等级之发达与阙如，要从权力结构中寻因。布尔迪厄又强调，人们在安排服饰上的花费，与其所获社会利益成正比⑤。什么人愿意为等级服饰投入更大精力，那群人一定由此获得了更大利益，反之亦然。古希腊的 Chiton 不是分隔而是凝聚了人群，那就适

①当然现代社会中的服饰也有阶层色彩，参看凯瑟：《服装社会心理学》，中国纺织出版社 2000 年版，第 527 页以下。但现代社会的阶层意味与传统社会不同，不是出自法规。

②荻村昭典：《服装社会学概论》，中国纺织出版社 2000 年版，第 26 页。

③C. McDowell, *McDowell's Directory of Twentieth Century Fashion*, London: Frederick Muller, 1984, p. 10. 转引自克雷克：《时装的面貌》，中央编译出版社 2000 年版，前言第 3 页。服饰"被用来告诉人们衣着豪华的人不仅不同于其他人，而且由于其财富而胜过其他人。这些人穿在身上的衣服表明他们在智力、道德和社会地位方面的优越性"。

④欧洲近代的女性紧身内衣，被看成男性对女性的"压迫工具"，参看斯蒂尔：《内衣：一部文化史》，百花文艺出版社 2004 年版，第 1 页。

⑤Pierre Bourdieu, *Distinction*: *A Social Critique of the Judgement of Taste*, translated by R. Nice, Cambridge: Harvard University Press, 1984, p. 202. "不同阶级对（利用服装）自我表现的兴趣，其所投注的注意力，其对所得利益的意识，及其实际花费的时间、精力、代价和照料等，都与他们合理期望的自己从中获得物质利益与象征利益的机会成正比。"

应了"主权在民"的权力结构,公民在无等级服饰的状态下获益（参看附录一"服饰等级与服饰平等"）。身处以服装为"身体的自我表现技术"的消费主义时代,却致力于揭露服装所包裹的权力与利益,这就让人领教了文化批判学派的犀利与反叛。但不知道这类富有批判精神的研究取向,在我们这儿是否会被视为 FQ 的。无论如何,在中国王朝,服饰的等级性不待"揭露"而一望便知;那么考察等级服饰是如何包裹权力与利益的,就是可行的,也是必要的。我们的基本思路之一,就是"从服饰看权力"。

中华传统服饰是绚丽的民族文化遗产,但跟多数传统社会一样,中国也存在等级服饰,被统治阶级用来区分人群、强化权力与分配利益。"上国衣冠"也可以从权力角度来观察、来剖析的。贾谊的《新书·服疑》就把"制服之道",阐述为"等上下而差贵贱"。早在周朝,"命服"就是身份标志了,"册命"伴随着"赐服"。《周礼·春官·大宗伯》:"壹命受职,再命受服。"此后数千年中,等级舆服日益精致,最终尽其极致了。史书要专设"舆服志"以记之,因为它们是政治等级制的重要部分。《南齐书·舆服志》:"文物煌煌,仪品穆穆。分别礼数,莫过舆服。"对中国舆服的等级性,学者已有了很多阐述①。虽然也有若干士人,另抱有一种布衣葛巾、不以盛饰华服为荣的生活态度;但面对强大的国家礼制,"草上之风必偃",只是一个"非主流"的角落而已。布罗代尔说:"在西

---

①例如瞿同祖:《中国法律与中国社会》,中华书局 1981 年版,第 3 章第 2 节"生活方式·衣饰"部分;葛承雍:《中国古代等级社会》,陕西人民出版社 1992 年版,第 1 章"等级与服饰"。各种中国服饰史的著作,对服饰等级,在相关部分往往也有叙述。

方,社会地位最细微的上升都要反映在服装上。"①他对天朝服饰的了解若多一点儿,也许会"望华兴叹"的。西方来华者,都得花费力气弄清各种服饰的不同等级意义②。也许没有一个国度,其服饰等级达到了中国那种繁密程度,蕴藏了那么多的政治奥秘。历代中国的政治变迁,往往都会在舆服领域里面留下印迹。

比如说,汉晋皇帝戴通天冠,官僚戴进贤冠,冠上都有梁。北齐制度,皇帝冠五梁,二品以上冠三梁,四品两梁,五品至流外九品一梁③。唐宋间冠梁所体现的君臣差距,拉大了。皇帝的通天冠梁增加到了二十四梁④,皇太子远游冠增加到了十八梁,官僚进

---

① 布罗代尔:《15 至 18 世纪的物质文明、经济和资本主义》,生活・读书・新知三联书店 2002 年版,第 1 册第 367 页。

② 威尔士为去华传教士写了一本《龙旗下的臣民:近代中国社会与习俗》,书中就特意提醒去华者,"中国的礼仪对服饰的要求是非常严格的,在古代,各个不同阶层,士、农、工、商,各自的服饰都是严格区分的……"光明日报出版社 2000 年版,第 126 页。利玛窦初到中国,妆束模仿和尚,见官必跪而仍遭歧视。后来才发现了"士"地位颇高,于是换上了四方平定巾与进士才能穿的绯袍,以表示他是一位"西儒"。他随即得到了与士绅相类的礼遇,见官儿不用跪着说话了。参看顾长声:《传教士与近代中国》,上海人民出版社 1981 年版,第 3 页;林金水:《利玛窦与中国》,中国社会科学出版社 1996 年版,第 35、40、43 页。

③ 南朝梁简文帝《答新渝侯和诗书》:"双鬟向光,风流已绝;九梁插花,步摇为古。"《艺文类聚》卷五八《杂文部四》,中华书局 1965 年版,第 1042 页。这个"九梁",《汉语大词典》释为"朝冠上装饰的九条横脊"。上海辞书出版社 1986 年版,第 1 册第 747 页。其说可商。此处的"九梁插花"似女子冠饰,非男性朝冠。

④ 黄能馥、陈娟娟先生说:"《旧唐书・舆服志》说通天冠有 12 首,唐王泾《大唐郊祀录》卷三说十二首是天之大数,大概是应 12 个月份的数字,也就是通天冠有 12 根梁。《新唐书・车服志》说通天冠有 24 梁,这大概是晚唐时的制度。"见其《中国服饰史》(第 2 版),上海人民出版社 2014 年版,第 248 页。朱和平的《中国服饰史稿》承用了这个说法,中州古籍出版社 2001 年版,第 203 页。按"十二首"指的是十二头附蝉,不是梁。

贤冠是七梁、六梁、五梁、四梁、三梁、两梁、一梁。皇帝用二十四梁是有理论根据的：礼制以"十二"为"天之数"，天子衮冕前后十二旒，合计二十四旒，所以通天冠也用二十四梁。正所谓"前修未密、后出转精"，君臣级差不但更大更细密了，而且被神圣化了。梁数上合天道，成了宇宙秩序的一部分。

又如，不仅男性官贵，他们的母妻服饰也有等级。唐制，命妇第一品花钿九树、翟九等，第二品花钿八树、翟八等，第三品花钿七树、翟七等，第四品花钿六树、翟六等，第五品花钿五树、翟五等①。明代对命妇的金银饰件、珠翠，以及珠牡丹开头、珠半开、翠云、翠牡丹叶、翠口圈带金宝钿花、金翟、口衔珠结之数，王朝一一规定之②。等级服饰广及于官贵的父祖、伯叔、子弟、侄孙、母妻女以至女婿、子妇，下及庶民、工商、僧道，甚至"外国君臣冠服"亦有专门条文。政府像一个"妈"一样，确信自己有义务，让朱门深院中的千万官贵眷属，老老实实地遵循那些等级服饰数列。尽管舆服逾制在各个朝代都屡见不鲜，但礼典法规上必须那么规定着。

中国的服饰礼制不仅高度细密，还是高度"数字化"的。它充分运用数列手段，对服饰要素——如尺寸、质料、色泽、图样、饰物等——做等级安排。"数字化"很早就是中国礼制的突出特征了。先秦礼书，已大量采用十二、九、七、五、三、一或八、六、四、二之类数列来安排礼文，是所谓"礼数"。"数字化"具有"数术"意义，中国人心中的天地人秩序也是"数字化"的；另一方面还具有行政的意义，它便利了管理，可供精确安排和明快表现尊卑贵贱，令其一

---

① 《旧唐书》卷四五《舆服志》。

② 《明太祖实录》卷二〇九洪武二十四年（1391年）六月己未诏，"中研院"历史语言研究所1962年校印本，第3114页以下。

望即知。所以中国礼制的"数字化",还含有一种官僚制的倾向。官僚制的重要特点,就是金字塔体制、规范化流动和"数字化"的管理①。黑格尔有一句话堪称是至理名言:"在中国,实际上人人是绝对平等的,所有的一切差别,都和行政连带发生。"②与种姓之类的先赋性等级很不相同,中国的等级身份是获致性的,或者说是"官本位"的:等级不是"人"的等级,而是官爵的等级。地位与特权等级森严,同时个人又可以凭其才绩,沿制度化的通道爬上高层。"数字化"就服务于那个需要:等级严明细密,又便于流动。礼制等级与行政等级相辅相成、相得益彰③。进而,探讨其"数字化"的结构及变化,就成了一种重要的等级研究方法。本书将大量采用这一方法。

下面来看冕服,这就是本书的主题了。传说黄帝制冕,孔子曾说大禹"致美乎黻冕",并主张"服周之冕"。冕服作为王朝的祭服和礼服,一直使用到了明末。所以学者说了:"中国冠服,沿袭至数千年之久者,惟此耳。"④服饰史学者对历代冕服已有很多讨论了,而我们要从什么角度,重新启动冕服的论题呢?

先谈一个有趣的事件。公元 656 年,也就是唐高宗的显庆元

①在利用数列来区分尊卑与实施奖惩上,中国等级服饰与军服最为类似。军队的编制形式与组织原则,与官僚制是同构的。福柯曾提到一个"军事学院","人们制定了一套复杂的'荣誉'级别体系。这种级别明显地表现在制服的细微变化上",如银肩章、红绸银肩章、红色木肩章、褐色木肩章,它们被用于奖惩。《规训与惩罚:监狱的诞生》,生活·读书·新知三联书店 2003 年版,第 205 页。

②黑格尔:《历史哲学》,上海书店 2001 年版,第 125 页。

③参看拙作:《论中国礼制的"数字化"》,收入《庞朴教授八十寿辰纪念文集》,中华书局 2008 年版,第 234—246 页。

④尚秉和:《历代社会风俗事物考》,上海书店 1989 年版,第 24 页。

年，长孙无忌、于志宁、许敬宗等大臣向皇帝提交了一份奏疏，语气激烈，矛头直指现行冕制：

> 查阅《新礼》，皇帝在祭祀社稷的时候穿着绣冕，冕四旒而服三章；祭日月的时候穿着玄冕，冕三旒而服无章。根据令文的规定，那只相当于四品、五品官的冕服。同时，三公助祭时却穿着衮冕（九旒九章），孤、卿助祭时却穿着毳冕（七旒七章）、鷩冕（五旒五章）。皇帝冕服的章旒之数，居然只与四、五品官相同！这"君少臣多"的情况，是绝对不可以的！……

照长孙无忌等所说，唐朝皇帝祭社稷、祭日月时，其冕服等级居然低于公卿，只相当于四、五品官。这事情太奇怪了！这种"君少臣多"、在礼制等级上君臣倒置的情况，在中国礼制史上几乎绝无仅有。前面说到，中国等级服饰中蕴藏了很多政治奥秘，唐初那种奇怪的冕制之中，蕴藏了什么秘密呢？

下面把那场冕服纠葛说得具体一点。唐制，皇帝主持的祭祀分六等，每一等中穿戴不同冕服，即大裘冕、衮冕、鷩冕、毳冕、绣冕及玄冕，可称"六冕"。六套冕服外观相似，差别在于旒章的数量。"旒"是冕版上的珠串，最多十二旒。"章"是衣裳的十二种纹章：日、月、星辰、山、龙、华虫（山鸡）、火、宗彝（虎与长尾猿，后来画在两个酒杯上）、藻（水藻）、粉米（米粉与米粒）、黼（斧形）、黻（一种有点像汉字"亚"字的图形）。

"君臣倒置"的发生，是冕服的等级结构与运用规则造成的。唐冕涉及了三种等级：旒章等级、祭祀等级和服冕者的等级。大裘冕等级最高但无章无旒；其余五冕，其章旒之数由十二章十二旒依次而降。皇帝可以服全部六冕，五品以上官员服衮冕以下五

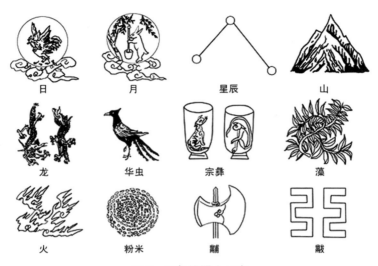

| | | | | |
|---|---|---|---|
| 日 | 月 | 星辰 | 山 |
| 龙 | 华虫 | 宗彝 | 藻 |
| 火 | 粉米 | 黼 | 黻 |

**图 7　明朝冕服十二章**

（《三才图会》，上海古籍出版社 1988 年版，第 1507 页上栏。有调整修饰）

冕，其章旒依品级而降。下据唐高祖《武德令》，列表显示：

| | 大裘冕 | 衮冕 | 鷩冕 | 毳冕 | 绣冕 | 玄冕 |
|---|---|---|---|---|---|---|
| 皇帝 | 无旒无章 | 十二旒十二章 | 七旒七章 | 五旒五章 | 四旒三章 | 三旒一章 |
| 一品 | | 九旒九章 | | | | |
| 二品 | | | 七旒七章 | | | |
| 三品 | | | | 五旒五章 | | |
| 四品 | | | | | 四旒三章 | |
| 五品 | | | | | | 三旒一章 |

　　读者可能注意到了，同是衮冕，皇帝比官员规格略高：前者十二旒十二章，后者九旒九章；但其余四冕，皇帝和官员就没区别了。祭祀有六等，皇帝依祭祀等级服冕。即如：

　　大裘冕：祭天神地祇所服；

衮冕:祭宗庙等所服;

鷩冕:祭远主(远主即远祖)等所服;

毳冕:祭海岳等所服;

绣冕:祭社稷等所服;

玄冕:祭百神日月等所服。

那么,是什么造成了"君少臣多"呢?是品官的服冕规则。皇帝依六等祭祀而改变冕服,这可以称为"规则一";而助祭官员却只按官品高下服冕,在各等祭祀中始终不变,这可以称为"规则二"。若"规则一""规则二"同时运用,皇帝与官员的冕服等级一变一不变,问题就发生了。

分析上表就能知道,在皇帝祭祀远主的时候,就将出现"君少臣多"。此时皇帝应服鷩冕,而一品官仍服衮冕,高于皇帝的鷩冕。进而皇帝祭海岳服毳冕时,二品官的鷩冕也高于皇帝了。随后就是长孙无忌等特别指出的情况:皇帝祭社稷,绣冕四旒三章,而其时一品官衮冕九旒九章,二品官鷩冕七旒七章,三品官毳冕五旒五章,都比皇帝的绣冕高;四品官的绣冕,也跟皇帝并驾齐驱了。问题最严重的,就属最低等的百神日月之祭了,其时皇帝变为玄冕三旒一章,仅仅与五品官相当;一、二、三、四品的官员冕服,其时都高于皇帝。叙述至此,六冕制下的"君臣倒置"不那么神秘了,它跟服冕规则有关。

也许有人认为,冕服多少旒、多少章,这事情太鸡毛蒜皮了。不过,一滴水可以见太阳,服饰之礼、祭祀之礼也是如此。"吾中国文化之定义,具于《白虎通》三纲六纪之说。"[1]"三纲者何谓也?

---

①陈寅恪:《王观堂先生挽词》,《陈寅恪集·诗集》,生活·读书·新知三联书店 2001 年版,第 12 页;或陈寅恪:《学术文化随笔》,中国青年出版社 1996 年版,第 3 页。

谓君臣、父子、夫妇也。"①"君为臣纲"居"三纲"之首。君臣关系体现于官制，也体现于礼制，二者相得益彰，联手保障了皇帝的九五之尊。所以周一良先生建议"从《礼仪志》考察官制"②。当皇帝图的就是唯我独尊、当家做主，千百万人俯首帖耳、山呼万岁的感觉。那么"君臣冕服倒置"现象，就太反常了。大型典礼是一种"权力的自我展示"，冕服是最隆重的礼服和祭服。在人间是皇帝最大，在宇宙间是天地神灵最大，祭祀时皇帝代表全人类跟神灵交通，那是个极庄重的时刻吧？其时皇帝冕服却只跟四五品官儿相当，倒是"臣尊君卑"了。那不是我们无事生非，唐朝大臣们已拍案而起，替皇帝鸣不平了。我还猜测，其实唐高宗自己先不乐意了，长孙无忌等人抨击现行冕制，没准儿倒是投其所好。那么，此前的《武德令》制订者是怎么想的呢？先帝怎么就开了绿灯，放其通行了呢？

唐朝冕服还传入了日本。文武天皇（697—706 年在位）使用的衮冕，有五色珠玉十二旒，红地的衮龙御衣上饰有日月星辰等十二章；皇太子穿衮冕九章，亲王、诸王以下不能使用冕服。日本的冕服是天皇的专利，冕服的结构和用法远不像唐朝那么复杂（参看本书附录二）。之所以没全盘采用唐冕，应是日本不同于唐的封建等级结构造成的。也就是说，冕服等级规划，跟王朝品位结构、权力结构、政治形态相关。唐初的冕服等级，明显扭曲了现行政治等级。然经大臣抗议，唐朝的皇帝不再使用鷩冕以下，"君少臣多"的情况一举扭转。经几度反复，大裘冕在宋朝最终被放弃，六冕制度全面收场。到了明朝，除皇帝、太子、亲王服冕之外，

---

① 《白虎通义·三纲六纪》，陈立：《白虎通疏证》，中华书局 1994 年版，第 373 页。
② 周一良：《魏晋南北朝史札记》，中华书局 1985 年版，第 433 页以下。

臣下不再服冕。冕服成了皇室专利,君臣泾渭分明。

再往前看。"冕"的起源可能很古老,但整齐精致的六冕制度,则最初见于古书《周礼》之中。据汉末郑玄对《周礼》的解说,六冕是为大裘冕、衮冕、鷩冕、毳冕、缔冕①、玄冕六等冕服。《周礼》后来成了儒家经典,汉魏经学家倾注心力阐述之,后人就是通过其注疏来了解《周礼》的。不过《周礼》的时代与真伪,后人颇多异说。若《周礼》并非周制,那么六冕真的存在过吗?精巧的六冕结构是怎么形成的?跟周朝政治结构又是什么关系?唐朝冕制用《周礼》,那么为什么用了《周礼》六冕,就造成"君臣冕服倒置"了呢?是《周礼》作者犯傻出错了,或成心跟周天子过不去吗?唐人对六冕的理解,真的是《周礼》本义,是"原教旨",还是受了汉唐注疏的误导了?在《周礼》之外,其他经书、史书中也能看到冕服,它们又是怎么说的?汉隋间各朝政权冕制又是怎么设计的,为什么就没听说有"君臣倒置"的事儿呢?由此看来,六冕又是一个经学问题。

冕服用多少章、多少旒,初看来太过琐细;但若这么问下去,话就长了。一环一环追下去,"六冕制度的兴衰变异"的话题会变得曲折有致、引人入胜,就得用一部著作来回答了。其所涉时段在二十个世纪以上,从中可能发掘出若干新鲜事象,丰富对传统礼制和帝国政治关系的认识。我们将在服饰史、官阶史、经学史

---

①《周礼》作希冕,诸书也经常作"缔冕"。郑玄云:"希读为缔,或作'黹',字之误也。"贾公彦疏云:"郑君读希为黹。黹,紩也,谓刺缯为绣次。"《周礼正义》,《十三经注疏》,中华书局 1980 年版,第 781 页中栏、第 782 页上栏。"黹"是刺绣的意思,所以刘宋、北周及唐前期的冕制一度名为"绣冕",隋朝一度名为"黹冕"。为求简便划一,本书从"希读为缔"之说,"希冕""缔冕"统一作"缔冕"。

的交界面上,在"古礼复兴运动"的大背景中,从"宗经""复古"和"尊君""实用"诸角度,探讨《周礼》六冕。详下。

## 2. 宗经与复古:"古礼复兴运动"与"礼制浪漫主义"

冕服是周朝君臣的礼服和祭服。战国秦汉间的政治剧变中,包括冠冕之礼在内的各种礼制衰落了,中国礼制的发展出现了断裂。进入汉朝,儒生士人高调呼吁"复礼",由此中国制度史上出现了一个"古礼复兴运动",它延绵了十几个世纪,波及王朝制度的众多方面,如礼制、法制、官制、学制等。新莽与北周的周礼改制,都是这个运动所导致的重大事件。唐后期到宋,这个运动开始降温。洪秀全用《周礼》装饰"太平天国"①,只是余波了。《周礼》六冕就是在"古礼复兴运动"中,被帝国统治者纳入视野,开始影响王朝冠服制度的。

这样看来,中国礼制的发展经历了不同阶段。周朝已存在着较丰厚的礼乐文化,那时的"周礼"与社会习俗、与国家法制不甚分。这种"礼"可以称为"原生礼制",其中已形成了若干结构性的东西,构成了中国制度史的"文化基因"。这算是"古礼"的"原生与奠基期"。

"古礼"传统在战国与秦虽然发生了严重的断裂,但另一意义上说,"古礼"其实没中断,仍在发展着,不过是在儒生的研讨里、

---

① 参看谢兴尧:《太平天国的社会政治思想》,上海书店 1992 年影印,第 7 页以下,"二、原于周官的思想";郦纯:《太平天国制度初探》(第 2 次修订本),中华书局 1989 年版,第 133、145、386 页以下。

在简帛书册中发展着的。儒生们不但细针密缕地记录"礼",还利用古礼素材、参考现实政制,踵事增华地编排"礼"。很多此前粗糙零散、参差不齐、因时因地而异的"原生礼制",由此焕然一新,大为整齐化、精致化、系统化了,被加入了很多儒生认为"应然"但非"已然"或"实然"的东西。"古礼"在现实生活中遭遇崩坏,却在虚拟世界中高歌猛进,收获繁富。后人肃然起敬的"周礼",其实有不少是战国秦汉儒生的"建构",只存在于虚拟世界,既非原生礼制,也非朝廷现行礼制。比如,先秦没多少人实行三年丧①,它可能只是少数殷人的风俗②,甚至是东夷之俗③;至汉,丧服礼才逐渐影响了社会生活,后来竟成了中国礼制的"保留节目"了。不能否认礼书大量利用了真实素材,其中包含着宝贵的历史信息;但往往要对"建构"进行"解构",才能令珠、椟两分,各得其所。

如果成为经典的礼书可以视为"初次建构"的话,汉以下的经学注疏就算"二次建构"了。礼书有很多疏漏暧昧,并往往彼此抵牾,而经学家的注疏使其更整齐、更精密了。由此,"古礼"又上了

———————

① 丁凌华先生指出:"春秋战国时期普遍实行的是'既葬除服'的短丧。……所以连后世'尊古'的儒士们也不得不承认,他们的前辈在先秦时期推行守丧制度的结果是很惨淡的。"《中国丧服制度史》,上海人民出版社 2000 年版,第 236—238 页。

② 傅斯年:《周东封与殷遗民》,收入《傅斯年全集》,湖南教育出版社 2003 年版,第 3 卷第 243 页以下;台湾联经出版事业公司 1980 年版,第 3 册第 899 页以下。胡适:《说儒》,收入《胡适文集》,北京大学出版社 1998 年版,第 16 页以下。各种相关意见,还可参看丁鼎《仪礼丧服考论》的评述,社会科学文献出版社 2003 年版,第 23 页以下。

③ 这是孔达生、章景明先生的意见。参看章景明:《先秦丧服制度考》,台湾中华书局 1971 年版,第 16—17 页。

一个新台阶。这个阶段,可说是"古礼"的"断裂与建构期"。

战国秦汉一段时间里,"礼"是"礼","法"是"法"。"法"就是现实中的帝国制度,"古礼"游离于其外,二者分道扬镳。不过随着儒学复兴,"制礼作乐""复古改制"的呼吁引发了"古礼复兴运动"。此后经过很多世纪的磨合,"礼"与"法"最终融合为一种致密的络合物。这个阶段,可以说是"礼"与"法"的"调适与融合期"。

本书所论《周礼》六冕,是以"古礼复兴运动"为背景的,当然也必须追寻其在"原生与奠基期"中的情形,及其在"断裂与建构期"被建构的过程。冕服礼制漫长变迁的背后,是整个"古礼"传统与王朝制度的互动。其间六冕的每一个细微变化,都涉及了中国政治文化的特点与变迁。相关的观察角度,我们概括为"复古""宗经"和"尊君""实用"四点。本节先阐述"复古"与"宗经"。

首先看一段孔子的名言。当颜渊请教"为邦之道"时,孔老夫子是这么回答的:"行夏之时,乘殷之辂,服周之冕,乐则《韶》舞。"①。这个回答很让人奇怪:使用夏朝的历法,乘坐殷朝的辂车,服用周朝的冕服,演出虞舜的《韶》舞,怎么是"为邦之道"呢?历、辂、冕、舞跟统治者的经邦治国、跟朝廷的兵刑钱谷是一回事吗?"服周之冕"的回答很特别,而且还真不是答非所问,我们便拿它做了书题。

早期的中国文化就显出了浓厚的"制度关注"。比如,并不是所有民族在同一时期,都孕育出了《周礼》那样的官制之书的。《周礼》以及同类文献篇章都包含着一种倾向:通过人为的官制和

---

① 《论语·卫灵公》,程树德:《论语集释》,中华书局 1990 年版,第 1077—1085 页。

礼制设计，来最完美地安排社会秩序。儒家也是"制度关注"的一个流派，所关注的就是"周礼"。尽管孔子是殷人，他仍向"周礼"奉上了最高敬意："周监于二代，郁郁乎文哉！吾从周！"①"周礼"既是三代文明的结晶，又是王朝制度的典范。

　　儒家所阐述的"礼"，承袭了原生礼制"俗、礼、法"不分的性质，是一种沟通天地人的总体文化安排②。"礼义"体现在"礼仪"的各个细节上，牵一发而动全身。例如明堂这所礼制建筑，也被认为与"王政"相关。齐宣王问孟子是否该把明堂拆了，孟子说千万别拆："夫明堂者，王者之堂也。王欲行王政，则勿毁之矣。"③明堂拆不拆，跟"王政"有必然关系吗？阮元的解释是："圣人事必师古，礼不忘本，于近郊东南，别建明堂，以存古制。"④保存它，只是为了它的礼制意义和象征意义。秦汉儒生变本加厉，把明堂弄成了一所"通神灵、感天地、正四时"的神秘建筑⑤，各个构件都有

---

①《论语・八佾》，程树德：《论语集释》，第 182 页。
②参看拙作：《士大夫政治演生史稿》，北京大学出版社 1996 年版，第 3 章。
③《孟子・梁惠王下》，焦循：《孟子正义》，中华书局 1987 年版，第 131 页。
④阮元认为，明堂原是上古君王所居之处，又用于宣颁政令，举行各种活动与典礼，是个"多功能厅"。到了后世，很多活动与典礼另有其处，明堂只是象征性的了。见其《明堂论》，《研经室文集・一集》卷三，《丛书集成新编》，台湾新文丰出版公司 1985 年版，第 69 册第 49 页。皮锡瑞以为："论明堂辟雍封禅，当从阮元之言为定论。"《经学通论》卷三《三礼》，中华书局 1954 年版，第 42 页以下。齐宣王所问的，也许是泰山那座古老明堂。参看焦循：《孟子正义・梁惠王下》，第 131—132 页。但顾颉刚不赞成"泰山明堂说"，说是齐宣王正在建造的一所"大室"。见其《史林杂识初编》"明堂"条，中华书局 1963 年版，第 146 页以下。
⑤《太平御览》卷五三三《礼仪十八》引《礼含文嘉》，中华书局 1960 年版，第 3 册第 2418 页。

神秘意涵①,简直就是一个"小宇宙模型"②。东西南北12间房子,天子每月要换着住,穿的、吃的、听的与祭祀的神灵、处理的政务,同时变换③。

在孔子看来,要贯彻"礼义",就得连古代历法、辂车、冕服、《韶》舞一块给贯彻了。看见礼器"觚"样子改变了,孔子就感叹"觚不觚,觚哉!觚哉!"为什么如此痛心疾首呢?邢昺疏曰:"此章言为政须遵礼道也。"④在今人看来,变了样子的"觚"仍是礼器,在儒家眼中就不是那样了。儒生的"礼"乃是特指,特指古代与经书说的那个样子。秦朝虽然也有祭祀礼制,汉儒却指秦为蔑弃礼乐之朝,呼吁把汉朝承袭的秦制全改了,因而有王莽新朝大复古。新莽改制,"意以为制定则天下自平,故锐思于地里,制礼作乐,讲合《六经》之说"⑤。新莽轰轰烈烈的制度大革命,青萍之末其实是孔老夫子。

再看本书讨论的冠服吧。孔子不但认为冠冕事关"为邦之道",甚至还事关"为人之道":"生今之世,志古之道;居今之俗,

---

① 《白虎通义·辟雍》:"明堂,上圆下方,八窗四闼,布政之宫,在国之阳。上圆法天,下方法地,八窗象八风,四闼法四时,九宫法九州,十二坐法十二月,三十六户法三十六雨,七十二牖法七十二风。"陈立:《白虎通疏证》,第266页。
② 叶舒宪:《中国神话哲学》,中国社会科学出版社1992年版,第153页。
③ 秦汉儒生明堂说,见《吕氏春秋·十二纪》《礼记·月令》《礼记·明堂位》《淮南子·时则》等。可参顾颉刚:《汉代学术史略》,河北教育出版社1996年版,第5页。丁山先生指出,甲骨文中确实存在着这样的制度:随春夏秋冬变化,而在4所不同宫室中进行不同祭祀。在儒生的明堂理论中,周天子要随时令推移而异其居室,丁先生认为是因于殷礼。见其《中国古代宗教与神话考》,龙门联合书局1961年版,第161页。
④ 邢昺:《论语正义》,《十三经注疏》,第2479页中栏。
⑤ 《汉书》卷九九中《王莽传中》。

服古之服。舍此而为非者,不亦鲜乎!"①人只要穿上了古服,就不会为非作歹了。有一位公孟子,戴着古老的"章甫",手持笏,儒服而问墨子:"君子服然后行乎?其行然后服乎?"做人行事,跟穿什么衣裳有关吗?墨子觉得那说法很傻很天真,故答以"行不在服"。公孟子却据理力争:"君子必古言、服,然后仁。"先得满口古话、满身古服,然后才能成为君子,对它们之间的关系作出了一个"共变判断"②。墨子的驳斥很有力:"同服或仁或不仁,然则不在古服与古言矣!"③庄子也前来表态:"君子有其道者,未必为其服也;为其服者,未必知其道也。"④在墨子与庄子看来,那个"共变判断"只是一个"错觉关联"⑤。可是,孟子照样把"服""言""行"三者揉在一块说:"子服尧之服、诵尧之言、行尧之行,是尧而已矣;子服桀之服、诵桀之言、行桀之行,是桀而

①《荀子·哀公》孔子曰,王先谦:《荀子集解》,中华书局 1988 年版,第 537 页;又《大戴礼记·哀公问五义》,王聘珍:《大戴礼记解诂》,中华书局 1983 年版,第 8 页。
②"共变判断"(covariation)是人们在几个事物之间建立的关联。例如"努力工作而从来不玩的杰克是一个缺乏乐趣的人"的判断,就把努力工作与缺乏乐趣、把玩耍与有乐趣联系起来了。"产生这样的共变判断的时候,也是人们倾向于犯错误的时候。"参看泰勒等:《社会心理学》,北京大学出版社 2004 年版,第 34 页。
③孙诒让:《墨子间诂》,中华书局 2001 年版,下册第 449 页;吴毓江:《墨子校注》,中华书局 1993 年版,第 709 页。公孟子大概是曾子的弟子,孟子前的一位儒学大师。
④《庄子·田子方》,王先谦:《庄子集解》,中华书局 1987 年版,第 180 页。
⑤"错觉关联"(illusory correlation)见泰勒等:《社会心理学》,第 35 页。错觉关联的基础之一是"配对独特性"。"比如某些宗教信仰团体,它们的衣服很独特,人们认为这样的人可能具备某些与众不同的特点。总之,日常生活中,这种错觉关联往往代替了事物之间真实的关系。"

已矣。"①

古物并无实用价值,不过是一个"象征符号群",构成了传递精神、心灵和信仰的"暂存的物质基础"②。古冕的样式只是"表现符号"③。而符号之"能指和所指的联系是任意的"④,也就是"天地一指也,万物一马也"⑤的意思。儒家既强行把古冕跟"为人""为政"联系起来,它们就"强行"那么"指"了。当然,服饰的选择是一种"自我展示"⑥,服饰被赋予的象征意义对穿着者的行为是有影响的,但那种影响不是必然的,只是一种可能性,而且具有个人性。孔子对礼制和舆服的效用的看法,在今天看是超出了理性限度的。汉以来的儒学被神道化了,"礼"的神秘色彩被涂抹得愈发浓厚。冕服外形的深意,不断被发掘或制造出来。冕为什么前有垂旒,冕版为什么前俯后仰,为什么上宽一尺下宽二尺等,都被赋予了神圣而庄重的意义。

服饰习尚是随生活变迁而变迁的,所以有"时装"之称。服饰等级立足于社会习尚,就有活力。不过在这时候,"古冕崇拜"却得到了中国人"崇古"观念的支持:古代是黄金时代,古制是黄金法则。儒家的"大同—小康"之说,就是把理想社会归之上古的。

---

① 《孟子·告子下》,焦循:《孟子正义》,第816页。
② 希尔斯:《论传统》,上海人民出版社1991年版,第105—106页。
③ 发挥情感功能(主观的,表现的)的"表现符号",与发挥指代功能(客观的,认识的)的"逻辑符号",是有区别的,后者在表现心灵经验上就无能为力了。参看皮埃尔·吉罗:《符号学概论》,四川人民出版社1988年版,第7页以下。
④ 索绪尔:《普通语言学教程》,商务印书馆1999年版,第1编第1章"符号的性质",第101页以下。
⑤ 《庄子·齐物论》,王先谦:《庄子集解》,第15页。
⑥ 凯瑟:《服装社会心理学》,第218页以下。

别的民族当然也有认为今不如昔的①，但中国人的"好古"更具能动性，不只是单纯的留恋缅怀，还要以"古"改造当世。尧舜禹其人、文武周公其治，成了"塑造"出来供效法的"托"——"托古"之"托"②。《淮南子·修务》："世俗之人多尊古而贱今，故为道者必托之神农、黄帝，而后能入说。"余英时先生指出，先秦诸子"皆'托

①例如古希腊的赫西奥德，说人类经历了黄金时代、白银时代、青铜时代、黑铁时代。见施瓦布：《希腊神话故事》，宗教文化出版社 1999 年版，第 2 章；艾恩斯：《神话的历史》，希望出版社 2003 年版，第 176 页；鲁刚、郑述谱编：《希腊罗马神话词典》，中国社会科学出版社 1984 年版，第 138 页；吕凯等编：《拉鲁斯世界神话百科全书》，上海文艺出版社 1992 年版，第 144—145 页；郑振铎编：《希腊神话与英雄传说》，上海人民出版社 2006 年版，第 6 页以下。伊朗神话中的"黄金世纪"，参看鲁刚主编：《世界神话辞典》，辽宁人民出版社 1989 年版，第 290 页。又澳大利亚土著人对祖先美好生活的说法，北欧神话中宇宙之初的黄金时代，埃及神话中的奥西里斯和伊西斯统治下的黄金时代，参看前揭书第 842 页。美洲的托尔特克人，把约公元 10 世纪的大祭司克查尔科阿特尔（此人获得了神的地位）的统治视为黄金时代，参看克雷默编：《世界古代神话》，华夏出版社 1989 年版，第 424 页。

②"托古"倾向，似与中国人不习惯抽象说理，更喜欢通过形象把握抽象的思维方式有关。历史上的人和事、祖宗的说法和做法，就是可资效法的鲜活榜样。你说应该孝、应该信、应该勇，听众总觉得抽象空洞；你说"孝如曾参""信如尾生""勇若孟贲"，他就恍然大悟，知道该怎么做了。"榜样的力量是无穷的"，频繁树立榜样以供学习，至今仍是异邦不多见的"中国特色"呢。孔子说"我欲载之空言，不如见之于行事之深切著明也"；班固亦云"夫子不以空言说经"（《汉书》卷三〇《艺文志》）。章学诚相信"六经皆史"，说是"古人未尝离事以言理"。《文史通义》卷一《易教上》，上海书店1988 年版，第 1 页。中国史学特别发达，其原因之一，就是社会理想、道德原则都要寄托于有案可稽、有迹可循的古人、古事、古制。所以，中国史学表现了浓厚的政治化、道德化的倾向。

古'以争正统"①。"言必称先王,语必道上古"②蔚然成风。"古礼"为什么神圣呢?既在于"礼",也在于"古"。尧舜禹以"德"见称,周王朝则以"礼"见长。要兴太平,就得复古用"周礼",包括古冕。

"复古"或"复礼"的依据是经书。汉儒持有一个坚定信念:经书编者(孔子或周公)是洞察未来的"圣人",经典著作中蕴藏着现实难题的答案。孔子做《春秋》,为汉立法;要兴太平,就得照"最高指示"做。面对着汉儒的"以《禹贡》治河,以《洪范》察变,以《春秋》决狱,以三百五篇当谏书",皮锡瑞一唱三叹:"其学极精而有用,治一经得一经之益也!"③周予同先生却嘲笑是"非愚即妄"④。今人不信不等于古人不信。吕思勉先生说"两汉仍是一鬼神数术的世界"⑤。圣人崇拜、经典崇拜其实也是一种"神道设教"。即令今天,用《论语》管理公司、用《孙子兵法》指导商战、用《周易》预测未来、在《红楼梦》中找"太极"找"密码"的,依然屡屡而有,把古书弄得像"九阳真经""葵花宝典"似的。还说否定圣人"是内心软弱无力的表现",甚至是"内心肮脏"的表现哩。今人之宗经崇圣尚且如此,古人更不必说了。

总之,"服周之冕"以如下理念为前提:第一,冕服是整个"古

①余英时:《士与中国文化》,上海人民出版社1987年版,第47页。又何炳棣先生认为,"崇古取向"与宗法氏族制和祖先崇拜有关。见其《原礼》,收入王元化主编:《释中国》,上海文艺出版社1998年版,第4册第2398页。
②《史记》卷一二七《日者列传》。
③皮锡瑞:《经学历史》,中华书局1959年版,第90页。
④周予同:《经学历史序言》,前注引书,第12—13页。"试问假使黄河决口了,你就是将《禹贡》由首一字背诵到末一字,你能像灵咒似的使水患平息吗?""《六经》和致用的相关度,不仅相去很远,而且根本上还是大疑问。"
⑤吕思勉:《秦汉史》,上海古籍出版社1983年版,第810页。

礼"体系的有机部分;第二,它与"黄金时代"——"周"联系起来了;第三,它是圣人所伸张的,经有明文;第四,复兴包括古冕在内的"古礼",是致太平的康庄大道。这种理念,不妨称为"制度浪漫主义",或"礼制浪漫主义"①。儒生确信,可以用人力规划出一套完美制度来,把它贯彻了,理想社会就降临了。

　　除了《周礼》,古冕还见于其他经书,如《尚书》《仪礼》《礼记》

---

① "浪漫主义"一词,可以特指 18 世纪末和 19 世纪初的一种文艺思潮。文艺复兴把人提升为衡量宇宙的主体,浪漫主义进而把个人置于所在世界的中心。参看克里斯特尔:《剑桥百科全书》,中国友谊出版公司 1996 年版,第 1019 页。但本书的"浪漫主义"不是这个意思。我们是在与"现实主义"相对的意义上借用它的,即以"现实"和"浪漫"为两极。这用法,有点像"革命现实主义与革命浪漫主义相结合"的那个"浪漫主义"。那种"浪漫主义",首先是一种富于想象的、理想主义的、取向于未来与变革的、充满崇高感与英雄气魄的创作方法。1931 年高尔基设想:"是否应该寻找一种可能性,把现实主义和浪漫主义结合成为第三种东西,即能够用更鲜明的色彩来描写英雄的现代生活,并用更崇高更适当的语调来谈论它呢?"日丹诺夫说:"苏联文学应当善于表现出我们的英雄,应当善于展望我们的明天,这并不是乌托邦。"周扬承袭了这个思路:"现实主义偏重观察,善于描绘客观世界的精确的图画;浪漫主义偏重想象,善于抒发对理想世界的热烈幻想。"见其《我国社会主义文学艺术创作的道路》,《文学评论》1960 年第 4 期。《现代汉语词典》:"浪漫主义:文学艺术上的一种创作方法,运用丰富的想象和夸张的手法,塑造人物形象,……能突破现状,预示事物发展的方向。"商务印书馆 1983 年版,第 676 页。对这一思想,余虹先生有一个很好的评价:"纵观 20 年代以来的革命文学理论史,形形色色的革命现实主义实质上都是革命浪漫主义。'革命'与'浪漫'有一种内在的联系。……它要将语言王国中的新现实(理想)想象成(认定为)地上的必然现实。"见其《革命·审美·解构:20 世纪中国文学理论的现代性与后现代性》,广西师范大学出版社 2001 年版,第 201 页。华夫就相信:必须坚持"两结合",因为"在我们的生活中间,现实(社会主义现实)和理想(共产主义理想)总是结合在一起的"。见其《文艺放出卫星来》,《文艺报》1958 年第 18 期。

《春秋》三传、《论语》等；还见于多种古书，如《国语》《荀子》等。不同记载之间，参差抵牾往往而有，真实记录与主观构想也不很容易分开。但古人往往认为，六冕既记之于"经"，则可视为"史"；群经既出圣人之手，必具内在一致性。出现矛盾不是"经"的错儿，而是我们学习领会不够。结果往往是经有数书，书有数家，家异其说，人异其言。当局制礼时要择善而从，儒门各派难免党同伐异，力图证明自己才代表"原教旨"。

当然不是说若六冕非真，经学家关于六冕的研讨就全无意义了。经学也是学术进步的一个环节。就算今人比古人站得高、看得远，攀登的台阶仍有若干是传统学者搭建的。对其筚路蓝缕之功，多少仍应心存敬意。就算某些礼制未必是史实，但相关的经学研讨不妨看成"游戏"：立足于经书有限记录的给定条件，确立若干规则，比赛谁的阐释更具周延性、自洽性。史学有史学的是非，经学有经学的是非。经学有规则、有技巧、有优劣，有诚实可敬的学者。不过纯理研讨中的六冕，与帝国等级礼制所需要的礼服，却有距离。王朝基于政治需要，对"古礼"将有所抉择；学者如何阐述六冕，也有抉择。研讨"古礼"可能只出于文化理想和学术兴趣，但不是人人如此。有的人"政治不成熟"，也有的人政治很成熟。何时批判暴君，何时歌颂盛世，如何选题不办得食①，如何立论能上动国主②，很多人如鱼饮水，冷暖自知。我们所面对的是一个"政、学不分"的文化传统，关注"思想背后的利益"，包括著

---

① 《世说新语·假谲》："愍度道人始欲过江，与一伧道人为侣，谋曰：'用旧义在江东，恐不办得食。'便共立'心无义'。"徐震堮：《世说新语校笺》，中华书局1984年版，第459页。

② 《高僧传》卷五《晋长安五级寺释道安传》："不依国主，则法事难立。"中华书局1992年版，第178页。

书立说时计算利益和不计利益,利益何在,以及为政治而对经典做"改造性的阐发"①,就特别必要了。

群体亦然。任一个承载特定信念或文化的群体,都有可能利用那种信念或文化去争夺社会权势。那不是道德问题,只是"物竞天择"使然。"社会动力学的规律,只能用权力来加以说明。"②文化层面主张"天下为公"的集团,不妨碍他们在社会层面牟求党派私利最大化。反过来说,某种文化的沉浮变迁,就必然受制于其承载群体的沉浮变迁。司马迁所谓"孔子以诗书礼乐教"③,儒生的最基本特征就是传承礼乐诗书,那是他们面对军人、文吏、贵族等等对手时,其社会竞争的最主要"文化资本"。所以儒生神乎其技,全力拉高礼乐诗书,也具有提升群体竞争力、令其"文化股票"增加市值的意义。士人队伍的壮大,影响力的增加,都是其"文化股票"的利好消息,进而是"古礼"以至"古冕"的利好消息。中国古文明孕育出了一个士人阶层,先不管他们说了什么,只要社会上有那么一大群干那个事的人,统治者就无法漠视。若想拉士人入伙,把那个阶层整合在体制之内,则收买"古礼"那只股票,与之达成文化共识,也势在必行。那么"古礼"的命运,还与"古礼"传承者的命运息息相关,与一个阶层的沉浮变异相关;古冕的兴衰变异背后,还有帝国体制与士人阶层间的关系变迁。

①如董洪利先生就指出:经典著作不能随时代而变化,更不可能完全契合政府的需要,"尽管儒家经典的总体思想符合封建社会的总需求,但并不是每句话、每个言论都能与封建统治阶级的利益保持一致,甚至其中某些进步的言论会使统治者一看就觉得如芒在背浑身不舒服。因此,必须对经书加以改造性的阐发"。《古籍的阐释》,辽宁教育出版社1993年版,第2页。
②罗素:《权力论:新社会分析》,商务印书馆1991年版,第6页。
③《史记》卷四七《孔子世家》。

# 3. 尊君与实用:帝国品位结构与官僚理性主义

　　下面阐述本书的另两个观察点:"尊君"和"实用"。参照《周礼》而定冕服,为什么在唐高宗时遭遇了强烈反对呢?因为六冕的等级结构与运用规则,扭曲了"君尊臣卑"的帝国等级秩序。秦汉以下是"帝国"时代,夏商周就是"王国"时代①。《周礼》处"王国"与"帝国"之交,在"古礼的建构期"问世,其六冕编排是以周朝"原生礼制"为素材的,所以带有周朝政治体制的明显影响。

　　《周礼》为什么把六冕等级设计成那个样子?本书的考察将显示,六冕礼制的结构性来源,是周朝的等级祭祀制、等级君主制和等级祭服制。等级祭祀制是一种神权的分配制度,等级高者可从事的祭祀多,等级低者可从事的祭祀少。其背后则是周朝的政权分配制度,天子与各级分封领主的等级君主制。天子是"君",诸侯对天子是"臣",对国内臣民却也是"君"。周朝还存在着特定祭祀使用特定祭服、祭具的做法。《周礼》作者就以那些制度作为参照,把所搜罗或编造的各种冕名安排为六等祭服,分用于六等祭祀,由此形成六冕。在六冕制度下,天子可以从事全部六等祭祀,故可使用全部六冕,其余人等而下之。公爵拥有者服衮冕以下,因为他们只能从事五等祭祀;侯伯服鷩冕以下,因为他们只能从事四等祭祀;子男服毳冕以下,孤服絺冕以下,卿大夫服玄冕

---

① 苏秉琦先生用古国、方国、帝国概念,阐述中国国家发展,见其《中国文明起源新探》,生活·读书·新知三联书店 1999 年版,第 129 页。严文明先生则使用古国、王国、帝国概念,见其《黄河流域文明的发现与发展》,《华夏考古》1997 年第 1 期。以"王国"称呼早期国家,是很便利的。

以下,也都与其可祭祀的对象多少相应。这种等级安排,具有一种"君臣通用"的特点。即:天子的六冕,臣下也能使用其中若干,只不过依爵级递减而已。用《周礼》的话说,那叫"如王之服"。所以我们说,六冕结构是周朝"等级君主制"的一个折射。

但秦皇汉武以下,神权与政权的分配高度集中化了,"如王之服"的六冕等级,专制帝王肯原样照搬吗? 在冠服等级规则上,魏晋出现了另一种论调:"上得兼下,下不得僭上。""上得兼下,下不得僭上",跟"如王之服"的表述就很不相同了。我们还将揭示,其实在《周礼》作者的"初次建构"与经师们的"二次建构"之间,问题已经发生。《周礼》六冕原是立足于诸侯在自己领地上自祭而被规划的,所以并不存在"君臣冕服倒置"的问题;而后来的经师,却把六冕礼制中的臣下冕服当成了助祭之服,"倒置"的可能性由此萌生。从"自祭"到"助祭",不仅是一个简单的经学误读而已,从更大背景看,它也是新式权力结构与旧式冠冕结构的冲突,是"王国"到"帝国"的体制转型所导致的礼制"错乱"。那么帝国统治者是慷慨大度为"古礼"——被误读误释的、可能导致"君少臣多"的六冕古礼——而屈尊,还是不留情面动手损益,就有多种可能了。这一视角中的服饰研究,足以推进西方文化批判学派的分析方法。文化批判学者在"从服饰看权力"的时候,看到的主要是社会阶层,而我们进一步深入到政权品位结构这个细部。

从君权看,从贵族时代的周天子到秦汉专制皇帝,是一个决定性的转变。而皇权的随后发展也有曲折。中古门阀政治一度造成了"皇权政治的变态"[①],在北朝专制官僚政治又得以复兴。

---

① 田余庆先生认为东晋是"门阀政治",那是皇权政治的一种"变态"。见其《东晋门阀政治》,北京大学出版社 2012 年版,第 343 页以下。

这个历史轨迹,曾在冕服等级上留下痕迹吗?

再看官贵位阶,各时代都有变化。周朝贵族以爵级为身份尺度,其品位结构是"爵本位"的。《周礼》六冕按爵级服用,但爵有"诸侯"与"诸臣"两列。公、侯、伯、子、男爵的拥有者,是为"诸侯",他们在自己领地上也是"君";公、卿、大夫、士爵的拥有者,是为"诸臣",是天子或领主的官员。服冕等级与周朝身份等级是同构的。

秦汉以下,二十等军功爵取代了周爵,汉朝的"诸侯"已不同于周,不是真正的"君"了。作为新式官阶的禄秩发展起来,昔日的贵族"诸臣",也被新式吏员所取代。由此形成"爵—秩体制"。"爵"以安排身份①,而且是以一种"拟贵族"方式来安排身份的,表现为早期"爵本位"的传统残余;"秩"则以其"职位分等"的性格,体现了新生官僚政治的"以吏治天下"精神②。魏晋以降,九品官品出现了。九品官品作为综合性尺度,把禄秩、爵级、官职、散阶等纳入了一个整体框架之中。"爵"由此从属于"品","官本位"体制全面确立,帝国早期的贵族残余淡化下去,官僚变成了主导阶级。当然其间也有曲折:魏晋南北朝恢复了五等爵,它在一定程度上与官品分立。世入唐朝,五等爵已均匀分布在官品之上,与官品一体化,变成一种官僚激励手段了。

总之,周秦汉唐间,王朝品位结构经历了一个从周朝"爵本

---

①对二十等爵的构造社会身份秩序的功能,日人西嶋定生有精彩阐释,见其《中国古代帝国的形成与结构——二十等爵制研究》,中华书局 2004 年版,第 345、368 页。

②参看拙作:《品位与职位——秦汉魏晋南北朝官阶制度研究》,中华书局 2002 年版,第 4 章第 6 节;《秦汉为什么以"若干石"的禄秩做官阶》,《文史知识》2002 年第 10 期。

位"到汉朝的"爵—秩体制",再到"官本位"的重大变化。这个过程中"诸侯"与"诸臣"关系变动不居,那么各朝制度规划者如何按《周礼》来分配二者的冕服呢? 周朝卿大夫以上都可服冕,帝制时代的各王朝则有不同处理。唐初服冕依官品而不依爵级,与《周礼》六冕实已不同。在明朝,宗室封爵和功臣封爵分化开来,皇帝之外只有封王的皇子能服冕,官僚有爵也不能服。可见,如何处理周爵与现行位阶的关系,如何处理"诸侯"与"诸臣"的关系,也是王朝规划冕制时无法回避的问题。

古冕是数百年、上千年前的古服,若非心存"温情与敬意",没人肯穿。而古冕怎么穿才能跟王朝现行位阶相协调,则是一个"实用"问题。礼仪毕竟与兵刑钱谷没有直接关系,为了文化需要,王朝有时可以容忍礼仪等级与政治等级的脱节,但那容忍也是有限度的,不能过分。除了儒家的"礼制浪漫主义",对"礼"还有另一种功利主义、实用主义与理性主义的态度,法家即其代表者。商鞅把儒家传承的礼乐诗书列于"六虱",虽在表述上是"极而言之",但也含有深切的理性考虑。法家强调,达到行政目的的手段,应具有可预测性、可计算性、可控制性,"法"就具有那种性质。"法家最看重效率",认为"法有最高效率"①。儒家在"礼乐"和"太平"之间建立的联系,显有比附、引申、夸大、神化成分。"礼乐致太平"是不可预测、不可计算、不可控制的,在韩非看来就是一种"郢书燕说",二者间没有必然关系。韦伯在讨论中国官僚制时,曾使用"功利理性主义"一词②。确实,"法治"是一种关于君主

①杨鸿烈:《中国法律发达史》,上海书店 1990 年版,上册第 87—88 页。
②M. Weber, *Economy and Society*, ed. and trans. by G. Roth and C. Wittith, Berkeley: University of California Press, 1968, p. 1050.

专制、中央集权和官僚政治的学说，兵刑钱谷的现实压力，"尊君"与"实用"的需要，赋予了法家理性的眼光。他们不是一般性地否定"礼"。商鞅云"礼者，所以便事也"①；韩非云"礼者，所以貌情也"②，对"礼"做出了功利化、实用化和理性化的阐释。荀子亦然："故君子以为文，而百姓以为神。以为文则吉，以为神则凶也。"③

在战国秦汉的政治文化中，"古礼崇拜"与理性行政精神的两立并峙，赫然在目。就前者而言，古礼确实是一套庄重神圣的复杂知识体系，包括对天地人的秩序安排，提供了人间制度的理念基础④。就后者而言就不同了。除了"礼"之外还有另一套知识，即由法令故事组成的实用知识，它们奠定了帝国行政的现实基础。决定政治行动的，不仅是关于天地人的宗教理念，还有帝国法治和日常行政。在这套知识中，"礼"的功能一是"便事"，协助安排政治等级；二是文饰，即"君子以为文"。社会是分解为不同层面、不同场合与不同群体的。神庙里的人、学院里的人和官署里的人，其想法与行为不会一样；对"为邦之道"是否取决于"服周

---

①《商君书·更法》，蒋礼鸿：《商君书锥指》，中华书局1986年版，第3页。
②《韩非子·解老》，王先慎：《韩非子集解》，中华书局1998年版，第234页。同篇又云："礼者，外饰之所以谕内也。"把"礼"视为尊卑贵贱的外在表现。
③《荀子·天论》，王先谦：《荀子集解》，第316页。
④参看甘怀真：《西汉郊祀礼的成立》，收入《皇权、礼仪与经典诠释：中国古代政治史研究》，台湾大学出版社2004年版，第44页以下。"过去的研究多将郊祀礼视为皇帝制度的工具与功能，相对忽略祭祀礼所蕴涵的知识。……如此一来，儒教祭祀知识仅成为'皇帝观'的工具，我们将无法理解西汉郊祀礼改革所反映的儒教对于人间秩序的整体规画。未来的研究或应加强对于儒教祭祀知识的析论。如祭祀所蕴涵的宇宙论，以及其宇宙论所蕴涵的知识内容，包括当代人如何认知时间、空间、万物万象生发的原理、分类的产生等。祭祀中的宇宙观不是现实人间秩序的反映，儒教自有一套宗教性质的知识体系。"

之冕"那个问题,他们的回答也不会一样。

中国文化的"神性"在早期就比较淡薄①,商朝宗教就已显示了一种"世俗化"的倾向②,上古的诸神很多在后来被"历史化"了③。究其原因,除家族组织和家族伦理的作用④之外,中国行政体制的早熟,在淡化文化的宗教性上,也发挥了重大作用。皇帝与官员是众多祭祀的主持者,很多德高望重的官员后来被奉为神灵⑤,朝廷向有用的神灵封官授爵号、授官号。即令民间祭祀,官府也以各种形式显示了其"在场"⑥。中国人是通过"分官设职"来安排天地人秩序的。"国家、社会产生了宗教即颠倒的世界观,因为它们本身就是颠倒了的世界"⑦,"一切宗教都不过是支配人

①参看李向平:《祖宗的神灵:缺乏神性的中国人文世界》,广西人民出版社1989年版。
②参看陈智勇:《先秦社会文化丛论》,中州古籍出版社2005年版,第26页。
③顾颉刚、杨宽、丁山等先生对此都有论述,可参看冷德熙《超越神话:纬书政治神话研究》"神话的历史化"一节的评述,东方出版社1996年版,第20页以下。又吕微:《神话何为:神圣叙事的传承与阐释》,社会科学文献出版社2001年版,第79页。
④参看陈来:《古代思想文化的世界:春秋时代的宗教、伦理与社会思想》,生活·读书·新知三联书店2002年版。
⑤法国学者乐维也看到,中国官吏"在人间等级制度中所占地位,使其有能力驾驭在相应的神灵世界中级别低于他的超自然物",还有"天上官僚机器的大多数成员都曾在人世为官,死后直接成神"。见其《官吏与神灵:六朝及唐代小说中官吏与神灵之争》,《法国汉学》第3辑,清华大学出版社1998年版,第52页。
⑥民间仪式中有"国家在场",甚至现代中国依然如此。参看高丙中:《民间仪式与国家的在场》,收入郭于华主编:《仪式与社会变迁》,社会科学文献出版社2000年版,第310页以下。
⑦马克思:《〈黑格尔法哲学批判〉导言》,收入《马克思恩格斯全集》,人民出版社1956年版,第1卷第452页。

们日常生活的外部力量在人们头脑中的反映"①。这类论述,都很适合此时的观察。韦伯对官僚制与宗教的关系还有一个精彩的论断,尤其值得参考:"官僚制的特征经常是,一方面极度蔑视非理性的宗教,然而另一方面却又将之视为可利用来驯服人民的手段。"②庞大复杂的官僚组织,兵刑钱谷的日常行政,促进了另一种关于人间秩序的态度,可称为"官僚理性主义"。本书后面将使用的"理性化"一词,就是指此。这是一种对技术合理性的寻求。

本书所说的"实用",不仅仅指服饰的便利合时,而是指"官僚理性主义",指依政治行政需要而利用服饰,即如,根据现行官阶与社会时尚来酌定王朝舆服等级,并把"服周之冕"只看成一种文饰。战国与秦的统治者不怎么拿古礼当事儿。约中唐以后,君臣对"古礼"的热情渐趋低落;除了必要的礼典,依"周礼"对王朝制度做大幅度改弦更张的事情,越来越罕见了。王安石在变法时伸张《周礼》,也只是说要用《周礼》之精神,不是径用其制了。唐朝的冕服还有个人属性,还被看成官僚个人的礼遇荣耀;宋朝六冕之制趋于涣散,使用范围不断缩小,官僚只在祭祀时穿,与日常官服无关。明朝只有皇帝和皇子服冕,官僚与冕服无缘了。

帝国等级制的轨迹,在两千年中扶摇直上;"古礼复兴运动"及六冕礼制在十几个世纪中的轨迹,却呈现为一条起伏的曲线。当然那不意味着中国礼制的衰落,而只是历史早期的"礼制浪漫主义"的衰落;至于礼制的基本精神,大量"便事""文饰"的仪节,以及承担"古礼"的士人,与官僚等级制更融洽地整合在一起了。本书对古冕的考察,就是在两条轨迹中展开的;视线的焦点,将投

①恩格斯:《反杜林论》,收入《马克思恩格斯全集》,第20卷第354页。
②韦伯:《宗教社会学》,广西师范大学出版社2005年版,第116页。

注于两条轨迹重合与不重合的各个地方，及其变化与意义。

总之，本书将要启动的，不是一般的冕服研究，而是各王朝如何"服周之冕"，又为了什么。不是所有冕服，而是《周礼》六冕，被我们选做贯穿全书的主线，是因为六冕的问世，特别能反映早期礼制的建构与生成；六冕不但在结构上最为精致复杂，而且包含导致"君臣倒置"、扭曲帝国等级秩序的可能性；六冕的兴衰变异，最集中地反映了"服周之冕"这个特别信念在帝制时代的遭遇。

在考察中，本书将大量使用形式排比，即通过列表来分析各代章旒等级，及其与政治等级的关系。这样的做法虽然缺少读故事的乐趣，但只要拿出法医解剖的认真劲儿，由此而来的发现仍将别有洞天。不太恰当地说，这是一种"形式主义"或"结构主义"的方法。比之冕服的物理形态，我们更关注其等级元素的排列方式，也可以说是"文字上的"冕服，当然也不是不涉及"肖像的"和"技术的"意义上的冕服①。在这一意义上被观察的冕服，近乎物品的"符号消费"，服饰元素只起等级关系的指涉作用②。那么，它跟一般的服饰史研究就不一样了。进而，它跟经学史上的冕服讨论，也不尽相同，大量精力将被投放在冕服与官阶的关系上，以

---

① 巴特指出："对任何一个特定的物体来说（一件长裙、一套定做的衣服、一条腰带），都有三种不同的结构：技术的、肖像的和文字上的。"他所研究的是"书写的服装"。见其《流行体系：符号学与服饰符码》，上海人民出版社2004年版，第5页。

② 如布希亚（又译鲍德里亚）在阐述"符号消费"时所说的那样："要成为消费的对象，物品必须成为符号，也就是外在于一个它只作意义指涉的关系……它被消费——但（被消费的）不是它的物质性，而是它的差异。"参看其《物体系》，上海人民出版社2001年版，第223页。这时的物品，其功能性被忽略了，只对社会关系进行指定和分级，成为社会身份标位的普遍体系，即地位符号。

及规划冕服的用意上。也就是说，我们把切入点置于服饰史、经学史和官阶史的交界面上了。虽然冕制不涉兵刑钱谷，不过那并不降低其研究价值。非实用性的礼制的考察，更能凸显宗经、复古、尊君、实用之间矛盾的尖锐性，进而去发掘"服饰背后的权力"和"学术背后的利益"，及其变迁。上面已说得太多，下面分章详述。

# 第二章　周朝的冕旒与服章:真实与建构

"古礼"发展经历了"原生与奠基期"和"断裂与建构期"。《周礼》出现在"断裂与建构期",其所载六冕是历史真实吗? 径云"周代实行六冕制度",将六冕认作史实,恐怕不妥;只说"据《周礼》所记"而不谈真伪,也是避重就轻了。

在先秦各种古书所记冕服中,《周礼》六冕是最复杂最精致的。《周礼·夏官·弁师》:"诸侯及孤卿大夫之冕、韦弁、皮弁、弁绖,各以其等为之。"这"等"首先是服冕者之"等"。同书《春官·司服》:周王在不同祭祀中,分别用大裘冕、衮冕、鷩冕、毳冕、缔冕、玄冕;公用衮冕而下,侯伯用自鷩冕而下,子男用毳冕而下,孤用缔冕而下,卿大夫用玄冕而下。进而是六冕之"等",这种"等"由章旒的多少体现出来。《周礼·秋官·大行人》称,上公冕服九章,诸侯冕服七章,子男冕服五章。服章有九章、七章、五章之别。又《夏官·弁师》说冕版上下垂的旒玉,周王用五彩玉十二就,诸公用三彩玉九就。则旒玉之数及玉的色泽,也被用来分等。除了服章和旒玉之数,《周礼》中就看不到六冕形制的其他差异了。而且章旒记载也有阙略,被明言的章数只九、七、五三等,被明言的旒玉只两等,即十二、九;章旒与爵命的配合,所述也不完整。

《周礼》六冕在多大程度上是真实的,要用先秦其他古冕史料来比较印证,尽管相关史料暧昧片断,辨析还是能使问题清晰不少。进而《周礼》六冕等级是一个"结构",其等级构成和运用规则都很引人注目。从制度史和人类学的角度看,结构性的东西不会无因而生。六冕等级的结构性来源,也在我们的关注之中。第三章将用于讨论六冕结构的生成与转换,这里先行讨论冕名及旒章问题。

## 1. 冕称、冕旒与冕等

很多民族的服饰都有"重头"现象,呈现出"琳琅满头"的盛况①。先民心理是有一些共同之处的。华夏族重"衣冠",二者中"冠"又重于"衣"。"在身之物,莫大于冠。"②"冠,至尊也";"故冠而后服,服备而后容体正、颜色齐、辞令顺。故曰:冠者,礼之始也"③。冠礼上的三次加冠,都有庄重的象征意义④。子路打仗

---

①戴平先生概括说:"纵观中国少数民族之饰,有一个值得注意的现象,就是:重头轻脚。这一现象古已有之……"见其《中国民族服饰文化研究》,上海人民出版社 2000 年版,第 235 页以下。

②《论衡·讥日》。后文又云:"造冠无禁,裁衣有忌,是于尊者略,卑者详也。"造帽子没吉凶禁忌,裁衣服却有吉凶禁忌,在王充看来,那也是"冠"尊于"衣"的意思。上海人民出版社 1974 年版,第 367 页;又刘盼遂:《论衡集解》,古籍出版社 1957 年版,第 480 页;黄晖:《论衡校释》,中华书局 1990 年版,第 994 页。

③《礼记·问丧·冠义》,《十三经注疏》,第 1656 页下栏、第 1679 页下栏。

④杨宽先生说:"可知初次加冠,无非表示授予贵族'治人'的特权;再次加皮弁,无非表示从此有服兵役的义务,有参与保护贵族权利的责任;三次加爵弁,无非表示从此有在宗庙中参与祭祀的权利。"见其《古史新探》,中华书局 1965 年版,第 252 页;《西周史》,上海人民出版社 1999 年版,第 770 页。

时被击断了冠缨,说是"君子死而冠不免","遂结缨而死"①。《周礼·司服》郑玄注:"六服同冕者,首饰尊也。"②各种冠帽之中,又以"冕"为最重。

若干古书把冕服的起源说得非常古老。有部古书叫《太古冠冕图》③,那书名就给人一种感觉:冠冕起于太古。但不是所有人都那么看。明初修缮历代帝王庙时,朱元璋下令:"伏羲、神农未有衣裳之制,勿加冕服。"④帝王庙中的伏羲像和神农像,有的被穿上了冕服;不过伏羲、神农服冕那事情,连朱元璋都不信。通行的说法是黄帝作冕。《世本》:"黄帝作冕。"⑤具体说则是一个叫胡曹的人作的⑥。又《尚书大传》:"黄帝始制冠冕、垂衣裳。"⑦张晏甚至说"作轩冕之服,故谓之轩辕"⑧,暗示"轩辕"之名与冕服相关。在汉代画像石中,黄帝、尧、舜都戴冕。明朝张居正主编的《帝鉴图说》,于古人冠服皆以意画之;不过从唐尧到周文王都不

---

① 《史记》卷六七《仲尼弟子列传》。
② 《十三经注疏》,第 781 页中栏。
③ 《史记》卷一《五帝本纪》集解引。
④ 郑晓:《今言》,中华书局 1984 年版,第 38 页。
⑤ 《春秋左传正义》桓公二年疏引《世本》,《十三经注疏》,第 1741 页下栏;又见秦嘉谟等:《世本八种》,商务印书馆 1957 年版,第 24 页。
⑥ 《春秋左传正义》昭公二十四年疏:"《世本》云:胡曹作冕。"《十三经注疏》,第 2108 页上栏。
⑦ 《风俗通义·皇霸》引,王利器:《风俗通义校注》,中华书局 1981 年版,第 10 页;又陈寿祺:《尚书大传辑校》卷三《略说》,收入《清经解续编》,上海书店 1988 年版,第 2 册第 417 页中栏。
⑧ 《史记》卷一《五帝本纪》张晏注。同书卷六九《苏秦列传》"前有楼阙轩辕"一句,《索隐》称"又《史记》俗本亦有作'轩冕'者,非本文也"。

画冕,直到周武王才画上了旒冕①,看上去是很谨慎的。现今各地所建的炎帝、黄帝像,有的有冕,有的无冕②。孔子赞扬大禹"恶衣服,而致美乎黻冕"③。那么孔子认为大禹戴冕。

图8　武梁祠画像石中戴冕的古帝王
(《隶续》卷六《碑图下》,中华书局1986年版,第370页)

在《左传》桓公二年中,宋国大夫臧哀伯叙述了一整套礼服的组成:"衮、冕、黻、珽,带、裳、幅、舄,衡、纮、纮、綖,昭其度也。"赵超先生释云:"衮,是绘制和刺绣上各种图案的彩色上衣。冕,是帝王戴的顶上有平版的冠帽。黻,就是黼黻,又叫做蔽膝,是在腹

---

①张居正:《帝鉴图说》,《北京图书馆古籍珍本丛刊》,书目文献出版社1998年版,第14册第726页;又云南美术出版社2005年版,第24页。
②陕西黄陵的"黄帝功德像"有冕,河南新郑市轩辕故里、河北涿鹿黄帝城的黄帝塑像,或有冕,或无冕。河南灵宝黄帝铸鼎原、湖南炎陵县炎帝庙、湖北随州神农故里、陕西宝鸡炎帝祠、山西上党炎帝文化遗址的神农炎帝像,无冕。参看鲁谆、丁丕光编:《炎黄汇典图像卷》,吉林文史出版社2002年版,有关部分。
③《论语·泰伯》,程树德:《论语集释》,第561页。

部前悬垂的长方形绣花织物。珽，是手执的玉版。带，指用皮革制作或用丝线编织的腰带。裳，是下身穿的长裙。幅，又叫做斜幅或行縢，是缠在腿上的宽布带。舄，是用金色或红色丝线编织的厚底鞋子。衡，是用来固定冕旒的头饰。纮，是从冕版上垂下来的彩色丝带，下端悬挂着玉石的饰物——瑱。紘，是用于系冠的丝绳。延，是在冠顶上平覆着的长方形版，宽8寸，长16寸。"①

据说冕的延版是一块木板，上面蒙着细麻布，上黑下红，所谓"玄冕朱里"②。冕版尺寸有不同的记载，"宽8寸，长16寸"只是一说。又，延版的形状不一定都是长方形，也有说"前圆后方"的。冕服的标准颜色是"玄上纁下"，上衣黑，下裳浅绛③。冕服上绣有各种服章，有卷龙的冕服特称"衮"④，都是彩色的。"韨"是一块起源古老的皮制蔽膝⑤，魏晋才改为绛纱制成⑥。赵超先生云其为"绣花织物"，那只是魏晋以下。"韨"是命服的重要组成部

① 赵超：《云想衣裳：中国服饰的考古文物研究》，四川人民出版社2004年版，第61页。

② 《春秋左传正义》桓公二年孔颖达疏："《周礼》'弁师掌王之五冕，皆玄冕朱里'，止言玄朱而已，不言所用之物。《论语》云：'麻冕，礼也。'盖以木为干而用布衣之，上玄下朱，取天地之色。"《十三经注疏》，第1741页下栏。

③ 《礼记·王制》郑玄注："凡冕属，其服皆玄上纁下。"《十三经注疏》，第1346页下栏；《说文解字》卷十三上："纁，浅绛也。"中华书局1963年版，第273页。

④ 《春秋左传正义》桓公五年孔颖达疏："衮之言卷也，谓龙首卷然。《玉藻》曰：'龙卷以祭。'知谓龙首卷也。"《十三经注疏》，第1741页下栏。

⑤ "韨"即"韠"，又作"芾""韍"，金文作"巿"，在西周就是礼服的重要部分。杨宽：《西周史》，第476页以下。郑玄《毛诗笺》："芾，大古蔽膝之象也。冕服谓之'芾'，其它服谓之'韠'，以韦为之。"《十三经注疏》，第489页下栏。

⑥ 《春秋左传正义》桓公五年引徐广《车服仪制》："汉世蔽膝犹用赤皮，魏晋以来用绛纱为之。"《十三经注疏》，第1741—1742页下栏。

分,故有"黻冕"之称。

冕服并非周王独占,诸侯、卿大夫都能服冕。据《尚书·顾命》的记叙,在周武王去世后周成王的即位仪式上,天王与诸侯、诸臣都服"麻冕":"王麻冕黼裳,由宾阶隮。卿士邦君,麻冕蚁裳,入即位。太保、太史、太宗,皆麻冕彤裳。""麻冕"素而无彩,有人认为用于服丧①。据说冕最初用麻布蒙,孔子之时改蒙丝帛,更简易也更漂亮了②。

再看《左传》《国语》中的若干服冕例子:

《左传》宣公十六年:晋侯请于王,戊申,以黻冕命士会将中军,且为大傅。

《左传》襄公二十九年:公与公冶冕服。固辞,强之而后受。……及疾,聚其臣,曰:我死,必无以冕服敛,非德赏也。

《左传》昭公元年:天王使刘定公劳赵孟于颍,馆于雒汭。刘子曰:美哉禹功!明德远矣。微禹,吾其鱼乎!吾与子弁冕端委以治民、临诸侯,禹之力也。

《左传》昭公九年:王使詹桓伯辞于晋曰:"……我在伯

---

① 《通典》卷七二《礼三二》引《魏尚书奏》:"秦静议:按周礼,天子公卿诸侯,吉服皆玄冕朱里,玄衣纁裳;有丧凶则变之麻冕黼裳,邦君麻冕蚁裳。云麻冕者,则素冕麻不加采色,又变其裳。亦非纯吉,亦不纯凶。"中华书局1988年版,第1979页。
② 《论语·子罕》:"麻冕,礼也。今也纯,俭,吾从众。"邢昺疏:"古者绩麻三十升布以为之,故云'麻冕,礼也'。今也,谓当孔子时。纯,丝也。丝易成,故云纯,俭。用丝虽不合礼,以其俭易,故孔子从之也。"《十三经注疏》,第2489页下栏。"俭"不是俭朴,而是简易。三十升麻布有2400缕,细密难成,不如丝织。何况丝织品比绩麻布漂亮多了。所以孔子不反对那做法。

父,犹衣服之有冠冕,木水之有本原,民人之有谋主也。伯父若裂冠毁冕,拔本塞原,专弃谋主,虽戎狄,其何有余一人?"

《左传》哀公十五年:孔氏之竖浑良夫长而美,孔文子卒,通于内。太子在戚,孔姬使之焉。太子与之言曰:"苟使我入获国,服冕、乘轩,三死无与。"

《国语·周语上》:襄王使太宰文公及内史兴赐晋文公命,……晋侯端委以入。太宰以王命命冕服,内史赞之,三命而后即冕服。

由上述记载可见,春秋时冕服确实被使用着。冕服是命服,须君主特赐。《礼记·玉藻》:"君赐车马,乘以拜;赐衣服,服以拜。赐,君未有命,弗敢即乘服也。"没有君命,就不能服冕。

《左传》的叙述提到了冕上的"衡、纮、紞、綖",其中最关键的是"綖",若"綖"确指一块长版,则其时的"冕"就是圆筒加长版的形状。学者或说"周人服冕的渊源出于殷商,事属可能"①。古人对冕的源流也有不少论说:

1.《五经通义》:冕制奈何?《礼器》曰:冕冠长六寸,广八寸。员前。冕缁布在上,五彩组十二旒。夏、殷之冕如周制矣,其旒色异。夏冕黑白赤组旒,殷冕黑黄青组旒。(《太平御览》卷六八六《服章部三》引,第 3 册第 3060—3061 页)

2. 应劭《汉官仪》:周冕与古冕略等,周加垂旒,天子前后垂真白珠各十二。(《太平御览》卷六八六《服章部三》引,第 3 册第 3061 页上栏)

3. 何休:夏曰收,殷曰冔,周曰弁,加旒曰冕,主所以入宗

---

① 王宇清:《周礼六冕考辨》,台湾历史博物馆 1983 年版,第 57 页。

庙也。(《春秋公羊传》宣公元年解诂,《十三经注疏》,第2277 页下栏)

4. 宋衷:冕,冠之有旒者。礼文残缺,形制难详。(《春秋左传正义》桓公二年疏引,《十三经注疏》,第1741 页)

5.《仪礼·士冠礼》:周弁,殷冔,夏收。三王共皮弁素积。

6.《礼记·王制》:有虞氏皇而祭,深衣而养老;夏后氏收而祭,燕衣而养老;殷人冔而祭,缟衣而养老;周人冕而祭,玄衣而养老。

7. 蔡邕《独断》:冕冠,周曰爵弁,殷曰冔,夏曰收。皆以三十升漆布为壳,广八寸,长尺二寸,加爵冕其上。周黑而赤,如爵头之色,前小后大;殷黑而微白,前大后小;夏纯黑而赤,前小后大。皆有收以持笄。①

8. 董巴《大汉舆服志》:(爵弁)同于爵形,一名冕,有收持笄,所谓夏收、殷冔者也。②

《五经通义》不知是谁写的③,其"夏殷之冕如周制矣,其旒色异"的说法,汉儒也不全赞成——汉儒应劭就说"周加垂旒",冕上用

①蔡邕:《独断》卷下,上海古籍出版社 1990 年版,第 18 页。"加爵冕其上"五字,卢文弨认为应作"如冕缲其上",见《独断》卷下,中华书局 1985 年版,第 26 页。
②《隋书》卷十二《礼仪志七》引。又《续汉书·舆服志下》:"爵弁,一名冕。……所谓夏收、殷冔者也。"《续汉志》之说似出自董巴。董巴系曹魏博士。《隋书》卷三三《经籍志二》:"《大汉舆服志》一卷,魏博士董巴撰。"
③马国翰《玉函山房辑佚书·经编·五经总类》云:"案《隋志》'《五经通义》八卷',注'梁九卷'。不著撰人姓名。《唐志》有刘向《五经杂义》七卷,又《五经通义》九卷。今佚,辑录一卷。考《后汉·曹褒传》,褒作《通义》十二篇,《演经杂论》百二十篇。隋唐志皆不著录。《唐志》题刘向必有所据,姑依题之。朱氏《经义考》以前汉无纬说,因取诸书引《通义》(转下页注)

旒始于周朝,那么夏殷之冕无旒。何休、宋衷又强调有旒的才叫冕。没旒的另称爵弁,圆筒加长版而已。又《仪礼·士冠礼》及《礼记·王制》说,虞、夏、殷、周的祭服,经历了一个皇、收、冔、冕的变迁历程。它们是一冠之异名,还是不同的冠呢?在蔡邕看来,冔、收与爵弁都有綖版。汉人往往直接把爵弁说成冕,如董巴。甚至唐人也把爵弁称为"广冕"①。

即令按礼书与汉儒的说法,冕的形制也不是固定不变的,有一个发展历程,而且是一个单线的历程。回头再看《周礼》,冕服多达六种,而且以十二旒、十二章为别。情况真是那样吗?

《礼记·礼器》:"天子龙衮,诸侯黼,大夫黻,士玄衣纁裳。天子之冕,朱绿藻十有二旒,诸侯九,上大夫七,下大夫五,士三。"《礼器》也说旒数有等级,而且士亦有冕,"士三"即士用三旒冕,无冕则旒何所附着? 不过《左传》《国语》中,没看到士服冕的迹象,《礼器》此说可疑。至于服章,《礼器》只提到了龙、黼、黻,合于《左传》所叙服章,相对较能传真;然而没提"十二章",不如《周礼》作者有想象力了。又《礼记·祭义》说天子之冕朱纮,诸侯之冕青纮,也许是可信的②。

---

(接上页注)载纬说者,属之曹褒;余皆属之刘向,固具特识;然隋唐志不言曹褒,未若依《唐志》并入刘向书为有据也。"上海古籍出版社 1990 年版,第 2 册第 1963 页。但马氏所辑《五经通义》漏辑本书所引一条。

① 王泾《大唐郊祀录》卷三《衣服》:"六品以下则服爵弁,无旒无章,一名广冕。"《续修四库全书》,上海古籍出版社 2002 年版,第 821 册第 294 页。
② 又《礼记·礼器》"管仲镂簋朱纮,山节藻棁,君子以为滥矣";又《杂记》"孔子曰:管仲镂簋而朱纮"。《十三经注疏》,第 1597 页下栏、第 1434 页中栏、第 1656 页下栏。孔子曾治《春秋》,熟悉历史,他指责管仲"朱纮"非礼,应较可信。

"旒"在殷朝已经有了,不过是指旗帜上的饰物①。夏收、殷冔恐怕真是无旒的。那么周冕有旒吗?《左传》桓公二年的"衮、冕、黻、珽、带、裳、幅、舄,衡、纮、紞、綖"的叙述中,没有冕旒。《诗经》提到了很多玉器和玉饰,但也没提冕旒②。古人尚玉,玉器等级是礼制的重要部分,有人还将之称为"政治化的玉"③。周人在周原时期,就有了精雕细琢的玉器工艺④;然而学者对周代玉器的考察里面,没有冕旒的报告。从原始社会到商周都发现过带孔玉珠,不过那是用于玉串饰的(如组玉佩),看不出用作"冕旒"的迹象来⑤。

①《诗经·商颂·长发》:"受大球小球,为下国缀旒。"郑玄笺:"旒,旌旗之垂者也。"《十三经注疏》,第 625 页下栏。"旒"字从"方",似乎也暗示旒最初用于旌旗。

②张永山:《从〈诗经〉看古人观念中的玉》,收入北京大学考古文博学院编:《考古学研究》第 5 册下册,科学出版社 2003 年版,第 670 页以下;臧振:《玉器与周人的社会生活》,收入宋镇豪等编:《西周文明论集》,朝华出版社 2003 年版,第 262 页以下。

③杨岗:《先秦时期的玉崇拜观》,收入咸阳市文物考古研究所编:《文物考古论集:咸阳市文物考古研究所成立十周年纪念》,三秦出版社 2000 年版,第69 页。

④陈全方:《周原与周文化》,上海人民出版社 1988 年版,第 90 页以下。

⑤此处参考了郭宝钧:《古玉新诠》,《历史语言研究所集刊》第 20 本下册,中华书局 1987 年版(郭先生称若干小玉珠为旒,但并未指为冕旒);夏鼐:《商代玉器的分类、定名和用途》,《考古》1983 年第 5 期;杨建芳:《近三十年中国古玉之发现与研究》,收入《文物考古论丛:敏求精舍三十周年纪念论文集》,香港敏求精舍、两木出版社 1995 年版,第 177 页以下;曲石:《两周玉器》,《考古学集刊》第 7 辑,中国社会科学出版社 1991 年版,第 155页;殷志强:《中国古代玉器》,上海文化出版社 2000 年版,第 221 页;孙机:《周代的组玉佩》,收入《中国古舆服论丛》(增订本),文物出版社 2001 年版,第 124 页以下;刘森森:《殷代玉器的类型学观察》,收入王(转下页注)

周朝命服是有等级的。从册命金文分析,首先"衣"似乎有等级,有"玄衮衣""衮衣黹屯""玄衮幽黼""门衣"之别。其次"市"与"黄"是重要的等级服饰元素。"市"即"韍",皮蔽膝;"黄"即璜、珩,是组玉佩上的横玉①。《左传》中可以看到"一命之服""再命之服""三命之服",而《礼记·玉藻》:"一命缊韍幽衡,再命赤

(接上页注)光镐主编:《文物考古文集》,武汉大学出版社 1997 年版,第 127 页以下;昭明、利群:《古代玉器》,中国书店 1999 年版,第 56、96、125 页;王宇信:《春秋时期的玉、用玉及玉观念》,收入《商承祚教授百年诞辰纪念文集》,文物出版社 2003 年版,第 99 页以下;宋镇豪:《商代玉石人像的服饰形态》,《中国社会科学院历史研究所学刊》第 2 集,商务印书馆 2004 年版,第 82 页以下;曹楠:《简述春秋战国时期出土玉器考》,收入考古编辑部:《探古求原:考古杂志社成立十周年纪念学术文集》,科学出版社 2007 年版,第 125 页以下。

①郭沫若先生在《释黄》一文中提出,"黄"是佩玉:"黄、珩、衡为一物。"见其《金文丛考》,人民出版社 1956 年版,第 163 页;《师克盨铭考释》,《文物》1962 年第 6 期。持"黄为佩玉"之说的,还有郭宝钧、杨宽、白川静等,分见其《古玉新诠》、《历史语言研究所集刊》第 20 本下册,第 18 页以下;《西周史》,第 475 页;《金文的世界:殷周社会史》,台湾联经出版事业公司 1989 年版,第 122 页。唐兰先生认为"黄"是系示之带,见其《毛公鼎朱韍葱衡玉环玉璱新解》,《光明日报》1961 年 5 月 9 日,收入《唐兰先生金文论集》,紫禁城出版社 1995 年版,第 88 页以下。持"黄为衣带"之说的还有陈梦家等,见其《西周铜器断代·赏赐篇·释黄》,《燕京学报》新 1 期,北京大学出版社 1995 年版,第 277 页以下;及吴红松,见其《西周金文赏赐物品及其相关问题研究》,安徽大学 2006 年博士学位论文,第 58 页以下。孙机先生详考其事,认为"黄为命服中的玉佩,至此已无可置疑"。见其《周代的组玉佩》,收入《中国古舆服论丛》(增订本),第 124 页以下。许进雄先生甚至认为,"黄"字本身就是组玉佩的象形,"黄帝"之名就是来自"璜"的。《古事杂谈》,商务印书馆 1997 年版,第 179 页。玉璜在良渚文化中就发现了,参看吴桂兵:《长江流域龙山文化时代玉器研究》,收入《四川大学考古专业创建四十周年暨冯汉骥教授百年诞辰纪念文集》,四川大学出版社 2001 年版,第 195 页以下。

被幽衡，三命赤韨葱衡。"①命服的等级性，就体现在各色"市"与各色"黄"的不同组合上，对此学者已做出了各种排比②。《诗经·小雅·采芑》："服其命服，朱芾斯皇，有玱葱珩。"这句诗赞扬卿士方叔的命服之美，便是以"朱芾""葱珩"为辞的。其时服色似乎也有一定等级功能③。然而，册命金文中既看不到冕有等级，也看不到冕旒及其等级。

礼书之外的先秦古书中，述及冕服等级的还有《荀子》：

> 《荀子·富国》：故天子袾裷衣，冕；诸侯玄裷衣，冕；大夫裨冕，士皮弁服。
>
> 《荀子·大略》：天子山冕，诸侯玄冠，大夫裨冕，士韦弁，礼也。

《荀子》是战国后期作品，其中的《大略》应出自荀子弟子④，杂录荀子之语⑤。上面的引文显示，在先秦某个时候，冕服确实呈现出

---

① 又《说文解字》卷七下："天子朱市，诸侯赤市，大夫赤市葱衡。"第160页下栏。"赤市"二字原无，据段玉裁说补。

② 陈汉平：《西周册命制度研究》，学林出版社1986年版，第284页以下；汪中文：《西周册命金文所见官制》，台湾编译馆1999年版，第324页以下；杨宽：《西周史》，第476页以下。

③ 陈汉平：《西周册命制度研究》"赐物颜色之不同"条，第286页以下。

④ 杨倞云："此篇盖弟子杂录荀卿之语，皆略举其要。"王先谦：《荀子集解》，第485页。

⑤ 金德建先生认为《大略》为汉人所作，理由是其征引了《公羊传》《穀梁传》《大戴礼记》和《诗传》，而这些书都成于汉代。见其《古籍丛考》，中华书局1941年版，第50页。按，梁启超已指出《大略》等篇系汉儒杂录，见其《要籍解题及其读法》，《梁启超全集》，北京出版社1999年版，第4641页。但其论据并不强硬。首先《公羊传》《穀梁传》《诗传》虽成于汉，但口口相传的经说，不能说在先秦不存在，荀子或其弟子无所知。至于（转下页注）

等级来了。"裷"即"衮"。《富国》中的"天子袾裷衣，冕"，结合《大略》的"天子山冕"，可理解为"天子袾裷衣，山冕"。《大略》之"诸侯玄冠"，不妨依据《富国》订正为"诸侯玄裷，衣冕"。综合《富国》与《大略》二篇，荀子看到的冕弁等级有四：一、天子袾裷衣，山冕；二、诸侯玄裷衣，冕；三、大夫，裨冕；四、士，皮弁或韦弁。

在《荀子》中，士不得服冕，大夫不得服衮。衮衣又以色彩为别，分为"袾裷衣""玄裷衣"两等。这种以朱、玄两种颜色来分等的做法，跟册命金文中的"玄衮衣""朱市""赤市""载市"之类，多少可以互证。从《左传》僖公四年的一段记载看，用衮与否似是一条等级界限："许穆公卒于师，葬之以侯，礼也。凡诸侯薨于朝会，加一等；死王事，加二等。于是有以衮敛。"许穆公是男爵，故称"许男"。因为他参加了霸主"尊王攘夷"的活动，算是"死王事"了，故男爵而用侯礼葬，得以服衮[1]。又《左传》隐公五年："臧僖伯卒。公曰：'叔父有憾于寡人，寡人弗敢忘。'葬之加一等。"杜预

---

（接上页注）《大戴礼记》与《大略》相同处，梁启超也承认，"凡此皆当认为《礼记》采《荀子》，不能谓《荀子》袭《礼记》"。胡适亦云，"究竟不知是谁抄谁"，见其《中国哲学史大纲》，河北教育出版社 2001 年版，第 226 页。杨筠如先生也只说是《礼记》《诗传》混入《荀子》，而不径指《荀子》相关篇章为伪，见其《荀子研究》，上海书店 1989 年版，第 23 页。这比梁、金二先生谨慎多了。张亨先生还认为，既令《荀子》中属于荀子弟子所录的诸篇，"也未尝不可以视同'荀学'的一部分来讨论。照杨筠如的标准是太慎重了些"。见其《荀子礼论篇非取大小戴礼记辨》，《大陆杂志》42 卷第 2 期，转引自郑良树编：《续伪书通考》，台湾学生书局 1984 年版，第 2 册第 1219 页。就本书而言，《大略》的冕服记载既然能跟《富国》印证，则可以看成荀子旧说。

[1] 杜预认为许男加了一等："男而以侯礼，加一等。诸侯命有三等：公为上等，侯伯中等，子男为下等。"孔颖达疏认为加了两等："衮衣，公服也，谓加二等。"《十三经注疏》，第 1793 页中栏。

注:"加命服之等。"①比照许穆公的"以衮敛",此处杜预以"命服之等"为注,有点道理②。男爵不能服衮,但仍能服冕,因为大夫都能服冕,男爵不当例外。据此,荀子所云第三等"大夫,裨冕",也可以修订为"子男、大夫,裨冕"。

"裨冕"是什么冕呢? 王先谦云:"裨之言卑也。"③"裨冕"即"卑冕",应是冕版小、高度低的冕。那天子所用的"山冕"呢? 杨倞称:"谓画山于衣而服冕,即衮也。盖取其龙则谓之衮冕,取其山则谓之山冕。"④杨氏所依据的是"冕名章首说"。礼家认为,六冕之名来自服章之首章。但"章首说"并不可信,参看本章第 3 节。刘师培推测"山冕"是夏后氏之制,这不但于史无据,而且于经无据了⑤。我们认为,"山冕"就是大冕,"山"是形容其大其高。对冕的大小,有不同的说法。或说冕版长六寸、广八寸,或说广七寸、长尺二寸,或说广八寸、长尺二寸,或说广八寸、长尺六寸。有

———————

①《十三经注疏》,第 1728 页中栏。
②杨伯峻先生认为,杜、孔所据为《周礼》,但《周礼》不能尽用以释《左传》,"以衮敛"三字是通说礼制,不是特指许穆公,"许男以侯礼葬,不得用衮衣"。见其《春秋左传注》,中华书局 1981 年版,第 294 页。可杨先生所依据的侯不得用衮,也是《周礼》说,岂不也是《周礼》释《左传》吗。《左传》"于是有以衮敛"的"于是"二字,显承"葬之以侯"而言,是说因许男以侯礼而葬,于是得到了"以衮敛"的待遇。
③王先谦:《荀子集解》引杨倞,第 178 页;又董治安、郑杰文撰:《荀子汇校汇注》,齐鲁书社 1997 年版,第 319 页。
④见王先谦:《荀子集解》,第 486 页。
⑤刘师培引据《礼记·明堂位》"夏后氏山",云:"则山冕殆夏制欤?"见其《荀子补释》,收入《刘申叔遗书》,江苏古籍出版社 1997 年版,第 980 页。其所采用的也是"章首说"。然而"夏后氏山"说的不是衣裳的纹章,而是韨即蔽膝上的纹章。那么即就"章首说"而言,刘师培之说也不能成立。

人认为,大小不等的冕版,分别为天子、诸侯、大夫所用①,其说可参。山冕就是冕版大、冕形高的冕。

以冕形大小解释山冕、裨冕之别,我觉得很符合一般服饰心理,即"以大为贵""以高为贵"的心理。《荀子·儒效》:"逢衣浅带,解果其冠……是俗儒也。""解果"即"蠪螺",就是把冠弄得像螺一样高耸起来,以炫人耳目的意思②。屈原为标榜特立独行,专门戴高高的切云冠③。可见先秦冠帽,确实有"以高为贵"的情况。汉人也是如此。汉代的通天冠、高山冠、远游冠、进贤冠等,都属梁冠,它们高低有别,可能都是由同一种冠之大小高低之异,分化而来的。进贤冠又有"大冠""小冠"之别,小冠应较矮小④。

---

① 可参《春秋左传正义》:綖版"其长短广狭,则经传无文。阮谌《三礼图·汉礼器制度》云:'冕制,皆长尺六寸,广八寸,天子以下皆同。'沈引董巴《舆服志》云广七寸,长尺二寸。应劭《汉官仪》云'广七寸,长八寸'。沈又云广八寸,长尺六寸者,天子之冕;广七寸,长尺二寸者,诸侯之冕;广七寸,长八寸者,大夫之冕。但古礼残缺,未知孰是,故备载焉"。《十三经注疏》,第1741页下栏。
② 俞樾认为"蠪螺犹平正也"。《古书疑义举例》卷七《不达古语而误解例》,《古书疑义举例五种》,中华书局1983年版,第138页。其说不确。刘师培《荀子词例举要》认为,"蠪螺其冠"指"冠之中高旁下者",《刘申叔遗书》,第413页。刘说可从。
③ 《楚辞·九章·涉江》:"冠切云之崔嵬。"洪兴祖:《楚辞补注》,中华书局1983年版,第128页;王泗原:《楚辞校释》,人民教育出版社1999年版,第152页。
④ 秦汉的通天冠、高山冠高九寸,进贤冠高七寸,樊哙冠高七寸,法冠高五寸,却敌冠高四寸。还有一种类似高山冠的巧士冠,有高七寸、高五寸两种。相对于高七寸的巧士冠,高五寸的就是巧士冠中的"小冠"了。马王堆三号汉墓遣策有"冠大小各一"之文(简268),见何介钧主编:《长沙马王堆二三号汉墓》第一卷《田野考古发掘报告》,文物出版社2004年版,第65页。陈国安先生认为,与一件漆缅冠同置于一个奁盒之中(转下页注)

那么回头看冕，我认为，先秦依冕之高低、冕版之大小而分为山冕、冕、裨冕三等，不是没有可能的。

《荀子》没提旒及旒数等级。若有其制，难道荀子讳而不言吗？除了《周礼》《礼记·礼器》，从出土玉器、册命金文及其他古书看，冕旒分等之法无迹可寻①。"周加垂旒"，进入周代冕就被加上了旒的说法，只能姑妄听之。《周礼》《礼记·礼器》所见冕旒等级，目前看来，应出儒者建构，不宜指为史实。冕旒那挡眼睛的玩艺，也许是在战国新兴服饰大量涌现时，才在某些地方露头，并成为《周礼》《礼记·礼器》编排冕旒的灵感和素材的。

---

（接上页注）的另一残破之冠（编号 6685），就是遣策所记的那件"小冠"。见其《长沙马王堆一、三号汉墓服饰述论》，收入《马王堆汉墓研究文集：1992年马王堆汉墓国际学术讨论会论文集》，湖南出版社 1994 年版，第 214 页。而那顶漆缅冠是武冠，则那顶"小冠"就是武冠的"小冠"。《汉旧仪》："选能治剧长安、三辅令，取治剧。皆试守，小冠，满岁为真，以次迁，奉引则大冠"；县令长丞尉"皆大冠。亡新令长为宰，皆小冠，号曰夫子"。《汉官六种》，中华书局 1990 年版，第 68、82 页。令长之"大冠"，当然只能是进贤冠了，所以其"小冠"，应是进贤冠的小冠，只用于试用期的官员。《续汉书·舆服志下》刘昭注引《古今注》："建武十三年，初令令长皆小冠。"《汉书》卷六十《杜周传》记，杜钦"乃为小冠，高广财二寸"。杜钦是学者，学者可以戴进贤一梁冠，则杜钦的"小冠"应是进贤冠的"小冠"。其冠高才二寸，是相当之矮的。同书卷六八《霍光传》，汉宣帝裁抑霍氏："更以（霍）禹为大司马，冠小冠，亡印绶。"任命为大司马却不给印绶，只准使用"小冠"，是贬抑的意思。

① 据胡雅丽先生研究，包山楚简中记有二冠，一件应为赤缯冠，一件应为草绿缯冠，上面可能有垂饰。胡先生认为这两个有垂饰的冠是祭服，因为"先秦众多冠中，只有冕冠饰垂旒"。见其《包山楚简服饰资料研究》，收入王光镐主编：《文物考古文集》，武汉大学出版社 1997 年版，第 255 页。其说可疑。是否有垂饰，有垂饰是否就是冕旒，都不清晰。先秦楚地玉器中也没见冕旒。参看万全文：《长江中游先秦考古学文化》，湖北教育出版社2006 年版，第 395 页以下。

《周礼》大裘冕、衮冕、鷩冕、毳冕、绨冕、玄冕那些名称,给人的第一感觉是什么呢?至少我的感觉就是"杂乱",它们并不遵循共同的命名规律。衮冕以龙章命名,鷩冕以禽鸟命名,毳冕以兽毛命名,绨冕以织绣命名,玄冕以颜色命名。这暗示它们来源各异,本来是不同的冕,形制各有千秋,是后人把它们编排到一起的。《礼记》所见冕名,就只有裨冕、卷冕、玄冕、纯冕了[1],与《周礼》很不相同。"卷冕"即衮冕、衮冕这个词,也可理解为衮、冕二事并举,是"衮衣与冕"而不是"与衮衣相配的冕"的意思。"纯冕"应就质料而言,孔子所谓"今也纯",相对于"麻冕"而言。总之,《礼记》无六冕之制。周朝若真有那么一大套六冕,《礼记》叙述冕服时会装没看见吗?

鷩冕、毳冕之名在别的书中看不到,尤其奇特。汉人用"章首说"解释其名,但我们不那么看。对鷩冕,应注意《礼记》中的"有虞氏皇而祭"之说。"皇"是一种以羽毛装饰的冠,也可以认为是一种冕。郑玄:"皇,冕属,画羽饰焉。"[2]今人也把"皇"看成一种冕[3]。"皇"字上面的那个"白",本来就是羽冠形象。还有个"望"字,上部为羽,下部为王[4],暗示羽冠是王者的首饰。此字读皇,实即"皇"的异体字。用艳丽的羽毛饰冠的习俗,又古老又普遍。大汶口文化有个陶文符号,李学勤先生认为是羽冠形象[5]。良渚文

---

[1] "裨冕"见《曾子问》《玉藻》《乐记》,"卷冕"见《郊特牲》《明堂位》《祭义》《祭统》,"玄冕"见《郊特牲》《杂记》,"纯冕"见《祭统》。

[2]《礼记·王制》郑玄注,《十三经注疏》,第 1346 页下栏。

[3] 主张皇为冕冠者,如孙海波、汪荣宝、徐中舒、郭沫若、李国正、杜金鹏等。参看李圃主编:《古文字诂林》,上海教育出版社 1999 年版,第 1 册第 226 页以下。

[4]《说文解字》卷四上,第 75 页。

[5] 李学勤:《论新出大汶口文化陶器符号》,《文物》1987 年第 12 期。

化的玉钺、玉琮、玉冠状器上的神人浅浮雕,有宽大高耸的羽冠①;安徽凌家滩出土的玉人头像,饰有羽冠②;四川金沙遗址出土的青铜立人像,也有羽冠③。史前及三代有羽冠存在,殆无疑义。以羽为首饰的做法,还能在广西明江、广西花山、云南沧源等地岩画和云南晋宁、江川古墓壁画中看到④。纳西族的巫师"东巴"

---

① 牟永抗:《良渚玉器上神崇拜的探索》,收入《庆祝苏秉琦考古 55 年论文集》,文物出版社 1989 年版,第 184 页以下。王明达:《良渚玉器若干问题的探讨》,收入《中国考古学会第七次年会论文集》,文物出版社 1992 年版,第 59—62 页。朱乃诚:《良渚文化人像纹饰考略》,收入《中国考古学会第九次年会论文集》,文物出版社 1993 年版,第 140 页以下。林巳奈夫:《中国古玉研究》,台北艺术图书公司 1997 年版,第 186 页。王奇志、车广锦:《玉器三题》,收入山东大学考古学系编:《刘敦愿先生纪念文集》,山东大学出版社 1998 年版,第 165 页。戴尔俭:《从神人族徽、聚落网络和文化关系看文明前夕的良渚酋邦》;俞为洁:《良渚的人体装饰品及衣冠服饰初考》;均见《纪念良渚文化发现六十周年国际学术讨论会文集》,科学出版社 1999 年版。

② 安徽省文物考古研究所:《凌家滩玉器》,文物出版社 1999 年版,第 54—55 页。

③ 图见黄剑华:《古蜀金沙:金沙遗址古蜀文明探析》,巴蜀书社 2003 年版,第 41 页;成都文物考古研究所:《金沙:21 世纪中国考古新发现》,五洲传播出版社 2005 年版,第 37 页;成都文物考古研究所:《金沙考古发现:走进古蜀都邑金沙村》,四川文艺出版社 2006 年版,第 66 页。三书称之为"花冠""涡形冠",应系羽冠。

④ 汪宁生:《云南沧源崖画的发现与研究》,文物出版社 1985 年版,第 23 页以下;王克荣、邱钟仑、陈远璋:《广西左江岩画》,文物出版社 1988 年版,第 28、31、33、36 等页;张增祺:《中国西南民族考古》,云南人民出版社 1990 年版,第 331 页;于锦绣、杨淑荣主编:《中国各民族原始宗教资料集成·考古卷》,中国社会科学出版社 1996 年版,第 643 页以下;李昆生:《云南艺术史》,云南艺术出版社 1998 年版,第 98 页;沈从文:《中国古代服饰研究》,上海书店 2002 年版,第 148 页;王政:《战国前考古学文化谱系与类型的艺术美学研究》,安徽大学出版社 2006 年版,第 257 页以下。

帽上插羽①。苗、瑶、阿昌、藏等民族都以鸟羽为冠饰②。清朝使用花翎、蓝翎。其实明朝已有赐翎之事了③。以羽饰头甚至是世界性的普遍习俗，如印地安人④，非洲、大洋洲的部族⑤，古希腊，

①王永强等编：《中国少数民族文化史图典·西南卷下》，广西教育出版社1999年版，第248页。
②杨鹍国：《符号与象征：中国少数民族服饰文化》，北京出版社2000年版，第87页；又基诺、苗、哈尼、彝族的帽上羽饰，参看罗由沛、周鸣琦：《中国西部少数民族服饰》，四川教育出版社1993年版，第23—26页；苗、哈萨克、藏、彝、瑶、高山族的帽上羽饰，参考杨阳：《中国少数民族服饰赏析》，高等教育出版社1994年版，彩图4及第51、74、114、156、226、235—237、246、258—265页；又瑶、藏、维吾尔、苗、哈尼、哈萨克等族的帽上羽饰，参考杨源：《中国民族服饰文化图典》，大众文艺出版社1999年版，第32—33、42、102、132、136、149、170、174—178、197、198页图片。
③陈登原：《国史旧闻》"花翎"条，中华书局2000年版，第3册第483页。
④参考车尔夫：《人类古文明失落之谜全破译》，中国戏剧出版社2003年版，第471页图片。作者还指出印地安人的穿戴与良渚文化的羽冠神人相似。宋瑞芝：《走进印地安文明》，民主与建设出版社2001年版，第49页，叙述了易洛魁人的戴羽之俗。相关图片参考博兹：《马雅古城：湮没在森林里的奇迹》，上海书店1998年版；林大雄：《失落的文明：玛雅》，华东师范大学出版社2001年版；沈小瑜：《失落的文明：印加》，华东师范大学出版社2001年版；吉尔布兰特：《亚马孙雨林：人间最后的伊甸园》，上海人民出版社2001年版；格鲁金斯基：《阿兹特克：太阳与血的民族》，汉语大辞典出版社2001年版；杰克恩：《印地安人：红皮肤的大地》，汉语大辞典出版社2001年版；布朗主编：《灿烂而血腥的阿兹特克文明》《辉煌、瑰丽的玛雅》《印加人：黄金和荣耀的主人》，华夏出版社、广西人民出版社2002年版；郝明玮、徐世澄：《神奇的拉丁美洲》，上海文艺出版社2002年版；莫里斯：《美洲土著人》，明天出版社2005年版。
⑤艾周昌、沐涛：《走进黑非洲》，上海文艺出版社2001年版，第223页以下；应立国：《世界民族服饰》，天津人民美术出版社1998年版，第21页；于贡：《非洲探险：黑色大陆的秘密》，上海书店1999年版，第23、29、31页。

欧洲①。以羽饰首既极其普遍,那么经书说"皇"是有虞氏之冠,
应无可疑。尤其是西南铜鼓文化中的舞人形象,不但很多戴羽
冠,还有手持干戚或羽籥的②,显示了其与华夏乐舞的密切关系,
暗示了"羽冠是冕之一种"的重大可能性。

"冕"是什么? 只有那种圆筒加平版的才能称"冕"吗? 恐怕
不能排除如下可能:早期的"冕",只是王冠或礼帽的泛称而已。
"冕"字从"冂""曰"或"冃",其义是冒③,可能特指某种帽子,也
可能泛指某类帽子。比如"皇",我相信它确为"冕属"。那么所
谓"冕",就至少包括两个序列:爵弁系列的冕和羽冠系列的冕。
后一系列更为古老,可以上溯到良渚时代或有虞氏。

鹙冕之"鹙",系鸟名,即赤雉④,又叫"骏鹢"⑤。用骏鹢尾巴

---

① 15 世纪以降,欧洲人喜欢用羽毛装饰帽子,无分男女。参看布朗等:《世界
历代民族服饰》,四川民族出版社 1988 年版,第 24 页以下图片。又 Tom
Tierney, *Renaissance Fashions*, New York:Dover Publications,2000。

② 参看蒋廷瑜:《铜鼓》,人民出版社 1985 年版,第 103 页以下;中国铜鼓研究
会:《中国铜鼓研究会第二次学术讨论会论文集》,文物出版社 1986 年版,
第 186、276 页等;中国铜鼓研究会:《中国古代铜鼓》,文物出版社 1988 年
版,第 167 页以下;广西博物馆:《广西铜鼓图录》,文物出版社 1991 年版,
有关部分;蒋英:《中国古代铜鼓科学研究》,广西民族出版社 1992 年版,
第 29 页。

③ "冂"字高鸿缙释为帽。唐兰说:"此处用作盖在头上的头巾,演化为冃字、
冃字,冃就是冒(帽),又音转为冕字,从免声。"参看李圃主编:《古文字诂
林》,上海教育出版社 2002 年版,第 7 册第 72 页以下。陈初生先生也释
"冂"为头巾,见其《金文常用字典》卷七,陕西人民出版社 1987 年版,第
755 页。

④ 《说文解字》卷四上:"鹙,赤雉也。"第 82 页。

⑤ 《史记》卷一二五《佞幸列传》《索隐》注骏鹢:"许慎云,鹙鸟也。"又《通典》
卷五七《礼十七》引《仓颉解诂》:"骏鹢,鹙,即翚翟、山鸡之属,尾彩鲜明,
是将饰冠以代貂。"中华书局 1984 年版,第 329 页上栏。

图 9　良渚文化玉琮上的羽冠
神人浅浮雕

（杨伯达主编：《中国玉器全集》，
河北美术出版社，2005 年版，
第 65 页）

图 10　凌家滩玉人像饰羽冠

（安徽省文物考古研究所编：
《凌家滩玉器》，文物出版社，
2000 年版，第 55 页）

0 ⌣ ⌣ ⌣ ⌣ ⌣ 5厘米

图 11　新干商代大墓出土神人兽面形饰件

（江西省博物馆等：《新干商代大墓》，文物出版社 1997 年版，
第 156—157 页，图七九）

装饰的冠叫"鵔鸃冠",据说赵武灵王曾戴着它临朝①。既然用作临朝的礼冠,不妨说就相当于冕,而且相当于鷩冕。换言之,鷩冕其实来自"鵔鸃冠"一类羽冠,甚至可以上溯到"皇"冠。"冕"既是王冠之称,又是祭冠之称。"有虞氏皇而祭","皇"既然用于祭祀,当然就是冕。《周礼》中有"皇舞",用于"舞旱暵之事",即祈雨的雩祭;《周礼》又说"四方以皇",则祭祀四方(四望山川)也戴"皇"②。许慎说"翌"是一种乐舞,舞人用羽蔽首,"以祀星辰也"③。羽冠还有一种叫"鹬冠"。据说鹬鸟是"知天将雨鸟"④,能做天气预报,所以鹬冠用于雩祭。古冠名称多变,用途多端。皇冠、翌冠、鹬冠等既用以祭祀,那么就是冕。总之,所谓"鷩冕"其实源于羽冠,实有其事。

鷩冕既如此,那毳冕呢?"毳,兽细毛也。"⑤"毳"既是动物细毛,则不妨推测,"毳冕"源于用动物皮毛装饰的帽子。那种帽子通行于北方民族⑥,华夏族也戴。《白虎通义·绋冕》:"皮乃太古未有礼文之服。"董巴《大汉舆服志》:"上古衣毛而冒皮,后世圣

---

①《淮南子·主术》:"赵武灵王贝带、鵔鸃而朝,赵国化之。"张双棣:《淮南子校释》,北京大学出版社1997年版,第986页。鵔鸃冠应是庄重的礼冠,赵武灵王戴此冠应有"隆礼"之意,所以才会"赵国化之"。

②《周礼·地官·舞师》及《春官·乐师》郑玄注引郑众,《十三经注疏》,第721页上栏、第793页中栏,

③《说文解字》卷四上,第75页下栏。马叙伦、陈梦家都释"翌"为蒙羽帽于首之舞,参看李圃主编:《古文字诂林》,上海教育出版社2000年版,第4册第75页。

④《说文解字》卷四上,第81页上栏。

⑤《说文解字》卷八上,第174页上栏。

⑥参看向翔、龚有德:《从遮羞板到漆齿文身:中国少数民族服饰文化巡礼》,云南教育出版社1991年版,第128页以下;戴平:《中国民族服饰文化研究》,第159页以下。

人易之以丝麻。"①"冒皮"就是以皮为帽。士冠礼"三加"之一的皮弁，就是一种白鹿皮制的皮帽。古书中有驱兽而战的事情，胡厚宣先生认为，那实际是将士们"头戴猛兽帽、身穿虎皮衣"以威慑敌人②。战国也有皮帽。《周礼·夏官·方相氏》："掌蒙熊皮，黄金四目，玄衣朱裳。""蒙熊皮"就是用熊皮做帽子。《诗经·王风·大车》有"毳衣如菼""毳衣如璊"之句，学者说"毳衣"是毛织衣服，是朝聘和助祭的礼服③。古书中有狐裘、羔裘，是毛皮礼服。金文中有"虎裘"④。"大裘而冕"的"大裘"，据说是黑羊皮制的，当然带毛，也是一种"毳衣"。既有"毳衣"，则"毳帽"以至"毳冕"的存在，也不在情理之外了。周代使用革制的胄⑤。《伯晨鼎》《中山王壶》铭文有"皋胄"，被认为是蒙有虎皮的胄。我们认为"胄"也曾在命服之列，详见本章第2节。

　　春秋君主有戴皮帽的。《左传》昭公十二年冬："雨雪，王（楚灵王）皮冠，秦复陶、翠被、豹舄。"那"皮冠"就是皮帽。（复陶、翠被是羽衣。）又"惠文冠"。此冠本是武冠，"赵武灵王效胡服，始

①《太平御览》卷六九〇《服章部七》引，第3册第3079页下栏。
②参看胡厚宣：《甲骨文蒙字说》，收入《甲骨探史录》，生活·读书·新知三联书店1982年版。顾颉刚的《驱兽作战》一文，也谈到了以兽皮装饰军服，见《史林杂识初编》，第168页以下。《尚书·益稷》："夔曰：於！予击石拊石，百兽率舞。"这"百兽率舞"，高亨先生认为是化装为野兽的舞者，见其《文史述林》，中华书局1980年版，第54页。
③庄穆主编：《诗经综合辞典》，远方出版社1999年版，第143页；黄金贵：《古代文化词义集类辨考》，上海教育出版社1995年版，第841页。
④《大师虘簋》："王乎宰曶易大师虘虎裘。"古铭、徐谷甫：《两周金文选》，上海书画出版社1986年版，第146页；《简明金文词典》，上海辞书出版社1998年版，第193页。
⑤晁福林：《先秦民俗史》，上海人民出版社2001年版，第38页。

施貂蝉之饰"①。赵武灵王给武弁加上了貂尾②,并在"胡服骑射"时以身率众——"王遂胡服"③,用貂尾所饰之冠做了王冠。汉代的诸侯国王、侍中、中常侍也戴"惠文冠"④。"惠文冠"既然曾是王冠,那么不妨说也是一种冕,带毛的冕。

**图 12　东北鄂伦春族的毛檐狍脑帽**

(宋兆麟:《最后的捕猎者》,山东画报出版社 2001 年版,第 160 页)

---

①蔡邕:《独断》卷下,中华书局 1985 年版,第 28 页。
②按《续汉书·舆服志下》的记载是"谓之赵惠文冠",多了一个"赵"字。孙机先生指出"惠文"是繐布之纹,与赵惠文王无关,见其《进贤冠与武弁大冠》,收入《中国古舆服论丛》(增订本),第 169 页。查蔡邕《独断》卷下:"法冠,楚冠也。一曰柱后惠文。"中华书局 1985 年版,第 28 页。法冠也称"惠文",可见"惠文"的确与赵惠文王无关。但这只是说"貂尾为饰"与赵惠文王无关,却不能说"貂尾为饰"与赵武灵王无关。此冠特点不在繐纹,而在饰貂,饰貂应系胡俗。《续汉志》注引胡广:"意谓北方寒凉,本以貂皮暖额,附施于冠,因遂变成首饰。"附带说,《续汉志》"谓之赵惠文冠"一句,刘昭注云"又名骏䝤冠"。这就把赵武灵王戴骏䝤冠之事,与其武冠加貂之事,混为一谈了。王国维未察其误,便说以貂尾为冠饰和以鸟羽为冠饰,都出胡俗。《观堂集林·胡服考》,收入《王国维先生全集初编》,台湾大通书局 1976 年版,第 3 册第 1069 页;河北教育出版社 2003 年版,第 529 页。其实鸟羽饰冠,是华夏古俗,非胡俗。
③《战国策·赵策二》,上海古籍出版社 1985 年版,第 655 页。
④《汉书》卷六三《武五子传》:昌邑王刘贺"衣短衣大绔,冠惠文冠"。

**图 13　汉代画像石"二桃杀三士"帽垂貂尾**

（朱锡禄编著：《嘉祥汉画像石》，山东美术出版社 1992 年版，第 75 页）

先秦君主们可能戴过很多礼帽，而后人所知无多。比如汉代画像中的周成王，戴着一顶有三峰的帽子。孙机先生说它"名称不详，只能暂称之为王冠"①。若以"冕"为王冠之称，那么它也是一种冕。冕的颜色，也不一定都是"玄冕朱里"。《管子·轻重己》就说，天子立春祭祀"服青而絻青"，秋至祭祀"服白而絻白"，立冬与冬至祭祀"服黑絻黑"②。"絻"即"冕"字③。那么早期冕

---

①孙机：《汉代物质文化资料图说》，文物出版社 1991 年版，第 232 页。

②按，《管子》"轻重"一组，王国维、罗根泽、郭沫若认为成于汉代，马非百还说是新莽作品。容肇祖则认为出自战国。近年胡家聪、赵郦生、李学勤诸先生多方举证，详论"轻重"诸篇出自战国齐国。参看胡家聪：《〈管子·轻重〉作于战国考》，《中国史研究》1981 年第 1 期；赵郦生：《〈管子〉与齐国历史的关系》，《历史研究》1988 年第 4 期；李学勤：《〈管子·轻重〉篇的年代与思想》，《道家文化研究》第 2 辑，上海古籍出版社 1992 年版；胡家聪：《管子新探》，中国社会科学出版社 1995 年版。

③钱大昕认为"冕"字作"絻"是讹字。《潜研堂文集》卷三《冕衣裳说》，《嘉定钱大昕先生全集》，江苏古籍出版社 1997 年版，第 9 册第 40—41 页。

的颜色也没固定下来。就算那"緅青""緅白""緅黑"只是《轻重》的想象,但也说明冕色尚不固定,为想象留下了空间。

**图 14  山东宋山汉代画像石"周公辅成王"中的王冠**

（朱锡禄编著:《嘉祥汉画像石》,山东美术出版社 1992 年版,第 22 页）

鷩冕、毳冕,可能都来自先秦实有之冠,甚至来自王冠。那么对《周礼》六冕是如何建构的,我们就有了一个初步认识。第一步,《周礼》作者搜罗现行冕名,如衮冕、玄冕、绨冕,再加上通用的羽冠、毳帽等,将之汇聚一处;第二步,是割断它们旧日所指,抹煞它们的本来形制,再用井然有序的章旒等级重新安排其外观,令其焕然一新;第三步就是把它们跟祭祀等级、跟王朝爵命搭配起来。那么,"原生与奠基期"的周朝礼制中根本没有六冕,它只是"断裂与建构期"的礼家想象。

然而那被想象建构出来的、历史上本不存在的六冕,此后十几个世纪中却被认作"周礼"而得到顶礼膜拜,很多经学家为之耗费心血,很多现代论著仍遵其说。这类"周礼"题材的喜剧,是否上演过很多出呢?

## 2. 冕与胄的推测

许进雄先生有个很有趣的意见,他认为最早的冕是高帽子,而且是军帽;其作用是使指挥官在战场上醒目易见,又能保护头部,跟头盔相似①。马叙伦先生先有其说了,他也说冕是"首铠",认为冕做桶形,就是为了保护头部。《尚书·顾命》中所看到的冕,除了周成王、诸侯、诸臣戴"麻冕"之外,还有"一人冕执刘,立于东堂;一人冕执钺,立于西堂;一人冕执戣,立于东垂;一人冕执瞿,立于西垂;一人冕执锐,立于侧阶"。马先生因云:"此皆执兵器以宿卫者,岂有冠垂旒之冕之理乎?明是首铠也。"②

这种推测,不能说一点道理也没有,因为卫士与将士的戴冕记载还有更多。《周礼·夏官·节服氏》:"郊祀,裘冕二人,执戈,送逆尸,从车。"那两位送尸迎尸的人,应系卫士,他们既服冕又执戈。周代祭礼上的舞蹈,有舞者头戴冕、手执干戚的场景,如《大武》。《礼记·明堂位》:"朱干玉戚,冕而舞《大武》。"《大武》在周代祭祀乐舞中地位崇高,模拟周武王伐纣场面,因有场景、情节,在追溯中国戏剧的起源时就会被人们提到③。可以推测,《大武》

---

① 许进雄:《古事杂谈》"王为什么戴高帽"条,商务印书馆 1997 年版,第 183 页以下。"戴高帽本是庆会以外,为指挥作战的临时设施,它慢慢演变为象征权威的常服,同时它也被改良成保护头部的盔胄。甲骨文的免字就作一人戴头盔状。戴头盔本是武士的殊荣,作战的装备。后来非武士成员掌权后也可戴冠,于是再进一步改变为行礼时戴的各种冠冕了。"
② 马叙伦:《说文解字六书疏证》,转引自李圃主编:《古文字诂林》,第 7 册第 100 页。
③ 张庚、郭汉城主编:《中国戏曲通史》,中国戏剧出版社 1992 年版,第 6 页。

的"历史保真度"一定很高,重现了伐纣的真实场景。史书说周武
王伐纣时有过"前歌后舞"场面,那"歌舞"也被说成军事操演①。
正因为此舞有杀伐之事,孔子才说它"未尽善"②。《大武》的戴
冕、舞干戚景象,多少也强化了"冕源于军帽"之说。试想,手持盾
斧作生死搏杀,其时所戴之"冕",会是典雅雍容的旒冕礼冠吗?
不怕缀旒遮蔽视线,被敌兵干掉吗? 周武王伐纣时如果真的戴
冕,那冕不该有旒。

又《续汉书·舆服志》记东汉乐舞,《云翘》之舞近于《大武》,
舞者戴爵弁,以干戚为舞具③;另有《育命》之舞,舞者戴建华冠,
用羽翟为舞具④。按,周代王子及国子学生所习之舞,有用干戚或
干戈做舞具的⑤,也有用羽籥做舞具的。羽是羽毛,籥是笛子一类

---

① 汪宁生:《释"武王伐纣前歌后舞"》,收入《古俗新析》,敦煌文艺出版社
  2001 年版,第 88 页以下;又其《民族考古学论集》,文物出版社 1989 年版,
  第 158 页以下。
② 《论语·八佾》:"子谓《韶》:尽美矣,又尽善也。谓《武》:尽美矣,未尽善
  也。"程树德:《论语集释》,第 222 页。
③ 《续汉书·舆服志下》:"爵弁,……祠天地五郊明堂,《云翘》舞乐人服之。
  礼曰:'朱干玉戚,冕而舞大夏。'此之谓也。"可见《云翘》的舞具是干戚。
④ 《续汉书·舆服志下》:"建华冠,……天地、五郊、明堂,《育命》舞乐人服
  之。"《文选》卷三张衡《东京赋》:"冠华秉翟,舞列八佾。"李善注引蔡邕
  《独断》:"大乐郊祀者冠建华冠。"中华书局 1977 年版,第 59 页。"华"即
  建华冠,"翟"即用作舞具的羽毛。又参龚克昌等:《全汉赋评注》,花山文
  艺出版社 2003 年版,下册第 502 页注。
⑤ 《大戴礼记·夏小正》:"丁亥,万用入学。……万也者,干戚舞也;入学也
  者,大学也。"王聘珍:《大戴礼记解诂》,第 31 页。《礼记·文王世子》:"凡
  学,世子及学士,必时。春夏学干戈,秋冬学羽籥,皆于东序。小乐正学干,
  大胥赞之;籥师学戈,籥师丞赞之。……大乐正学舞干戚。"《十三经注
  疏》,第 1405 页中栏。

的乐器①。由汉朝《云翘》《育命》反推，周代与"武舞"——即干戚之舞——配套的冠，也应为爵弁；与"文舞"羽籥之舞配套的冠，则为羽冠。直到曹魏，五郊迎气所用乐舞，依然有用干戚（或干戈）的，有用羽翟的②。曹魏宗庙乐舞，《武始》的舞人戴平冕，《咸熙》的舞人戴委貌冠，《章斌》兼用二冠。太祖曹操庙用《武始》，象征武功；高祖曹丕庙用《咸熙》，象征文治；烈祖曹睿庙用《章斌》，象征文质彬彬；若奏于朝廷，则《武始》改为武冠，《咸熙》改为进贤冠③。那么我们来看：武舞执干戚，同时头上戴冕。那是不是也反映了冕曾有"武"之用途呢。

　　进而在周代册命礼的赐物之中，还有一个值得注意的现象，就是"冕"的暧昧与"胄"的清晰。根据金文所见，册命之时，君主要向被册命者赐命服。有学者认为所赐命服中有冕，然而被他们认作"冕"字的金文，每每启人疑窦。《大盂鼎》《麦方尊》所见赐物有"冂衣巿舄"④，那个"冂"字，有学者释"冕"⑤。然而也有不

---

① 籥，或谓是编管，见郭沫若：《甲骨文字研究·释和言》，收入《郭沫若全集·考古编》第 1 卷，科学出版社 1982 年版，第 95 页；或谓是编管的箫，见李纯一：《中国上古出土乐器综论》，文物出版社 1996 年版，第 372 页；或谓是笙类，见高亨：《上古乐曲的探索》，收入其《文史述林》，第 70 页；或谓是口笛，见高德祥：《说籥》，《中国音乐学》1986 年第 2 期。王子初先生别出心裁，推测籥是朝会时的手版，即笏，见其《汉籥余解——借复高德祥君》，收入《残钟录》，上海音乐学院出版社 2004 年版，第 29—30 页。此说虽很有创意，但与《周礼·春官·籥师》所记"籥师掌教国子舞羽龡籥"不合——"籥"是吹的。
② 《续汉书·礼仪志中》注引《皇览》，迎春"舞之以羽翟"，迎夏"舞之以鼓鼗"，迎秋"舞之以干戚"，迎冬"舞之以干戈"。
③ 《宋书》卷十九《乐志一》。
④ 马承源主编：《商周青铜器铭文选》第三卷，文物出版社 1990 年版，第 37、46 页。
⑤ 吴大澂《说文古籀补》第七："冂，古文以为冕字。《盂鼎》。"商务印书馆 1934 年版，中册第 129 页。

同意见,另释"冂衣"为"同衣"①。有的服饰史著作引用《毛公鼎》的"虎冕练里",来论证金文中冕的存在②,不过那个"冕"字,更多学者是读为"幂"的,还有人说是车棚③。"虎幂练里""虎幂熏里"是赐物中常见的物事。《鲁公伐邾鼎》《鲁公伐邾钟》也有两个字,马叙伦及容庚先生曾释之为"冕"④,但这两件铜器的真伪颇为可疑,不足为据。这样看来,册命金文中,"冕"或赐冕的事情,其实相当暧昧⑤。

与此同时,彝铭中的"胄"及"赐胄"的记载,却很明晰。胄字的形状是帽子加眼睛,帽顶锐枝三出。孙诒让释其字为"胄",丁弗言亦释为胄:"今所谓兜鍪也。古兜鍪皆兼面具施之,故只露目。"⑥金文中的"胄"除了用作人名之外,指称头盔的,一部分是

①相关各种意见,参看周法高:《金文诂林》,香港中文大学 1974 年版,第 4840 页;周法高:《金文诂林补》,"中研院"历史语言研究所 1982 年版,第 2149 页;张世超等:《金文形义通解》,中文出版社 1996 年版,第 1354 页以下。

②周锡保:《中国古代服饰史》,中国戏剧出版社 1984 年版,第 13 页。

③郭沫若释为"虎幂熏里",见《毛公鼎之年代》,《金文丛考》,人民出版社 1954 年版,第 272 页。秦永龙先生译为"虎皮做的车顶棚并饰以浅绛色的衬里",《西周金文选注》,北京师范大学出版社 1992 年版,第 180 页。

④马叙伦:《说文解字六书疏证》,转引自李圃主编:《古文字诂林》,第 7 册第 100 页。

⑤关于金文中的冕、胄问题,曾与本系博士生韩巍、王珊同学讨论,特此致谢。

⑥分见孙诒让:《古籀余论》卷上《叔皮父敦》,籀经楼校本,第 33 页;丁弗言:《说文古籀补补》第七,中华书局 1988 年版,第 36 页。又可参看周法高:《金文诂林》,编号 1036,第 4848 页以下;周法高:《金文诂林补》,编号 1036,第 2156 页以下;张世超等:《金文形义通解》,编号 1424,第 1935 页以下;李圃主编:《古文字诂林》,第 7 册第 100 页以下。

跟戎人打仗时缴获的胄①,另一部分就是用作赐物的胄。后者如:

《虖簋》:锡甲、胄、干、戈。②

《小盂鼎》:王令赏□□□□□弓一、矢百、画臬一、贝胄
一、金干一、戬戈一……③

《十五年趞曹鼎》:史趞曹锡弓矢、虎盧、九、胄、冊
(干)、癹。④

《伯晨鼎》:锡汝秬鬯一卣、玄衮衣、幽黹、赤舄、驹车……
櫧五旅、彤弓、旅弓旅矢、<ruby>尒</ruby>戈、虦胄。⑤

那么胄之被用作赐物,在彝铭中历历在目。"贝胄"似是用贝壳装
饰的胄⑥,"虦胄"即"皋胄",被认为是蒙有虎皮的胄⑦。"皋胄"

①如《戜方鼎》中的"裨胄",《师同鼎》和张家坡西周墓 7 号鼎铭中的"金
胄",都是"俘"来的。分见《商周青铜器铭文选》第三卷,文物出版社 1990
年版,第 42 页;李学勤:《师同鼎试探》,《文物》1983 年第 6 期,第 58 页以
下;中国科学院考古研究所沣西考古队:《陕西长安张家坡西周墓清理简
报》,《考古》1965 年第 9 期,第 447 页以下;裘锡圭:《"□侯获巢"鼎铭补
释》,《考古》1966 年第 2 期,第 106 页以下。俘获的铜胄,可以用来熔铸
器物。
②《殷周金文集成》,中华书局 1987 年版,第 8 册第 60 页,第 4167 号。
③《殷周金文集成》,第 5 册第 248 页,第 2839 号 B;马承源主编:《商周青铜
器铭文选》第三卷,第 42 页。
④《殷周金文集成》,第 5 册第 176 页,第 2784 号;马承源主编:《商周青铜器
铭文选》第三卷,第 142 页。
⑤《殷周金文集成》,第 5 册第 213 页,第 2816 号;马承源主编:《商周青铜器
铭文选》第三卷,第 227 页。
⑥《诗经·鲁颂·闷宫》毛传:"贝胄,贝饰也。"《十三经注疏》,第 616 页下栏。
⑦陈汉平:《西周册命制度研究》,第 259 页。

又见于《中山王壶》①。

进而我们还看到，胄是与兵器如干（盾）、橹（即大盾）、冊（盾）、戈、弓矢配套同赐的。《伯晨鼎》最有意思了，在赐服的"玄衮衣、幽黼、赤舄"那部分，并没有与"衮"相配套的冕或冠；而在赐兵器的部分，却出现了"觭胄"。册命金文中赐"玄衮衣"或"衮衣肃屯"的例子是很多的，但也没有"冕"与之配套。那么能不能说那"觭胄"之类，在当时就是相当于"冕"的命服呢？

按照文献所记，册命赐服之时应该赐冕；而在册命金文里面，人们看到的不是赐冕，而是赐胄。中国礼制中有一种"九锡"之礼，是以周代册命赐物之制为渊源的。所谓"九锡"，就是赏给建立了大功德者的 9 种物事。"诸侯之有德，天子锡之。一锡车马，再锡衣服，三锡虎贲，四锡乐器，五锡纳陛，六锡朱户，七锡弓矢，八锡铁钺，九锡秬鬯，谓之九锡也。"②"九锡"包括"衣服"，"衣服"包括冕服。西汉末权臣王莽在迈向最高权力时，曾加九锡，其时他得到的赐物如次：

> 绿韍衮冕衣裳，玚琫玚珌，句履，鸾路乘马，龙旂九旒，皮弁素积，戎路乘马，彤弓矢，卢弓矢，左建朱钺，右建金戚，甲胄一具，秬鬯二卣，圭瓒二，九命青玉珪二，朱户纳陛。（《汉书》卷九九上《王莽传上》）

王莽九锡礼，学者已有考释③。除了学者所论之外，我们还注意到

①《殷周金文集成》，第 15 册第 294 页，第 9735 号。
②《韩诗外传》卷八，屈守元：《韩诗外传笺疏》，巴蜀书社 1996 年版，第 698 页；又《汉书》卷九九上《王莽传上》颜师古注引《礼纬含文嘉》。
③杨永俊：《王莽禅汉九锡礼考释》，《学海》2006 年第 4 期。

了这样一点：在王莽的赐物中，既有"绿韨衮冕衣裳"，也有与朱钺、金戚相配套的"甲胄一具"。周朝册命赐物有胄，王莽的"九锡"中也有胄，二者是什么关系呢？是源流关系吗？刘师培先生指出，新莽之制多近古，对理解《周礼》有特殊意义①。我们也觉得王莽"九锡"颇有古意：既赐衮冕，又赐甲胄。王莽所能看到的古代典籍，当然远比今人多。想来王莽是个贪大求全的人，在他所生活的时代，九锡中"衣服"一项被认为包括衮冕；但王莽不知在哪儿又看到了古代册命也赐甲胄，便把衮冕、甲胄二者都列入"九锡"了。

王莽"九锡"之法的微妙之处，给了我们很强的暗示。爵弁序列的冕，即圆筒上加长版样式的冕，似乎真可能与军帽有关系。金文中的"冕"之所以显得暧昧，是否因为它跟"胄"混为一谈了呢？历史早期所谓的"冕"相当宽泛，与"胄"的区分也许不太严格，都有防护头部的功能。胄起先用皮革制成，商代又出现了青铜胄。殷墟西北冈1004号墓出土的青铜胄，多达141顶②。商周两代，用胄制

①刘师培：《西汉周官师说考》，《刘申叔遗书》，第169页。如《周礼》国野郊遂之制，刘师培先生指出："惟畿中规划，厥名纷错……汉儒诠制，鲜克理董。然说各俪方，似以《莽传》为近正。"此说颇有卓识。

②本处参考杨泓：《中国古兵器论丛》，文物出版社1980年版，第8页以下；李少一、刘旭：《干戈春秋：中国古代兵器史话》，中国展望出版社1985年版，第267—268页；成东、钟少异：《中国古代兵器图集》，解放军出版社1990年版，第39—41页；张秦洞：《铁甲征衣：军服文化漫谈》，解放军出版社1999年版，第98页以下；陈高华、徐吉军：《中国服饰通史》，宁波出版社2002年版，第63页以下。有人推测胄可能来自面具，参看顾朴光：《中国面具史》，贵州民族出版社1996年版，第148页。其说似不可从，青铜面具还是视为巫术用具为好。参看方辉：《商周时代的青铜面具及其相关问题的探讨》，收入《纪念山东大学考古专业创建二十周年文集》，山东大学出版社1992年版，第250页以下。

度都相当发达。青铜胄太笨重了,周代更多使用的是革胄①。战国的皮胄也被发现过②。许慎说"胄"的异体字有从"革"的③,从"革"就应由皮革制成。礼书中的"皮弁"大概就来源于皮胄。《伯晨鼎》《中山王壶》铭文中所看到的"皋胄",学者推测是虎皮做的。《小盂鼎》赐物中所记"贝胄",又见之于《诗经·鲁颂·閟宫》:"公徒三万,贝胄朱綅。"那位君主出征时戴的不是冕,而是胄,在部下眼里那"贝胄朱綅"非常耀眼,赫赫生威。《𢀑簋》的赐物中有"裨胄"④,而如前所见,文献中不止一次出现"裨冕"。《荀子·富国》:"大夫裨冕";《礼记·玉藻》:诸侯"裨冕以朝"。"裨冕"与"裨胄",曾是一回事吗?无论如何,金文中的贝胄、裨胄,都于史有征。《诗经》出现的"黻衣绣裳""衮衣绣裳""玄衮及黼""玄衮赤舄"等衣物,跟金文命服"玄衮幽黼""衮衣黹屯"颇能印证;有趣的是,金文中的"冕"很暧昧,《诗经》中恰好也没有"冕"字⑤。

①晁福林:《先秦民俗史》,第 38 页。

②随县擂鼓墩一号墓考古发掘队:《湖北随县曾侯乙墓发掘简报》,《文物》1979 年第 7 期;湖北省博物馆等:《湖北随县擂鼓墩一号墓皮甲胄的清理和复原》,《考古》1979 年第 6 期。所发现的有 12 套皮甲,有的戴胄。此外还有战马用的皮甲胄。

③《说文解字》卷七下引《司马法》,第 157 页。楚系文字中也能看到从革的胄字,参看季旭升《说文新证》所引,台湾艺文印书馆 2002 年版,上册第 335 页。

④徐中舒:《殷周金文集录》,四川辞书出版社 1984 年版,第 180 页;《殷周金文集成》,第 8 册第 279 页,第 4322 号;侯志义:《西周金文选编》,西北大学出版社 1990 年版,第 67 页。

⑤《诗经·大雅·文王》:"殷士肤敏,祼将于京。厥作祼将,常服黼冔。"《毛传》释"冔"为"殷冠",又曰"周曰冕"。则是以"冔"为周冕之前身。陆景琳说"冔""与冕名异实同",见其《诗经服饰研究》,台湾师范大学国文研究所 2000 年硕士学位论文,第 2 章第 3 节"冕"部分。然而"冔"是否就是"冕",也很暧昧。

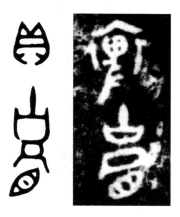

图15　左:《小盂鼎》"贝胄";右:《戜簋》"裨胄"

　　早期社会全民皆兵,勇悍的战士就有较大机会成为首领;首领须把持军权才能维持地位,大小首领也就是各级将帅。在这时代,君王向大小领主授予名位,往往同时授予军权。胄是军职与军权的象征物。所以,胄一类军帽成为"命服",用作册命赐物,是可以想象的。《左传》成公二年:"公会晋师于上鄩。赐三帅先路三命之服。司马、司空、舆帅、候正、亚旅皆受一命之服。"此处命服是赐给将帅军校的,应含冠帽。那么,命服中的冠帽是军帽还是礼帽呢? 再看《左传》僖公二十八年:

　　　　王命尹氏及王子虎、内史叔兴父策命晋侯为侯伯,赐之大辂之服、戎辂之服,彤弓一、彤矢百,玈弓矢千,秬鬯一卣,虎贲三百人。

　　　　杜预注:大辂,金辂;戎辂,戎车。

　　　　孔颖达疏云:《周礼·司服》:"侯伯之服,自鷩冕而下。凡兵事,韦弁服。"金辂。祭祀所乘,其大辂之服,当谓鷩冕之服；戎辂之服，当谓韦弁服也。①

文中"大辂之服、戎辂之服"显示，"服"有跟"大辂"配套的，有跟"戎辂"配套的。"戎辂"为戎车无疑，《左传》多次出现"戎辂"，同时又有"戎服"之说②。"戎辂之服"，杨伯峻先生释为"戎车及其配备与服装"③。孔颖达释为"兵事"所用"弁服"，也有道理。古书说皮弁是征伐田猎之服。杨宽先生云："行冠礼时再次戴上皮弁，原来的意义就是把他武装起来，以便从事田猎和战斗。"④不妨把皮弁视为皮胄或革胄，推测也在"命服"之列，与"戎辂"即战车相配。那么"大辂之服"呢？杨伯峻先生说大辂是"天子车之总名，可以赐诸侯以及国卿"⑤，那是就先路、次路而言的⑥。孔颖达从用途着眼，指出大辂及其配套的冕服用于祭祀，是礼车、礼冠，同样入情入理。

　　看来春秋之时，用于祭祀的冕与用于战猎的胄区别开来了，但二者仍然同为命服。反观新莽"九锡"，恰好也有二辂："绿韨衮冕衣裳"应与"鸾路"相配，"皮弁"及"甲胄"应与"戎路"相配。我们推测那做法于古有本，除了"冕"之外，"胄"也曾在"命服"

---

① 《春秋左传正义》，《十三经注疏》，第 1825 页下栏。
② 如《左传》庄公九年："我师败绩，公丧戎路，传乘而归"；《左传》襄公二十五年："郑子产献捷于晋，戎服将事。"《春秋左传集解》，上海人民出版社 1977 年版，第 147、1035 页。
③ 杨伯峻、徐提：《春秋左传词典》，中华书局 1985 年版，第 45 页。
④ 杨宽：《西周史》，第 783 页以下。
⑤ 杨伯峻、徐提：《春秋左传词典》，第 45 页。
⑥ 就《左传》所见，天子赐诸侯大路，诸侯赐卿大夫先路、次路。"先路三命之服""次路再命之服"。又《礼记·郊特牲》："大路繁缨一就，先路三就，次路五就。"都表明春秋辂车是有等级的。

之列。

汉献帝给魏公曹操加九锡,以及魏文帝给吴主孙权加九锡,就只有衮冕而无甲胄了①。以甲胄为命服的"古调","今人多不弹"了。我们推想,因儒者羞言王霸、反对杀伐,认为打仗戴的胄不能列入礼服,就在编排"九锡"时把它去掉了。汉初大儒董仲舒就很看不上"胄":"夫执介胄而后能拒敌者,故非圣人之所贵也。君子显之于服,而勇武者消其志于貌也矣。"②

王莽"九锡"之礼的甲胄与朱钺、金戚等兵器配套,令人联想到册命金文中胄也与兵器配套,又联想到周代的武舞上戴冕者同时舞干戚。从册命金文看,西周时冕、胄似乎还不甚分;武舞中将士戴冕、执干戚而舞,那冕可能有胄的保护头部的功能。春秋以来礼乐日益发达,某些圆筒形军帽开始礼仪化,被加上綖版,最终成为礼帽,与革胄、铜胄分化开来了。当然,以上只是猜测而已,距离定论还很遥远。

## 3. 十二章的问题

除了冕旒,服章是六冕上的又一种等级元素。历史后期的"十二章",是 1. 日;2. 月;3. 星辰;4. 龙;5. 山;6. 华虫;7. 火;8. 宗彝;9. 藻;10. 粉米;11. 黼;12. 黻。其中龙有两只,向上的

---

①曹操及孙权所受九锡,都是大辂、戎辂各一,玄牡二驷;衮冕赤舄;轩县、六佾;朱户、纳陛;虎贲、铁钺各一;彤弓一,彤矢百,玈弓十,玈矢千;秬鬯一卣,圭瓒。分见《三国志》卷一《魏书·武帝纪》、卷四七《吴书·吴主传》。
②董仲舒:《春秋繁露·服制》,苏舆:《春秋繁露义证》,中华书局 1992 年版,第 154 页。

叫"升龙",向下的叫"降龙"。天子所用为两龙,臣下只有"降龙"而无"升龙"。华虫被说成是山鸡,即雉。宗彝被画作两个饮器,一个绘虎,一个绘长尾猿,即虎和蜼。藻是水藻。粉米是米粉或米粒。黼由战斧的图形变化而来。黻是一种有点儿像汉字"亚"字的图形。

照《周礼》说法,六冕等级性的体现之一,就是衣服上的服章之数,它呈九、七、五……排列,与爵命一致,遵循"宫室、车旗、衣服、礼仪各视其命之数"的原则。

以十二章为基础,汉代经学家进而提出"冕名章首说"。汉末郑玄认为,周朝的礼服上不再使用日、月、星辰三章了,只用其余的九章;而且周人还调整了九章的次序,把"龙"提到了"山"的前面,把"火"提到了"宗彝"的前面,叫"登龙于山,登火于宗彝"。那样一来就可以收到一个奇效:脑袋上的冕名,跟衣服上服章的第一章一致起来了①。列表显示,则如:

| 虞舜九章次序 | 山 | 龙 | 华虫 | 宗彝 | 藻 | 火 | 粉米 | 黼 | 黻 |
|---|---|---|---|---|---|---|---|---|---|
| 周衮冕九章 | 龙 | 山 | 华虫 | 火 | 宗彝 | 藻 | 粉米 | 黼 | 黻 |
| 周鷩冕七章 | | | 华虫 | 火 | 宗彝 | 藻 | 粉米 | 黼 | 黻 |
| 周毳冕五章 | | | | | 宗彝 | 藻 | 粉米 | 黼 | 黻 |

①参看《周礼·春官·司服》郑玄注。贾公彦疏:"郑知登龙于山者,周法皆以虫兽为章首,若不登龙于山,则当以山为章首,何得犹名衮龙乎?明知登龙于山,取其神也。又知登火于宗彝者,宗彝则毳也,若不登火在于宗彝上,则毳是六章之首,不得以毳为五章之首,故知登火于宗彝,取其明也。"《十三经注疏》,第781页下栏。又《尚书·益稷》孔颖达疏:"是郑以冕服之名皆取章首为义:衮冕九章,以龙为首,龙首卷然,故以衮为名;鷩冕七章,华虫为首,华虫即鷩雉也;毳冕五章,虎蜼为首,虎蜼毛浅,毳是乱毛,故以毳为名。如郑此解,配文甚便。"《十三经注疏》,第142页下栏。

在"登龙于山,登火于宗彝"之后,衮冕九章以龙为首,正好切合冕名中的"衮"字;鷩冕七章以华虫为首,正好切合其冕名中的"鷩"字;毳冕五章以宗彝为首,宗彝即虎蜼,而虎蜼有毳毛,正好切合冕名上的"毳"字。简言之,脑袋上的冕名,来自身上服章的章首。东汉刘熙也用章首来解释冕名,但与郑玄略有小异①。刘熙稍晚于郑玄,他的说法大概受了郑玄影响。

　　总之,郑玄说周朝改变了服章次序,是为了让冕名与章名一致起来,好用章首来区分诸冕。如崔灵恩所云:"冕既大同,无以为别,故不得用冕名服,取画章之义异以立名,故用服名冕也。"②这种命名之法,使六冕更显精巧,各种服饰元素的整合程度进一步提高。今天仍有人用"章首说"解释六冕之得名,如王宇清先生③。我们

①刘熙《释名》卷四《释首饰》:"有衮冕。衮,卷也,画卷龙于衣也。有鷩冕。鷩,雉之憋恶者,山鸡是也。鷩,憋也,性急憋不可生服,必自杀,故画其形于衣,以象人执耿介之节也。毳冕。毳,芮也,画藻文于衣,象水草之毳芮温暖而洁也。黻冕。黻,绋也,画黻绋文彩于衣也。此皆随衣而名之也。"《景印文渊阁四库全书》,台湾商务印书馆1986年版,第221册第405页上栏。刘熙把毳冕之"毳"解释为水草,显与郑玄不同。又黻冕,毕沅《释名疏证》卷四云"当为黹冕"。《丛书集成新编》,第38册第476页上栏、中栏;王先谦:《释名疏证补》卷四,清光绪二十一年刻本,第32页以下。

②崔灵恩:《三礼义宗》,王泾《大唐郊祀录》卷三《祭服》引,转引自孙诒让:《周礼正义》卷四十,中华书局1987年版,第6册第1624页。民族出版社2000年版《大唐开元礼》所附《大唐郊祀录》文字有异,作"冕既大同,无以为别,故不得冕名服,取尽章之异以立名,故用服名冕者也"。第746页。

③王宇清先生阐释衮冕之得名:"取首章为义,衮冕九章,龙文居首故";阐释鷩冕之得名:"乃以首章之图像为义,华虫居首,鷩即华虫";阐释鷩冕之得名:"盖毳冕五章,宗彝居首,上施虎、蜼,乃取毳为名。"《周礼六冕考辨》,第66—69页。

不赞成"章首说",认为那不是《周礼》六冕的命名本意。但这就要对"十二章"的形成做一番推敲。

十二章引起了学者的浓厚兴趣。对各章的纹样在先秦器物和纺织品上的起源,以及古人对其微言大义的阐述,学者一一考察之[1]。还有学者长篇论证十二章是"图腾"[2]。不过其说法让人起疑。"图腾"(totem)这个术语,用以指称某社会群体——主要是氏族——与某种动植物的特定神秘关系[3],可没什么证据显示十二章是特定人群的特定标志物与崇拜物。"图腾"一词的使用经常过于泛化,甚至有滥用之嫌。即令十二章有神圣的象征意

---

①参看原田淑人:『漢六朝の服飾』,東洋文庫,1967 年增订,第 31 页以下;王宇清:《冕服服章之研究》,台湾历史博物馆历史文物丛刊第 1 辑,中华丛书编审委员会 1966 年版,第 38 页以下;林巳奈夫:「天子の衣裳の「十二章」」,『史林』52 卷 6 号,1969 年;杉本正年:「中国服飾考 2·衮冕十二章について」,『衣生活研究』1981 年第 2 卷第 2 号(五月号);尚民杰:《冕服十二章溯源》,《文博》1991 年第 4 期。又黄能馥、陈娟娟说,上古时除宗彝外,其他纹样都已出现在器物上了,见其《中国服装史》,中国旅游出版社 1995 年版,第 33 页以下;《中华历代服饰艺术》,中国旅游出版社 1999 年版,第 33 页以下。

②例如王宇清先生云:"设从现代民族学、社会学之观点观察,此种服章制度之起源,应是先民时代之图腾制度(Totemism)。"《冕服服章之研究》,第 5 页。蔡子谔先生说:"我们认为,冕服审美文化中的十二章纹饰,从某种意义来讲,大多均是图腾崇拜的遗制。"见其《中国服饰美学史》,河南美术出版社 2001 年版,第 54、59 页。又尚民杰先生说,"冕服十二章中的内容,有些显然也是图腾崇拜的遗留",即原始服装上的图腾标记的遗留。见其《冕服十二章溯源》。

③参看列维-斯特劳斯《图腾制度》对各种观点的引述,上海人民出版社 2005 年版,导论部分。"所谓图腾制度只是依据由动物和植物名称所构成的特殊命名系统的一种特殊表达。"第 121 页。

义,但不宜称为"图腾"①。

而且,十二章的制度在先秦是否存在,本身就是疑案。就考古资料看,商周服饰上有龙纹、黻纹、鸟纹、日纹等②。就算十二章中的若干纹样,在先秦织物上已出现了,但若只是单一图样的二方连续(或四方连续),那与成组的服章还不能相提并论;即令同一织物上同时出现了几种服章,那与成龙配套的定制十二章,仍不能相提并论;就算已有了定制十二章,它是否如《周礼》所云,以数列为差,并与爵命级级相配,仍在未定之天;就算服章"各视其命之数",也不等于"章首说"就能成立。我们必须把这一个个问号,画在讨论前头的,而不是不加考察,就先行认定十二章为真。

《诗经》中的"玄衮及黼""玄衮赤舄"之类诗句,说明礼服上有龙纹;所云"黼"可能指斧形蔽膝,也可能指衣服上的黻纹。总

---

① 我赞成贺刚先生的意见:"图腾是区分不同人群的指示物,每个基层组织的人群均只允许有一个图腾徽识","图腾制的以上基本原则是否适用于中国史前器具上的动植物纹样呢? 从动植物纹样特别丰富而典型的黄河中游仰韶文化、宁绍平原的河姆渡文化及与之邻近的良渚文化、湖南沅水中游的高庙文化等史前遗存的考察看来,答案是否定的"。见其《中国史前艺术神器的初步考察——〈中国史前艺术神器〉纲要》,收入湖南省文物考古研究所:《长江中游史前文化暨第二届亚洲文明学术讨论会论文集》,岳麓书社 1996 年版,第 298—299 页。

② 新石器晚期人形彩陶的衣服上已有花纹了,反映当时已有纹缋工艺。西周墓的刺绣残片,有用针线修出轮廓,再用毛笔绘色的,图案与青铜器纹饰相近。参看钱小萍主编:《中国传统工艺全集·丝绸织染卷》,大象出版社 2005 年版,第 203 页。先秦纺织品纹样,又见回顾:《中国丝绸纹样史》,黑龙江美术出版社 1990 年版,第二、三、四章;黄能馥、陈娟娟:《中国服装史》,第 33 页以下。楚国纺织物上的图案,有龙、凤、虎、兔、花卉、太阳、舞人、神兽等,参看宋公文、张君:《楚国风俗志》,湖北教育出版社 1995 年版,第 43 页;万全文:《长江中游先秦考古学文化》,第 379 页。

的说来,《诗经》中看不出"十二章"的迹象。《左传》桓公二年宋国大夫臧哀伯叙礼服,有"火、龙、黼、黻,昭其文也"之词,则先秦冕服上确有火、龙、黼、黻纹样,但只见四章而已。《左传》昭公二十五年子大叔论礼,云"为九文、六采、五章,以奉五色",杜预把"九文"解释为山龙以下的九章①,而我们觉得殊难指实。《管子·立政》:"天子服文有章,而夫人不敢以燕以飨庙;将军、大夫以朝,官吏以命,士止于带缘,散民不敢服杂采。"②由"天子服文有章"只能推知天子之服有纹饰,后文却没看到服章分等。《礼记》曾叙及若干服章。《礼器》:"礼有以文为贵者:天子龙衮,诸侯黼,大夫黻。"但也只提到龙、黼、黻三章而已。参之《左传》,《礼器》所云服章应为实录。又《明堂位》:"有虞氏服韨,夏后氏山,殷火,周龙章。"这里所说的,乃是韨即蔽膝上的纹章,比《左传》多了一章"山",如此而已。

《周礼·考工记·画缋之事》谈到了若干纹样,被后人释为服章:

> 青与赤谓之文,赤与白谓之章,白与黑谓之黼,黑与青谓之黻,五采备谓之绣。土以黄,其象方,天时变;火以圜,山以

---

①《十三经注疏》,第 2107 页下栏。

②按,这段文字中可能有脱讹,诸家有不同解说。参看郭沫若、闻一多、许维遹:《管子集校》,科学出版社 1956 年版,第 61 页;收入《郭沫若全集·历史编》第 5 卷,人民出版社 1984 年版,第 126 页以下。本引文断句,依赵守正:《管子注译》,广西人民出版社 1982 年版,第 29 页;赵守正:《管子通解》,北京经济学院出版社 1989 年版,第 43 页。又参钟肇鹏:《管子简释》,齐鲁书社 1997 年版,第 45—46 页;周瀚光、朱幼文、戴洪才:《管子直解》,复旦大学出版社 2000 年版,第 66 页;黎翔凤:《管子校注》,中华书局 2003 年版,第 76 页。

章,水以龙;鸟,兽,蛇。杂四时五色之位以章之,谓之巧。

这里颜色与纹样的配合,有五行思想参与其间①。《考工记》未必是《周礼》的固有部分,但经学家仍用"十二章"强行解释这段文字。"火以圜"的说法很怪,郑众说"为圜形似火也",火怎么是圆的呢?郑玄说是"半环",跟火苗就像了一点②。"山以章"的"章",郑玄读为"獐"。可十二章中无獐。孙诒让驳郑,认为"章"指色彩;并引俞樾"若水必以龙,则山必以虎"之论,说不关獐子什么事儿③。可是从"水以龙"看,"山以獐"并非没有可能。"鸟,兽,蛇"呢?郑玄说它们都属"华虫",贾公彦帮忙解释说"言虫者,是有生之总号","虫"包括所有生灵,可以涵盖鸟、兽、蛇④。未免生拉硬扯、牵强附会了。而且《考工记》所云未必只是服章,也许是旗章呢。《周礼·春官·司常》:"熊虎为旗,鸟隼为旟,龟蛇为旐。"先秦的旗章上面有鸟、有兽、有蛇,倒是有可能的。

　　其实,连"十二章"到底是哪些章,本身都有疑问。"十二章"

①王国维指出:"是缋次以相对为义,绣次以相承为义。"《观堂别集》卷一《以五介彰施于五色说》,《观堂集林》,河北教育出版社2003年版,第607页。
②张道一先生的《考工记译注》,把"火以圜"释为"一团火。画火以圆形为象征",对郑玄"半环"之说未加讨论。陕西人民美术出版社2004年版,第226页。闻人军先生认为那火是大火星,"火以圜"画法可以在湖北随县曾侯乙墓出土漆箱盖上的二十八宿图像中看到。《考工记译注》,上海古籍出版社1993年版,第64页。但也有人认为那漆箱盖上的火圜象征太阳。王昆吾:《火历论衡》,收入《中国早期艺术与宗教》,东方出版中心1998年版,第21页以下。戴吾三先生根据《续汉书·律历志》中"阳以圜为形,火,阳气之尤胜者,故亦为圜形也"的说法,认为"天时变,火以圜"的正确语序应是"火以圜,天时变"。见其《考工记图说》,山东画报出版社2003年版,第55页。
③孙诒让:《周礼正义》卷七九,第13册第3309页。
④《十三经注疏》,第918页下栏。

的原始出处,不是《周礼》,而是《古文尚书·益稷》。此篇记录了
虞舜与禹、皋陶、夔等人的对话。其时虞舜有言:

> 予欲观古人之象,日月星辰山龙华虫作会宗彝藻火粉米
> 黼黻絺绣,以五采彰施于五色,作服,汝明。

这一篇虽然属于古文尚书,但《孟子·公孙丑》中的"禹闻善言则
拜",就是从此篇的"禹拜曰……"而来的。那么古书中原来是有
《益稷》的,而且它的成篇至少在孟子之前。《古文尚书·益稷》
也就是《今文尚书·皋陶谟》的后半篇,汉人讨论服章时,就是把
篇题引为《皋陶谟》的。屈万里先生认为,《皋陶谟》成书在《尧
典》《禹贡》之后,可能在战国初,而且与《尧典》同出一手①。那么
从成篇时间说,《益稷》的服章说与《左传》的"火龙黼黻"约略同
时。当然,成书年代与内容的发生年代又不是一回事,《皋陶谟》
以至《尧典》的主要内容,应来自上古的口口相传。无论如何,上
引《益稷》或《皋陶谟》既有"作服"之文,则所述纹样应该包含
服章。

　　然而《益稷》"日月……絺绣"这一句,其断句存在着很大疑
难,进而造成了对十二章理解上的分歧。例如杨筠如先生释"作
会"为"作旝","旝"是一种旗帜;杨先生认为"日月星辰山龙华
虫"是用于旗帜的旗章,下文"宗彝藻火粉米黼黻絺绣"才用于
"作服",属服章②。明人赫敬又以"日月星辰山龙华虫,作会宗

---

① 屈万里:《尚书皋陶谟篇著成的时代》,《历史语言研究所集刊》第 28 本上
　册,1956 年 12 月,第 381 页以下。又可参看屈万里:《先秦文史资料考
　辨》,《屈万里先生全集 04》,台湾联经出版事业公司 1983 年版,第 321 页。
② 杨筠如:《尚书覈诂》,陕西人民出版社 1959 年版,第 42 页。

彝"为句,说是"七者皆以作绘于宗庙之彝,此器之象也",日月星辰山龙华虫都画在彝器上,"藻火粉米黼黻"六章用于"缔绣",它们才是"服之章"①。在杨、赫看来,《益稷》所叙"日月"等纹样,包括服章但不全是服章,也有旗帜或彝器上的纹样。

杨筠如、赫敬的说法,均有一得之见,可成一家之言,不过与汉唐的王朝冕制无关。影响了汉唐冕制的,主要是郑玄和《古文尚书·伪孔安国传》两说。本节开头所述十二章,系郑玄之说。郑玄之说是在梁朝与北周才被王朝采用的,然后沿用至清,甚至被今天的《尚书》解说者所沿用②。但《伪孔传》中另有一种分章之法,与郑玄不同。下面比较郑、孔二说:

> 郑玄《周礼》注:玄谓《书》曰:"予欲观古人之象,日、月、星辰、山、龙、华虫,作缋;宗彝、藻、火、粉米、黼、黻,希绣。"此古天子冕服十二章,舜欲观焉。(《十三经注疏》,第 781 页中

---

① 赫敬:《周礼完解》卷五,《续修四库全书》,第 78 册第 236 页。
② 例如,朱廷献《尚书研究》(台湾商务印书馆 1987 年版,第 419 页),张道勤《书经直解》(浙江文艺出版社 1997 年版,第 25—26 页),王世舜《尚书译注》(四川人民出版社 1982 年版,第 35 页),江灏等《今古文尚书全译》(贵州人民出版社 1990 年版,第 60—61 页),杨任之《尚书今译今注》(北京广播学院出版社 1993 年版,第 39 页),杨萍编注《尚书》(吉林人民出版社 1996 年版,第 11 页),徐奇堂译注《尚书》(广州出版社 2001 年版,第 21 页),张馨编注《尚书》(中国文史出版社 2003 年版,第 39 页),陈成国《尚书校注》(岳麓书社 2004 年版,第 20 页),李民、王健《尚书译注》(上海古籍出版社 2004 年版,第 43 页)等。郭仁成则以"作会宗彝"为句,见其《尚书今古文全璧》,岳麓书社 2005 年版,第 37 页。黄怀信先生这样翻译《皋陶谟》:"我想显示古人所崇尚的物象,就是画太阳、月亮、星星、高山、飞龙、锦鸡图案,绣礼器、水草、火形、细米、亚形纹饰并施加五彩来作服饰。"见其《尚书注训》,齐鲁书社 2002 年版,第 58 页。黄先生只解释了 11 章,没提斧形黼纹,不知何故。

栏、下栏）

《尚书伪孔传》：日、月、星为三辰。华，象草华。虫，雉也。画三辰、山、龙、华、虫于衣服旌旗。会，五采也，以五采成此画焉，宗庙彝樽亦以山、龙、华、虫为饰。藻，水草有文者。火为火字。粉若粟冰，米若聚米。黼若斧形，黻为两己相背。葛之精者曰绤，五色备曰绣。（《十三经注疏》，第142页中栏）

第1条"玄谓《书》曰"的"《书》"，即《古文尚书·益稷》。郑玄认为，日、月、星辰、山、龙、华虫6章，属"作缋（绘）"，是画在衣上的；宗彝、藻、火、粉米、黼、黻6章，属"绤绣"，是绣在裳上的①。

请注意，郑玄把"宗彝"列为一个服章，而且认为宗彝等于虎蜼。为此，后人就把虎蜼画在了宗彝之上。把"宗彝"看成一个服章，不是郑玄首创。在郑玄之前，西汉伏生一系的《尚书》经说中，已是如此了。但伏生一系的经说，没说"宗彝"就是虎蜼（参看第五章第4节）。作为今人，我们可以这样提问：在虞舜之世，是否已有"宗彝"即宗庙金属礼器了？若有，它们的上面是否已经有虎、蜼形象了？若有，它们是否又被画在衣服上？若有，它们是否构成服章了？

《伪孔传》与郑玄不同，不把宗彝看成一个服章，而是以"作会宗彝"连读的，将之解释为"宗庙彝樽亦以山、龙、华、虫为饰"，就是说山、龙、华、虫既画在冕服上，也画在宗庙的彝器上。所以，若

---

① 按古人所谓画、绘（缋），包括描绘和刺绣二者。在历史早期丝织技术尚不发达的时候，曾经有过在衣裳上直接描绘花纹的做法。长沙马王堆出土的西汉丝织衣服，就有画绘的。但在"作缋"与"希绣"用作对称之时，"作缋"不应包括刺绣。

我们看见某王朝的服章中无宗彝,那么这套服章一定没用郑玄的经说,却可能与《伪孔传》有某种关系。《伪孔传》虽然出自晋代,但它的分章之法也跟汉人的旧说有关,这在后面还会谈到。而且如上所引,《伪孔传》是分释日、月、星辰、山、龙、华、虫、藻、火、粉、米、黼、黻的,所释计 13 种物事。清人焦廷琥指出:"《孔传》不分别十二章。"[1]具体则如宋朝礼学家陈祥道的概括:《伪孔传》中"华非虫,粉非米"[2];或如清儒孙诒让所云,《伪孔传》"分华虫、粉米为二"[3]。于是,在"华虫粉米"之处发生了问题。郑玄以"华虫"为一事,说它是"五色之虫";而在《伪孔传》中,"华虫"却可能是两种东西。比如若这么标点:"华,象草华",并理解为"取象于草华",则"华"是草本的花儿;"虫,雉也","虫"是野山鸡。这样,"华虫"应理解为"华、虫",那么就成了花与雉两个服章了。而且《伪孔传》还说"粉若粟冰,米若聚米",那么"粉"与"米"也可以分为两章。所以孙诒让称之为"伪孔十三章之说"。林巳奈夫在探讨十二章起源时,也把《伪孔传》的分章排列为 13 种[4]。

由此,十二章的问题就更显复杂了。《益稷》或《皋陶谟》固然列出了很多图案,但首先,其成书年代并不清楚;进而,无法认定其遵循着"十二章"的成数;其所叙图案到底是多少种,画在什么上,也疑莫能明。因考古资料及《周礼》外的其他古书,无法支持十二章定制在先秦的存在,所以目前只能认为,那种十二章、九章、七章、五章、三章的服章等级,仅仅存在于《周礼》的编排之中。但《周礼》没说十二章是什么,汉儒拿《益稷》或《皋陶谟》所叙服

---

[1]焦廷琥:《冕服考》卷二,《续修四库全书》,第 109 册第 259—260 页。
[2]陈祥道:《礼书》卷一,《景印文渊阁四库全书》,第 130 册第 10 页。
[3]孙诒让:《周礼正义》卷四十,第 6 册第 1629 页。
[4]林巳奈夫:「天子の衣裳の「十二章」」,『史林』52 卷 6 号,1969 年。

章来配《周礼》十二章,但不同的经师弄出了不同的配方。

进而,郑玄的"冕名章首说"也随之动摇了。郑玄说"登龙于山,登火于宗彝",可连"宗彝"是否曾是一章,华、虫、粉、米如何分合,都在未定之天呢。郑玄首先得让人相信《益稷》或《皋陶谟》中的"宗彝"确实是服章,然后再让人相信"宗彝"上有虎有蜼,然后再以虎蜼有毛,让人相信《周礼》的"毳冕"就是以虎、蜼的毳毛来命名的。他的说服任务太艰巨了。连《尚书》孔颖达疏都说:"但解宗彝为虎蜼,取理太回。"①总之,"首章说"证据渺茫。我们的看法就很简捷明快:鷩冕、毳冕作为冕名,直接来自羽冠、皮帽。

那么现在来给本章做一小结:

第一,周冕到底什么样子,是否有旒,仍不明晰。尽管其时的"冕"看上去已有了纮、纩、綖等组件,但"旒"却有很大疑问。先秦考古资料中还没有旒玉的报道,在礼书之外的古书中,冕旒的存在也很黯淡。那么对《周礼》及《礼记》所载的"数字化"的冕旒等级,不能认为确有其事。顶多只能推测,也许战国时某些地方的冕上被加了旒,从而刺激了《周礼》《礼记》作者的想象力,如此而已。

第二,所谓"冕"也可以用作礼帽、祭帽的泛称。至少有两种礼帽可以称"冕",除了爵弁样式的冕之外,羽冠也可以称冕。此外从西周册命金文看,跟一套命服配套的帽子,除"冕"之外还曾有"冑"。

第三,先秦礼服,已画有或绣有火、龙、黼、黻及山几种服章了。爵位较高者,可用的服章大概就多一些。从册命金文及文献中的"衮衣"看,龙显然是高贵的服章。朱、玄等服色可能也有等

---

① 《十三经注疏》,第 142 页下栏。

级意义。但不能断言,周朝已有了定制十二章,以及十二章、九章、七章、五章、三章这样的服章等级。

第四,根据《荀子》(及《左传》),先秦某个时候,冕服可能形成了很简单的等级,即如:天子用袾裷衣,山冕;高等诸侯,用玄裷衣、冕;低等诸侯及大夫,用褝冕。就是说,就冕而言,冕形大小可能有别;就服而言,是否用衮有别,服色也可能有别。如此而已。

若然,则《周礼》中精致整齐的六冕制度,就不是实有制度。它若是真的,就应在文献与考古资料中留下更多痕迹,而不是像现在这样雾里看花。正如对礼书所见其他礼制一样,人们应首先想到:哪些是其所记录的实际制度,那些是作者的主观建构;在多大程度上实有其事,多大程度上是踵事增华。在前面我们曾提到过丧服礼。若只看礼书中那些细针密缕的丧服记载、辨析毫发的丧服讨论,还真以为先秦真有其事呢。然而学者爬梳史书子书,才发现其实不然。又如《周礼》中的用玉制度,学者就指为编排。夏鼐先生分析说:

> 《周礼》是战国晚年的一部托古著作。我以为这书中关于六瑞等各种玉器的定名和用途,是编撰者将先秦古籍记载和口头流传的玉器名称和它们的用途搜集在一起,再在有些器名前加上形容词使成为专名;然后把它们分配到礼仪中的各种用途上。这些用途,有的可能有根据,有的是依据字义和儒家理想,硬派用途。这样他们便把器名和用途,增减排比,使之系统化了。①

---

① 夏鼐:《商代玉器的分类、定名和用途》,《考古》1983 年第 5 期,第 455 页以下。又孙庆伟先生与考古资料对比,指出《考工记》在考古学上无可靠证据,"这一文献材料最大的弱点,在于它对具体玉器的形制和(转下页注)

我们觉得,夏先生的论述极富启发性与指导性。《周礼》六冕的编排手法,与《周礼》玉制的编排手法,惟妙惟肖而如出一辙。不是说六冕"非真"就可以置而不论了,只是说要换一种眼光,去解析其来历、构造,及其在制度史、经学史和服饰史上引发的纠葛。

本章仅仅讨论了冕名、冕旒和服章,只是解构与寻源的任务的开始而已。至于六冕等级为什么被建构为那个样子,它的结构特征与运用规则是如何生成的,随即就要做长篇探讨。请转入下面一章。

---

(接上页注)相关用玉制度的描述过于量化和系统化,而这一特点是和《周礼》这一儒家经典成书的文化背景密切相关的"。见其《〈考工记·玉人〉的考古学研究》,收入北京大学考古系编:《考古学研究》第4辑,科学出版社1997年版,第134—135页。臧振先生也指出了《周礼》玉器制度与考古资料有很多不合之处,见其《玉器与周人生活》,收入《西周文明论集》,朝华出版社2004年版,第259页以下。当然,不是所有人都觉得有必要对"建构"加以解构的。如叶友琛的《周代玉瑞文化考论》(福建大学2007年博士学位论文),仍大量利用《周礼》解说周代玉制。

# 第三章　结构的生成与转换：君臣通用与如王之服

西汉司马谈有句话很有意味："夫阴阳、儒、墨、名、法、道德，此务为治者也。"[1]确实，诸子百家的学术都是以"治国"为己任的。即令庄子，也如余英时先生所指出："不但不离乎人间，并且不忘情于政治。"[2]《汉书·艺文志》把诸子十家上溯到周朝的十种官职，这想法太富有"中国特色"了。一派学术发源于一种官职，这种事情，或者说这种想法，不知世界其他地方还有没有。在轴心时代涌现的各种伟大著作中，中国出了一部专门规划官制的《周官》，也颇具"中国特色"。即就此言，也不能脱离政治来探讨六冕。

从等级安排和运用规则看，《周礼》六冕呈现为一个"结构"。从人类学和社会学的角度看，一种结构性的东西不会无因而生。服装是一种权力，冠服等级是一种权力结构，或权力结构的一部分、一个侧面。即令六冕非真，但它也是一种对权力的建构。为什么它被建构成那个样子，而不是别的样子？在建构之时，作者

---

①《史记》卷一三〇《太史公自序》。
②余英时：《士与中国文化》，第50页。

的脑袋里想什么呢？六冕不会凭空在脑海里冒出来，一定有若干参照物。作者可能无意中承袭了什么东西，也可能刻意寻求什么东西，更可能二者都有。

以往的服饰史研究对六冕的关注，只是其式样、外观、质料等，而很少涉及它的"结构"；以往的经学家对六冕的研讨，大抵只是六冕本身的结构，较少深入到六冕背后的结构。而我们相信，必定是先有了某些结构性的东西，它们通过若干规则进行转型变换，由此生成了六冕礼制。我们不奢望"比作者理解他自己更好地理解作者"①，但仍愿意为理解《周礼》六冕文本，尝试提供若干"意义关联"。

这里的问题有两个：第一，六冕的结构特点是什么？第二，六冕背后的结构是什么？《周礼》六冕最引人注目的特征，就是"如王之服"。即：天子的冕服种类较多，臣下的冕服种类较少，但他们有共同的冕服。我们认为，这个结构性特点，是以周朝的"等级君主制"为基础的；沟通"等级冕服制"与"等级君主制"的中介，则是"等级祭祀制"。这就意味着，六冕礼制的背后，是一个特定形态的政权结构和一个特定形态的神权结构。详下各节。


# 1. 君臣通用与如王之服

讨论六冕结构之前，"六冕"概念本身需要略作辨析，因为有人认为《周礼》中只有五冕。而《周礼》之中，确实也有"王之五

①施莱尔马赫之语，转引自加达默尔：《真理与方法：哲学诠释学的基本特征》，上海译文出版社 1999 年版，上册第 248 页。

冕"的提法。清代学人宋绵初就提出,"大裘"只是冬季服冕时加穿的一件裘衣,"大裘而冕"并不构成一种独立冕服①。沈文倬先生因称,"六冕"是郑玄的臆断②。刘兴均先生亦取"五冕"而不是"六冕"为说③。

那么,本书为什么仍旧使用"六冕"的提法呢?兹陈理由如次。第一,因本文特定思路,我们并不囿于冕服的物理形态,而是从祭祀等级确定冕服等级的。既然"祀昊天上帝,则服大裘而冕",那么"大裘而冕"就构成了一级冕服,用于最高级的昊天上帝祭祀。第二,就算郑玄有臆断处,但他的说法被很多经学家承袭了,被若干王朝采纳了。《宋书》卷十八《礼志五》:"周监二代,典制详密,故弁师掌六冕,司服掌六服,设拟等差,各有其序";《南齐书》卷十七《舆服志》:"天子六冕,王后六服,著在《周官》。"沈约也好,萧子显也好,他们都径称"六冕"而非"五冕"。萧梁与北周的冕服礼制,也都以大裘冕为一级冕服。宋绵初也得承认,"后世礼官议冕制,依以为说"。本书并不拘泥于冕服"以何为正"的问题,"正"是众说纷纭的。即便郑玄所言不谛,但其意见确实影响了经学史与冕服史,而我们关心的就是这个。为此,本书仍将围绕"六冕"而非"五冕"而展开。

---

① 《周礼·夏官·弁师》:"掌王之五冕,皆玄冕、朱里、延、纽、五采缫十有二就;皆五采玉十有二,玉笄朱纮。"宋绵初《释服》:"大裘为冬至祀天之服,其时必裘,故特言之。"《清经解续编》,第 1 册第 1039 页下栏。持类似意见的还有若干,此不备举。此后在相关问题处还会涉及。
② 沈文倬先生说:"故疑郑注未合而未深究其误,其说虽善而未究其旨,惜哉!凡冕冬皆用裘,祀天之礼,天子服大裘,仍以玄衣为袭。深味司服之文,亦未必以五冕外复用裘冕,六冕之说殆出郑君臆断耳。"见其《觐礼本义述·释裨冕》,收入《宗周礼乐文明考论》,杭州大学出版社 1999 年版,第 122 页。
③ 刘兴均:《周礼名物词研究》,巴蜀书社 2001 年版,第 47 页。

图 16　大裘冕、衮冕、鷩冕、毳冕、绨冕、玄冕

（聂崇义：《三礼图集注》卷一,《景印文渊阁四库全书》,

台湾商务印书馆 1986 年版,第 129 册第 11 页以下）

那么,就可以转向六冕结构了。前一章推测,先秦某个时候,冕服可能形成了某种简单等级,但估计顶多就是这个样子:天子,袾裷衣,山冕;高等诸侯,玄裷衣,冕;低等诸侯及大夫,裨冕。《周礼》六冕就复杂精致得多了。

《周礼·春官·司服》叙天子六冕九服:

> 1. 王之吉服:祀昊天上帝,则服大裘而冕,祀五帝亦如之。享先王,则衮冕。享先公,飨、射,则鷩冕。祀四望山川,则毳冕。祭社稷、五祀,则缔冕。祭群小祀,则玄冕。凡兵事,韦弁服。视朝,则皮弁服。凡甸,冠弁服。
>
> 2. 公之服,自衮冕而下,如王之服。侯伯之服,自鷩冕而下,如公之服。子男之服,自毳冕而下,如侯伯之服;孤之服,自缔冕而下,如子男之服。卿大夫之服,自玄冕而下,如孤之服。其凶服,加以大功、小功。士之服,自皮弁而下,如大夫之服。(《十三经注疏》,第781页中栏、第783页上栏)

由第1条,天子祭祀有六等,天子祭服也有六种。此外还有三种弁服,即韦弁、皮弁、冠弁,它们跟祭祀无关,我们也不想在上面多纠缠,此处只略微涉及。由第2条,臣下也服冕,他们分为两类:公、侯、伯、子、男,是为"诸侯";公、卿、大夫、士,是为"诸臣"。把天子、诸侯、诸臣的冕服列表显示:

| 天子 | 大裘冕 | 衮冕 | 鷩冕 | 毳冕 | 缔冕 | 玄冕 | 韦弁、皮弁、冠弁 |
|------|--------|------|------|------|------|------|------------------|
| 公 | | 衮冕 | 鷩冕 | 毳冕 | 缔冕 | 玄冕 | 韦弁、皮弁、冠弁 |
| 侯伯 | | | 鷩冕 | 毳冕 | 缔冕 | 玄冕 | 韦弁、皮弁、冠弁 |
| 子男 | | | | 毳冕 | 缔冕 | 玄冕 | 韦弁、皮弁、冠弁 |

| | | | | | | | |
|---|---|---|---|---|---|---|---|
| 孤 | | | | | 缔冕 | 玄冕 | 韦弁、皮弁、冠弁 |
| 卿大夫 | | | | | | 玄冕 | 韦弁、皮弁、冠弁 |
| 士 | | | | | | | 韦弁、皮弁、冠弁 |

从这表格能看到什么呢？首先是其等级的整齐严明了；但同时映入眼帘的，还有其结构上的"君臣通用"性格。冕与弁的等级分布，呈倒置的直角三角形。地位高，其冕服就多；地位低，其冕服就少，然而他们有共同的冕服。公有八服同于天子，侯伯也有七服同于天子，余类推。虽然居首的那一冕才是身份标志，"如王之服"仍是六冕最突出的结构特征。

冕服是礼服中之最尊者，天子、诸侯及卿大夫都服冕。若把无旒的爵弁也看成冕，那么士亦服冕。君臣通用的结构，"如王之服"的规则，甚至不独冕服之礼为然。比如表中所列的皮弁，据说它是天子的朝服，《周礼·司服》所谓"视朝，则皮弁服"。诸侯听朔，也服皮弁，见《礼记·玉藻》。又，朝会时卿、大夫、士都服皮弁，所谓"在朝君臣同服"。若在朝堂扫上一眼，君臣的弁服满相似的，一时看不出尊卑来，跟帝制时代朝堂上的君臣殊隔，很不相同。

早期礼书中的很多礼制，都能让人感受到类似气息。如祖庙制度：天子七庙，诸侯五庙，大夫三庙，士一庙，庶人祭于寝①；如用鼎制度，天子用九鼎八簋，诸侯七鼎六簋，大夫用五鼎四簋，士用一鼎，特定场合用三鼎二簋②；如"七祀"制度，天子立七祀，诸侯

---

① 《礼记·王制》，《十三经注疏》，第 1335 页中栏。
② 《礼记》《仪礼》的相关记载，参看北京大学历史系考古教研室编《商周考古》中的讨论，文物出版社 1979 年版，第 203 页以下；俞伟超、高明：《周代用鼎制度研究》，《北京大学学报》1978 年第 1、2 期，1979 年第 1 期。

立五祀,大夫立三祀,适士立二祀,庶士庶人立一祀①;如天子七日而殡、七月而葬、诸侯五日而殡、五月而葬、大夫士庶人三日而殡、三月而葬②;如王下祭殇五,诸侯下祭殇三,大夫下祭殇二,适士及庶人祭子而止③;如天子驾六马,诸侯驾四,大夫三,士二,庶人一④;如万舞羽数:天子用八,诸侯用六,大夫四,士二⑤;等等。它们有的是真实制度,也有的出自礼家编排;然而编排也不是无因而发,仍是真实身份安排的一种特别"折射"。上述礼制,都遵循着一种类于"如王之服"的"数理逻辑",给人"如王之×"之感。

面对着先秦礼制那种"数理逻辑",清人王夫之就看到了更深层的东西。他看到:

> 古之天子虽极尊也,而与公侯卿大夫士受秩于天者均。故车服礼秩有所增加,而无所殊异。天子之独备者,大裘、玉辂、八佾、宫县而已;其余且下而与大夫士同,昭其为一体也。(《读通鉴论》卷八《桓帝》,中华书局 1975 年版,上册第 210 页)

王夫之老先生这段话,说得真是很好!我们认为,《周礼》六冕"如王之服"的意义,就在于展示了天子与诸侯、诸臣"故车服礼秩有所增加,而无所殊异"的特点,展示了"昭其为一体也"的政治精神。还可以指出,《周礼》六冕的这个特征,不光我们看到了,王夫

---

① 《礼记·祭法》,《十三经注疏》,第 1590 页上栏。
② 《礼记·王制》,《十三经注疏》,第 1334 页中栏。
③ 《礼记·祭法》,《十三经注疏》,第 1590 页中栏。
④ 《续汉书·舆服志上》注引《王度记》。
⑤ 《左传》隐公五年,《十三经注疏》,第 1727 页下栏。

之看到了,连十六国的鲜卑君主都看到了。崔鸿《前燕录》:"慕容
儁下书曰:《周礼》冠冕体制,君臣略同。"①"君臣略同",也就是
"如王之服"的意思,在后王眼里,《周礼》六冕之制是有问题的,
它没能充分凸显天子独尊,模糊了君臣界限。身处帝制时代反观
六冕,其"如王之服",就让皇帝感觉遥远、感觉陌生、感觉特别了。

就算《周礼》成书较晚,六冕非真,然而它的结构特征却事出
有因。作者身处新时代的开端,志在为时王立法,主观上是面向
未来、面向帝国时代的,所以在规划礼制时他努力张大其事、恢宏
其制,复杂整齐的六冕体制,由此呱呱坠地了。然而与此同时,作
者又去古未远,周朝政治传统还没成为遥远的遗迹;他在周朝累
积下来的古史古礼材料中浸淫熏染,难免流连忘返、与之俱化。
在这时候,他自觉不自觉地把古制古礼中潜藏的某种"结构",给
传承下来了,战国的时代限制没给他那么大的想象空间,令其彻
底突破周朝政治传统,蝉蜕而出。六冕的规划是如此,礼书中的
其他相关礼制,往往如是。


## 2."如王之服"与"与天下乐之"

《周礼》六冕的"如王之服"特征,反映了历史早期君臣不甚
隔绝的情况,以及君臣关系的相对性。本节继续探讨这个问题。

战国冠服,也有君臣通用的情况:"楚文王好服獬冠,楚国效

---

① 《太平御览》卷六八四《服章部一》引崔鸿《十六国春秋·前燕录》,第 3 册
第 3053 页下栏。

之;赵武灵王贝带、鵕𪓹而朝,赵国化之。"①"化之"就是赶时髦,君主戴上什么,臣民一窝蜂。汉代皇帝祭庙戴"长冠",其时百官执事也戴长冠。又,汉代皇帝戴通天冠,诸侯王戴远游冠,还有一种高山冠是谒者戴的②。通天冠、远游冠、高山冠三冠的样子很相近,皇帝有时也戴高山冠③。东汉祭祀,皇帝、王侯、公卿戴冕,同时一帮跳舞的"《云翘》舞乐人"也戴冕。当然,那个"冕"指的是爵弁,可它们也被视为冕,被认为来自夏收、殷冔,比之于"朱干玉戚,冕而舞大夏"的"冕"④。

"朱干玉戚,冕而舞"见于《礼记》,但说的不是《大夏》,而是周代《大武》之舞⑤。请看:

　　《礼记·郊特牲》:朱干设钖,冕而舞《大武》。

　　《礼记·明堂位》:朱干玉戚,冕而舞《大武》。

　　《礼记·祭统》:及入舞,君执干戚就舞位,君为东上,冕而揔干,率其群臣,以乐皇尸。是故天子之祭也,与天下乐

---

① 《淮南子·主术》,张双棣:《淮南子校释》,第 986 页。

② 《续汉书·舆服志下》。

③ 《续汉书·舆服志下》注引卫宏《汉旧仪》:"乘舆冠高山冠,飞月之缨,帻耳赤,丹纨里衣,带七尺斩蛇剑,履虎尾绚履。"刘昭注:"案此则亦通于天子。"

④ 《续汉书·舆服志下》:"爵弁,一名冕。……所谓夏收、殷冔者也。祠天地五郊明堂,《云翘》舞乐人服之。《礼》曰:'朱干玉戚,冕而舞大夏。'此之谓也。"蔡邕《独断》卷下:"迎气五郊,舞者所冠亦为冕。"上海古籍出版社 1990 年版,第 18 页。

⑤ 《大夏》据说是夏禹之舞。《公羊传》昭公二十五年:"朱干玉戚以舞《大夏》,八佾以舞《大武》。"与《礼记》不同。《礼记·明堂位》:"朱干玉戚,冕而舞《大武》;皮弁素积,裼而舞《大夏》。"分见《十三经注疏》,第 2328 页下栏、第 1489 页上栏。

之;诸侯之祭也,与竟内乐之。冕而捴干,率其群臣,以乐皇
尸,此与竟内乐之之义也。(分见《十三经注疏》,第 1448 页
上栏、第 1489 页上栏、第 1604 页上栏)

下面讨论舞者戴冕问题,及"与天下乐之""与竟内乐之"问题。

《大武》分为六章①,展示了天子手持盾斧、头着冕的场景(钖
是盾上的金饰)。其时群臣也戴冕,共操干戚而舞。为什么说群
臣也戴冕呢? 天子戴冕,群臣就跟着戴冕。例如后代皇帝祭祀,
助祭的王侯公卿也戴冕。《大武》的主题是周武王伐纣,将士共同
参与,进而就是《大武》上君臣戴冕同舞,在"皇尸"之前重现了当
年的伐纣场面,让周武王的亡灵心花怒放,"纵做鬼,也幸福","亲
历死也足"了。

而且《大武》之中,士亦戴冕,或说戴爵弁。汉朝戴爵弁的《云
翘》舞人,并不是专业伶人,而是从官贵子弟中挑出来的,郑玄云
其"与古用卿大夫子同义"②。古制:"卑者之子不得舞宗庙之酎,

---

① 此处参考王国维:《释乐次》《周大武乐章考》,《观堂集林》卷二,河北教育
出版社 2003 年版,第 36、48 页以下;高亨:《周代"大武乐"的考释》,《山东
大学学报》1955 年第 2 期;高亨:《诗经今注》,上海古籍出版社 1980 年版,
第 480—481 页;阴法鲁:《诗经中的舞蹈形象》,《舞蹈论丛》1982 年第 4
期;王玉哲:《周代〈大武〉乐章的来源和舞次问题》,收入唐嘉弘主编:《先
秦史研究》,云南民族出版社 1987 年版,第 51 页以下;杨向奎:《宗周社会
与礼乐文明》,人民出版社 1997 年版,第 342 页以下;杨华:《先秦礼乐文
化》,湖北教育出版社 1997 年版,第 127 页以下;杨合鸣:《诗经大武舞组诗
考辨》,收入冯天瑜主编:《人文论丛》2004 年卷,武汉大学出版社 2005 年
版,第 292 页以下。
② 汉《大乐律》:"卑者之子不得舞宗庙之酎。除吏二千石到六百石及关内侯
到五大夫子,先取适子,高七尺已上,年十二(应作二十)到年三十,颜色和
顺,身体修治者,以为舞人。"《周礼·春官·大胥》郑玄注引,(转下页注)

祭祀之舞亦不得用卑者之子。"①"古之卿大夫子"即"国子",他们二十岁左右开始在国子学中学习六代舞②,其中就有干戚(或干戈)之舞;《大武》的八佾舞队,也由国子组成。干戚之舞有军训意义,因为打仗时国子要组成军队,其时干戚训练就派上用场了③。而干戚之舞的舞帽,就是冕,或爵弁。古俗是很强韧的,人们不轻易改变它。东汉迎气五郊的舞人依然戴冕(爵弁),其舞具依然包括干戚,所谓"冕而执干戚,舞《云翘》《育命》"④。那么"士亦服冕"的说法就不费解了:国子也是一种士,爵弁也是一种冕。《礼记·礼器》叙冕旒,有"士三"即士用三旒之说,给士也安排了一顶冕戴。周朝的未命国子既然爵弁而舞,那么《礼器》安排已命之士戴三旒冕,不全在情理之外。

演出《大武》有国子参预,是所谓"大合众"。玩味《祭统》"与天下乐之""与竟内乐之"之言,不由得想起孟子"与民同乐"的著名言论了⑤。不光孟子那么说,《晏子春秋》卷五:"夫乐者,上下

────────────

(接上页注)《十三经注疏》,第794页下栏。准以"七尺","十二"当作"二十"。此外东汉大傩的逐疫人,也用官吏子弟,"选中黄门子弟年十岁以上,十二以下,百二十人为侲子"。见《续汉书·礼仪志中》。

①《周礼·地官·舞师》贾公彦疏,《十三经注疏》,第721页中栏。

②董锡玖、刘峻骧、秦序:《中华文化通志·乐舞志》,上海人民出版社1998年版,第15页。

③舞蹈而兼军训意义,其事古希腊也有。古希腊用战舞训练儿童。《荷马史诗》中有位叫Meriones的战士,就是一位职业舞蹈家。参看威尔·杜兰:《世界文明史·希腊的生活》,东方出版社1998年版,第168页。柏拉图提到过一种用于教育的"出征舞",含有各种防守与攻击动作,见《柏拉图全集》,人民出版社2002年版,第3卷第573页。

④《续汉书·礼仪志中》。注引《皇览》,迎秋"舞之以干戚",迎冬"舞之以干戈"。

⑤《孟子·梁惠王下》:"独乐乐,与人乐乐,孰乐?""与少乐乐,与众乐乐,孰乐?""今王与百姓同乐,则王矣!"焦循:《孟子正义》,第99页。

同之。故天子与天下,诸侯与境内,大夫以下各与其僚,无有独乐。"①"同乐"与"同乐乐",看上去有内在联系。儒家有这么一个理念架构,把"礼"和"乐"视为两极,各有象征意义:"乐"象征"同"、象征"亲",体现了"仁";"礼"象征"异"、象征"敬",体现了"义"。《礼记·乐记》:"乐者为同,礼者为异。同则相亲,异则相敬。……礼义立,则贵贱等矣;乐文同,则上下和矣。""仁近于乐,义近于礼。"②为什么"乐"可以象征"同"、象征"亲","仁近于乐"呢? 我曾提出:"上古氏族之集体歌舞狂欢活动,集中体现了并充分强化了同胞骨肉之间的友爱与和睦,这就是'乐'之主'仁'的由来。"③《大武》也是一个例子,它弘扬了周族早期的共同体精神,弘扬了君臣同仇、同乐、同享胜利的传统。

想象一下吧:在《大武》的舞场之上,天子、群臣直到未命的国子学生们,上下一同翩翩起舞、发扬蹈厉,一片波荡的冕,宛如一片欢乐的海洋。真是"乐文同,则上下和","和谐社会"了。其时他们都戴冕,乍看上去没多大差别。那岂不也是"如王之服"吗?那"如王之服",难道没有强化了"同乐乐"的感受吗? 附带说,那冕服还是王后与诸侯夫人们亲蚕而制的呢④。祭礼最后还有个节目:君主、大夫、士及执事者依次消受祭肉,以示"上有大泽,则惠

---

① 吴则虞:《晏子春秋集释》,中华书局 1982 年版,下册第 323 页。又《说苑·贵德》:"夫乐者,上下同之,故天子与天下,诸侯与境内,自大夫以下各与其僚,无有独乐。"赵善诒:《说苑疏证》,华东师范大学出版社 1985 年版,第 111—112 页。

② 《十三经注疏》,第 1529 页中栏。

③ 拙作:《士大夫政治演生史稿》,第 5 章第 2 节有关部分。

④ 《礼记·祭统》:"夫人蚕于北郊,以共冕服。……王后夫人非莫蚕也。"《十三经注疏》,第 1603 页中栏。

必及下,顾上先下后耳",从而为"同乐"画上了一个香喷喷的句号。不要以为地位低的后吃就吃不着了。依周礼,等级越高吃得越少,天子只能一食告饱,地位低的反倒可以不断加饭①。

那种君臣"同服"与"同乐"景象,不妨视作"如王之服"制度赖以生发的社会氛围。王国维说天子大射、视学、养老及大祭祀,皆舞《大武》。又高亨先生认为,周天子视察学宫和宴会诸侯,也舞《大武》。干戚之舞十分风行,甚至成了肖形印章上的图像②。出土铜戚带有"大武"字样的,就是《大武》所用的舞具③。总之,君臣戴冕共舞同乐,在周朝不是稀罕场面。《周礼》所述章旒等级,可能并不存在;但《周礼》六冕的"如王之服"特征,却是周朝政治社会面貌的曲折反映。周朝的戴冕者组成了一个特殊阶层,冕是那个阶层的身份标志;然而阶层内部的等级分化,却不如帝制时代那么高峻,所以冕本身的等级性,最初也不太强,从天子、

————————————

① 《礼记·礼器》:"天子一食,诸侯再,大夫、士三,食力无数。"王梦鸥释云:"天子吃食,一饭告饱,诸侯两餐二饭,大夫士则皆三饭;至于劳动者,则可尽量地吃";"无数,每天要吃无数顿饭"。见其《礼记今注今译》,台湾商务印书馆 1992 年版,上册第 317 页。"每天要吃无数顿饭",那还能劳动吗?查郑玄注:"一食、二食、三食,谓告饱也。"《十三经注疏》,第 1432—1433页。天子吃完一道饭后不能加饭,只能告饱退席(当然那也可以理解为一种"风度"),劳动者反而可以不断加饭。"无数"是加饭无限制的意思。

② 战国肖形印中有两枚武士印,做一手执兵器,一手执干状,学者认为是舞姿。参看王伯敏:《古肖形印臆释》,上海书画出版社 1983 年版,第 10—11 页。

③ 湖北荆门出土的两件铜戚,铭曰"大武棋兵""大武囗兵"。参看王毓彤:《文物简讯·荆门出土的一件铜戈》,《文物》1963 年第 1 期;俞伟超:《"大武开兵"铜戚与巴人的大武舞》,《考古》1963 年第 3 期;马承源:《关于"大武戚"的铭文及图像》,《考古》1963 年第 10 期;傅天佑、郑家茂:《新发现的"大武"青铜戚》,《中国文物报》1994 年 12 月 25 日第 3 版。二器均无锋刃,非实用器物,学者推测是舞具。

国君到群臣、国子都戴冕。进入帝制时代,"同服""同乐"景象就越来越少,甚至无迹可寻了。明太祖定制,皇帝在承天殿高踞御座,常朝官匍匐于陛前一拜三叩首,余官在奉天门外五拜三叩首。明朝后期皇帝往往几十年不上朝,别说士子了,大臣们也难窥天阎九重。清制,臣子见皇帝三跪九叩。

## 3. 等级祭祀制与等级冕服制

《周礼》六冕是分等使用的,其所涉及的等级有二:祭祀等级和爵位等级。这两种等级间的关系,是探求其"如王之服"特性来源的又一线索。

六冕对应着六等祭祀:1. 昊天上帝、五帝;2. 先王;3. 先公;4. 四望山川;5. 社稷、五祀;6. 群小祀。这六等之制,可以说是一种"等级祭祀制"。等级祭祀制度不算奇特,很多民族都曾有过。东非洲的巴干达人崇奉祖先,各氏族有各自的神道,还有全国共同敬奉的神道①,祭祀层级至少有三。中国发现了很多新石器时代后期的祭坛②,被认为是国家与文明的前奏。社稷与祖先祭祀大概出现最早③。商朝的祖先和上帝祭祀占有显要位置,但不祭天④。

①路威:《文明与野蛮》,生活·读书·新知三联书店 1984 年版,第 221 页。
②可参李零:《说祭坛与祭祀坑》,收入《出山与入塞》,文物出版社 2004 年版,第 17 页以下。
③张光直:《中国远古时代仪式生活的若干资料》,收入《中国考古学论文集》,生活·读书·新知三联书店 1999 年版,第 115—135 页。
④参看陈梦家:《殷墟卜辞综述》,中华书局 1988 年版,第 17 章"宗教";晁福林:《论殷代神权》,《中国社会科学》1990 年第 1 期。又郭沫若《先秦天道观之进展》指出:"卜辞称至上神为帝,为上帝,但决不曾称之(转下页注)

周祖后稷时也祭祀上帝①。商人重"帝",周人尊"天",看上去是两个不尽相同的信仰传统②。周人祭天,标志着宇宙视野的进一步拓展。相应地,祭礼也大为完备了,灿然可观③,变成了"周礼"的重中之重,甚至让刘师培产生了这样的观感:"古代礼制悉赅于祭礼之中,舍祭礼而外无典礼。"④祭祀等级之制,是在漫长历程中形成的。

《周礼》那种样式的等级祭祀之法,先秦文献中还有更多记述。请看:

> 1.《国语·晋语八》:是故天子祀上帝,公侯祀百辟,自卿以下不过其族。
>
> 2.《国语·楚语下》:天子遍祀群神品物,诸侯祀天地、三辰及其土之山川,卿大夫祀其礼,士、庶人不过其祖。⑤
>
> 3.《礼记·曲礼下》:天子祭天地,祭四方,祭山川,祭五

(接上页注)为天。"收入《郭沫若全集·历史编》第 1 卷,人民出版社 1982 年版,第 321 页。学者认为,殷朝前期的"天"尚不是被崇拜的自然神。"帝"也不能跟祖先神相颉颃,"帝"是冷漠、遥远、难以感动的,只能卜问,不能施加影响。参看杨志刚:《中国礼仪制度研究》,华东师范大学出版社 2001 年版,第 263—264 页。

① 《诗经·大雅·生民》:"上帝居歆,胡臭亶时;后稷肇祀,庶无罪悔。"《十三经注疏》,第 532 页中栏。

② 张桂光:《商周"帝""天"观念考索》,收入《张桂光古文字论集》,中华书局 2004 年版,第 202 页以下。

③ 杨宽:《西周史》,第 12 章"重要祭礼简释",第 830 页以下。

④ 刘师培:《古政原始论》第十《礼俗原始论》,收入《刘申叔遗书》,第 683 页。

⑤ 《国语》,上海古籍出版社 1978 年版,上册第 478 页、下册第 569 页。韦昭注"百辟":"以死勤事,功及民者";又"三辰,日、月、星。祀天地,谓二王之后,非二王之后,祭分野星、山川而已。礼,谓五祀及祖所自出。祖,王父也"。

祀,岁遍。诸侯方祀,祭山川,祭五祀,岁遍。大夫祭五祀,岁遍。士祭其先。(《十三经注疏》,第1268页中栏)

4.《礼记·王制》:天子祭天地,诸侯祭社稷,大夫祭五祀。天子祭天下名山大川:五岳视三公,四渎视诸侯。诸侯祭名山大川之在其地者。(《十三经注疏》,第1336页上栏)

5.《礼记·祭法》:有天下者祭百神,诸侯在其地则祭之,亡其地则不祭。(《十三经注疏》,第1588页上栏)

6.《荀子·礼论》:故王者天太祖,诸侯不敢坏,大夫士有常宗,所以别贵始;贵始得之本也。郊止乎天子,而社止于诸侯,道及士大夫。①

7.《公羊传》僖公三十一年:天子祭天,诸侯祭土。天子有方望之事,无所不通。诸侯(祭)山川,有不在其封内者,则不祭也。(《十三经注疏》,第2263页中栏)

这些说法,大抵都可以跟《周礼》参证。第2条《楚语下》中的"诸侯祀天地"似乎与"天子祭天地"不符,不过韦昭已指出那"诸侯"

---

① "道"通"禫",除去丧服之祭;或云"道"即祖道之祭,相当"五祀"中的行神。参看王先谦:《荀子集解》,第350—351页;董治安、郑杰文:《荀子汇校汇注》,齐鲁书社1997年版,第625—628页。又参梁启雄:《荀子约注》,台湾世界书局1982年版,第256页;梁启雄:《荀子简释》,中华书局1983年版,第256页;北京大学《荀子》注释组:《荀子新注》,中华书局1979年版,第311页;章诗同:《荀子简注》,上海人民出版社1974年版,第205页。同样说法又见《大戴礼记·礼三本》,参看黄怀信:《大戴礼记汇校集注》,三秦出版社2004年版,上册第100页以下;高明:《大戴礼记今注今译》,台湾商务印书馆1975年版,第41页。又见《史记》卷二三《礼书》,文字略异。

特指"二王之后"了，即杞国、宋国之君①。鲁国也曾郊天②及"大雩"，据说那是为褒奖周公而给予的礼制特权③。《国语·鲁语下》："仲尼曰：山川之灵，足以纪纲天下者，其守为神；社稷之守者，为公侯。"表明诸侯可以祭山川、社稷。大夫就不能祭山川了。鲁国"季氏旅于泰山"，季氏只是大夫，本没资格祭泰山，所以遭到了孔老夫子的一通非议④。王为群姓立大社，自立王社；诸侯为百

①《礼记·礼运》："子曰……杞之郊也，禹也；宋之郊也，契也；是天子之事守也。故天子祭天地，诸侯祭社稷。"孙希旦云："杞、宋，天子之后，故王命之郊，以守其先世之事。"《礼记集解》卷二一，中华书局1989年版，第589页。

②如《春秋》僖公三十一年："夏四月，四卜郊，不从，乃免牲。犹三望"；宣公三年："春，王正月，郊牛之口伤，改卜牛。牛死，乃不郊。犹三望"；成公七年："春，王正月，鼷鼠食郊牛角"，"不郊，犹三望"；成公十七年："九月辛丑，用郊"；等等。

③《礼记·明堂位》："成王以周公为有勋劳于天下，是以封周公于曲阜，……祀帝于郊，配以后稷，天子之礼也。"《史记》卷三三《鲁周公世家》："成王乃命鲁得郊，祭文王。鲁有天子礼乐者，以褒周公之德也。"当然对"鲁郊"之礼也有质疑。质疑者甚至包括孔子。《礼记·礼运》载孔子之言："鲁之郊禘，非礼也，周公其衰矣！"《公羊传》还有"鲁郊非礼"之说。《春秋》僖公三十一年："夏，四月，四卜郊，不从，乃免牲。犹三望"；《公羊传》："卜郊，非礼也。卜郊何以非礼？鲁郊，非礼也。鲁郊何以非礼？天子祭天，诸侯祭土。"陈戍国先生说："公羊氏又认为郊乃天子之事，鲁侯根本不应该行此礼。"见其《中国礼制史》先秦卷，湖南教育出版社1991年版，第308页。不过依何休说，《公羊传》的"鲁郊非礼"只是说鲁郊不是正礼，所以需要"卜郊"，在行礼之前以占卜决之。《公羊传》后文又有"讥不郊而望祭也"一句，"讥"的是那年鲁国没有郊天，却祭祀了"三望"（泰山、河、海）。如何休所云："讥尊者不食，而卑者独食。"天帝未能享用牺牲，泰山、河、海反而享用了。可见《公羊传》是承认"鲁郊"资格的，并不认为"鲁侯根本不应该行此礼"。

④《论语·八佾》："季氏旅于泰山。子谓冉有曰：'女弗能救与？'对曰：'不能！'子曰：'呜呼！曾谓泰山不如林放乎？'"郑玄注："旅，祭名。礼，诸侯祭山川……陪臣而祭泰山，非礼。"王素：《唐写本论语郑氏注及其研究》，文物出版社1991年版，第19页。

姓立国社,自立侯社;大夫就"不得特立社"了①。

兹将几种记载列表如下,以便比较:

| 《周礼》 | | | 《礼记》 | 《国语》 |
|---|---|---|---|---|
| 天子 | 昊天上帝、五帝 | 天子 | 天地、山川、社稷、五祀、(其先) | 群神百物 |
| 公 | 先王 | 诸侯 | 山川、社稷、五祀、(其先) | 三辰、山川 |
| 侯伯 | 先公,飨、射 | | | |
| 子男 | 四望山川 | | | |
| 孤 | 社稷、五祀 | 大夫 | 五祀、(其先) | 五祀及祖 |
| 卿大夫 | 群小祀 | | | |
| 士 | | 士 | 其先 | 祖 |

此外还有"七祀",也可以排成类似样式,因与本文无关,兹不详论②。

---

①《礼记·祭法》及郑注,《十三经注疏》,第 1589 页下栏。又参王慎行:《殷周社祭考》,收入其《古文字与殷周文明》,陕西人民教育出版社 1992 年版,第 200 页。

②"七祀"见《礼记·祭法》,其祭祀等级略如下表:

| 七祀 | 王为群姓王自立 | 司命 | 中溜 | 国门 | 国行 | 泰厉 | 户 | 灶 |
|---|---|---|---|---|---|---|---|---|
| 五祀 | 诸侯为公诸侯自立 | 司命 | 中溜 | 国门 | 国行 | 公厉 | | |
| 三祀 | 大夫 | | | 门 | 行 | 族厉 | | |
| 二祀 | 适士 | | | 门 | 行 | | | |
| 一祀 | 庶士、庶人 | | | | | | 或户或灶 | |

这"七祀"与《曲礼》"五祀"有所不同。近年杨华先生根据楚简,提出大夫以上贵族恒祭五祀;楚地在"五祀"基础上,又吸收了"司命""厉"两种神祇,从而形成"七祀"。见其《五祀祭祷与楚汉文化的继承》,《江汉论坛》2004 年第 9 期;收入《武汉大学历史学集刊》第 1 辑,湖北人民出版社 2005 年版,第 234 页以下。

面对这份表格,回头再看《周礼》的"如王之服",一个猜想就油然而生了。天子的祭服因等级而异,那么诸侯与诸臣的"如王之服",是否跟"等级祭祀制"有关呢?《礼记》和《国语》显示,天地、山川社稷、五祀、祖先构成四等祭祀,而那四等祭祀的排列样式,与《周礼》六冕是同构的,都是一个倒置的直角三角形。若假设那四等祭祀分用四等祭服,则天子祭服有四,诸侯祭服有三,卿大夫祭服有二,士之祭服有一。即如:

| 天子 | 祭天地之服 | 祭山川社稷之服 | 祭五祀之服 | 祭祖先之服 |
|---|---|---|---|---|
| 诸侯 | | 祭山川社稷之服 | 祭五祀之服 | 祭祖先之服 |
| 卿大夫 | | | 祭五祀之服 | 祭祖先之服 |
| 士 | | | | 祭祖先之服 |

那不就是《周礼》六冕的"如王之服"结构吗?

《周礼》六冕是一种"等级祭服制",其基本特点,就是每级祭祀都使用一种特定祭服。这就暗示我们,在一定程度上可能存在过一种祭俗,一种不同祭祀使用不同冠服的祭俗;且任谁从事同样祭祀,都穿同样冠服。若然,则六冕是诸侯、诸臣主祭之服的论点,就可以得到更有力的支持。下面就来考察"不同祭祀用不同冠服"的祭俗,看看此种祭俗是否有迹可循。

在《周礼》中,不同乐舞使用不同的服饰与舞具:

> 《周礼·地官·舞师》:"掌教兵舞,帅而舞山川之祭祀;教帗舞,帅而舞社稷之祭祀;教羽舞,帅而舞四方之祭祀;教皇舞,帅而舞旱暵之事。"郑玄注:"羽,析白羽为之,形如帗也。四方之祭祀,谓四望也。旱暵之事,谓雩也。暵,热气也。郑司农云:'皇舞,蒙羽舞。书或为翌,或为义。'玄谓皇,

析五采羽为之,亦如帗。"

　　《周礼·春官·乐师》:"凡舞,有帗舞,有羽舞,有皇舞,有旄舞,有干舞,有人舞。"郑玄注:"故书'皇'作'翌'。郑司农云:'帗舞者,全羽。羽舞者,析羽。皇舞者,以羽冒覆头上,衣饰翡翠之羽。旄舞者,牦牛之尾。干舞者,兵舞。人舞者,手舞。社稷以帗,宗庙以羽,四方以皇,辟雍以旄,兵事以干,星辰以人舞。翌读为皇,书亦或为皇。'玄谓帗,析五采缯,今灵星舞子持之是也。皇,杂五采羽如凤皇色,持以舞。人舞无所执,以手袖为威仪。四方以羽,宗庙以人,山川以干,旱暵以皇。"(《十三经注疏》,第721页中栏、第793页中栏)

郑众、郑玄对诸舞的解释不太一样,不过那不必过多纠缠。总之人们看见了:不同祭祀用不同乐舞,不同乐舞用不同服饰、舞具,还包括不同的首饰。例如皇舞,郑众说是"以羽冒覆头上",也就是戴"皇"冠,这是羽冠系列的冕。

　　兵舞与干舞类同,都持兵器,由《大武》推测,所戴的应是爵弁系列的冕。兵舞用于"舞山川","山川以干"。山川之祭要戴冕、用兵器做舞具之事,《山海经》也能予以印证①。又,郑玄说"故书

---

① 《山海经·中山经·中次九经》:"熊山,帝也,其祠:羞酒,太牢具,婴用一璧。干儛,用兵以禳;祈,璆冕舞。"参看袁珂:《山海经校注》,上海古籍出版社1980年版,第161页;袁珂:《山海经校译》,上海古籍出版社1985年版,第134页;袁珂:《山海经全译》,贵州人民出版社1991年版,第163页;张步天:《山海经解》,香港天马图书有限公司2004年版,第301页。又《中次五经》所见,首山之祠也用"干舞",再度印证了"山川以干"。张岩先生也认为,《山海经》中的干舞可以与《周礼》互证,见其《山海经与古代社会》,文化艺术出版社1999年版,第241页。徐显之先生把(转下页注)

'皇'作'翌'",而许慎说"翌"是一种乐舞,舞人用羽蔽首,"以祀星辰也"①。那么"翌"就是祭星辰时戴的一种羽冠。董作宾先生说卜辞中有一种祭祀称"翌",是舞羽之祭②,要用羽来做舞具。还有一种"鹬冠",是羽制的。据说"鹬"能做天气预报,是一种"知天将雨鸟"③,所以"鹬冠"用于雩祭。《续汉书·舆服志》说《云翘》舞人服爵弁(冕),《育命》舞人服"建华冠",后者被认为相当于"鹬冠"④。张衡《东京赋》:"冠华秉翟,舞列八佾。"⑤"华"即建华冠,"翟"即用作舞具的羽毛。东汉五郊迎气,迎春、迎夏舞《云翘》,迎秋、迎冬舞《育命》⑥。此外还有一种"方山冠",形似进

---

(接上页注)"璆冕"释为"有美玉"的帽子,并把它跟巴人之舞联系起来,见其《山海经探原》,武汉出版社 1991 年版,第 24 页。若然,"璆冕"可能是旒冕的起源之一。

① 《说文解字》卷四上,第 75 页。马叙伦、陈梦家都释"翌"为蒙羽帽于首之舞,参看李圃主编:《古文字诂林》,第 4 册第 75 页。曾宪通释"皇"为"凤凰尾羽形状",见其《释"凤"、"皇"及其相关诸字》,收入《古文字与出土文献丛考》,中山大学出版社 2005 年版,第 19 页以下。

② 《董作宾先生全集·乙编》,台湾艺文印书馆 1978 年版,第 27 页。

③ 《说文解字》卷四上,第 81 页。

④ 《续汉书·舆服志下》:"建华冠,以铁为柱卷,贯大铜珠九枚,制似缕鹿。记曰:'知天者冠述,知地者履绚。'《春秋左传》曰:'郑子臧好鹬冠。'前圆,以为此则是也。天地、五郊、明堂,《育命》舞乐人服之。"

⑤ 《文选》卷三,李善注引蔡邕《独断》:"大乐郊者冠建华冠。"第 59 页。又参龚克昌等:《全汉赋评注》,下册第 502 页注。

⑥ 《续汉书·祭祀志中》记永平制度。其说与《礼记·文王世子》的"春夏学干戈,秋冬学羽籥"相合。《续汉志》刘昭注引《皇览》,云天子迎春"助天生"、用羽翟,迎夏"助天养"、用鼓鼙,迎秋"助天收"、用干戚,迎冬"助天诛"、用干戈,与永平制度不同。但可附会春生、夏养、秋收、冬诛,在"天人感应"上更为周密,也有一得之处。《皇览》是曹魏时编写的类书,所记或为魏制。

贤冠,也用于若干种祭祀乐舞①。又曹魏祭祀圆丘以下时,《武始》的舞者戴平冕,《咸熙》的舞者戴委貌冠。那么汉魏仍沿用着古老的礼俗,祭祀不同则乐舞有异,进而冠服有异。

那么我们来想象这样一种祭俗:若干乐舞被用于不同祭祀,若干祭服被用于不同乐舞,而且不论谁从事那一祭祀,都是如此。比方说,山川之祭用兵舞,则任谁祭山川都用兵舞;社稷之祭用帗舞,则任谁祭社稷都用帗舞。某一祭祀专用鹫羽之冠服,则天子祭祀用鹫羽之冠服,诸侯祭祀也用鹫羽之冠服;某一祭祀专用毳毛之冠服,则天子祭祀用毳毛之冠服,诸侯祭祀也用毳毛之冠服。大夫及士,以此类推。当然这只是个理论分析,而非实指。若说到周朝真实的原生礼制,我们就只能这样推断了:"不同祭祀用不同冠服"只是个大致趋势,在一定程度上存在着,但可能并不整齐严格。然而这种只在一定程度上存在的、并不整齐严格的祭俗,却挑动了《周礼》作者的神经,《周礼》作者的兴致,正在于把散乱粗糙的原生礼制弄大、弄全、弄整齐了。于是他搜罗了若干冕服之名,跟六种祭祀一一相配,天子依次而降服用之,诸侯、诸臣也依次而降服用之。"不同祭祀用不同冠服"的做法本来很散漫,却因《周礼》而"旧貌换新颜"了,其精致、整齐与复杂程度,决定性地提高了。

由此我们认为,"等级祭祀制"与"等级祭服制"就是《周礼》六冕的参照系,六冕的结构性特征,来自"等级祭祀制"的结构性特征。之所以"公之服,自衮冕而下,如王之服",是以公可以祭先王以下为考虑的;之所以"侯伯之服,自鷩冕而下,如公之服",是

---

① 《续汉书·舆服志下》:"方山冠,似进贤,以五采縠为之。祠宗庙,大予、八佾、四时、五行乐人服之,冠衣各如其行方之色而舞焉。"

以侯伯可以祭先公以下为考虑的;之所以"子男之服,自毳冕而下,如侯伯之服",是以子男可以祭山川以下为考虑的;以此类推,之所以"孤之服,自绨冕而下""卿大夫之服,自玄冕而下,如孤之服",是以孤、卿大夫可以祭五祀、祭群小祀以下为考虑的。我们推测,在《周礼》作者编排六冕时,他脑袋里装着这么一份表格:

| 天子 | 大裘而冕<br>祭天地 | 衮冕<br>享先王 | 鷩冕<br>享先公 | 毳冕<br>祀四望 | 绨冕<br>社稷五祀 | 玄冕<br>群小祀 |
|---|---|---|---|---|---|---|
| 公 | | 衮冕<br>享先王 | 鷩冕<br>享先公 | 毳冕<br>祀四望 | 绨冕<br>社稷五祀 | 玄冕<br>群小祀 |
| 侯伯 | | | 鷩冕<br>享先公 | 毳冕<br>祀四望 | 绨冕<br>社稷五祀 | 玄冕<br>群小祀 |
| 子男 | | | | 毳冕<br>祀四望 | 绨冕<br>社稷五祀 | 玄冕<br>群小祀 |
| 孤 | | | | | 绨冕<br>五祀 | 玄冕<br>群小祀 |
| 大夫 | | | | | | 玄冕<br>群小祀 |

《礼记》《国语》所记载的那些祭祀等级,《周礼》作者不会陌生;他没有照抄其细节,但承袭了它的"结构",将之发扬光大了。在我与学生讨论六冕时,学生们曾提出这样的疑问:公助祭服衮冕,那他的鷩冕、毳冕、绨冕、玄冕是什么时候用的? 侯伯助祭服鷩冕,那他的毳冕、绨冕、玄冕是什么时候用的? 现在这问题有答案了:那些冕,是各级诸侯、诸臣在举行他们有资格举行的那些祭祀时,根据相应的祭祀等级而使用的。

我们曾推断,六冕之"如王之服"特点有一个结构性来源。如今端倪显露了,六冕结构的背后,确实潜藏着另一些"结构"。等级冕服制源于等级祭祀制,"如王之服"源于"如王之祀"。《周礼》显示天子祭祀有等级,天子祭服也有等级,二者相应;其他文献又显示了天子、诸侯、诸臣的祭祀遵循着共同等级;所以诸侯、诸臣的祭服,也遵循类似的等级。

身处"断裂与建构期"的《周礼》作者对诸冕的编排,并没让真实的历史信息全部湮灭。从人类风俗史的角度、从一种"结构主义"的角度看,那编排仍以另一种方式,展示了特别的历史真实。根据史料中提取的相关信息,《周礼》六冕结构的生成逻辑,推断是这样的:

1. 等级祭祀制度是存在的,等级高者可举行的祭祀较多,等级低者可举行的祭祀较少。

2. 不同祭祀使用不同冠服的祭俗,在一定程度上是存在的。

3. 基于上述两点,《周礼》作者拟定了这样的编排规则:地位高者则祭祀多,进而是祭服多;地位低则祭祀少,进而是祭服少;但同级祭祀用同级祭服。

4. 以此为考虑,搜罗或编造各种冕名,凑成六冕;并把它们的外观整齐化,改用章数旒数区分等级。

5. 进而让六冕与六等祭祀一一对应起来。某冕与某等祭祀的对应关系,可能有所依据,更可能是主观建构。"如王之服"的结构特征,于是被传承下来。

上述论点的个别环节,因史料所限可能有推测成分;但这里所进行的是一个结构分析,而不是"点对点"的考辨。好比从地底下挖出了若干陶片,那时并不需要把所有残片凑齐,就足以断定它们属于一个陶罐的,如果它们确实来自一个陶罐的话。眼下我们手中的"残片"是足够丰富了,它们就是祭服等级、祭祀等级和君主等级。从"结构生成"与"转换规则"看,它们足以支撑上述推理,从而为六冕等级的结构来源,提供一个前人未发的新解。

## 4. 等级祭祀制与等级君主制

我们认为六冕从结构看是"等级祭服制""等级祭祀制""等级君主制"相结合的产物。在这一点上,另一些礼制等级也可以提供参考,比如列鼎制度。

《公羊传》桓公二年何休注:"礼,祭,天子九鼎,诸侯七,卿大夫五,元士三也。"《周礼·秋官·掌客》:列国国君宴飨天子"鼎、簋十有二"。郑玄注:"正鼎九,陪鼎三。"周墓也展示了九鼎八簋、七鼎六簋、五鼎四簋、三鼎二簋等各种情况,并引发了很多讨论[1]。

---

[1]此处参考郭宝钧:《山彪镇与琉璃阁》上篇,二,科学出版社1959年版;杜乃松:《从列鼎制度看"克己复礼"的反动性》,《考古》1976年第1期;俞伟超、高明:《周代用鼎制度研究》,《北京大学学报》1978年第1、2期,1979年第1期;俞伟超:《周代用鼎制度研究》,《先秦两汉考古学论集》,文物出版社1984年版;北京大学历史系考古教研室编:《商周考古》,文物出版社1979年版,第203页以下;宋建:《关于西周时期的用鼎问题》,《考古与文物》1983年第1期;李学勤:《东周与秦代文明》,文物出版社1984年版,第203页;王永光:《从用鼎制度谈周代的士》,收入陈金方主编:《周文化论集》,三秦出版社1993年版,第103页以下;印群:《论周代列鼎制度的嬗变——质疑春秋礼制崩坏说》,《辽宁大学学报》1999年第4期;杨宝成:《楚国青铜礼器组合研究》,《华夏考古》2000年第2期。林沄先生对列鼎制的怀疑,见其《周代用鼎制度商榷》,《史学集刊》1990年第3期;收入《林沄学术文集》,中国大百科全书出版社1998年版,第192页(转下页注)

李玉洁先生有一个看法值得注意：用鼎取决于宴飨和祭奠的不同规格。一个墓中往往出土多套列鼎，比如有七列鼎与五列鼎同出一墓的。那说明什么呢？"说明墓主人既可以使用高一级的列鼎，又可以使用低一等规格的列鼎。那么何时使用鼎的最高规格组合，何时使用次一级的组合呢？那又跟宴享或祭奠的规模有关了。诸侯国君在接待周天子或其他国君来访，或在最隆重的祭典中，要使用鼎的最高的组合形式；反之，在一般的小型宴享或祭祀中，有可能使用较低规格的鼎的组合形式。"①

依李先生之说，天子并非只用十二鼎，也用十二鼎"以下"。由此类推，诸侯可用九鼎以下，卿相可用七鼎以下，中等贵族可用五鼎以下，士可用三鼎以下。可谓"如王之鼎"。这样一来，用鼎规则与用冕规则，就呈现出同构性了：不但数列相似，而且用哪一等，还因活动与场合的规格而异。天子不会事事用十二鼎，国君也不会事事用九鼎。在关起门来的家宴上，或祭个小鬼小神什么

---

（接上页注）以下。邱德修先生也反对"列鼎"说，他区分正鼎和镬鼎，不过又认为两种鼎数是一一相配的，如正鼎九则镬鼎九，正鼎七则镬鼎七。见其《商周用鼎制度之理论基础》，台湾五南图书出版公司 1989 年版，第 325页。那么依然遵从九、七、五、三的礼数。2003 年初陕西宝鸡眉县还出土了 10 件形状相近的鼎，它们是否属于列鼎，专家们仍在讨论之中。参看《陕西眉县杨家村西周青铜器窖藏发掘报告》及《陕西眉县出土窖藏青铜器笔谈》，《文物》2003 年第 6 期；张廷皓、王建琪主编：《盛世吉金：陕西宝鸡眉县青铜器窖藏》，北京出版社 2003 年版，第 51 页以下；李润干：《杨家村五大考古发现考释》，陕西人民出版社 2006 年版，第 49 页。

① 李玉洁：《殷周用鼎制度研究》，《文史》第 44 辑，中华书局 1998 年版，第 47页以下；收入程民生、龚留柱主编：《历史文化论丛》，河南大学出版社 2000年版，第 259 页以下。他认为，殷商、东夷、楚国用鼎多为偶数，周代逐渐采用奇数了，并在西周中后期出现列鼎，在春秋形成列鼎制度。

的,也可能用三鼎、用一鼎的①。即如下表:

| 天子 | 十二鼎 | 九鼎 | 七鼎 | 五鼎 | 三鼎 | 一鼎 |
|---|---|---|---|---|---|---|
| 列国诸侯 | | 九鼎 | 七鼎 | 五鼎 | 三鼎 | 一鼎 |
| 卿相、太子 | | | 七鼎 | 五鼎 | 三鼎 | 一鼎 |
| 中等贵族 | | | | 五鼎 | 三鼎 | 一鼎 |
| 士 | | | | | 三鼎 | 一鼎 |

　　请看,这跟《周礼》六冕的等级结构,很相似吧? 如何解释这种相似性呢? 我们仍用王夫之的"公侯卿大夫士受秩于天者均。故车服礼秩有所增加,而无所殊异"来解释。类似的礼制等级安排还能找到,它们都滋生于周王朝的特定等级形态之中。

　　基辛指出:"我们可以找出一个民族所设置的各类超自然事物与其政治组织规模之间的关系。氏族分散的民族就会崇拜每个氏族自己的神灵;拥有集权国家组织的民族就很可能有一个大神或集中化的万神殿。"②恩伯亦云:"人类社会结构的等级范围,从平等的到高度分层的范围,在超自然世界中都可以找到相对应的可比范围。"③两位人类学家都提示我们,祭祀等级跟权力等级相关,或说跟政治等级、政治形态相关。"等级祭祀制"是怎么形成的,应从"等级君主制"中寻找根源。

　　对周代政体,学者有专制君主制、封建君主制、等级君主制等

①祭礼与享礼所用器具相同,可参看严一萍:《说飨》,收入《中国文字》新1期,香港中国文字社1980年版,第31页。

②基辛:《文化·社会·个人》,辽宁人民出版社1988年版,第403页。

③C·恩伯、M·恩伯:《文化的变异:现代文化人类学通论》,辽宁人民出版社1988年版,第479页。

等提法。使用"等级君主制"概念的，如白刚先生主编的《中国政治制度通史》①。又张荣明先生称："周代国家具有双重特征：一方面具有方国联盟的性质；另一方面具有贵族等级君主制色彩。"②徐中舒先生也称周朝为"君主等级制"，以与战国秦汉以下的"君主集权制"相区分③。"等级君主制"一词，本指西欧封建时代君主借助等级代表机构来实行统治的政体形式，是一种通向绝对君主制（absolutism）的过渡形态。如刘北成先生所论："凡是典型的、纯粹的封建主义，必然是'等级的所有制'，其统治权是分裂和分散的，那就不可能有专制主义。"④我们不拘泥于西欧"等级君主制"一词本意，姑用"封建等级君主制"指称周代君权，来跟战国以下的"专制集权君主制"相区分。

汉以后所谓"国"，在先秦多称"邦"。"邦"就是"封"，是由分封产生的⑤。分封则为一邦之主，就是"君"了。周代"等级君主制"下，君臣关系有很大相对性。"自谦称为'王之臣属'的诸侯、卿大夫等高级贵族官吏往往被他人尊称为邦君、友邦冢君、天君

---

①白刚著：《中国政治制度通史》总论卷，人民出版社 1996 年版，第 31 页。

②张荣明：《商周的国家结构与国家宗教》，《社会科学战线》2000 年第 2 期；张荣明：《殷周政治与宗教》，台湾五南图书出版公司 1997 年版，第 5 章。

③徐中舒：《孔子的政治思想》，收入《徐中舒历史论文选辑》，中华书局 1998 年版，下册第 1172 页。

④刘北成、龚晓庄：《〈绝对主义国家的谱系〉译者序》，安德森：《绝对主义国家的谱系》，刘北成、龚晓庄译，上海人民出版社 2000 年版，第 2 页。

⑤《说文解字》卷六下："邦，国也。"第 131 页下栏。《释名》卷二《释州国》："邦，封也，封有功于是也。"《景印文渊阁四库全书》，第 221 册第 392 页上栏。徐锴《说文解字系传》卷十二《邑部》："邦，古谓封诸侯为邦。"中华书局 1987 年版，第 127 页下栏。

（天尹）、多君等，而他们的下属也都自比为臣。"①爵级是政治等级的主干，而依古义，天子亦为爵。《白虎通义·爵》："天子者，爵称也。"在孟子的眼中，周天子就是一级爵，一级高于公侯的爵而已。《孟子·万章下》论"周室班爵禄"："天子一位，公一位，侯一位，伯一位，子、男同一位，凡五等也。君一位，卿一位，大夫一位，上士一位，中士一位，下士一位，凡六等。"那不是孟子的狂想，而是有历史根据的。顾炎武就天子为"爵"和"天子一位"之说，指出周天子并非"绝世之贵"，"不敢肆于民上以自尊"，三代以下就不如此了②。

诸侯、卿大夫对上是"臣"，对下却有"君"的身份。《仪礼·丧服》："君，谓有地者也。"又郑玄注："天子、诸侯及卿大夫有地者，皆曰君。"③溥天之下莫非王土，故天子为"君"；诸侯拥有自己的国土，也算是"君"；卿大夫的领地虽只称"家"，但有领地人民，所以也算是"君"④。《国语·晋语八》："三世事家，君之；再世以

---

① 王龙正：《臣、小臣辨析》，收入河南省文物考古研究所编：《华夏文明的形成与发展》，大象出版社2003年版，第285页。

② 顾炎武：《日知录》卷七《周室班爵禄》，《日知录集释》，上海古籍出版社1985年版，第572页；花山文艺出版社1991年版，第332页；岳麓书社1994年版，第257页。

③ 徐朝华先生说："'君'在先秦时指大大小小奴隶制或封建制国家的最高统治者。天子、诸侯和有采邑的卿大夫都可称君。"《尔雅今注》，南开大学出版社1987年版，第2页。其"国家的最高统治者"说法略欠妥当。胡雅丽先生云："则拥有土地、拥有爵称、拥有发号施令权者即可尊称为君。"《包山楚简所见爵称考》，《楚文化研究论集》第4辑，河南人民出版社1994年版，第514页。其说甚是。

④ 或说采地只有用益权，没有所有权。但杜正胜先生认为："'采'和'国'同样可以世袭，二者之异大概是采的范围较小而已，如邑之类，不够资格称'国'，故曰'采地（邑）'。"《周代城邦》，台湾联经出版事业公司1979年版，第107页。

下，主之。"①卿大夫的"家"是很大的，"百乘之家""千乘之家"的提法，显示那"一家之主"出得起上百乘、上千乘兵车。那么庞大的"家"简直就是国中之国。总之，只要你领有一片地面儿，管着一群人，就是"君"。像战国的封君，孟尝君、信陵君、平原君、春申君以及商君之类，都是因此而称"君"的。战国的龙阳君有"今臣爵至人君"之语，是说自己的爵级已达到"人君"地步了；直到汉初，刘邦还有"爵或人君"之言②。这样的"君"称，其义甚古。那么称周代政体为"等级君主制"，不是空穴来风。在后世"皇"与"帝"不能用作常人敬称，不能说"张皇""李帝"；而"君"却成了日常敬称了，可以说"张君""李君"，那是等级君主制的流风遗韵吧。

由此再看等级祭祀制。推想在某个较原始的阶段，周族共同体应由众多家族构成，各家族各有领地，各以族长为"君"。各领地中各有祭祀活动，各种祭祀各有其祭服。那么我们从《周礼》六冕出发，尝试一个推理吧：较小较疏远的家族，可以祭祀山川、土神、谷神和群小祀，相应所服三冕；较高较亲的家族增祭先公，那么增服一冕；更高更亲的家族又可祭先王，再增一冕；核心家族即王族地位最高，是先王的嫡系，它代表周族共同体祭昊天上帝，所以有一冕为其独占。核心家族占据了宗法和礼制的中心地位，其余的各级主祭者则是各个族长。等级祭祀制应该就是这么逐渐发源的。各级主祭者所拥有的"君"之身份，就决定了他们的"如

---

① 顾炎武云："主者，次于君之号。"但潘英指出："主与君并没有太大的区别，领主便是封君。……采邑领主称大夫称主称君，一如诸侯的称公称君。"《中国上古史新探》，台湾明文书局1985年版，第351页。
② 分见《战国策·魏策》、《汉书》卷一《高帝纪》。后书颜师古注："爵高有国邑者，则自君其人，故云或人君也。"

王之服”。

这就意味着,等级君主制决定了神权的等级分配,由此形成了等级祭祀制。宋镇豪先生评论等级祭祀制:“显然它本是一套发于宗族或家族,上达国家的信仰系统,……该一批天地神祇祭祀权的归属,是完全随着政治结构的再组合而游移的。”①葛志毅、张惟明先生也认为,天子、诸侯的祭祀超越了族姓祖先,同时天子与诸侯所祭又有区别,“这种区别乃是天子与诸侯在政治地位及权力等级上不同的象征性标志”,“至于卿大夫,则由于推行宗法制的关系,所谓‘大夫士有常宗’,他们的祭祀对象主要被限定在族类亲缘的范围内”②。又如李向平先生的概括:“天子、诸侯的封建领主权力,在神权世界划分得清清楚楚。”③张光直说,在龙山时代“通天地”就是统治者的特权④。而等级祭祀制又提示我们:并非所有统治者都能“通天地”的,只有核心集团的最高统治者可以。

王震中先生把神权、军权和族权,视作王权的三个来源⑤。中

①宋镇豪:《夏商社会生活史》,中国社会科学出版社1994年版,第454—455页。
②葛志毅、张惟明:《先秦两汉的制度与文化》,黑龙江教育出版社1998年版,第87—88页。
③李向平:《王权与神权:周代宗教与政治研究》,辽宁教育出版社1991年版,第150页。
④张光直:《中国古代王的兴起与城邦的形成》,收入《中国考古学论文集》,第394页。
⑤王震中:《中国文明起源的比较研究》,陕西人民出版社1994年版,第366页以下;又其《祭祀、战争与国家》,收入中国社会科学院历史研究所编:《古史文存·先秦卷》,社会科学文献出版社2004年版,第113页以下。

国的军事首领就是氏族首领,二者合一①。周人有言:"国之大事,在祀与戎。"②祭祀权和军权,是早期政权两种最重要的权力。"政由宁氏,祭则寡人"③之语,显示祭祀是政权的象征,是国君不能退让的最后底线。当然也可以这么理解:国君既无力掌"戎",就只好退一步,虚守社庙祭祀的空名了。那么"戎"即军权,才是祭祀权的坚实基础。打了败仗就会"失守宗庙",祭不成了。

君权依赖于军权,这在祭祀和祭服上也能得到反映。前已述及,若干祭礼、祭服散发出了浓厚的军事意味,例如戴冕、执干戚而舞的《大武》。郑玄云:"《武》,万舞也。"④《大武》属于"万舞"范畴,而"万舞"是一种"习戎备"之舞⑤。《荀子·乐论》:"执其干戚,习其俯仰屈伸,而容貌得庄焉;行其缀兆,要其节奏,而行列得正焉,进退得齐焉。故乐者,出所以征诛也,入所以揖让也;征诛、揖让,其义一也。出所以征诛,则莫不听从;入所以揖让,则莫

①王宇信先生指出:夏代"战时,平民则随家族贵族首领出征。因而他们的君长和各家族贵族,就是方国族军的各级将领"。见其《夏王朝的军事制度》,收入洛阳文物二队:《夏商文明研究》,中州古籍出版社 1995 年版,第 62 页。殷商的军事组织形式之一就是"族武装",参看黄圣松:《殷商军事组织研究》,台湾"中山大学"中国文学系 2006 年博士学位论文,第 35 页以下。西周亦然。

②《左传》成公十三年,《春秋左传集解》,第 722 页。

③《左传》襄公二十六年,《春秋左传集解》,第 1048—1049 页。

④《礼记·郊特牲》郑玄注,《十三经注疏》,第 1448 页上栏。

⑤《左传》庄公二十八年:"楚令尹子元欲蛊文夫人,为馆于其宫侧,而振万焉。夫人闻之,泣曰:'先君以是舞也,习戎备也。'"杜预注:"万,舞也。"《春秋经传集解》,上海古籍出版社 1978 年版,第 199—200 页。闻一多先生以为"万"有武有文,武者用干戚,是模拟战术的;文者用羽籥,是模拟翟雉的春情的。《闻一多全集》,湖北人民出版社 1993 年版,第 4 册第 469 页。关于万舞,还可参看裘锡圭:《释万》,《中华文史论丛》1980 年第 2 辑。

不从服。"可见干戚之舞,本有"征伐"之义。许多民族的祭司和萨满都有特殊装束,以与世俗区分开来[1];而在中国古代我们看到的,则是战争赢得了政权,统帅变成了君主,君主主持祭祀,战争场面化为祭祀乐舞,兵器用作祭祀舞具,军帽用作祭服。有人提出,中国早期法制以"兵刑合一"为特点;现在又可以说,中国早期礼制还有"兵礼合一"之事,不止"军礼"如此,祭礼亦然。

祭礼上的冕与干戚是一套固定组合。冕服等级和祭祀等级的关系,暗示了各级君权的宗法和礼制来源;而戚斧呢?它们是战士、首领和君主的象征物,良渚墓葬中石斧、石钺、玉钺的层次分化,暗示了社会分层的军事来源[2]。另一些民族中,祭司阶层与贵族、与军人是分离的,如古印度的婆罗门[3]、古波斯的祆教祭司[4]、古苏美尔的祭司[5]。玛雅王国里,祭司与贵族是两个不同的世袭阶层[6],各有各的保护神[7]。印加虽是个政教合一的政权,但

---

[1] 克雷维列夫:《宗教史》,中国社会科学出版社 1984 年版,上册第 89 页。
[2] 参看拙作《士大夫政治演生史稿》第 2 章对史前斧钺与士、王关系的讨论。
[3] 施治生、徐建新主编:《古代国家的等级制度》,中国社会科学出版社 2003 年版,第 2 章,第 63 页;尼赫鲁:《印度的发现》,世界知识出版社 1956 年版,第 140 页以下;博克:《多元文化与社会进步》,辽宁人民出版社 1988 年版,第 132 页以下。
[4] 李铁匠:《古代伊朗的种姓制度》,《世界历史》1998 年第 2 期;李铁匠:《大漠风流:波斯文明探秘》,云南人民出版社 2001 年版,第 48 页以下;黄民兴:《中东国家通史·伊拉克卷》,商务印书馆 2002 年版,第 74 页以下;布克:《剑桥插图宗教史》,山东画报出版社 2005 年版,第 217 页以下。
[5] 威尔·杜兰:《世界文明史·东方的遗产》,东方出版社 1999 年版,第 88 页。
[6] 林大雄:《失落的文明:玛雅》,第 60 页以下。
[7] "伊察姆纳"神是文化和科学知识的创制者,是祭司的保护神;"卡库帕卡特"是战神,是军事贵族的保护神。参看宋瑞芝:《走进印地安文明》,第 81 页。

祭司自成系统①。古巴比伦的祭司,是由三十多个等级构成的专业团体。埃及古王国的法老和大臣曾经都是僧侣②,政教合一,但后来仍分化出了一个专业僧侣阶层③。普洛格说:"区分神圣、世俗是复杂的等级社会的典型特征,在采集狩猎的小社会里却很少见。"④但在这一点上,殷周有可能成为反证:较大的复杂社会,也可能神圣、世俗不分。

张光直先生说:"帝王自己就是巫的首领。"⑤陈梦家先生说:"商王是群巫之长。"⑥周以下不同了,"巫"成了一群专职官吏,协助君主祭祀⑦。至于君主主祭,在我看来并不等于"群巫之长";参与祭祀的诸侯、大夫、士,也不能说成是一群巫。有人说,冕服十二章起源于原始巫师的法衣⑧。然而"冕"是"大夫以上冠","火龙黼黻"是礼服纹饰,看不到任何"巫"使用"火龙黼黻"的迹象。祭礼上天王、大臣、庶士都执干戚,有趣的是"士"字是斧形,

①沈小瑜:《失落的文明:印加》,第 65 页以下。
②克雷维列夫:《宗教史》,上册第 86 页以下。又伯恩斯、拉尔夫:《世界文明史》第 1 卷,商务印书馆 1987 年版,第 40 页。
③威尔·杜兰:《世界文明史·东方的遗产》,第 139 页。
④普洛格:《文化演进与人类行为》,辽宁人民出版社 1988 年版,第 572 页。
⑤张光直:《美术、神话与祭祀:通往古代中国政治权威的途径》,辽宁教育出版社 2002 年版,第 33 页。
⑥陈梦家:《商代的神话与巫术》,《燕京学报》第 20 期,1936 年,第 535 页。
⑦参看童恩正:《中国古代的巫、巫术、巫术崇拜及其相关问题》,收入《人类与文化》,重庆出版社 1998 年版,第 454 页以下。文镛盛先生认为,巫最初是"政治领袖",但在商周间下降为一种官吏,见其《中国古代社会的巫觋》,华文出版社 1999 年版,第 20 页以下。又可参李零:《先秦两汉文字史料中的巫》,收入《中国方术续考》,东方出版社 2000 年版,第 76 页以下。
⑧尚民杰说:"后世的冕服正是由原始社会中的'法衣'演化而来的。"见其《冕服十二章溯源》,《文博》1991 年第 4 期。

"王"字也是斧形。干戚之舞用于祭祀,说明了什么呢? 说明中国的武士与祭司不是两个不同阶层。贵族逐渐拥有了礼乐教养,"士"之称也有了文化意味。随着文明的进化,早期祭礼的军事意味淡薄了,祭祀"礼乐化"了。"冕"有一种可能最初是军帽,但后来成了礼帽,干戚成了舞具,《大武》成了一种礼乐。"黄帝即位,……戴黄冕,致斋于中宫"①的历史故事,只讲黄帝戴冕祭祀,没讲黄帝戴冕杀伐。"黄帝始制冠冕、垂衣裳"的业绩,是作为"礼乐"的进步而被传述的,洗净了血腥气。

《周礼》六冕以直观的形式,折射出了周王朝的权力分配形式,和上下相通的等级形态。六冕之所以为"六",可能跟周族数字观念有关②;但更可能的,是跟祭祀等级与政治等级有关。六冕的君臣通用与"如王之服"特征,根源于"等级君主制"下君臣关系的相对性;沟通"等级君主制"与"等级冕服制"的中介与纽带,则是"等级祭祀制"。《周礼》作者只是想把冕服编排得更宏大、更整齐而已;但其编排方法,却是在某种启迪或暗示下生发出来的。这类情况并不罕见:你以为是自己的思绪在驰骋,其实是前人或他人的念头在你脑子里驰骋;你以为是自己在写作,其实是前人或他人在用你的手写作。开个玩笑吧:好比扶乩时写的字儿,乃鬼神附体之作。然而人间确有少数智力超群者,即令被附了体,仍能有所创造。《周礼》作者即是,毕竟他弄出一个世界上

①《韩诗外传》卷八,屈守元:《韩诗外传笺疏》,第 682 页。
②吴十洲先生考察了先秦礼器之两器、三器、四器、五器、六器、七器、八器、九器及多器各种组合,"六冕"被列入以"六"为组的组合,"可以认为以六为计的器组与周之时尚有关"。见其《两周礼器制度研究》,台湾五南图书出版公司 2004 年版,第 243 页。吴先生此书虽以考古资料与文献互证,但对"真实"与"建构"未加区别。

从没有过的六冕制度来,影响了中国冕服不止千年。细审六冕的穿戴规矩,我们猜《周礼》作者曾被"等级祭祀制"、进而是"等级君主制"附过体。那么六冕的结构特征,就是在周朝政治体制,而不是在战国以下的专制集权体制影响下形成的。学者多认为《周礼》反映了战国以来的专制集权趋势,但那只是一个方面而已,《周礼》也残留着早期政治传统的斑斑胎记,反映了周朝政权与神权的特定分配形式。

我们是透过"建构"来观察《周礼》冕制的。当然也有学者把《周礼》看得比较实,视为周朝主要制度,或实有其制的官职汇编①。而顾颉刚先生认为《周礼》出自空想,是战国一种"最重要而又最精密的政府组织的计划",彭林先生说它"是一个理想国的蓝图",冯邵霆先生说它是"乌托邦",作者通过官制阐述其理想社会②,这些看法我们都表赞成,均予附议。无论如何,"建构"的视角有助于较稳妥地运用《周礼》。这个视角甚至还可以旁及其他礼书,如《礼记·王制》。《王制》经常与《周礼》并称,分属今古文。任铭善认为,此篇"盖损益四代以定一王之法,而未必实行者

---

① 如蒙文通先生云,《周礼》"虽未必即周公之书,然必为西周主要制度","而曰战国哲人理想之所纂集,岂其然哉!"《从社会制度及政治制度论周官成书年代》,四川省立图书馆编辑:《图书集刊》1942 年第 1 期;又《经史抉原》,巴蜀书社 1995 年版,第 430 页。又刘起釪先生云,《周礼》"只是一部官职汇编",依据的是周、鲁、卫、郑四国官制,后来又录进了不少战国资料。见其《古史续辨》,中国社会科学出版社 1991 年版,第 650 页。
② 顾颉刚:《"周公制礼"的传说和〈周官〉一书的出现》,《文史》第 6 辑,中华书局 1979 年;彭林:《〈周礼〉主体思想与成书年代研究》,中国社会科学出版社 1991 年版,第 20 页;冯邵霆:《周礼:远古的理想》,上海古籍出版社 1997 年版,前言。

也","其立言也，或托之古昔以发其己见，或因其时事而为之率正"①。也揭示了其凭空立法、未必实行的性质。那么其他"《王制》主要记录了以周朝为主的爵禄、封国、祭祀、养老等制度"之类说法，就不甚稳妥了，因为"记录"这个措辞，容易让人误以为是实录其事。

从大背景说，《周礼》是中国"以官治国"文化精神的集中体现。就此说来，它与周朝的官僚制萌芽、与战国以来的官僚制发展，是息息相通的。有学者认为《周礼》的特点是"重视制度建设和操作实施"，"从而比《论语》、《孟子》等更具有可行性"②。然而就具体规划而言，它跟现实官僚政治又是疏离的，因为它不是可操作的行政法令，跟李悝《法经》、商鞅《秦律》一比，性质的不同就看出来了。我们只知道有那么一位无名作者，尝试通过"分官设职"来安排天地人秩序，以此寄托其太平之梦。学者在贴标签时把《周礼》归入儒家或法家，或兼而有之，因为手中只预备了那么多标签。无论如何，他应是一位体制外的人物，所以很长时间里，没多少人拿其人其书当事儿。

而这一点，跟先秦到汉初的儒家处境倒很相似。申说仁爱的孔子在现实中找不到精神家园，所以李零先生拿"丧家狗"比方他③。

---

①任铭善：《礼记目录后案》，齐鲁书社1982年版，第11、13页。旧称汉文帝使博士作《王制》，王锦民先生认为："依战国秦汉古书之例，即使是汉文帝使博士作《王制》，也不一定是新的创作，很有可能是从旧有的礼记中整理选录出一篇来。"见其《古学经子——十一朝学术史述林》，华夏出版社2008年修订版，第172页。

②郝铁川：《经国治民之典〈周礼〉与中国文化》，河南大学出版社1995年版，第4页。

③李零：《丧家狗——我读〈论语〉》，山西人民出版社2007年版。

处处碰壁之余孔子还说过"道不行,乘桴浮于海",实在不成就出国算了,不难听出他心中理想与现实的反差,及其落寞失意。孟子也预料到了"不得志,独行其道"的宿命,因为他用另一种眼光看时代:面对连年兼并,胜利者自以为打出了国威、打出了军威,孟子的感受却是"争地以战,杀人盈野;争城以战,杀人盈城",让我联想到了海明威的书名"永别了,武器";面对列国 GDP 的高速增长,孟子看到的却是"庖有肥肉,厩有肥马;民有饥色,野有饿莩",张养浩的名句"兴,百姓苦;亡,百姓苦"即其回声吧。"个人在试图推动社会变化时所承受的净成本,是由他们感到的不公正和异化来度量的。"[1]孔孟由此而不朽,赢得了后人的永恒敬意,包括我;而人们也由此知道,孔孟与所谓"时代发展方向"是疏离的,"俎豆之事,则尝闻之矣;军旅之事,未之学也"。尽管孔孟最终也改写了历史,他们的仁爱思想滋润陶冶了千千万万中国人的心灵,有他们和没他们的中国不一样了。原始儒家,还有很多士人,不同程度上都疏离于日新月异的官僚帝国政权的建设,包括其礼制设计,《周礼》亦然。几百年后《周礼》在政坛学界掀起的波澜,跟《周礼》作者本人渺不相干了。至今仍无人知道,抱有一个"礼制理想国"之梦的那位作者姓甚名谁、是何方人氏,留下了一个永远的谜团。

无论如何,本书对《周礼》六冕的阐述,与另一些论著对六冕的阐述颇不相同,并不是未经辨析就先行假定其为真,当然也不是粗暴地指其为假就到此为止了。面对中国礼制传统时,我们关注的是礼学家所云的"周礼",在多大程度上是一座"空中楼阁",又在什么意义上是可以取信的;它是用什么方法、按什么逻辑而

---

①诺思:《经济史中的结构与变迁》,上海三联书店 1994 年版,第 12 页。

"建构"出来的，又"折射"出了什么。在"六冕"与"真实"之间，我们是运用"疑古"的眼光，通过"建构"和"折射"两个概念，把它们联系起来的。此后我们就将考察帝王将相们是如何看待那楼阁蓝图的。然而二者间还有一个环节，即由汉以后经学家对礼书的阐述所形成的"二次建构"。详后。

# 第四章 二次建构：郑玄与《毛传》的章旒推定

在上面一章，我们阐述了"断裂与建构期"的《周礼》作者，是如何利用"原生与奠基期"的礼制素材来建构六冕的。六冕的建构还不止一次。进入汉代，"古礼复兴运动"风生水起，古冕之礼的"建构"波澜不息。这一轮的礼制建构，体现于汉魏经学家对经书的传笺注疏之中；相对于"原生礼制"，它们又隔了一层。若以《周礼》作者为"初次建构"，汉儒已属"二次建构"了。后人往往是透过汉儒的阐述，来理解《周礼》六冕的。

为什么会出现"二次建构"呢？因为《周礼》对六冕的叙述并不完整，服冕等级，其与章数、旒数和玉数的对应，颇有暧昧处，缺少很多项目。同时其他经书另有冕服记载，与《周礼》六冕未必相合，汉儒想把《周礼》六冕弄完整了，还想让它跟其他经书协调起来。在这时候，六冕就成了一个不定方程，它的"解"不止一组。这里用"不定方程"一词来比方，因为六冕等级确实就是要计算、要排列的，还真就是个数学问题。

中国礼制自初就显出了一个重要特征：浓厚的"数字化"倾向，大量采用数列手段来区分尊卑贵贱，是所谓"礼数"。十二、九、八、五、三、一，或八、六、四、二之类数列，呈现出清晰的"数理逻辑"。中国人对等级的敏锐感知力，以及娴熟安排等级的能动性，集中体现在"礼数"上了。礼制的"数字化"，首先可能跟"神秘数字"或"数术"有关。"礼数"是合于天地秩序的。像"十二"，就被说成"天之大数"。进而我还相信，"数字化"还有一种行政与管理的意义，为精细安排身份、地位、礼遇及其变动，提供了重大便利。"数字化"至少能带来表达的便利。像"三公九卿二十七大夫八十一元士"之说，尽管理想化了，"三公"未必只有三人，"九卿"也未必恰好九位，但它毕竟使一个等级金字塔呈现在人们面前了。中国早期礼制的"数字化"倾向，与中国早期文化的官僚制倾向，盖有密切关系。官僚制对"整齐"的内在寻求，推动了"量化"手段的普遍运用。六冕也是用"数字化"手段规划的，相应地，在对其"建构"进行解构之时，也必须大量利用数列手段。

在"二次建构"中，经学家面对"不定方程"而一展智力，用各种办法化解各种材料间的抵牾龃龉，努力得出一个相对自洽的答案来。其求解的方向、取舍的标准，可以纯粹基于学理，也可能出于政治文化考虑；可能涉及宗经、复古的观念，也可能出于尊君、实用的需要。无论哪种考虑，都紧紧吸引了我们的目光，因为我们的兴趣，就在于服饰背后的权力，学术背后的利益。

在解说古冕上，汉儒形成了若干经说，本书将在适当时候分别讨论。本章首先考察郑玄的解说，并连类而及《诗·毛传》。如戴震所云："服章之次，经无明文，郑君合校《尚书》、《周官》、《左氏春秋》，而为是说。"[1]在戴震看来，六冕章旒的理论简直就是郑玄奠定的。在各家冕服理论中，郑玄的六冕推演最为复杂。当然郑玄又只是一家之言。《诗·毛传》中的章旒之说，就代表了《周

---

[1]《戴震文集》卷二《记冕服》，中华书局 1980 年版，第 30 页。

礼》六冕的另一组"解"。汉儒的冕服理论当然不止于此,例如《尚书大传》中还有一种"五服五章"说,因其不属《周礼》六冕系统,我们置于第五章论述。

# 1. 郑玄的章、旒、玉推定

汉代经学家去古未远,他们排比古冕时,比后儒少了很多成说的束缚。《周礼》对章旒的记述比较疏简,只在《夏官·弁师》中有"王之五冕缫十有二""诸公之缫九就"之文,《秋官·大行人》中有上公冕服九章、侯伯冕服七章、诸子冕服五章之文。那么其余的章旒如何推定,自由阐释的空间相当之大。而这时候,郑玄的排比推定较好体现了"如王之服"精神,因为他主要是从学理出发阐释六冕的,往往旁置了尊君、实用的考虑。也是为此,他颇遭后儒诟病。

首先,对《周礼》的"大裘而冕",郑玄解释为无章无旒之冕:

1.《周礼·天官·司裘》:司裘掌为大裘,以共王祀天之服。

郑注:郑司农云大裘,黑羔裘,服以祀天,示质。

贾公彦疏:又云"服以祀天,示质"者,以其裘已下皆有采章,惟此大裘更无采章,故云质。案《郑志》"大裘之上又有玄衣,与裘同色",亦是无文采。

2.《周礼·夏官·弁师》:弁师掌王之五冕,皆玄冕,朱里,延纽。

郑玄注:冕服有六,而言五冕者,大裘之冕盖无旒,不联数也。

　　贾公彦疏：今此惟云五冕者，但此弁师所掌冕，以旒为主，祭天用大裘，取质，其冕亦当无旒为质，故此不数之，惟有五冕耳，故云"王之五冕"也。（《十三经注疏》，第683页上栏、第854页上栏）

第1条说大裘是"黑羔裘"，"黑羔裘"上当然不长服章了。罩羔裘的玄衣也无章采。第2条注疏均称跟大裘相配的冕无旒，也是"示质"的意思。由此，"大裘而冕"被解释成了一级独立的冕服，等级最高但最简朴，无章无旒。

　　进而，郑玄说周天子的衮服只用九章，不用十二章：

　　《书》曰："予欲观古人之象，日、月、星辰、山、龙、华虫，作缋；宗彝、藻、火、粉米、黼、黻，希绣。"此古天子冕服十二章，舜欲观焉。……王者相变，至周而以日、月、星辰画于旌旗，所谓"三辰旂旗，昭其明也"。而冕服九章，登龙于山，登火于宗彝，尊其神明也。九章，初一曰龙，次二曰山，次三曰华虫，次四曰火，次五曰宗彝，皆画以为缋；次六曰藻，次七曰粉米，次八曰黼，次九曰黻，皆希以为绣。（《周礼·春官·司服》郑玄注，《十三经注疏》，第781页）

郑玄认为，"古天子"即虞舜是使用全部十二章的，周朝把日、月、星辰画在旌旗上头，冕服上就不用日、月、星辰纹样了，只用龙、山以下九章。《左传》桓公二年的"三辰旂旗，昭其明也"一句，被郑玄用作他的证据。"公之服，自衮冕而下，如王之服"，天子衮冕九章，公之衮冕也是九章；天子鷩冕七章，侯伯之鷩冕也是七章，余类推。同名之冕，天子与臣下章数无别，那么《周礼》六冕的"君臣通用"特征,被郑玄传承下来了。

然而《左传》说周礼以"十二"为"天之大数"①,众多礼制中天子都独占"十二"之位。若让周天子自己拿主意,我猜他乐意穿衮冕十二章,而不是衮冕九章。当头儿的哪个乐意"把自己混同于一个普通老百姓",郑玄怎么就弄不懂呢。东汉明帝规划冕制,定制天子衮冕十二章,公侯九章,卿七章。其最高一级是衮冕,既不是无章无旒之冕,也不是九章之冕。然而对本朝皇帝冕制,郑玄视而不见,只按一己的理解解经,一意孤行。天子用十二章的制度,至清犹然。那么郑玄的"衮冕九章"之说,几乎与所有的中国皇帝的选择相左。

再次,郑玄那么做还冒了学理的风险,另一部经书中《礼记》就有不利的反证。《礼记·郊特牲》:"王被衮以象天。""衮"既"象天",而天象有日月星辰,郑玄便承认《郊特牲》中那衮是有日月星辰的。有日月星辰就是十二章了,跟"至周九章"矛盾了。郑玄的对策是把它说成是"鲁礼""殷礼":"谓有日月星辰之象,此鲁礼也";"鲁公之郊,用殷礼也"②。麻烦应声而至了。宋儒林之奇曰:"岂有周制以九,鲁乃加以十二之理乎?"③周天子衮衣只有九章,鲁君反而用十二章吗? 很多人疑窦丛生④。

---

① 《左传》哀公七年,《春秋左传集解》,第 1747 页。
② 《十三经注疏》,第 1453 页中栏。如章太炎所云:"郑注《礼记》,凡与《周礼》不合者,皆曰夏殷之制。"《国学讲演录》,华东师范大学出版社 1995 年版,第 98 页。
③ 卫湜:《礼记集说》卷二七引,《景印文渊阁四库全书》,第 117 册第 560 页上栏;又马端临:《文献通考》卷一一一《王礼考六》引,中华书局 1986 年版,上册第 1000 页下栏。
④ 可参秦蕙田:《五礼通考》卷四《吉礼四》,《景印文渊阁四库全书》,第 135 册第 182—191 页;郭嵩焘:《礼记质疑》,岳麓书社 1992 年版,第 308—309 页。

上面讨论的是服章之数,下面再看郑玄对旒数及每旒玉数的编排:

1.《周礼·夏官·弁师》:掌王之五冕,皆玄冕、朱里、延纽,五采缫十有二,就皆五采玉十有二,玉笄朱纮。诸公之缫九就①,珉玉三采,其余如王之事;缫斿皆就,玉瑱玉笄。……诸侯及孤卿大夫之冕、韦弁、皮弁、弁绖,各以其等为之。

2. 郑玄注:合五采丝为之绳,垂于延之前后,各十二,所谓邃延也。就,成也。绳之每一匝而贯五采玉,十二斿则十二玉也。……缫不言皆,有不皆者。此为衮衣之冕十二斿,则用玉二百八十八。鷩衣之冕缫九斿,用玉二百一十六。毳衣之冕七斿,用玉百六十八。希衣之冕五斿,用玉百二十。玄衣之冕三斿,用玉七十二。

3. 郑玄注:公之冕用玉百六十二。各以其等,缫斿玉瑱如其命数也。冕则侯伯缫七就,用玉九十八。子男缫五就,用玉五十,缫玉皆三采。孤缫四就,用玉三十二。三命之卿缫三就,用玉十八。再命之大夫藻再就,用玉八,藻玉皆朱绿。……一命之大夫冕而无斿,士变冕为爵弁。(《十三经注疏》,第854—855页)

---

①此句原作"诸侯之缫九就",郑玄认为"侯"应作"公",并据此来排比斿玉。钱玄先生认为,"经文'侯'字不应改'公'字"。《三礼通论》,南京师范大学出版社1996年版,第89页。钱先生的依据是孙诒让说,孙氏用以驳郑的是《礼记·礼器》。但《礼器》所云旒数本来就不同于《周礼》,不当据此驳彼。按,旗旒与冕旒有相应关系,《周礼·大行人》谓上公"建常九斿",诸侯"建常七斿",诸子"建常五斿",正与公冕九旒,侯伯七旒,子男五旒相应。那么郑玄改"侯"为"公",说"缫九就"的是公而非侯,相当合理。

上文所涉及的问题有两大块:天子的冕旒和臣下的冕旒。文中出现了很多数目字,很多变量决定着冕旒数列的样式。下面依次讨论。

先看第 1 条。"缫"又作"藻",即五采丝绳;"就"可以指丝绳上的一个结,相距一寸,用以固定玉块。那么有一"缫"就有一旒。有一"就"就有一"玉"。"五采缫十有二",即十二旒;每旒十二就,即十二玉。在第 2 条中,郑玄排定天子"衮衣之冕十二斿",其他诸冕就不是十二旒了。据其所述旒数、玉数:衮冕前后各 12 旒,旒 12 玉,共 288 玉;鷩冕前后各 9 旒,旒 12 玉,共 216 玉;毳冕前后各 7 旒,旒 12 玉,共 168 玉;绨冕前后各 5 旒,旒 12 玉,共 120 玉;玄冕前后各 3 旒,旒 12 玉,共 72 玉。贾公彦《周礼正义》概括说:"谓王之五冕,缫则有十二,有九,有七,有五,有三;其玉,旒皆十二,故缫不言'皆',有不皆者,则九旒已下是也;玉言'皆',则五冕旒皆十二玉也。"郑玄虽让天子诸旒"皆十二玉",却不肯让天子五冕"皆十二旒",显然又选择了对天子不利的解释。

第 3 条阐述诸侯、诸臣旒数。对诸侯、诸臣的旒数,《周礼·弁师》只说了"诸公之缫九就,珉玉三采",其余的人"各以其等为之"。在其余人的旒数经无明文的情况下,郑玄的推演是:公衮冕,前后各 9 旒,旒 9 玉,共 162 玉;侯伯鷩冕,前后各 7 旒,旒 7 玉,共 98 玉;子男毳冕,前后各 5 旒,旒 5 玉,共 50 玉;孤绨冕,前后各 4 旒,旒 4 玉,共 32 玉;三命之卿玄冕,前后各 3 旒,旒 3 玉,共 18 玉;再命大夫玄冕,前后各 2 旒,旒 2 玉,共 8 玉;一命之大夫,冕而无旒。

下面把天子、诸侯、诸臣的章、旒、玉数,列表显示:

| | 大裘冕 | 衮冕九章 | 鷩冕七章 | 毳冕五章 | 絺冕三章 | 玄冕一章 |
|---|---|---|---|---|---|---|
| 天子 | 无章无旒 | 十二旒十二玉前后288玉 | 九旒十二玉前后216玉 | 七旒十二玉前后168玉 | 五旒十二玉前后120玉 | 三旒十二玉前后72玉 |
| 公 | | 九旒九玉前后162玉 | 七旒七玉前后98玉 | 五旒五玉前后50玉 | 四旒四玉前后32玉 | 三旒三玉前后18玉 |
| 侯伯 | | | 同上 | 同上 | 同上 | 同上 |
| 子男 | | | | 同上 | 同上 | 同上 |
| 孤 | | | | | 同上 | 同上 |
| 三命之卿 | | | | | | 同上 |
| 再命大夫 | | | | | | 二旒二玉前后8玉 |
| 一命大夫 | | | | | | 冕而无旒 |

总的看来,大裘冕之外有章的五冕上,郑玄排定的章数没有体现出君臣之别,旒玉之数的排定则君臣略有差异。雷学淇指出:"王之衮冕十二旒,鷩冕九旒,毳冕七旒,絺冕五旒,玄冕三旒,盖视大夫以上之冕旒有加数也。"[1]同名之冕,天子比臣下多一二旒,皆为十二玉。即令如此,君臣同服之冕,其服都是玄上缥下,其章数相同,那么旒玉差异不算显眼。总的说来,郑玄遵循"如王之服",然后在他认为匀称均衡的范围内,让君主略高于诸侯、诸臣,如此而已。其实,《周礼》根本没说天子用九旒以下冕。如宋绵初所云:"《经》无天子九旒、七旒、五旒、三旒之冕。"[2]面对着那么大的自由阐释空间,郑玄干吗不选一种对天子更有利的说法,索性把天

---

①雷鐏著,雷学淇释:《古经服纬》卷上,《四库未收书辑刊》,北京出版社1998年版,第1辑第5册第458页上栏。
②宋绵初:《释服》,《清经解续编》卷二二五,第1册第1038页下栏。

子五冕或六冕都说成十二旒呢？天子听了多高兴啊！研究成果若得最高统治者的重视，是可以加分儿的。可郑玄只照他认为合理的办法推算，没想更多。

正是为此，后世不满郑玄者相当之多。郑玄说大裘冕无章无旒，天子衮冕九章，他们就非说大裘冕十二章不可①；郑玄说天子鷩冕九旒、毳冕七旒、𫄨冕五旒、玄冕三旒，他们就非说天子诸冕都是十二旒②。下面举三个例子：

> 马端临：按，先儒疑服有六而冕止于五，遂谓大裘、衮衣二服而同冕。……盖大裘、衮衣不可分而为二服，而服与冕皆五，未尝有六服矣。礼家又谓大裘之冕无旒，如此则是以大裘为一服，无旒者为一冕，是有六服，亦有六冕。然冕之无旒者乃一命之服，盖子男之国为大夫者服之，其秩至卑。以天子祀天之冕，而下同于子男之大夫，可乎？其义不通矣！（《文献通考》卷一一一《王礼考六》，上册第 1002 页上栏）

> 金鹗：然则公服九章，天子必服十二章，以为尊卑之别；若同服九章，是尊卑无别也！……周礼尚文，夫子称其"郁郁"；则"监二代而损益"者，大抵损质而益文也。况冕服尤重文章，夏禹不尚文，犹且致美；而以尚文之周，王乃反损十二章而为九章，此必无之事也。即损前代之文，亦宜上下皆损，乃天子独自损之，而公侯伯子男皆不损，有是礼乎？（《求古录礼说》卷八《冕服考》，《续修四库全书》，第 110 册

---

① 例如陆佃、戴震、金榜、江永、宋绵初、金鹗、庄有可、黄以周、孙诒让等。孙诒让：《周礼正义》卷四十引，第 6 册第 1626 页。

② 例如黄度、王应电、宋绵初、孔广森、孙诒让等。孙诒让：《周礼正义》卷六〇引，第 10 册第 2529 页以下。

第 307 页）

宋绵初：按冕止于五，郑氏加以大裘而冕，则为六冕，且
云大裘之冕无旒，后世礼官议冕制，依以为说。据注，冕无旒
者一命之服，天子元首之服，何当降从一命之卑乎！……今
断为天子冕皆十有二旒，从经也。（《释服》，《清经解续编》
卷二二五，第 1 册第 1038—1039 页）

他们为什么对郑玄不满，非得重排诸冕章旒呢？因为郑玄把天子
安排低了。很多人是以"尊君"原则，来否定大裘冕无章无旒，或
主张天子之冕皆十二旒的。在皇帝脚下匍匐久了，就对"如王之
服"不习惯了。反过来说，郑玄的冕服安排，比较贴近于早期政治
传统。"至周九章"既是一个学理问题，也是一个政治问题。不管
郑玄说的对不对，他是从学理出发的；而上述反对郑玄的意见既
涉及了学理，如其取证于"质文论"，以"周礼尚文"为据，但又上
纲上线了，提到"尊卑之别"的高度上来认识了。如果说郑玄走的
是"白专道路"，只讲学术不"讲政治"的话，他们就是"又红又
专"，又讲学术又"讲政治"的。郑玄不让周天子服十二章，似乎没
把天子的高贵放在心上，说轻点儿是"政治不成熟"，说重了就是
"大是大非面前头脑糊涂"。

郑玄就是那么个人，少而游学，老而耕读，以其品学赢得了
"伊雒以东，淮汉以北，康成一人而已"[1]的盛赞，其成绩"远在其
师马融和两汉任何一位经学家之上"[2]。因参与汉末的政治风暴
"清议"运动，郑玄上了政府的黑名单，横遭"党锢"达 14 年，那影

---

[1]《新唐书》卷二〇〇《元行冲传》。
[2]庞朴主编：《中国儒学》第 2 册《人物传略》，东方出版中心 1997 年版，第
71 页。

响了他对皇帝、皇权的态度吗？党禁解除后袁绍给了他一个正部级的大司农干，他却称病还乡，飘然而去了，"官阀"在其心中是很淡薄的①。学者赞美他"是一位正派的学者，有清高的节操"，"一生不恋官位、淡泊名利、安于清贫、孜孜矻矻、执着于文化学术和教育事业"；因未仕宦，"他才能把毕生的精力从事于古文献的整理和古代语言学的研究，并且取得了空前的成就"②。就算郑玄的经说有可议之处，他仍展示了一种态度：唯理之所在、道之所存，没把时君、时政考虑在内。在"学术背后的利益"一点上，郑玄是不计利益的。

《周礼》属古文经，两汉不得立于官学，其经师不得为帝师。一代代的古文家在民间默默传承着那部古书③。六冕之"君臣通用""如王之服"的结构特征，也在那过程中，多少被传承下来了。在帝国早期，文化系统与政治系统的一体化程度还比较低，士人学术研讨的独立性还比较大。随着时光推移，情况逐渐不一样了。

当然，后儒之驳郑，也不宜一概以"尊君"论之。也有人是基于学理的。《周礼》"五采缫十有二，就皆五采玉十有二"那句话，有人就不以郑、贾为然，认为应断为"五采缫十有二就，皆五采玉

---

① 《后汉书》卷三五《郑玄传》：大将军袁绍大会宾客，"时汝南应劭亦归于绍，因自赞曰：'故太山太守应中远，北面称弟子何如？'玄笑曰：'仲尼之门考以四科，回、赐之徒不称官阀。'劭有惭色"。

② 分见耿天勤主编：《郑玄志》，山东人民出版社2003年版，第30页以下；孟祥才：《论郑玄的"官"意识》，收入《秦汉人物散论》，上海古籍出版社2005年版，第505页；唐文：《郑玄辞典》，语文出版社2004年版，前言第21页。

③ 参看周予同：《群经概论》，收入《周予同经学史论著选编》，复旦大学出版社2015年版，第218页。新莽时《周礼》一度立为官学，是特殊情况。

十有二",以一"就"为一旒,并非专指衮冕,意思是说诸冕都是十二旒①。《礼记》说天子衮冕十二旒,并提供了另一等级安排,那也是反对郑玄的利器。然而我以为,《礼记》反映的时代较晚,汉明帝定冕服,其章旒之数用《礼记》不用《周礼》,不是偶然的,详见第五章。戴震虽认为大裘冕为十二章十二旒,但又主张其余诸冕君臣旒数无别,多少还是维护了"如王之服"的②。附带说,当代服饰史的论著中,也有人说大裘冕是十二章的③,但因无文献出处,我们不知其根据何在。

① 参看孙诒让:《周礼正义》卷六〇,第 10 册第 2527 页。
② 戴震《记冕服》认为,郑玄所说"至周九章"只行于宗庙祭祀,不用于祭天。对大裘冕,戴氏认为:"故冕服十有二章,缫十有二旒,是为大裘之冕;冕服九章,缫九旒,谓之衮冕;冕服七章,缫七旒,谓之鷩冕;冕服五章、缫五旒,谓之毳冕;冕服三章,缫三旒,谓之绨冕;冕服一章,在裳,谓之玄冕,无旒";"《周官》经:公之服,自衮冕而下,如王之服;侯伯之服,自鷩冕而下,如公之服;子男之服,自毳冕而下,如侯伯之服;孤之服,自绨冕而下,如子男之服;卿大夫之服,自玄冕而下,如孤之服。经递言相'如',明冕服之章、冕缫之旒不异也"。《戴东原集》,商务印书馆 1929 年版,第 1 册第 24—25 页。照戴震之说,不仅君臣的服章之数,而且君臣的冕旒也无差别,比郑玄更进一步。
③ 黄能馥、陈娟娟先生认为:"大裘冕(王祀昊天上帝的礼服):……上衣绘日、月、星辰、山、龙、华虫 6 章花纹,下裳绣藻、火、粉米、宗彝、黼、黻 6 章花纹。共 12 章。"见其《中国服装史》,第 25 页;《中华历代服饰艺术》,第 28 页。朱和平先生的阐述相同,还加了一句"按照《后汉书·舆服志》对前代服饰制度的追述",见其《中国服饰史稿》,第 39 页。不过我在《续汉书·舆服志》中没看到那样的追述。又叶立诚先生说十二章"通常用于大裘冕",见其《中西服装史》,第 457—458 页;黄士龙先生也说大裘冕有十二章,见其《中国服饰史略》,上海文化出版社 1994 年版,第 17 页。

## 2. 郑玄"以爵不以命数"的诸臣冕服推定

在六冕之中,诸侯与诸臣可服其五冕。诸侯就是公侯伯子男,诸臣就是公卿大夫士。在《周礼》相关部分,诸侯的冕服等级相对清楚一些:公衮冕九章,侯伯鷩冕七章,子男毳冕五章。但对诸臣即公、卿、大夫、士的冕服等级,《周礼》的叙述相当疏略,这个灰色地带就可能出现纠葛。除诸侯之外,助祭的大臣也得服冕,礼书说"大夫"以上都服冕。所以在王朝制礼之时,这问题想躲也躲不开,必须把诸臣的冕服等级弄清楚了。

在诸臣的冕服安排上,出现过两种主要说法,一种是郑玄之说,安排诸臣冕服时只依爵名而不依命数;另一种则以命数定旒数。这纠葛还跟经学史上的公案"郑王之争",即郑玄与王肃之争有关联,并影响了中古冕制。以往的服饰史与经学史论者对此大多语焉不详,故有必要予以澄清。

诸臣即公卿大夫士的服冕问题,比诸侯更麻烦,因为天子有公卿大夫士,诸侯也有公卿大夫士,是为两种诸臣。诸侯之臣的命数低于天子之臣。而《周礼》对两类诸臣的区分并不清晰,他们如何服冕,又成了一个"不定方程"。我们来看郑玄的诸臣冕服之说:

> 《周礼·夏官·弁师》:诸侯及孤卿大夫之冕、韦弁、皮弁、弁绖,各以其等为之。
>
> 郑玄:孤缫四就,用玉三十二。三命之卿缫三就,用玉十八。再命之大夫藻再就,用玉八;……一命之大夫冕而无旒,

士变冕为爵弁。

> 贾公彦疏:此文既承诸侯之下,故郑以为诸侯之孤卿大夫解之也。(《十三经注疏》,第855页上栏)

贾公彦"郑(玄)以为诸侯之孤卿大夫解之"的话,事出有因。因为郑玄在孤之后,分述三命之卿、再命之大夫、一命之大夫。这"三命""再命""一命"之命数,乃《周礼·弁师》正文所无,都是郑玄加上的,是郑玄的个人见解。"孤缫四就"即四旒,则"孤"被看成四命之孤,即大国之孤。郑玄为什么要特标命数呢?是为了表明所论系诸侯之孤卿大夫,而不是天子之孤卿大夫,因为天子之孤非四命,天子之卿大夫非三命。郑玄之所以那么解释,很可能如贾公彦所云,是《周礼》"诸侯及孤卿大夫"的提法造成的,卿大夫"既承诸侯之下",郑玄就解作"诸侯之卿大夫"了。总之,《周礼》叙六冕,对天子之臣与诸侯之臣未加区分,就是麻烦的起因;郑玄所说的孤四旒、卿三旒、再命大夫二旒、一命大夫无旒,都是就诸侯之孤、卿、大夫而言的①。这样一来,天子之孤卿大夫的旒数悬而未决,在《周礼》及郑注中似乎成了空白了。

郑玄到底怎么想的,真就无迹可寻了吗?还不是那样的。他的想法在另一个地方,即在解说《周礼·天官·内司服》时透露出

---

① 《周礼·司服》那段"如王之服"的文字,也在子男以下接叙孤、卿大夫、士,照郑玄看来,《司服》所说的絺冕之孤、玄冕之卿大夫、皮弁之士,也属诸侯之臣。《周礼》确有先叙公侯伯子男,接叙列国孤卿大夫,却省略了王之公卿大夫的格式。如《秋官·大行人》"以九仪辨诸侯之命,等诸臣之爵,以同邦国之礼而待其宾客"时,随后分叙"上公之礼""诸侯之礼""诸子之礼""大国之孤""诸侯之卿"及诸侯之大夫士之礼,却不叙王之公卿大夫士之礼,不过那是在讲如何礼宾,王之公卿大夫士不是宾,不叙他们情有可原。《十三经注疏》,第890页下栏。

来,并被贾公彦点破了,那就是"天子之臣与诸侯之臣服同"。所以这事情要绕一个弯子,从《内司服》讲后妃命妇之服的地方,来迂回推断其丈夫的冕服。

大致说,在解说后妃及外命妇之服时,郑玄把天子的公孤卿大夫之妻的礼服等级,排在公侯伯子男的后妃之下了。若依此反推其男性配偶,则诸臣之服处诸侯之下,公侯伯子男之服高于公卿大夫士。这时,三公之服就成了一个定位之点。郑玄让三公的妻子与子男夫人同服,这就等于为其配偶三公定位,并进而为天子的卿、大夫、士定位了,他们将以三公为准依次而降。先请看:

> 《周礼·天官·内司服》:掌王后之六服,袆衣、揄狄、阙狄、鞠衣、展衣、缘衣、素沙;辨外内命妇之服,鞠衣、展衣、缘衣、素沙。

> 郑玄注:(袆衣、揄狄、阙狄)此三者皆祭服。从王祭先王则服袆衣,祭先公则服揄翟,祭群小祀则服阙翟。内命妇之服:鞠衣,九嫔也;展衣,世妇也;缘衣,女御也。外命妇者:其夫孤也,则服鞠衣;其夫卿大夫也,则服展衣;其夫士也,则服缘衣。三夫人及公之妻,其阙狄以下乎?侯伯之夫人揄狄,子男之夫人亦阙狄,唯二王后袆衣。(《十三经注疏》,第691页)

在天子九服之中,六冕都用作祭服;而在王后六服之中,只有前三种袆衣、揄狄和阙狄用作祭服[1],也像天子六冕那样依祭祀而换穿。至于王后六服中的后三种,即鞠衣、展衣和缘衣(贾公彦认为

---

[1]贾公彦疏:"但王之祭服有六,后祭服唯有三翟者,天地、山川、社稷之等,后、夫人不与,故三服而已。"《十三经注疏》,第691页中栏。

"缘衣"应作"褖衣"），诸侯和诸臣的配偶也可以服用。王后及内外命妇的礼服等级，跟天子与诸侯、诸臣的冕服等级，当然应有关联。这就提供了一条迂回路线，可供推求郑玄的诸臣冕服设想。

下面把郑玄之说列表分析。后儒颇有不赞成郑玄的诸臣冕服安排的，本章下节还将征举陈祥道、孙诒让的说法，为简便起见，也列入本表①。关键部分加底色以便醒目：

| 六冕 | | 六服 | 郑玄说 | | | 陈祥道说 | 孙诒让说 |
|---|---|---|---|---|---|---|---|
| | | | 后妃 | 诸侯夫人 | 诸臣之妻 | | |
| 大裘冕 | | 袆衣 | 王后 | 二王后之夫人 | | | |
| 衮冕 | 公 | | | | | | |
| 鷩冕 | 侯伯 | 揄狄 | | 侯伯之夫人 | | 三公之妻 | 三公之妻 |
| 毳冕 | 子男 | 阙狄 | 三夫人 | 子男夫人 | 三公之妻 | | 孤卿之妻 |
| 絺冕 | 孤 | 鞠衣 | 九嫔 | | 孤之妻 | 孤之妻 | 大夫之妻 |
| 玄冕 | 卿大夫 | 展衣 | 世妇 | | 卿大夫之妻 | 卿大夫之妻 | 士之妻 |
| | 士 | 缘衣 | 女御 | | 士之妻 | 士之妻 | |

那么来比较郑玄说的"后妃""诸侯夫人"和"诸臣之妻"三栏吧。在诸侯夫人部分，"二王后"指夏、商之后杞国和宋国，其爵位为"公"，所以"二王后"的夫人可以服袆衣。其次，侯伯之夫人服揄狄，子男之夫人服阙狄。而在诸臣之妻的部分，孤之妻服鞠衣，卿大夫之妻服展衣，士之妻服缘衣。

---

① 按，在内命妇方面，清人金榜在《礼笺》卷一《内命妇之服》中，对郑玄也有驳议，他认为三夫人应服揄狄，九嫔应服屈狄，世妇应服鞠衣，女御应服展衣。《续修四库全书》，第 109 册第 9 页上栏。孙诒让评价说："金说甚精，足正此注（指郑玄注）之误。"因金榜之说对外命妇及诸臣之服问题影响较小，本文置之不论。

请注意了：诸侯夫人居诸臣之妻之上，这与《周礼·司服》"孤之服，自绵冕而下，如子男之服……"惟妙惟肖，都是以诸侯居诸臣之上；而《司服》中的孤、卿大夫，是被郑玄解释为诸侯的孤、卿大夫的，非王臣。那么《内司服》郑玄注中的孤之妻、卿大夫之妻和士之妻，是诸侯之臣之妻吗？不是。这些女士属于"外命妇"，郑玄对"外命妇"的定义是天子之卿大夫士之妻，天子之卿大夫士本人则属"内命夫"；"内命夫"既是天子之臣，"外命妇"就是天子之臣的妻子了①。这样，就可以通过天子之臣之妻之服，来反推天子之臣之服了。

对《周礼·内司服》郑玄注，贾公彦释云：

云"外命妇者：其夫孤也，则服鞠衣；其夫卿大夫也，则

---

① 《天官·内宰》郑玄注："内命妇谓九嫔、世妇、女御。郑司农云，外命妇，即卿大夫之妻。……士妻亦为命妇。"则卿大夫士之妻属"外命妇"。《春官·肆师》郑玄注："外命男，六乡以出也。内命男，朝廷卿大夫士也。其妻为外命女。……内命女，王之三夫人以下。""六乡以出"，即六乡大夫等。《天官·阍人》郑玄注："内命夫，卿大夫士之在宫中者。"分见《十三经注疏》，第685、769、868—869页。贾公彦疏释"内命夫"："谓若宫正所掌者也，对在朝卿大夫士为外命夫。"其说似非郑义。《肆师》郑注明云"内命男，朝廷卿大夫士也"。朝廷卿大夫士是"内命男"或"内命夫"。请看下表：

| 男 | | 内命夫 | | 外命夫 |
|---|---|---|---|---|
| | | 卿大夫士之在宫中者 | 朝廷卿大夫士也 | 六乡以出（即六乡大夫等） |
| 女 | 三夫人、九嫔、世妇、女御 | 卿大夫士之妻 | | 六乡大夫等之妻 |
| | 内命妇 | 外命妇 | | |

服展衣；其夫士也，则服褖衣"者，此约《司服》孤绨冕、卿大夫同玄冕、士皮弁三等而言之。……但《司服》孤、卿大夫、士文承诸侯之下，皆据诸侯之臣而言。若然，诸侯之臣妻，亦以次受此服。……若然，五等诸侯之臣命虽不同，有孤之国孤绨冕，卿大夫同玄冕；无孤之国则卿绨冕，大夫玄冕。其妻皆约夫而服此三等之服。其天子之臣服无文，亦得与诸侯之臣服同，是以此外命妇服，亦得与诸侯臣妻服同也。

贾公彦对郑玄的思路，可谓洞若观火。简单说来，《司服》说孤绨冕、卿大夫玄冕，但这里的孤、卿大夫被郑玄说成是诸侯之臣；对天子之臣之服郑玄并未置辞，因为在《周礼》中"天子之臣服无文"，郑玄不愿妄断。但在《内司服》部分，郑玄没有言及诸侯之臣之妻之服，却对天子之臣之妻之服做出了判断：三公夫人阙狄，孤之妻鞠衣，卿大夫之妻展衣，士之妻褖衣。若以此反推天子之臣之服，则三公为毳冕，孤为绨冕，卿大夫为玄冕，同于诸侯之臣之服。郑玄的真实想法，被贾公彦一语道破："其天子之臣服无文，亦得与诸侯之臣服同，是以此外命妇服，亦得与诸侯臣妻服同也。"这是一个"回环论证"：在郑玄意见中，《内司服》天子之臣之妻之服，与《司服》诸侯之臣之服，构成了一一对应关系；则诸侯之臣之妻之服，与天子之臣之服，由此而明。参看下表：

| | 其臣之服 | 其妻之服 |
|---|---|---|
| 天子 | 天子之臣同于诸侯之臣 ←<br>↓ | 三公夫人阙狄，孤之妻鞠衣，卿大夫之妻展衣，士之妻褖衣 |
| 诸侯 | 孤绨冕　　卿大夫玄冕 | ↑<br>→ 诸侯之臣之妻同于天子之臣之妻 |

通过这个"回环论证",天子的三公毳冕、孤絺冕、卿大夫玄冕一点,就被锁定了。

在解说了"三公夫人服阙狄"之后,贾公彦也做了一番探讨:

> (郑玄)云"三夫人及公之妻,其阙狄以下乎"者,妇人之服有六,从下向上差之,内命妇三夫人当服阙狄,外命妇三公夫人亦当阙狄。若三夫人,从上向下差之则当揄狄。是以《玉藻》云"王后袆衣,夫人揄狄",注:"夫人,三夫人。"若三公夫人,不得过阙狄。知者,《射人》云"三公执璧",与子男执璧同,则三公亦毳冕。《玉藻》:"君命屈狄。"据子男夫人,则三公之妻当阙狄。三夫人其服不定,三公夫人又无正文,故总云"乎",以疑之也。……此注直云二王后,不云三公之内上公夫人者,以其八命则毳冕,夫人服阙翟,不定故不言。(《十三经注疏》,第692页上栏)

按贾公彦所述,判断三公夫人服阙狄的理由有二:第一,"从下向上差之",即从女御服缘衣向上数,数至三公夫人即为阙狄;第二,"《射人》云'三公执璧',与子男执璧同,则三公亦毳冕"。在第二个理由上,贾氏又弄出一个"三公执璧"问题,头绪益发繁复了。不过头绪多了也是好事,旁证也将随之增多。下面就来审查"毳冕"与"执璧"的关系问题。请看:

> 1.《周礼·春官·大宗伯》:以玉作六瑞,以等邦国:王执镇圭,公执桓圭,侯执信圭,伯执躬圭,子执谷璧,男执蒲璧。以禽作六挚,以等诸臣:孤执皮帛,卿执羔,大夫执雁,士执雉,庶人执鹜,工商执鸡。
>
> 2.《周礼·夏官·射人》:其挚,三公执璧,孤执皮帛,卿

执羔,大夫雁。

先看第 1 条,"六瑞"中执圭、执璧者都有君主身份,"六挚"则是孤卿大夫士及庶人工商所执①。那三公呢? 第 2 条称"三公执璧",恰与子男的谷璧、蒲璧同级,即如下表:

| | |
|---|---|
| 王执镇圭 | |
| 公执桓圭 | |
| 侯执信圭 | |
| 伯执躬圭 | |
| 子执谷璧 | 三公执璧 |
| 男执蒲璧 | |
| | 孤执皮帛 |
| | 卿执羔 |
| | 大夫执雁 |
| | 士执雉 |
| | 庶人执鹜 |
| | 工商执鸡 |

"三公执璧"与子男的谷璧、蒲璧同级,我们用阴影突出显示。总观瑞、挚,子男执璧,三公也执璧;以此类推,子男毳冕,三公也该毳冕。

贾公彦的论证,合乎郑玄本意吗? 回答是肯定的。在注《大宗伯》时郑玄指出,蒙挚的织物或毛皮,天子之臣与诸侯之臣是有

---

① 先秦挚见礼,可参看庄丽卿:《先秦挚见礼探论》,台湾中兴大学中文系 2007 年硕士学位论文,第 10 页。但此文于等级问题没有过多落墨。

所不同的;然而天子之臣与诸侯之臣的挚本身,却没有区别:"孤卿大夫士之挚,皆以爵,不以命数。"贾公彦的解说极为明快:"郑意以经所执,天子之臣与诸侯之臣同","天子之臣尊,诸侯之臣卑,虽尊卑不同,命数有异,爵同则挚同","但爵称孤,皆执皮帛;爵称卿,皆执羔;爵大夫,皆执雁;爵称士,皆执雉;庶人已下虽无命数及爵,皆执鹜"①。

那么由瑞挚返回到冕服上来。《周礼》似不该"一书两制"。若挚礼上"天子之臣与诸侯之臣同",冕服是否也应"天子之臣与诸侯之臣同"呢?挚礼既"以爵不以命数""命数有异,爵同则挚同",那么冕服就该等量齐观,也"以爵不以命数","命数有异,爵同则冕同"吧?至少,从后妃礼服到瑞挚礼制,郑玄的处理具有一致性。那么三公毳冕、孤绨冕、卿大夫玄冕一点,天子之臣与诸侯之臣皆然。虽天子之孤六命、诸侯之孤四命,但因爵名都是"孤",所以都服绨冕;虽天子大夫四命、诸侯大夫三命,但因爵名都是"大夫",所以都服玄冕。只看爵名,不管命数。

在这问题上曾帮郑玄说话的,除了贾公彦之外,还有《五经正义》孔颖达疏,理由也差不多少②。还有北齐《周礼》名家熊安生,

---

①《十三经注疏》,第 762 页中栏。
②《诗经·唐风·无衣》孔疏:"《夏官·射人》云'三公执璧,与子男同'也,则其服亦毳冕矣。三公既毳冕,则孤卿服绨冕,大夫服玄冕";《礼记·王制》孔疏:"其三公,《司服》无文。按《射人》'三公执璧',与子男同,则服毳冕也。"同书《礼器》孔疏:"然《周礼》上公亦衮,侯伯鷩,子男毳,孤卿绨,大夫玄。"分见《十三经注疏》,第 366 页上栏、第 1327 页上栏、第 1433—1434 页。按,孔颖达只是《礼记正义》的领衔者,具体说则是执笔者中有人支持"三公毳冕"说。

也说"孤绨冕而下"①。孔、熊都说三公毳冕、孤卿绨冕、大夫玄冕，与郑玄略同。当然孔疏说的是"孤卿绨，大夫玄"，而郑玄是"孤绨冕，卿大夫玄冕"，在"卿"安排上稍有微异，但无伤大雅②。

总之，郑玄对天子之臣的冕服，采用"以爵不以命数"原则，排定了三公毳冕、孤绨冕、卿大夫玄冕。如果看到某人或某朝的冕服安排与此相同，那么就要考虑，那很可能是承用了郑玄经说。比如曹魏的高堂隆有"天子大夫玄冕而执雁"之议，我们判断这说法本于郑玄；北周冕制中，三公的冕服略同于子男，卿大夫等而下之，我们认为也本于郑玄。详见本书第六章第 5 节、第八章第 3 节。

## 3. "各视其命之数"与《毛传》的诸臣冕旒推定

除了郑玄的三公毳冕、孤绨冕、卿大夫玄冕的安排之外，《周礼》诸臣冕服这个"不定方程"，还可以有其他的解。至少，除了"以爵不以命数"的原则外，根据命数安排诸臣冕服等级，也是一种名正言顺的选择。本节用于阐述这个问题。

《周礼·春官·典命》有言："其宫室、车旗、衣服、礼仪各视命之数。"具体说，上公九命就"以九为节"，侯伯七命就"以七为节"，子男五命就"以五为节"；至于王之三公八命、卿六命、大夫四

---

① 《礼记·礼器》疏引，《十三经注疏》，第 1433—1434 页。熊安生之说，应出其所撰《礼记义疏》。

② 诸侯之孤四命、卿三命、大夫再命，孤、卿不同级；而天子之孤、卿同居六命，大夫四命。所以即使遵循"天子之臣与诸侯之臣服同"，"卿"也可以有两种安排，或如孔、熊，或如郑玄。

命,公之孤四命、卿三命、大夫再命、士一命,子男之卿再命、大夫一命,依例"各视其命之数"。当然不能说冕服不是"衣服"了,若冕服也在"宫室、车旗、衣服、礼仪"中的"衣服"之内,那么也该"各视其命之数"吧? 所以根据命数确定诸臣冕服等级,同样言之成理。

若冕服"各视其命之数",就跟郑玄"以爵不以命数"的做法不同了。首先诸侯命数是九、七、五,天子之臣的命数是八、六、四,奇偶交错。冕服若依命数,诸侯与诸臣就将形成"交错"结构。而照郑玄的办法,诸侯是整体居于诸臣之上的,属"上下"结构。"交错"结构或"上下"结构,就是二者间的一个重大差异。进而诸臣的命数都是偶数,即如八命、六命、四命;而《周礼》章数却都是奇数,即如九章、七章、五章。那命数跟章数、旒数如何对应呢? 对此后儒也有不同处理。

先来看若干宋儒与清儒的解决之道。宋儒陈祥道的办法是,在冕旒方面,让旒数同于命数,三公八命则八旒,孤、卿六命则六旒;在服章方面,采用"王之公卿大夫,衣服各降命数一等",即服章比命数低一等的办法。即如:三公八命则鷩冕七章,孤卿六命则毳冕五章。由此维持了服章为奇数①。南宋"信斋先生"杨复的见解与之类似,也认为三公鷩冕八旒、孤卿毳冕六旒、大夫绨冕四旒;当然他没忘记加上一句:"经无正文,皆先儒推说。"②清儒

---

① 陈祥道:《礼书》卷三,《景印文渊阁四库全书》,第 130 册第 23 页。陈祥道对"大国之臣"的章旒排比,此处从略。
② 杨复:《仪礼图》附《仪礼旁通图·冕弁门·王公卿大夫及诸侯孤卿大夫冕服》,《景印文渊阁四库全书》,第 104 册第 322 页。

雷镈、雷学淇也照此办理①。

清儒金鹗在服章安排上同于陈祥道,但在冕旒安排上就不同了,他不用偶数而用奇数,以便兼顾《周礼》与《礼记》。《礼记·礼器》说天子旒十二、诸侯九、上大夫七、下大夫五、士三,于是金鹗让三公九旒、孤卿七旒、下大夫五旒,上士三旒②。下面把陈、金二人的排比,简示如下:

| 命数 | 诸侯冕服 | 天子诸臣冕服 | |
|------|----------|------|------|
| | | 陈祥道 | 金鹗 |
| 九命 | 公衮冕九章九旒 | | |
| 八命 | | 三公鷩冕七章八旒 | 三公鷩冕七章九旒 |
| 七命 | 侯伯鷩冕七章七旒 | | |
| 六命 | | 孤卿毳冕五章六旒 | 孤卿毳冕五章七旒 |
| 五命 | 子男毳冕五章五旒 | | |
| 四命 | | 大夫絺冕三章四旒 | 下大夫絺冕三章五旒 |
| 三命 | | | 上士玄冕一章三旒 |

因冕名依据章数而定,所以陈、金的排比,从章数看是相同的,只是旒数有异而已。在"各视其命之数"原则下,公侯伯子男与公孤卿大夫作交错排列,表中一目了然。

陈祥道是宋朝的,金鹗是清朝的,他们对"各视其命之数"的处理,在汉魏晋南北朝有先声吗?有。西晋博士孙毓、段畅,就是

---

① 雷镈著,雷学淇释:《古经服纬》卷上,《四库未收书辑刊》,第 1 辑第 5 册第 456、458 页。

② 金鹗:《求古录礼说》卷八《冕服考》,《续修四库全书》,第 110 册第 309 页下栏。

依命数而定诸臣冕旒的,详见第六章第4节,此处不赘。在孙毓、段畅之前,还有更早的主张者,如东汉高诱:

> 《淮南子·主术》:故古之王者,冕而前旒,所以蔽明也。
>
> 高诱注:冕,王者冠也。前旒,前后垂珠饰邃綖也;下自目,故曰蔽明也。天子玉县十二,公侯挂珠九,卿点珠六,伯子各应随其命数也。[1]

高诱以公侯为一等,卿为一等,又以伯子为一等,既不全合《周礼》,也不全合《礼记》,甚至也不合汉制,汉无五等爵,当然也没有伯爵、子爵的爵号。不过《淮南子》乃道家之书,所以高诱注不以儒经为本,倒也没法儿挑剔他。其"天子玉县十二,公侯挂珠九,卿点珠六",说的似是珠玉之数而非旒数;但高诱的话中毕竟有"各应随其命数"之言,其"卿点珠六"的说法,应是以《周礼》的卿六命为依据。

再向前追溯,还有《诗·毛传》。请看:

> 《诗经·王风·大车》:大车槛槛,毳衣如菼。岂不尔思?畏子不敢!
>
> 毛传:大车,大夫之车。槛槛,车行声也。毳衣,大夫之服。……天子大夫四命,其出、封五命,如子男之服,乘其大车槛槛然,服毳冕以决讼。
>
> 郑玄笺:古者,天子大夫服毳冕以巡行邦国,而决男女之讼,则是子男入为大夫者。(《十三经注疏》,第333页)

---

[1] 刘文典:《淮南鸿烈集解》卷九,中华书局1989年版,第270页;张双棣:《淮南子校释》,第889页。

《大车》本来是一首情诗，却被传笺（及疏）曲解了。"岂不尔思？畏子不敢"的"子"本指恋人，却被说成一位巡行决讼的大夫，他以风化警察自任，专跟恋人们过不去，弄得恋人们望而生畏，不敢"思"、不敢"奔"，"低俗"的社会风气被净化了①。那"子"既被说成大夫，"毳衣"就被说成大夫的"毳冕"②。大夫四命，怎么能服毳冕呢？能。《周礼·春官·典命》："王之三公八命，其卿六命，其大夫四命；及其出、封，皆加一等。"就是说，王之公卿大夫士若因事或因封离开畿内③，其礼遇要比照命数上调一等。《毛传》以

---

①马瑞辰《毛诗传笺通释》沿用传笺疏，释"不敢"为不敢犯礼，中华书局1989年版，第244页。今文鲁诗说是息夫人思念息君之作，参看王先谦《诗三家义集疏》所引，中华书局1987年版，第329页以下。清人方玉润《诗经原始》引姚际恒说，释为妻子劝丈夫当逃兵。中华书局1986年版，第200页。高亨《诗经今注》也说是妻子鼓动丈夫逃走。上海古籍出版社1980年版，第104页。杨任之《诗经探源》这么翻译："难道我不想你？怕他，不敢同你接近"；"难道我不想你？怕他，不敢同你私奔"。青岛出版社2001年版，第147页。周振甫《诗经译注》毛诗说与鲁诗说两列，中华书局2002年版，第106页；但其《诗经选译》则用鲁诗"息夫人"说，中华书局2005年版，第77页。陈戍国《诗经校注》认为所"畏"之子是楚子，岳麓书社2004年版，第91页。大多数学者释为情歌。如程俊英：《诗经译注》，上海古籍出版社1985年版，第133页；袁梅：《诗经译注》，齐鲁书社1985年版，第235页；邓荃：《诗经国风译注》，宝文堂书店1986年版，第228页；袁愈嫈、唐莫尧：《诗经全译》，贵州人民出版社1991年版，第95页；唐莫尧：《诗经新注全译》，巴蜀书社1998年版，第159页；沈泽宜：《诗经新解》，学林出版社2000年版，第134页；张克平等：《诗经》，安徽人民出版社2001年版，第78页。
②闻一多先生认为"毳衣"是车衣，即车上蔽风雨的帷帐。《闻一多全集》，第4册第464页。
③按郑玄注："出封，出畿内封于八州之中，加一等，褒有德也。"《十三经注疏》，第780页下栏。郑玄只释"封"，却没单独释"出"。可见他把"出封"看成一词，意为"出畿内封于八州之中"，而不是"出""封"二（转下页注）

此为据,认为四命大夫外出巡行,其礼遇将上调为五命,于是就能
准五命子男而服毳冕了。照这说法反推,则那大夫在朝廷时,应
降一等而服绨冕。《毛传》跟陈祥道、金鹗一样,都依命数定冕服,
都认为大夫绨冕。

　　郑玄有麻烦了:依《毛传》推算,则大夫服的是绨冕,而不是他
说的玄冕。郑玄便说,那位大夫不是一般的大夫,而是一位"子男
入为大夫者"。孔颖达疏前来帮腔,说若子男入朝做大夫,则本爵
仍存,可以保持原来的五命,所以入朝服毳冕,出朝也服毳冕。经
学家为了思想教育的需要①,把一首情诗解释到这个地步,一个臆
说引出又一个臆说,是不是很可笑? 这时我就在想,《国际歌》那
句"让思想冲破牢笼"唱得真好,拥有一颗自由的心灵,对学者来
说是多么重要啊! 做个传统经学家其实很苦。郑玄算是诚实的
学者了,但囿于"宗经"信念,惨淡经营之余依然歧路亡羊。

_____

（接上页注）事并列。《大戴礼记·朝事》作"及其封也,皆加一等",无"出"
　字,见王聘珍:《大戴礼记解诂》,第 226 页。郑玄注《周礼》多引《大戴礼
　记·朝事》,他不释"出"字,与《大戴礼记·朝事》倒是一致的。然据《周
　礼·秋官·掌客》,公卿大夫士及庶子在随周王外出巡守、殷国时,其礼遇
　也是"加一等"的,《十三经注疏》,第 900 页上栏。那么"出"与"封"就应
　分为二事。《毛传》认为大夫出使即加命,与郑玄不同。孔颖达疏认为,
　《毛传》的"出封"是出于封畿的意思。《十三经注疏》,第 333 页中栏。曾
　钊《诗毛郑异同辨》,也认为"是在朝八命,及出为将,得乘九命之车,不必
　封为诸侯然后加等,如郑说也"。转引自刘毓庆等:《诗经百家别解考(国
　风)》,山西古籍出版社 2002 年版,第 778 页。本书姑以出、封为二事,兼容
　毛、郑。
① 宋儒王应麟在此对郑玄有批评:"郑学长于礼,以礼训诗,是案迹而议性情
　也。"《困学纪闻》,商务印书馆 1959 年版,第 235 页。又张宝三先生云:
　"《毛诗注疏》以阐释《诗经》在政治教化上之作用为其最主要之诠释内
　容。"《毛诗注疏之诗经诠释及其得失》,《台大中文学报》第 20 期,台湾大
　学中文系 2004 年,第 32 页。

《毛传》以五命、毳冕解释《大车》，所依据的显然是又一种《周礼》经说。王国维先生云，《毛传》"专言典制义理者，则多用《周官》"①。《毛传》之以《周官》释冕服，其例又如：

> 《诗经·唐风·无衣》：岂曰无衣七兮？不如子之衣，安且吉兮。岂曰无衣六兮？不如子之衣，安且燠兮。
>
> 《毛传》：侯伯之礼七命，冕服七章。天子之卿六命，车旗、衣服以六为节。
>
> 孔颖达疏：《典命》云："王之三公八命，其卿六命。其国家、宫室、车旗、衣服、礼仪亦如之。"是毛所据之文也。……而此云六为节，不得为卿六章之衣。……晋之先世不得有六章之衣。实无六章之衣，而云"岂曰无衣六"者，从上章之文，饰辞以请命耳，非实有也。（《十三经注疏》，第365—366页）

《无衣》被认为是晋大夫替晋武公向天子请求命服之辞。《毛传》从命服出发，把"七兮""六兮"说成服章之数，并依《周礼》命数作解，结果自讨苦吃。把"无衣七兮"解作七命侯伯冕服七章，还勉强说得过去；但随后《毛传》就尴尬了：若把"无衣六兮"说成"天子之卿六命，冕服六章"，那是说不出口的，正如孔疏所指出的那样，"实无六章之衣"。《毛传》只好说到"以六为节"为止，至于"六"指什么，是六命还是六章、六旒，爱怎么想怎么想吧，自己琢磨去。

朱熹试图用"谦"来解释"六兮"："天子之卿六命，变七而言六者，谦也。不敢必当侯伯之命，得受六命之服，比于天子之卿亦

---

① 王国维：《观堂别集》卷一《书毛诗故训传后》，《观堂集林》，中华书局1959年版，第1126页以下；河北教育出版社2003年版，第609页以下。

幸矣。"①可"六命之服"到底是什么呢？朱熹就不说了。倡言"三不足"的王安石胆子很大："六者，子男之服也。子男之服以五为节，而曰六者，天子之卿六命，与子男同服故也。"②这个判断，若就《无衣》本义而言，不听也罢；但就《毛传》本义而言，却是歪打正着。"天子之卿六命，与子男同服"，就意味着卿与子男都服毳冕。由《王风》已知，《毛传》以子男服毳冕、大夫服绨冕；而若四命大夫绨冕，则六命孤卿应当依次而升，所服正为毳冕，同于子男了。

总之，《毛传》所依本的冕服安排，是大夫绨冕三章、孤卿毳冕五章，再向上推就是三公鷩冕七章了。比起郑玄的推定来，《毛传》的安排各高一等。毛、郑服章都取奇数，所以遇到"六兮"就无法应付了。早期的经学家不敢突破奇数的章数，因为《周礼》只说过九章、七章、五章。那束缚到北魏被打破了：魏孝文帝冕制，三公八章而太常六章。相比之下，北魏的冕旒之数运用，就自由多了，既可以用奇数，也可以用偶数。《礼记》孔颖达疏说："周家旒数随命数。"③旒数可以随命数，章数就比较难办，难就难在奇数的章数如何跟偶数的命数相配上。

《毛诗》是如何传承的，学者异说不少④。《毛传》在传承中不

<hr>

① 朱熹：《诗集传》，中华书局 1958 年版，第 72 页。

② 王安石：《诗义》，邱汉生辑注：《诗义钩沉》，中华书局 1982 年版，第 90 页。

③《十三经注疏》，第 1433 页下栏。

④ 此处参考胡朴安：《诗经学》，商务印书馆 1930 年版，第 90 页以下；卫聚贤：《十三经概论》，开明书店 1935 年版，第 76 页以下；夏传才：《诗经研究史概要》，中州书画社 1982 年版，第 72 页以下；蒋伯潜：《十三经概论》，上海古籍出版社 1983 年版，第 184 页以下；鲁洪生：《诗经学概论》，辽海出版社 1998 年版，第 133 页以下；袁长江：《先秦两汉诗经研究论稿》，学苑出版社 1999 年版，第 349 页以下；庄穆主编：《诗经综合辞典》，远方出版社 1999 年版，第 564 页。

断充实着①,其中的冕服思想,从何而来呢? 西汉前期的河间王国,曾是一个礼乐重镇,做过河间博士的毛公②据说就是毛苌。河间国学人既治《毛诗》,又研读《周官》:"武帝时,河间献王好儒,与毛生等共采《周官》及诸子言乐事者,以作《乐记》,献八佾之舞。"③那么《毛传》中的冕服说,来自河间国的《周官》学者吗? 可能性相当之大。附带说,在车驾制度上,《礼》及《易》京氏、《春秋公羊》都主张天子驾六,《周礼》则以四马为乘,而《毛诗》学者主张从天子到大夫同驾四马,同于《周礼》④。无论如何,《毛传》可以证明,在郑玄之前,西汉已有一种《周礼》冕服说,是按命数安排诸臣冕服的,与郑玄不同。东汉高诱的章旒说法,也算这一派的。

## 4. 两种诸臣冕服等级评述

前面两节揭示,在《周礼》诸臣冕服上,汉人基于不同"数理逻辑"而有两种不同安排。一种依据"以爵不以命数"原则,令三公鷩冕、孤絺冕、卿大夫玄冕;一种依据"各视其命之数"原则,令三公鷩冕、孤卿毳冕、大夫絺冕。前者是郑玄之说,后者是我们从《毛传》中发掘出来的,但非《毛传》自创,而是出自西汉的《周官》学者。

两说孰是孰非呢? 六冕本不是真实制度,而是"建构"出来

---

①胡念贻:《论汉代和宋代的〈诗经〉研究及其在清代的继承和发展》,收入《古代文学研究集》,中国文联出版公司1985年版,第93页。
②《汉书》卷八八《儒林传》:"毛公,赵人也。治《诗》,为河间献王博士。"
③《汉书》卷三〇《艺文志》。
④参看《续汉书·舆服志上》刘昭注引。

的。但《周礼》作者没说周全,后人接力做"二次建构"。可能有人那么想:既是"建构",有是非可言吗?好比"痴人说梦","梦"非真,"痴人"又是一通臆说。不过"痴人说梦"的比方不算恰当,不如比做续写小说。比如《红楼梦》,据说后四十回是高鹗续的,今人也有若干凑热闹续作的。那么续作是否切合原意,其笔法高下、匠心粗精,是狗尾续貂还是再拓胜境,还是可以理论一番的。经学也形成了一套自己的论理。诸臣冕服的两种安排,即从经学内部理路而言,其优劣短长仍是可以讨论的。本节试做一个比较评价。

郑玄的诸臣冕服安排,有什么可取处或合理性呢?他的安排,在结构上是让诸侯整体居诸臣之上,即让公侯伯子男居卿大夫士之上。公侯伯子男是"君",公卿大夫士是"臣",让臣居君下、君在臣上,即使从形式上说,也有其明显的"合理性"。先秦等级的通常表述和礼家安排古礼的通用模式,就是"天子—诸侯—卿大夫—士"。

《礼记·礼器》叙冕旒,也使用了这种等级模式。汉初儒师伏生在解说《尚书·皋陶谟》的"五服五章"时,把服章分成了华虫、作缋、宗彝、藻火、山龙5组,让天子服其五,诸侯服其四,子男服其三,大夫服其二,士服其一。《尚书伪孔安国传》的服章理论,也按天子、诸侯、大夫、士分等:"天子服日月而下,诸侯自龙衮而下至黼黻,士服藻火,大夫加粉米。"孔颖达疏云:"礼,诸侯多同为一等,故《杂记》云'天子九虞,诸侯七虞',《左传》云'天子七月而葬,诸侯五月而葬',是也。"[1]诸侯虽说分公侯伯子男五等,《周礼》又分为公、侯伯、子男三等,礼书中更常见的却是"诸侯

---

[1]《古文尚书·益稷》孔疏,《十三经注疏》,第 142 页下栏。

同为一等"。

　　另一种"各视其命之数"的办法呢？它以《周礼》"九命"为准。但周朝真有"九命"之制吗？那恐怕只是《周礼》的构想。《左传》中确实有"赐若干命""赐若干命之服"的记载，还有位正考父"一命而偻，再命而伛，三命而俯"①。《左传》中最高只看到了三命，然而从经学角度看，"九命"既出经典，便可以用作等级礼制的尺度。

　　按命数定冕服也有优点，可以跟礼书另一些说法相呼应，如"三公一命卷"。《礼记·王制》："三公一命卷；若有加，则赐也。不过九命。""卷"即"裷""衮"②。郑玄云："三公八命矣，复加一命，则服龙衮，与王者之后同。多于此，则赐，非命服也。"三公八命，加一命则为九命，可服衮冕，则三公此前的冕服应为鷩冕。孔颖达疏就是这么说的。然而郑玄《周礼注》本有三公毳冕的意见，所以他对三公服衮之前的冕，就只能闭口噤声了，以免自相矛盾、左右互搏。

　　郑玄是在解说《周礼·内司服》时，曲折透露了其"三公毳冕"的意见的。但八命三公与五命子男同服毳冕，八命三公之妻与五命子男之夫人同服阙狄，就命数看并不相称。反驳郑玄者，就追踪到《内司服》这边来了。例如陈祥道云："《王制》言'三公一命卷'，则三公在朝鷩冕，其妻揄狄可知也。"③孙诒让批评郑玄的相关说法"差次淆舛，殆不可通"，遂决意拥护陈祥道、金鹗："天

①《左传》昭公七年，《春秋左传集解》，第 1301 页。
②《礼记·杂记》："公袭卷衣一。"注："卷音衮。"《十三经注疏》，第 1556 页
　　下栏。陆德明《经典释文》卷十三："音衮，古本反。"中华书局 1983 年版，
　　第 199 页上栏。
③陈祥道：《礼书》卷十七，《景印文渊阁四库全书》，第 130 册第 103 页下栏。

子三公当鷩冕，妻当褕狄；则孤、卿当毳冕，妻当阙狄；大夫当绤冕，妻当鞠衣；士当玄冕，妻当展衣。"①陈、金之说，已见前节列表。

郑玄毕竟是位优秀的学者，并不武断，他采用的其实是或然口吻："三夫人及公之妻，其阙狄以下乎？"贾公彦亦云："三夫人其服不定，三公夫人又无正文，故总云'乎'以疑之也。"三公之服及三公夫人之服都无正文。郑玄很清楚他立论的薄弱，所以口气颇为委婉。

甚至在另一个地方，对三夫人的礼服，郑玄又改口了。《礼记·玉藻》："王后袆衣，夫人褕狄。"郑玄注："夫人，三夫人，亦侯伯之夫人也。"这与其《周礼·司服》注是矛盾的。在《司服》注中，郑玄让三夫人与子男夫人同服阙狄；而在《玉藻》注中，他又让三夫人与侯伯之夫人同服褕狄了。郑玄在注《礼记》时与其注《周礼》时的这个差异，被孔颖达疏看到了："故郑注《司服》疑而不定，云'三夫人，其阙狄以下乎'，为两解之也。"②按郑玄学术生涯，先治《周官》后治《礼记》，治《礼记》时从古经精校，又益以数人之考订③。学犹积薪，后来居上，想来是新发现动摇了早年猜想，就出现了"两解"的情况。金鹗不取郑玄《司服》注，而取其《玉藻》注："《司服》注云'三夫人其阙狄以下乎？''乎'者疑词；《玉藻》注用'也'字，是决词。郑当谓三公服鷩冕也。"④

我们也能通过若干排比，来反驳一下"三公毳冕说"。《周礼·秋官·掌客》："王巡守、殷国，……从者，三公视上公之礼，卿

①孙诒让：《周礼正义》卷十五，第 2 册第 593 页。
②《礼记正义》，《十三经注疏》，第 1481 页。
③参看王利器：《郑康成年谱》，齐鲁书社 1983 年版，第 85 页以下。
④金鹗：《求古录礼说》卷十四《三公服毳冕辨》，《续修四库全书》，第 110 册第 434 页上栏。

视侯伯之礼,大夫视子男之礼,士视诸侯之卿礼,庶子壹视其大夫之礼。"周王巡守、殷国时,随天子外出的公、卿、大夫、士和庶子,其礼遇提高一等,分别同于上公、侯伯、子男、诸侯之卿、诸侯之大夫①。那么,若所提高的"礼"包括礼服冕服,则"三公视上公之礼",应为衮冕九章;"卿视侯伯之礼",应为鷩冕七章;"大夫视子男之礼",应为毳冕五章。这些人的在朝礼遇,应该照此下降一等,那么三公应还原为鷩冕七章,卿应还原为毳冕五章,大夫应还原为绨冕三章,而这就跟《毛传》及陈祥道、金鹗等相合了。可见"各视其命之数"的排比,自有道理。

又如朝位之礼。《周礼·秋官·朝士》云:"左九棘,孤、卿、大夫位焉,群士在其后;右九棘,公、侯、伯、子、男位焉,群吏在其后;面三槐,三公位焉,州长众庶在其后。"在周王的朝堂上,"左九棘"为孤、卿、大夫,"右九棘"为公侯伯子男,二者分庭抗礼而约略比肩,三公之席更在"三槐"之处。从上述两列并峙的朝位排列看,三公不应与哙为伍,低到与子男同列的程度。

还可以考虑儒者对周朝"受地"之制的说法。《孟子·万章下》:"天子之卿受地视侯,大夫受地视伯,元士受地视子男。"《礼记·王制》:"天子之三公之田视公侯,天子之卿视伯,天子之大夫视子男,天子之元士视附庸。"二书所叙"受地"等级中的诸侯与诸臣,与冕服等级列表比较:

---

①"殷国"即所谓"殷见曰同",是诸侯来见天子,礼典举行于王畿,那其时诸臣之礼,适用"及其出、封,皆加一等"规则吗?按,郑玄注称"殷"时"王亦为坛,合诸侯以命政焉",贾公彦疏称"诸侯殷见,亦为坛于国外,若巡守至方岳然"。《十三经注疏》,第760页上栏。可知"殷国"相当巡守的变体,行礼时"为坛于国外",所以其时公卿大夫之礼,也适用"及其出、封,皆加一等",与"巡守"相类。

| 诸侯 | 六冕等级 | 受地等级 | |
| --- | --- | --- | --- |
| | | 《孟子·万章》 | 《礼记·王制》 |
| 公 | 衮冕九章 | | 三公视公侯 |
| 侯 | 鷩冕七章 | 卿视侯 | |
| 伯 | | 大夫视伯 | 卿视伯 |
| 子 | 毳冕五章 | 士视子男 | 大夫视子男 |
| 男 | | | |

不难看到，其结果也倾向于"各视其命之数"，而不是郑玄的"以爵不以命数"。

《周礼》明言王臣之礼，"其国家、宫室、车旗、衣服、礼仪亦如之"，即如其命数；接叙诸侯之臣之礼，再度申明"其宫室、车旗、衣服、礼仪各视其命之数"。"衣服"明明是"视其命数"的，总不能说冕服不是"衣服"吧。贾公彦虽帮郑玄做过一番论证，然而贾公彦本人也说过"天子三公八命，卿六命，大夫四命，士三命以下，冕弁之属亦各以其等为之可知"。可见郑玄的排比与命数不合，让贾氏有白璧微瑕之感。

诸臣的命数为偶数，而服章被认为应取奇数。这时贾氏便主张用"小章"予以弥缝。什么是"小章"呢？就是在衣服上添加较小的服章，以调整"数理逻辑"。郑玄说周朝衮冕九章，天子亦然；而贾氏称天子九章只是就"大章"而言的，此外冕服上还另有"小章"；虽"大章"只九个，但"小章"之数用十二，这就合于天子的命数十二了。郑玄说三公毳冕五章，那与三公八命不相合；郑玄说孤卿绨冕三章，而那与孤卿六命不相合；郑玄说大夫玄冕一章，而那与四命不相合。而贾氏说，不合的只是"大章"，此外冕服上另有"小章"，"小章"之数，就是依命数而定的了。可见世上无难事,只怕有心人,两全其美、鱼与熊掌兼得的主意,总能想得出来。若只计"大章",完全合乎郑玄之说;再配上"小章",遂"可得依命数",两头儿都兼顾了。我们不由得要竖大拇指了:贾公彦够聪明!不过再考之史书,贾公彦并不能领取"原创"的全奖,因为北周有"重一等"之制,隋朝有"重行"之法,其实已发挥着贾氏所谓"小章"的功能了。"小章"及"重一等""重行"问题,详见本书第九章第3节。无论如何,"小章"的设想再次表明,在诸臣服章上郑玄不照顾命数,是被若干经学家视为憾事的。

以上是在经学范围内讨论问题,即不管真实的"原生周礼"是什么,只就《周礼》经文,辅以其他经书,来讨论六冕如何编排才更圆满,也就是"祭神如神在"的意思。在这一意义上,郑玄"三公毳冕说",与由《毛传》推算出来的"三公鷩冕说",等于是"不定方程"的两组解,各有优劣。

一套衣服竟招来那么繁复的数列演算,不知道还有哪家宗教、哪国祭服,曾"数字化"到了如此程度。我们觉得麻烦死了,经学家们却乐此不疲、孜孜不倦。郑玄《周礼注》时时给我们一种印象:他是在作纯形式的推演。最令人忍俊不禁的,大概就是郑玄对嫔妃"以时御叙于王所"制度的阐释了。郑玄云:"凡群妃御见之法,月与后妃其象也。卑者宜先,尊者宜后。女御八十一人当九夕,世妇二十七人当三夕,九嫔九人当一夕,三夫人当一夕,后当一夕,亦十五日而遍云。自望后反之。"①周王与嫔妃们的男欢

---

① 《十三经注疏》,第687页中栏。郑玄使用两个规则,第一个是"九九而御于王",是编组的规则;第二个是"月与后妃其象也。卑者宜先,尊者宜后",是排序的规则。依规则一,女御、世妇、九嫔侍寝时"九九而御于王",即9人一组。以此推演,81位女御分9组,侍寝9日;27位世妇分3组,侍寝3日;九嫔1组,侍寝1日。以上合计13日。此外三夫人(转下页注)

女爱,变成了预定程序的机械运转,依样画葫芦的话,会味同嚼蜡吧。是郑玄冬烘迂腐、"不明真相"、信以为真了,还是他"别有用心"、在讲冷笑话,拿周天子恶搞呢? 我想郑玄其实是有理有据的:若从诸侯"一娶九女"①"五日之御"②来推算天子,则八十一女御、二十七世妇、九嫔、三夫人如此这般地排班值勤,在"数理逻辑"上最为合理。把那看成一种超越了生活、遗略了事实的纯理推演,不为过吧。周天子与一百二十一位后妃,不过是郑玄手中的算筹罢了。郑玄只是一位自由的民间学者,注《周礼》时他无拘无束,超脱了尘世与时政,沉浸于一己的"理念世界",在经书给定的条件之下,尽其所能,提供了一组组他所认为的"最优解",或说绘制了一座座"空中楼阁"。

从史学的角度看,那种数理推演,今人难以首肯③,因为那并不是历史真实。在某种颜色的眼镜里面,郑玄的"为学术而学术",于国计民生更是毫无用处。有限的一生耗在了无用的研究

---

(接上页注)编为 1 组侍寝,用 1 日;王后独占 1 日。总计 121 人轮值 15 日、半个月。再依规则二,上半月随月亮由缺而满,由卑者女御打头儿,王后殿后;月圆之后的下半个月,随月亮由满而缺,再反过来轮班,由王后打头儿。

①《公羊传》庄公十九年:"诸侯娶一国,则二国往媵之,以侄娣从。……诸侯一聘九女,诸侯不再娶。"《十三经注疏》,第 2235 页下栏。

②《礼记·内则》:"故妾虽老,年未满五十,必与五日之御。"郑玄这样推算:"五日一御,诸侯制也。诸侯取九女。侄娣两两而御,则三日也。次两媵,则四日也。次夫人专夜,则五日也。天子十五日乃一御。"《十三经注疏》,第 1468 页下栏。"九女"即侄娣 6 人,"两媵"2 人,夫人 1 人。6 位侄娣"两两而御"侍寝 3 日;两媵共侍 1 日,夫人专夜 1 日,合计 5 日。进而"天子十五日乃一御",就可以类推了。

③杨天宇先生有《论郑玄〈三礼注〉》一文,载《文史》第 21 辑,中华书局 1983 年版,从史学角度论述郑玄之失,甚为精核,可参看。

之上,数学家波里埃曾为此发出绝望的叹息①。借用鲁迅先生的"吃螃蟹"比喻,郑玄是不是吃了蜘蛛啊。然而人类智力活动那"光荣的荆棘路",是否就是要用很多看似"无用"的耗费做代价呢?我们眼光中的"无用",果真无用吗?反省我们自己,就没制造过学术垃圾吗?谁能保证自己的著述一百年后仍被攻读,自己的声音一百年后仍被倾听?但郑玄能,一千八百多年了,我们仍得关注他,绕不开他。六冕是一个经学论题,也许不能只用史学的是非,去简单化地评价经学的是非。借用"以事实为依据,以法律为准绳"那句话,经学是"以经典为依据,以论理为准绳"的,它形成了一套自己的论理,有自己的规则。不妨说,它也像"白马非马""鸡三足,卵有毛""飞鸟之影未尝动也"之类名辨一样,已变成了一曲曲"智慧的欢歌"②。即便西方中世纪那些看似荒诞的论题,像"上帝能否制造出自己举不起来的石头""一根针尖上能站多少天使""上帝用亚当的一根肋骨做成夏娃,那亚当身上是不是少了一根肋骨""世界末日死人复活时,他是青年还是老年"之类,也不是一无是处,在特定条件下是有意义的,可以讨论的。经院辩证法"关注的是信仰理解,运用的却是形式理性"③,其中也

---

①伏尔夫刚·波里埃终生从事平行公理的证明,但毫无成就。他的痛苦在给儿子的信中倾诉出来了:"我经过了这个夜的无希望的黑暗,我在这里面埋没了人生的一切亮光,一切快乐。……它会剥夺你的生活的一切时间、健康、休息和幸福。"引自王梓坤:《科学发现纵横谈》,中国少年儿童出版社2005年版,第33页。

②这是周山先生的用语,见其《智慧的欢歌:先秦名辨思潮》,生活·读书·新知三联书店1994年版。

③刘小枫:《吉尔比著〈经院辩证法〉中译本前言》,吉尔比:《经院辩证法》,上海三联书店2000年版,第18页。

蕴含着科学的萌芽、理性的先声①。其实在某种意义上,或对某些学人来说,史学也可以如此的:只是一场智力游戏,在史料与前人论著的给定条件下,考证、排比和尽可能精致地建构论说,而不是为其他什么东东"服务"。经学家主观上仍是用"史"的方法在研讨的,其论理虽非三段论逻辑,而是融汇了训诂学与史学,但他们也在"求真"。具体到六冕,虽六冕非真,但不等于其形式化的推理全无价值,那也以一种特殊的方式,丰富了"求真"的方法,累积着"建构"的技能。就算经学家的六冕研讨是一座"空中楼阁",但"空中楼阁"也有高下优劣,也可以在技巧甚至审美上加以评判的。至少不像"正龙拍虎"那帮人,造个假都破绽百出,只是教人齿冷。

　　刁小龙君考察郑玄对《周礼》祭礼的诠释,也看到了"郑玄非但无视两汉祭祀之现实,更不顾汉儒之通说",郑玄只是"深刻体会把握《周礼》之基本逻辑理念,再将之贯穿经注之中,阙者为之弥补,不协者为之统一",如此而已。甚至郑注中的矛盾,也在于"《周礼》经文本非严密完整,乃撮合诸说、牵合揉杂所致;而诸经注之说深信经文之尽善尽美,每每造说为之弥合,其言虽善而终难尽掩其中龃龉之处"②。我完全赞成刁君这个看法。郑玄礼学等于一座"空中楼阁",所论既不是真实历史,他也没指望哪一天

---

① 经院哲学的理性精神,孕育出了这样一种态度:《圣经》的神圣性"是靠理性来发现它们,检验它们,并且根据理性的原则来赞成它们和宣布它们是有根据的"。托兰德:《基督教并不神秘》,商务印书馆1989年版,第20页。经院哲学与理性,又参麦格拉思:《基督教概论》,北京大学出版社2003年版,第184页以下。
② 刁小龙:《郑玄礼学及其时代》,清华大学历史学系2008年博士学位论文,第125、133页。

谁把它造出来。我们并不是说郑玄没有政治思想，但郑玄的经注，确实有一种纯理推导的性质。

## 5. 自祭之服与助祭之服：误读之始

现在看来，被建构出来的"古礼"与现实政治的疏离，除了其所反映的政治形态保留了较多周朝政治特点之外，还有这样两个原因，第一是其"理想国"性质，那虽有强烈的政治取向，但并不考虑实用性，只是那样一种尝试：描画一个最完美的社会秩序，看它可以完美到什么程度；第二是其纯学术的、象牙塔的性质，超脱了生活，而仅仅服从逻辑与论理，有如给方程求解。《周礼》也许偏重前者，郑玄也许偏重后者。无论如何，先秦两汉的儒家礼书所记礼制，在某种程度上应视为"建构"，与真实生活脱节，与商鞅所规划的军功爵、郡县制之类大异其趣，并非实用制度。像郑玄那种纯理取向的建构者，其礼制阐释是否实用、是否合乎本朝"国情"，根本不在其考虑之内。所以儒家所伸张"古礼"或"周礼"，对秦汉帝国体制来说，一度成了一种异质之物。

"建构"本身就是理想化的，经文所提供的条件并不充分，"建构"中又可能发生各种问题，那么，若照"空中楼阁"来建造帝国大厦，抵牾龃龉就在所难免。《周礼》六冕本有一种"君臣通用"的结构特点，而郑玄的"建构"能造成一个特殊现象，那对帝国等级体制来说简直就是"隐患"，简直就是 bug。兹述如下。

臣下即诸侯、诸臣的五冕，是其助祭之服及朝天子之服。那么在助祭等场合，诸侯与诸臣的冕服，是否因天子冕服之异而异？若不是这样，就会造成问题。比方说吧，天子"祭群小祀，则玄冕",玄冕是最低等的冕服,止一章三旒;而这时候,助祭之公若服九章九旒的衮冕,则高于天子的玄冕;相应地,侯伯若服七章七旒的鷩冕,子男若服五章五旒的毳冕,孤若服三章四旒的绨冕,同样都高于天子的玄冕。那么请看,君臣冕服竟然发生了尊卑倒置!就是卿大夫所服的一章三旒的玄冕,也跟天子分庭抗礼、平起平坐了。其时尚可区分等级的,只有旒上的玉数了。为便理解,参看下表:

| 天子 | 冕服 | 臣下 |
|---|---|---|
| 祭昊天上帝、五帝 | 大裘冕 | |
| 享先王 | 衮冕 | 公 |
| 享先公,飨,射 | 鷩冕 | 侯伯 |
| 祀四望山川 | 毳冕 | 子男 |
| 祭社稷、五祀 | 绨冕 | 孤 |
| 祭群小祀 | 玄冕 | 卿大夫 |

表中的阴影部分,显示的是"君臣倒置"的最大幅度。它发生在天子祭群小祀的时候。

问题产生于这样一点:冕服既可依祭祀种类而异,又可依身份高下而异,而这两者间是会出现抵牾的。天子依祭祀等级而服冕,对此《周礼》有明文;而助祭诸侯、诸臣的冕服怎么穿,《周礼》没说,郑玄也没说。那么后人也可以认为,臣下冕服依身份而异,却不依祭祀而异,即不因天子冕服之异而异。唐代经学家和唐初的冕服法令,还真就是那么理解的。依祭祀等级而服冕,可称为"规则一";依爵位等级而服冕,可称为"规则二"。当"规则一"和"规则二"同时运用时,本书开头所揭唐初的"君臣冕服等级倒置"之事,就会出现。

不过问题还没有到此为止。在本书的写作和讨论过程中,也曾有同仁对"君臣倒置"感到奇怪。有同仁提出,在《周礼》作者心目中,恐不会有臣下冕服高于君主之场面;进而认为,"孔颖达等'逐王所著之服,不得逾王'的说法似乎是最自然的理解"。

第一个推断,应该在情理之中。无法想象,《周礼》作者会容许臣下的冕服等级高于天王。这问题是怎么发生的呢?

六冕之中,有五冕被汉儒说成是诸侯、诸臣的助祭之服,至于他们自家祭祀时如何服冕,后儒又另有说法、另作编排了。这个问题将影响对祭祀等级与冕服等级的关系判断,在这地方我们有可能遭遇麻烦。然而麻烦也伴随着新的机缘:进一步考察"自祭""助祭"将意外地发现,六冕所导致的"君臣冕服倒置",其实不是《周礼》"初次建构"的问题,而是源于"二次建构"时的后儒误读。

关于诸侯、诸臣的自祭之服,《礼记·王制》孔颖达疏中有一段概括,兹引其片段:

> 凡此诸侯所著之服,皆为助祭于王;……自在国祭其先君,则皆玄冕,故《玉藻》云"诸侯玄端以祭",郑云"端当为冕"。其二王之后,祭受命之王,各服已上之服;其自祭余庙,与诸侯同。……卿绨冕,大夫玄冕,士爵弁也,此服皆谓助祭君也;若其自祭,则皆降焉。诸侯士则玄端,大夫则朝服,故《仪礼·特牲》士祭玄端,《少牢》上大夫祭朝服,公之孤爵弁以自祭。故《杂记》云"大夫冕而祭于公,弁而祭于已。士弁而祭于公,冠而祭于已"。郑注云"爵弁而祭于已,唯孤尔",其天子卿大夫则无文。诸侯当玄冕以祭,其孤卿之等当爵弁也,大夫则皮弁。知者,以诸侯大夫朝服自祭,故知天子大夫

亦用朝服自祭,朝服则皮弁。……诸侯玄冕而祭,天子孤卿及公之孤卿爵弁而祭,天子大夫皮弁而祭之。(《十三经注疏》,第1327页上栏)

这个概括所依据的是郑玄经说,以及郑玄所依据的经书。因郑玄所论稍简,所以这里引孔疏以代。其要点大略如下:

1.《周礼·司服》所列诸侯、诸臣冕服等级,"皆为助祭于王",都是他们为天王助祭之服,而不适用于自祭;

2. 诸侯自祭,例如祭其先君,用玄冕①;

3. 二王之后(即如殷朝之后宋国、夏朝之后杞国),祭其受命之王(如夏禹、商汤)时可用王礼,即衮冕;自祭其祖庙,仍用玄冕;

4. 诸侯国的孤卿大夫自祭之时,孤爵弁,大夫朝服(皮弁),士玄端;

5. 天子的孤卿大夫自祭之服,经典无文,推算同于诸侯国的孤卿大夫。

按照这些论点,则六冕的服用规则是就诸侯、诸臣为王助祭而言的,不适合其自祭,他们自祭其庙的冕服是另一种情况,大大低于其助祭之服。

这一说法给我们带来的首先是麻烦。本书第三章第3、4节的考察,认定六冕结构来自等级祭服制、等级祭祀制与等级君主制。但我们在三者间建立的联系,是以诸侯、诸臣自祭为基础,而

---

① 对这个论点所依据的《礼记·玉藻》"诸侯玄端以祭"一句,俞正燮又认为"玄端"应作"玄衮"。《癸巳存稿》卷二《玉藻玄端》,辽宁教育出版社2003年版,第53—54页。当然,那也只是俞正燮的一家之言。

不是以其助祭为基础的。若六冕"如王之服"的结构只适合于助祭,前文的推论就全落空了。

然而我们不愿半途而废,轻易认输。尽管后儒有"自祭玄冕"之说,本书依然认为第三章的推断有理有据。郑玄"自在国祭其先君,则皆玄冕"的观点,另行参考了《礼记》《仪礼》,但《礼记》《仪礼》与《周礼》不是一个系统,在很多礼制上说法各异,由此引发了很多经学纷争。例如,今文家主地三等,公侯方百里,伯方七十里,子男方五十里;古文家主地五等,公方五百里,侯方四百里,伯方三百里,子方二百里,男方一百里。今文家主三公九卿二十七大夫八十一元士,古文家主三公三孤六卿。等等①。儒者总想把各种经书牵合在一起,然而经书成于众手,强求一致难免抵牾丛生。

就眼下的论题而言,强行把群经拉在一起,认定五冕只是诸侯诸臣的助祭之服,自祭时诸侯用玄冕,大夫用皮弁,那么若干种冕就将丧失用途,成为废物了,下表阴影部分中的那些冕是干什么用的,就将无从索解:

| 公 | 助祭服衮冕 | 鷩冕? | 毳冕? | 绨冕? | 自祭服玄冕 | |
|---|---|---|---|---|---|---|
| 侯伯 | | 助祭服鷩冕 | 毳冕? | 绨冕? | 自祭服玄冕 | |
| 子男 | | | 助祭服毳冕 | 绨冕? | 自祭服玄冕 | |

---

① 参看周予同:《经今古文学》,收入《周予同经学史论著选编》,第19—20页。

| 孤 | | | | 助祭服<br>缔冕 | | 自祭服<br>皮弁 |
|---|---|---|---|---|---|---|
| 大夫 | | | | | 助祭服<br>玄冕 | 自祭服<br>皮弁 |

假如公助祭服衮冕、自祭服玄冕,那么他的鷩冕、毳冕、缔冕,不就成了摆设了吗? 假如侯伯助祭服鷩冕、自祭服玄冕,那么他的毳冕、缔冕,不也成了摆设了吗? 公有衮冕、玄冕二冕就够用了,《周礼》何必说"自衮冕而下"? 侯伯有鷩冕、玄冕就够用了,《周礼》何必说"自鷩冕而下"? 明摆着出问题了,明摆着讲不通了。

而我们认为,衮冕等"五冕"也是臣下的自祭或主祭之服,这样才符合《周礼》编排,才能给如下问题以最佳解释:为什么诸侯、诸臣有那么多种冕服? 为什么《周礼》不说某级爵位之人服某冕,即只服一冕;而要说"自某冕而下,如某之服",给他安排了很多冕服? 其原因就在于,他们有多少冕服,是依其可祭祀的对象多少而定的。自"某冕而下"的其他诸冕不是压箱子底儿的,不只是摆设,它们都有其用,用于祭祀。公除了衮冕之外,之所以还要给他配上鷩冕、毳冕、缔冕、玄冕,是因为在《周礼》作者的心目中,公除了为王助祭之外,还要在自己的领地上主祭先王、先公、山川、社稷、五祀和群小祀;侯伯除了鷩冕之外,之所以还要给他配上毳冕、缔冕、玄冕,是因为在《周礼》作者的心目中,侯伯除了为王助祭之外,还要在自己的领地上祭祀先公、山川、社稷、五祀和群小祀。余类推。

那么除了麻烦之外,"自祭玄冕"的说法,又给我们提供了新线索,坏事变好事了。因为这时候我们恍然大悟,在六冕的运用规则上,《周礼》作者与后代注疏家有一个隐性的、但又是决定性的差别：承担"初次建构"的《周礼》作者，是以诸侯自祭为前提来编排六冕的；承担"二次建构"的后儒，则以官贵为皇帝助祭为前提来认识六冕。

我们作此判断是有证据的，证据就是《周礼》以外的文献，如《国语》《礼记》《荀子》《公羊传》诸书所见先秦等级祭祀制。这些文献中的天子祭天地、诸侯祭社稷、大夫祭五祀、士庶人祭祖一类记载，说的都是他们有资格举行的自祭。这样的制度不可能出自帝制时代，无疑就是先秦制度。相关的那些记载，或本身就出自先秦史籍，或者其史源来自先秦。《周礼》作者生活在先秦，在类似文献、类似记载中耳濡目染，其六等祭祀就是以此为参照而建构出来的，六等冕服也是以此为基础而建构出来的。六冕所配合的祭祀等级，虽与诸书有细节上的不同，但在运用规则上没有本质差异。《周礼》"公之服，自衮冕而下，如王之服。侯伯之服，自鷩冕而下，如公之服……"那段话，我相信所说的就是诸侯的自祭之服。在《周礼》作者建构六冕时，其心目中的场面，是各级领主在各自领地上主祭，从衮冕到玄冕都是他们的主祭之冕。衮冕与公所拥有的神权相称，进而是与其低天子一等的政权相称；鷩冕与侯伯所拥有的神权相称，进而是与其低公一等的政权相称；余类推。那么在《周礼》作者的心目中，当然就不会有助祭者的冕服高于主祭者的场面了。

周朝的神权分配与政权分配是相对分散的，相应就是天子、诸侯、卿大夫在各自领地上各祭各的，这就是六冕结构的立足基础。然而随着历史车轮驶入帝制时代，随着政治转型之后的王权强化，政权与神权的分配越来越集中化了。社稷、岳渎、山川、日月、星辰等很多神灵，诸侯、卿大夫或者没资格祭了，或者其规模、地位大幅度下降。服冕藉田、服冕视学皆天子之事，诸侯不与。

诸侯变成了祭祖为主。唯皇子封王者可祭祀者稍多,有时皇帝允许他们立社,作为"茅土"的象征而已①。由州县长官代表朝廷和政府举行的社稷、城隍祭祀,乃是公祭,而不是那些官贵的私祭。封爵拥有者越来越不像真正的"君"了,所以其自祭大大萎缩。那么,凭什么还让他们穿那么高级的冕呢?所以就要压低他们的自祭之服,压到玄冕以下。关起家门服冕祭祖,只是官贵个人的事情,个人的事情再大也是小事,朝廷的事情再小也是大事。帮天王(或皇帝)助祭才能穿高级冕服,以此显示荣耀从天王(或皇帝)而来。可见诸侯、诸臣自祭用玄冕,乃是后起的新说法。不妨这样推测,《礼记》《仪礼》所安排的祭服等级,多据时制;而《周礼》更贴近古史,故其六冕结构,也更贴近早期祭服制度。

---

①蔡邕《独断》卷下:"天子太社以五色土为坛,皇子封为王者,受天子之社土,以所封之方色。东方受青,南方受赤,他如其方色。苴以白茅授之,各以其所封方之色,归国以立社,故谓之受茅土。汉兴,以皇子封为王者得茅土,其他功臣及乡亭他姓公侯,各以其户数租入为限,不受茅土,亦不立社也。"商务印书馆 1936 年版,第 7—8 页;上海古籍出版社 1990 年版,第 16 页上栏。《史记》卷六十《三王世家》汉武帝封齐王刘闳、燕王刘旦、广陵王刘胥策:"于戏,小子闳,受兹青社!""于戏,小子旦,受兹玄社!""于戏,小子胥,受兹赤社!"东汉的王国有祠祀长。魏晋王国所设典祠令,据张兴成所考,主管的只是祖庙祭祀。见其《两晋宗室制度研究》,北京师范大学历史学系 2004 年博士学位论文,第 106 页。西晋博士孙毓、段畅曾建议让诸王玄冕祭祀社稷、山川,但不知是否被批准实施。见本书第六章第 4 节。《晋书》卷二四《职官志》:"其王公已下,茅社、符玺、车旗、命服,一如泰始初故事。"所谓"王公已下",大概只包括皇子封王封公者。《艺文类聚》卷五一《封爵部》曹植《改封陈王谢恩章》:"猥蒙加封,茅土既优。"梁简文帝《为子大心让当阳公表》:"遂复早建茅社,夙开井赋,爵列五等,绶参四色。"第 919、927 页。"茅社"虽在这些文书中屡次出现,但那是否只是一种"修辞",泛指封建而已;或仅指授茅授土的册命之礼,当时就国者的国中并无社祭,还有待详考。

对于冕服的研讨者，随着祭祀权力的中央化，他们不由自主地转以皇帝主祭、官贵助祭为中心，去思考冕服问题了。新莽复古时搞过"车服黻冕，各有差品"，其详不明；而汉明帝定冕制就很清楚了，"天子、三公、九卿、特进侯、侍祠侯祀天地、明堂，皆冠旒冕"，其时三公、诸侯的山龙九章，九卿的华虫七章，都用作助祭之服。时过境迁，"东风暗换年华"，时代背景的"暗换"造成了"错位"。臣下的服冕问题，现在主要是一个为皇帝助祭时的祭服问题，而不是自祭时的祭服问题了。而我们都知道这类事情："思维者具有力求将各种各样的问题情境归结为熟悉的问题情境的趋向。"人的推理和认知是受制于情境的①。我们也知道这样一个心理效应：你希望看到什么，就容易看到什么。成语"邻人窃斧"说的就是这个道理，"情人眼里出西施"也有类似的意思。六冕是在诸侯自祭的"问题情境"中编排出来的，但《周礼》没有明说六冕用于自祭。帝制时代"问题情境"变了，礼制规划者满脑子都是皇帝主祭、官贵助祭；他们急于在经书中找到的，是臣下的助祭冕服如何安排。这个先入之见，就使他们在面对《周礼》六冕时，不假思索就把诸侯诸臣之冕理解为助祭冕服了。本不成问题的问题，现在成了问题，"君臣倒置"由此有了可能性。

本书第一章第 1 节曾提出过这样的问题：唐朝冕制依《周礼》，但为什么采用《周礼》六冕，就会造成"君臣冕服倒置"呢？是《周礼》作者犯傻出错了，还是成心跟周天子过不去呢？现在这

①如迈尔斯所说："每时每刻，我们内部的心理活动和由此发出的言语和行为，都取决于我们所处的情境。"见其《社会心理学》，人民邮电出版社 2006年版，第 64 页。"人的推理是如此依赖环境，以至于有些心理学家怀疑人的推理行为只是对经验的回忆。"崔丽娟等：《心理学是什么》，北京大学出版社 2002 年版，第 175 页。

问题有答案了:《周礼》作者既没犯傻,也不是跟周天子过不去;若把诸侯、诸臣的冕服理解为主祭或自祭之服的话,则《周礼》的六冕等级无懈可击,君臣尊卑井然不紊。问题只出在"初次建构"与"二次建构"之间,出在"二次建构"对《周礼》的误释误读上。帝制两千多年来没什么人发现这个误释误读,是因为帝制两千多年来"问题情境"没有大变,礼制规划者的所思所想,仍是皇帝主祭、官贵助祭。

现在看来,同仁提出的"在《周礼》作者心目中,恐不会有臣下冕服高于君主之场面"的质疑,是正确的。我们的考察也显示,《周礼》作者的心目中没那个场面。至于同仁提到的孔颖达等人的"逐王所著之服,不得逾王"的说法,就只是南北朝隋唐个别经学家的一家之言了,不是主流的看法。毕竟,"君臣冕服等级倒置",在唐朝确实是发生了,表明王朝是按主流经学家的阐释、而非个别经学家的理解,来安排六冕等级的;而按主流经学家的那种阐释,就可能出现"君臣倒置",例如唐初冕制的情况。也正因为隋唐官贵之冕被定义为助祭之冕,所以只给了官贵一冕,而不是若干种冕。官贵只拥有代表其品级的最高之冕,却恰好没有前面表格中阴影部分所列的那些冕。

我们推测,把《周礼》中的臣下自祭之冕误解为他们的助祭之冕,至少是新莽和汉明帝时发端的,也可能更早。而东汉末年的郑玄,身处上述的那种"助祭关注"的氛围之中,也不由自主地陷在同样的"问题情境"里了。郑玄是否已察觉六冕里面藏着"君臣倒置"的 bug 呢? 不得而知。不无那种可能:即便发现了,他也不当事儿,因为他只是为一道数学题操心,而不是为皇帝的体面操心。只要推算合理,皇帝的冕服低于臣下,又与我郑玄何干呢,就让皇帝凑合着吧。可王朝若采用六冕,那个 bug 就将激活发作,初唐冕制即是。

　　总之，郑玄的冕服说中有这样一些看点，即如"大裘而冕"无章无旒之说，周天子衮冕九章之说，及"君臣冕服倒置"的潜在可能性等，被后人认为不合"尊君卑臣"大义。我们将好戏预告于此，以便读者在阅读后文中，留意各朝冕制对这几点的反应，是采纳，是拒绝或是修订，等等。

　　无论如何，走出学术象牙塔而进入政治角斗场，情况就大不相同了——冕服礼制将与一个权力金字塔发生关系。那是一宗政治婚姻。潜心学术，如同少男少女的纯真恋情；嫁入豪门，则少不了权势财产的精打细算。权力结构涉及了千万人的命运安排；我们对之如何评价，影响着当下的生活规则和未来的道路抉择。先秦秦汉的儒者对冕服有各种设计，不止是郑玄的那种设计；帝国统治者在接纳古冕之时，也有各种考虑和处理。那么我们转入下章，叙述"古礼"传统在断裂之后，是如何再度与王朝政治结合起来的。

# 第五章 汉明帝冕制复古:六冕合一

《新唐书·礼乐志》有一段很著名的议论,说是"由三代而上,治出于一,而礼乐达于天下;由三代而下,治出于二,而礼乐为虚名"。三代的宫室、舆服、祭祀、乐舞、朝觐、聘问、射飨、师田、学校等等,"凡民之事,莫不一出于礼";"及三代已亡,遭秦变古,后之有天下者,自天子百官名号位序、国家制度、宫车服器一切用秦……而礼乐为虚名"。周朝政治秩序,是礼、法不分,相互混融的。战国秦汉间发生了历史性的转型,由王国时代进入帝国时代,剧烈的社会分化使"法"破茧而出,与"礼"分道扬镳了。

专制集权君主制在神州大地扎下了根,同时"周礼"传统出现了断裂,一度成了少数儒者自娱自守之事。好比外出拼搏打天下的英雄业已暴贵,另有了时尚的新欢,留在老家的结发原配被忘在脑后了。"周礼"形只影单,"玉颜不及寒鸦色,犹带昭阳日影来"。然随儒生日益抬头、儒术渐崇,"制礼作乐"的论调日益升温,一个阶层的呼声引起了最高统治者的瞩目,在"礼乐"感召下,他又想起寒窑中的糟糠之妻了。而发妻也在重温鸳梦,升起了做皇宫女主人的宏愿,梳妆打扮,想向丈夫再现自己的好容颜,甚至,还算计着要按自己的口味好好打扮一下丈夫呢。然而只凭"周礼"那张旧船票,能否取悦皇上,登上他的大客船呢? 丈夫已沾染了帝国风流新格调,周朝老装束未必悦目入时了。在礼制与政制"第二次握手"之时,发生了什么? 我们以冕服礼制为例,来观察那个"破镜重圆"的过程。

图 17　当代若干秦始皇冕服形象

# 1. 古冕的断裂:论"秦除六冕之制"

学者一般认为,周冕制度至秦汉发生了重大变化:"先秦冕制见于《周礼·司服》。但在西汉时,冕或已废置不用;东汉明帝改定服制时始援古说而制冕"①;"周代祭祀服用冕服……到了秦代,这种复杂的冕服制度被弃用"②。类似说法还有不少,不备引。而现代创作的秦始皇形象,又大多戴冕。

在这时候,首先得弄清周冕是什么,才好判断其是否在秦朝被废置。若以"六冕"当周冕,则对冕制起伏废置的评价就会过于"重大"。其次"冕"是完全"废置不用"了,还是在某些范围、以某种形式仍被使用着?澄清这个问题目前存在着严重困难。最后,儒生是如何想象、如何评述冕服史上那个段落的?这又是一个问题。儒生往往因特定政治文化需要,而使用特定笔调追述礼制变迁史。

文献中并无秦朝的服章冕旒记载,秦汉玉器中都没发现可以确指为冕旒的玉珠③。但对秦朝祭服的颜色(及"汉氏承秦")古人是有追述的,他们略有三说:"袀玄""玄衣绛裳"及"玄冠绛衣"。

先看"袀玄"。董巴《大汉舆服志》:"秦以战国即天子位,灭去礼学,郊祀之服皆以袀玄。汉承秦故。"④"袀玄"即上下

---

① 孙机:《汉代物质文化资料图说》,第 232 页。
② 王柏中:《神灵世界秩序的构建与仪式的象征:两汉国家祭祀制度研究》,民族出版社 2005 年版,第 230 页。
③ 参看王昱东:《从秦式玉器看秦文化的特质——秦与山东诸国玉文化之比较》;赵永魁:《战国·秦·汉代玉器浅析》,均收入杨伯达编:《出土玉器鉴定与研究:中国出土玉器鉴定与研究学术研讨会论文集》,紫禁城出版社2001 年版。
④《太平御览》卷六九〇《服章部七》注引,第 3 册第 3079 页下栏。原文"袀玄"误作"初玄","秦故"误作"掌故"。

皆黑①。秦用水德,水德尚黑②。又,周朝由"玄冠緇衣玄裳"所构成的那套"玄端",也是被称为"袀玄"的,上下均黑③。"袀玄"曾用作斋衣,而"玄端"虽是燕居之服,也用作斋服④。所以,秦用"袀玄"的说法可信度较高,见于多种古书⑤。冕服的标准色彩本

①钱大昭《后汉书辨疑》卷九《舆服志下》云:"《淮南子》曰:'尸祝袀袨。'高诱曰:'袀,纯服;袨,墨斋衣也。'《士冠礼》曰:'兄弟毕袗玄。'注云:'袗,同也;玄者,玄衣玄裳也。'古文袀为均,篆书袗与袀相似,袀即袗也。"《二十四史订补》,书目文献出版社 1996 年版,第 4 册第 776 页上栏。以袀玄为黑服,其例甚多。如《文选》卷十六《闲居赋》注引服虔曰:"袀服,黑服也。"第 226 页上栏。《续汉志》注引《吴都赋注》:"袀,皂服也。"崔圭顺提出了另一种可能,认为"袀玄"是由玄缯衣、绀缯裳构成的上衣下裳。《中国历代帝王冕服研究》,东华大学出版社 2007 年版,第 72 页以下。但那种可能性比较微小。
②《史记》卷六《秦始皇本纪》:"方今水德之始,……衣服旄旌节旗皆上黑。"《通典》卷六一《礼二一》:"秦制水德,郊社服尚袀玄。"中华书局 1984 年版,第 347 页中栏。按,王文锦等点校本《通典》校记:"原句上衍郊社。"中华书局 1988 年版,第 1727 页。
③金鹗《求古录礼说》卷十二《玄端服考》:"玄端以玄裳为正,故有'袀玄'之称。"《续修四库全书》,第 110 册第 388 页。孙诒让《周礼正义》卷四十《春官·司服》:"玄端,则天子以下至士皆玄衣缁衣玄裳。"第 6 册第 1645 页。
④《周礼·春官·司服》:"其斋服有玄端、素端。"《十三经注疏》,第 783 页上栏。有时"玄冠缁衣素裳"之服也叫"玄端",那就是朝服了,其下裳颜色不同。参看钱玄、钱兴奇:《三礼辞典》,江苏古籍出版社 1999 年版,第 305—306 页。
⑤如《续汉书·舆服志下》:"秦以战国即天子位,灭去礼学,郊祀之服皆以袀玄。汉承秦故。"按惠栋云其"与董巴《舆服志》同,司马氏采其文而复增益之也"。《后汉书补注》卷二四,商务印书馆 1936 年版,第 1324 页;《二十四史订补》,第 4 册第 534 页上栏。《晋书》卷二五《舆服志》:"《周礼》弁师掌六冕。……及秦变古制,郊祭之服皆以袀玄,旧法扫地尽矣。"《通典》卷五七《礼十七》:"秦灭礼学,郊社服用,皆以袀玄,以从冕旒,前后邃缝。"中华书局 1984 年版,第 327 页。

来是"玄上纁下"的,而秦"郊祀之服皆以袀玄",所以董巴称秦"灭去礼学"。

"玄衣绛裳"见挚虞《决疑要录》:"秦除六冕之制,惟为玄衣绛裳,一具而已。汉兴亦如之。"[1]彭卫、杨振红先生因云,秦"皇帝常服'玄衣绛裳'"[2]。"玄衣绛裳"接近周冕的"玄上纁下"了,配上冕就是一套冕服。《隋书·礼仪志七》:"至秦,除六冕,唯留玄冕。"也是说秦废六冕,但保留了一冕。

"玄冠绛衣",见曹魏《尚书奏》"汉氏承秦,改六冕之制,以玄冠绛衣,一服而已"[3];及《宋书》卷十八《礼志五》魏秘书监秦静曰:"汉氏承秦,改六冕之制,俱玄冠绛衣而已。"汉初多使用赤色祭服,不知是否就是这个说法的来源。

秦帝礼服可能有很多套。以上三说,不能轻易说哪个对、哪个不对。"袀玄"的可能性较大,其余两说有嫌泛泛,似非精确记录,但三说所表达的负面评价都很鲜明。

据史料记载,秦朝祭五帝的祭具"各如其帝色",若据此推测,秦应有五色祭服[4]。史料又云"十月上宿郊见","衣上白"[5]。《汉书》说汉高祖四年到六年(前203—前201年)间,已有了《武

---

① 《太平御览》卷六九〇《服章部七》注引挚虞《决疑要注》,第3册第3080页上栏。六冕原作"袞冕",据同书卷六八六《服章部三》引《决疑要注》改,第3册第3061页上栏。

② 彭卫、杨振红:《中国服饰通史》第四编,宁波出版社2002年版,第146页。

③ 《通典》卷七二《礼二三》引,中华书局1988年版,第1979—1980页。

④ 此外秦还有"五时车",又称"五帝车",也是"各如方色"的。《续汉书·舆服志上》:"五时车,安、立亦皆如之,各如方色,马亦如之。白马者,朱其髦尾为朱鬣云。所御驾六,余皆驾四,后从为副车。"

⑤ 《史记》卷二八《封禅书》。

德》《文始》《五行》三舞,其中"《五行》舞者,本周舞也,秦始皇二十六年更名曰《五行》也"①。而孟康记云:"《五行》舞冠冕,衣服法五行色。"②《五行》是周舞,似应上承周朝用"冠冕"。那么,秦朝可能有舞人用冕,冕服依五行方色而用五色。

秦始皇统一后,曾把掳获的列国王冠服赐给近臣戴了。那是王朝冠服史上的一个重要事件。袁宏曰:"自三代服章皆有典礼,周衰而其制渐微。至战国时,各为靡丽之服。秦有天下,收而用之,上以供至尊,下以赐百官。"③《续汉书·百官志》:"(战国)竞修奇丽之服。……及秦并天下,揽其舆服,上选以供御,其次以锡百官。"《晋书》卷二五《舆服志》亦称:"及秦皇并国,揽其余轨,丰貂东至,獬豸南来。"其具体例证如:獬豸冠据说是楚国王冠,有獬豸之象,秦灭楚而得之,赐给了御史戴④;远游冠据说也是楚国王冠,秦汉给了太子诸王戴,另名远游冠⑤;高山冠据说是齐国王冠,秦灭齐而得之,赐了谒者戴⑥;惠文冠据说是赵国王冠,上垂貂

---

① 《汉书》卷二二《礼乐志》。
② 《汉书》卷五《景帝纪》颜师古注引。
③ 袁宏:《后汉纪》汉明帝永平二年(59 年)春正月,《两汉纪》,中华书局 2002 年版,下册第 165 页。
④ 《淮南子·主术》:"楚文王好服獬冠,楚国效之。"张双棣:《淮南子校释》,第 986 页。《续汉书·舆服志下》:"獬豸神羊,能别曲直,楚王尝获之,故以为冠。……秦灭楚,以其君服赐执法近臣御史服之。"
⑤ 《隋书》卷十二《礼仪志七》:"故《淮南子》曰:楚庄王冠通梁组缨。注云:通梁,远游也。"《通典》卷五七《礼十七·嘉礼二》:"远游冠,秦采楚制。楚庄王通梁组缨,似通天冠而无山述。"中华书局 1984 年版,第 328 页下栏。
⑥ 《续汉书·舆服志下》:"胡广说曰:高山冠,盖齐王冠也。秦灭齐,以其君冠赐近臣谒者服之。"《史记》卷九七《郦生列传》集解引徐广说同。

尾,秦灭赵而得之,赐给了侍中戴①;赵国还有一种骏𫚇冠,冠上饰羽,也是王冠,秦汉间成了侍中、郎中之冠②;此外术氏冠据说是"吴制",赵武灵王也戴过,也被搜罗于帝廷③。新式冠服在列国纷纷滋生,冲破了周朝礼服传统,又在秦欢聚一堂了。"先王服章于是残毁",大概是就周朝礼服体制整个被冲破而言的。秦俑中的形形色色冠帽,暗示其时服饰是相当多样化的。

据《汉书·礼乐志》,"叔孙通因秦乐人制宗庙乐",《五行》之舞依然用冕。叔孙通为刘邦制礼,又留下了一部《汉礼器制度》,其中有冕服规划:

> 凡冕体,《周礼》无文。叔孙通作《汉礼器制度》,取法于周,今还取彼以释之。按彼文:凡冕以版,广八寸,长尺六寸,以此上玄下朱覆之,乃以五采缫绳贯五采玉,垂于延前后,谓

①《续汉书·舆服志下》记武冠:"侍中、中常侍加黄金珰,附蝉为文,貂尾为饰,谓之'赵惠文冠'。胡广说曰:赵武灵王效胡服,以金珰饰首,前插貂尾,为贵职。秦灭赵,以其君冠赐近臣。"汉朝国王仍有用惠文冠的。《汉书》卷六三《武五子传》:昌邑王刘贺"衣短衣大绔,冠惠文冠"。孙机先生认为"惠"是稀疏的缌布,与赵惠文王无关,见其《进贤冠与武弁大冠》,收入《中国古舆服论丛》(增订本),第169页。则《续汉志》"赵惠文冠"之"赵"字应删。

②《淮南子·主术》:"赵武灵王贝带、鵔𫚇而朝,赵国化之。"张双棣:《淮南子校释》,第986页。《说文解字》卷四上:"秦汉之初,侍中冠鵔𫚇。"第82页。

③《续汉书·舆服志下》:"术氏冠,前圆,吴制,差池逦迤四重。赵武灵王好服之。今不施用,官有其图注。"此冠为何既是"吴制",又为赵武灵王所服,不明。"官有其图注",似乎也应上承于秦。

之邃延。①

叔孙通设计冕服"取法于周",是依据周制的,所使用的"五采玉"也合于《周礼》,跟后来汉明帝冕制用"白玉珠"不同。叔孙通的冕制是否被使用、如何使用和谁使用——是皇帝还是舞人使用,还很不明朗。唐朝礼学家孔颖达、贾公彦等,曾根据《汉礼器制度》来注释《周礼》《仪礼》《礼记》中的器具与制度②。其冕服规划,对后代是有影响的。唐冕也是"广八寸,长一尺六寸"的③,如孔颖达所云:"今依《汉礼器制度》为定也。"④

　　在刘邦还是一介平民时,很喜欢戴一种楚式的竹皮之冠。龙登九五后,刘邦便用它做礼冠和祭冠,又名长冠、斋冠、刘氏冠。平民是不能用竹皮冠的,除非爵在公乘以上⑤。"一人得道,鸡犬升天",平民的普通帽子转眼"尊贵之至"了,显示那是个"布衣将相""布衣帝王"的变革时代。宗庙祭祀,用长冠来搭配袀玄;五郊

---

①《周礼·夏官·弁师》贾公彦疏引,《十三经注疏》,第 854 页中栏。又《仪礼·士冠礼》贾疏:"案,《汉礼器制度》弁冕,《周礼·弁师》相参,周之冕以木为体,广八寸,长尺六寸,绩麻三十升布为之,上以玄,下以纁,前后有旒,尊卑各有差等,天子玉笄朱纮,其制可闻。"《十三经注疏》,第 958 页下栏。此处贾疏兼叙《汉礼器制度》与《周礼》,不太好分开。《汉礼器制度》,又见王谟《汉魏遗书钞·经翼》第二集所辑(陈怀玉校);又孙星衍集校本,中华书局 1985 年版。
②参看华友根:《叔孙通为汉定礼乐制度及其意义》,《学术月刊》1995 年第 2 期。
③《旧唐书》卷四五《舆服志》。
④《礼记·王制》正义,《十三经注疏》,第 1327 页上栏。
⑤《汉书》卷一下《高帝纪下》汉高帝八年(前 199 年)诏:"爵非公乘以上,毋得冠刘氏冠。"

祭祀，以长冠搭配方色祭服①。《东观书》称："高皇帝始受命创业，制长冠以入宗庙。……礼缺乐崩，久无祭天地冕服之制。"②既云"久无祭天地冕服之制"，则天地之祀不用冕服，大概也用长冠吧。西汉宗庙、五郊、明堂及天地祭祀，似乎都用长冠。

　　袀玄跟五色祭服，都是承秦而来的。汉初还经常使用赤色祭服，"汉氏承秦，俱玄冠绛衣"的说法，似乎与此有关。而秦朝郊祀，又曾使用白色的祭服，不知道那是否跟"白帝子""赤帝子"的传说有关③。汉武帝还经常用黄色祭服，可能因为那时王朝又改用"土德"了，土德尚黄。此外在汉武帝祭太一的时候，祝宰用紫色祭服。紫非正色④，可朝廷照用不误。可见西汉祭服，从"周礼"角度看极其率易散漫⑤。总之，秦汉间流行五色祭服。而散发弥漫着五行思想的五色祭服，《管子·轻重己》已有其说了，参看本书第一章第1节。色彩斑斓的五色祭服，冲破了"玄上纁下"的周冕礼制，象征着一个丰富多彩、无拘无束的新时代。

---

①《续汉书·舆服志下》记长冠："祀宗庙诸祀则冠之。皆服袀玄。……五郊，衣帻绔袜各如其色。"

②《续汉书·舆服志下》注引。

③见"高祖斩蛇"故事。《史记》卷八《高祖本纪》："白帝子也，化为蛇，当道，今为赤帝子斩之。"

④《汉书》卷九九下《王莽传下》："紫色蛙声，余分闰位。"注引应劭："紫，间色。"

⑤刘邦为汉王之时，"色上赤"。汉文帝祭雍五畤，"衣皆上赤"。汉武帝祭汾阴后土，"从祠衣上黄"；祭甘泉太一及五帝，汉武帝"衣上黄"，"太一祝宰则衣紫及绣，五帝各如其色"；封禅泰山，"天子皆亲拜见，衣上黄"；祠泰山明堂，"各如其方，黄帝并赤帝"；太初元年改制后"色上黄"，雍五畤"牺牲具色食所胜"。汉代乐歌《后皇》："后皇嘉坛，立玄黄服。"颜师古注："服，祭服也。"是"后皇"祭祀用玄服、黄服。以上参看《史记》卷二八《封禅书》及《汉书》卷二五《郊祀志》。

**图 18　武氏祠画像石荆轲刺秦王图,秦始皇戴通天冠**

(朱锡禄:《武氏祠汉画像石》,山东美术出版社 1986 年版,图四九)

由于"秦始皇定冠服",诸冠用途被重新确定了,成为王朝冠服体制的一个新起点。史料中的秦冕若有若无。虽然冕可能仍是秦冠之一种,但秦汉皇帝的标准朝服,却是头戴通天冠,身着袀玄之衣,或随五时色。汉画像石中的秦始皇形象,就是通天冠加朝服的,而非冕服。周卿大夫戴冕,而秦汉官僚戴冠,那冠在汉代称进贤冠,可能是由普通人的冠形制加大而来的。只在某种乐舞中,还残留着古冕的痕迹。总之,周冕传统,在"古礼的断裂期"确实涣散了。若像若干儒生那样用《周礼》六冕去衡量的话,"断裂"的鸿沟就更深了,根本就是"灭去礼学"。

对古人所说的"法",很容易给出清晰定义。"礼"在传统文化中触目可见,却很不好定义,它在学者的不同视角中形象纷繁歧异,家异其说。无论如何得注意这样一点:儒家所说的"礼",跟今人所谓礼典、礼仪并不是同等概念。因为儒者所谓"礼",特指儒家经典上所记的那种样子的"礼",舍此非"礼",而不仅仅是人类学意义上的"礼"。若看到秦始皇巡视,就说秦有巡狩之礼,看到秦始皇祭天,就说秦有祭天之礼,这从今人的角度说一点没错儿,却不尽合儒家看法。因为第一,秦礼与经书有异,若非儒家说的那个样子,就不被他们看成"礼";第二,儒家的"礼"是跟一整套政治理念——所谓"礼义"——相联系的,治国不讲"礼义",就无"礼"可言。即令秦朝有冕,但秦政很黑很暴力,"刻削毋仁恩和义"。所以儒生的眼睛所看到的,依然是"秦变古制""灭去礼学""改六冕之制"。在这个意义上,仍可以说古冕传统发生了"断裂"。

## 2. 破镜初圆:新莽与汉明帝的冕制复古

传统是这样一个东西,它潜藏在文化的肌体里,有些时候你看不到它,条件适宜了就会显示其存在。入汉以来,社会文教逐渐复苏。汉武帝独尊儒术,儒生的春天来到了。朝廷对"古礼"的态度有了变化。这甚至可以从列卿的位次变化中看到。秦朝列卿位次,是管司法的廷尉居首,管财赋的内史居次;掌管祭祀、礼仪和文教的奉常很惨,叨陪末座,排在列卿行列的尾巴上。汉武帝后太常一官行情看涨,"太常社稷郊时,事重职尊,故号九卿之首"[①]。秦朝政治重"实用",故以廷尉、内史二官为重;而汉廷之上,礼乐祭祀的地位重新上升,由此太常得以居列卿之首。在皇帝看来,礼乐可以文饰朝政、神化皇权;在儒生看来,礼乐可以改造朝政、改造皇权。

西汉后期,士人势力与日俱增,"制礼作乐"呼声群起,迎来了中国制度史上史无前例的新莽大复古。本来皇帝是戴通天冠的,

---

① 《初学记》卷一二《职官部下·太常卿》引《汉官解诂》,中华书局 1962 年版,第 301 页。

而在王莽加"安汉公"之号的时候，群臣援引"周公服天子之冕，南面而朝群臣"古例，"请安汉公居摄践祚，服天子韨冕，背斧依于户牖之间，南面朝群臣，听政事"。王莽加九锡，"受绿韨衮冕衣裳"。王莽篡汉后，着手定车服之制："更名秩百石曰庶士，三百石曰下士，四百石曰中士，五百石曰命士，六百石曰元士，千石曰下大夫，比二千石曰中大夫，二千石曰上大夫，中二千石曰卿。车服黻冕，各有差品。"①周爵与周冕死灰复燃，再获新生。秦与西汉就算有冕，却未闻官僚戴冕。到了新莽一朝，不仅皇帝戴冕，"车服黻冕，各有差品"的记载显示，官僚也"旧貌换新颜"了，各按其爵而扣上了一顶古冕。此后十几个世纪冕服的兴衰变异，就应以新莽为始。若干著作，只以汉明帝制冕服为冕服复古之始，新莽被忽略不计了，那不怎么公平。

看到儒家经典所载冕服，居然戴到了"今上"的脑袋上，儒生欢欣无似。欣慰之余，对帝国体制的认同感油然而增，向心力大大强化了。而在皇帝"服周之冕"面对昊天上帝之时，其感受肯定也大不一样了——远去了的文武周公身影，淡漠了的纲常名教古训，"似曾相识燕归来"，在内心不断盘旋萦绕着。"祭神如神在"，我们既认为神不存在，则祭服可以自由设计；然而古人不同，合乎经典、古礼的冕服，被赋予了丰富的政治文化意涵，有如精心搭配、捆绑销售的套餐，混合着天道、神灵、祖宗、经典、先王、先圣、儒术等各种调料。你相中了冕服，就得把套餐全买下来，全吃进去。"服尧之服"之后，就不由自主地"诵尧之言、行尧之行"了。

正是为此，新莽政权倾覆后，冕服复古却没有戛然而止。《后汉书》卷二《孝明帝纪》：

---

① 《汉书》卷九九中《王莽传中》。

（汉明帝永平）二年（59年）春正月辛未，宗祀光武皇帝于明堂，帝及公卿列侯始服冠冕、衣裳、玉佩、絇屦以行事。

汉明帝在明堂里面宗祀光武帝，以配五帝，其时君臣"始服冠冕"——请注意这个"始"字。随后东平王刘苍建议，南北郊也应如法炮制，也用冕服。据《续汉书·舆服志下》刘昭注引《东观汉记》：

永平二年正月，公卿议春南北郊，东平王苍议曰："孔子曰：'行夏之时，乘殷之路，服周之冕。'为汉制法。高皇帝始受命创业，制长冠以入宗庙。光武受命中兴，建明堂，立辟雍。陛下以圣明奉遵，以礼服龙衮，祭五帝。礼缺乐崩，久无祭天地冕服之制。按尊事神祇，絜斋盛服，敬之至也。日月星辰山龙华藻，天王衮冕十有二旒，以则天数；旂有龙章日月，以备其文。今祭明堂宗庙，圆以法天，方以则地，服以华文，象其物宜，以降神明，肃雍备思，博其类也。天地之礼，冕冠裳衣，宜如明堂之制。"

东平王刘苍的"服周之冕"之议也证明，此前明堂中举行的那次祭祀，采用了前所未有的做法：皇帝礼服用"龙衮"，上有日月星辰、山龙华藻等纹章，冕有十二旒，冕版前圆后方（"圆以法天，方以则地"）。刘苍建议"天地之礼"也应如法炮制——可知此前的天地祭祀，是使用长冠或通天冠的。汉明帝从善如流，随即在天地郊祀中采用了冕服。永平冕制，由此而定。史称：

孝明帝永平二年（59年），诏有司采《尚书·皋陶篇》及《周官》、《礼记》定而制焉。皆广七寸，长尺二寸，前圆后方，

朱绿里而玄上,前垂四寸,后垂三寸;系白玉珠于其端,是为
十二旒。组缨如其绶之色。三公及诸侯之祠者,朱绿,九旒,
青玉珠;卿大夫七旒,黑玉珠;皆有前无后,组缨各视其绶之
色。旁垂黈纩当耳,郊天地、祠宗庙则冠之。(蔡邕:《独断》
卷下,上海古籍出版社 1990 年版,第 18 页)

　　天子、三公、九卿、特进侯、侍祠侯,祀天地、明堂,皆冠旒
冕,衣裳玄上纁下。乘舆备文,日月星辰十二章,三公、诸侯
用山龙九章,九卿以下用华虫七章。(《续汉书·舆服志下》)

由此,冕服就成了东汉"郊天地、祠宗庙"的法定礼服。

　　汉高祖刘邦"长冠以入宗庙",象征着民间崛起的新兴势力对
周朝等级秩序的剧烈冲击。而今,帝国缔造者的规矩被放弃了,

**图 19　山东济南出土的陶俑,其所戴冠,有人认为是"有前无后"之冕**

(《中国历代服饰大观》,台湾百龄出版社 1984 年版,第 35 页)

"长冠"让位于"服周之冕"。由民间插入祭服系统的长冠被迫让位,表明新兴势力被古老的"周礼"所征服。"古礼的断裂"开始弥合了。

儒者对古冕的启用不吝盛赞,如扬雄之于新莽,班固、张衡、袁宏之于汉明帝:

> 扬雄《剧秦美新》:胤殷周之失业,绍唐虞之绝风,……式軨轩旟旗以示之,扬和鸾肆夏以节之,施黼黻衮冕以昭之……(《文选》卷四八,第681页)

> 班固《东都赋》:至乎永平之际,重熙而累洽,盛三雍之上仪,修衮龙之法服……(《文选》卷一,第31页)

> 张衡《东京赋》:(汉明帝)乃整法服,正冕带,珩纮纮綖,玉笄綦会,火龙黼黻,藻缫鞶厉……(《文选》卷三,第58页)

> 袁宏《后汉纪》:后之圣人,知其如此,自民之心,而天下所欲为。故因而作制,为之节文,始自衣裳,至于车服、栋宇、垣墙,各有品数。……睹先王之规矩,察秦汉之失制,作营务求厥中,则人心悦固,而国祚长世也!(汉明帝永平二年,《两汉纪》,下册第166页)

在袁宏看来,只因为东汉"车服各有品数"了,所以才"国祚长世"了。因新莽为人不齿,所以汉明帝改革冕服,对后代更具楷模作用。

包含古冕在内的"古礼",是一套特定的符号系统,是对天地秩序的特定解释。对其"能指"与"所指"之间的联系,学者尽力雕琢刻画,赋予冕服各个细部以丰满的象征意义。请看:

> 故古者冕而前旒,所以蔽明也;纮綖塞耳,所以弇聪也。

故水至清则无鱼，人至察则无徒。①

旒垂目，纩塞耳，王者示不听谗，不视非也。（《续汉书·舆服志下》注引《礼纬·含文嘉》）

前下后高，有俛伏之形，故谓之冕，欲人之位弥高而志弥下。（《后汉书》卷二《孝明帝纪》注引阮谌《三礼图》）

麻冕者何？……十一月之时，阳气俛仰黄泉之下，万物被施如冕，前俯而后仰，故谓之冕也。……冕所以用麻为之者，女功之始，亦不忘本也。即不忘本，不用皮，皮乃太古未有礼文之服，故《论语》曰："麻冕，礼也。"《尚书》曰："王麻冕。"冕所以前后邃延者何？示进贤退不能也。垂旒者，示不视邪。纩塞耳，示不听谗也。故水清无鱼，人察无徒，明不尚极知下。故《礼》云："天子玉藻，十有二旒，前后邃延。"《礼器》云："天子麻冕，朱绿藻，垂十有二旒"者，法四时十二月也。

绂以韦为之者，反古不忘本也。上广一尺，下广二尺，法天一地二也；长三尺，法天、地、人也。（《白虎通义·绂冕》，陈立：《白虎通疏证》，第498页以下）

冕为什么前有垂旒呢？戴冕时为什么要把一块丝绵（"纩"）塞在耳朵眼里呢？是为了蔽明弇聪，避免苛察。"水至清则无鱼，人至察则无徒。"统治者过于苛察的话就将"无徒"，"无徒"就是脱离群众；群众离心离德的话，江山就岌岌可危了。另一说法，是旒、纩象征着"不听谗，不视非也"。旒、纩是用来闭目塞听的，有似网

_____

①《大戴礼记·子张问入官》。又见《淮南子·主术》《晏子春秋·外篇第七》。分见王聘珍：《大戴礼记解诂》，第141页；何宁：《淮南子集释》，中华书局1998年版，第606页；吴则虞：《晏子春秋集释》，第452页。

络过滤程序,把不良信息与敏感词拦在耳目之外。冕版前俯后仰,象征地位越高越谦虚。另说,前俯后仰是遵从阳气俯仰的规律,上应天道。冕的邃延,象征着"进贤退不能"。冕用麻制成,"示不忘本",因为麻是古老的纺织品。然而更古的衣料还有兽皮,干吗不用兽皮呢? 因为冕毕竟是礼帽,而兽皮只是"太古未有礼文之服"。但下身的绂即蔽膝则仍然使用兽皮,"反古不忘本也","忘本"总归是不行的。冕旒十二条,是法十二月的;蔽膝上宽一尺、下宽二尺、长三尺,是法天地人的。还有冕版的前圆后方,是"圆以法天,方以象地"的,见刘苍之说。

一套衣冠里面,蕴藏着多少深奥的大道理啊! 那也就是"君子必古言、服,然后仁"的意思了。十几个世纪后,明朝吕柟仍那么说,"古人制物,无不寓一个道理。如制冠,则有冠的道理;制衣服,则有衣服的道理;制鞋履,则有鞋履的道理。人服此而思其理,则邪僻之心无自而入",甚至"虽一衣解结,亦要存个念头,务时时有所见,方可谓满目皆忠信笃敬也!"[1]连一个衣结儿都要"存个念头",用来担任"理"的"能指",匠心真是细如毫发、无所不在。经此苦心经营,穿好了对着镜子一照,或出门给别人一看,就"满目皆忠信笃敬",满身是"理"了。就像有孔老夫子贴身防守一样,想躲都躲不开,想干坏事都干不成,有人拦着。蝙蝠侠的斗篷,哈利·波特的隐身衣,小鸟给灰姑娘衔来的漂亮礼服,还有艾丽莎为十一位哥哥编制的荨麻披甲之类,又何足道哉,不足数也! 都是衣服,差距咋就那么大捏? 差就差在境界上,达不到那么崇高的道德境界。在中国古代,服饰元素的道德符号功能,被穷其极致,超水平发挥了。

---

[1]吕柟:《泾野子内篇》卷一三《鹭峰东所语》,中华书局1992年版,第121页。

当然有人会问，区区冕服寄托了几条道理，就能约束专制帝王的万乘之尊吗？这问题很难用"能"与"不能"回答。若只就冕服本身讲，好像只能说"不能"，它没那么大能力。但不妨那么想象：若干大楼，其中有那么一座，它的内外贴满了"不许随地吐痰""不得乱扔垃圾""不准丢烟头""不要随地大小便"等标语。当然不能断言以标语口号见长的那一座，就一定比别的楼干净。我们只是说那座楼的"政治文化"跟别的楼不同而已，而且"本楼一贯重视环境卫生"的姿态既已做出来了，时不时总得打扫几下吧。"服周之冕"是孔夫子的主张，是与儒家的一整套礼仪、礼义联系在一起的。狄百瑞就认为，儒家的道德说教，对专制权力有限制、调和和软化的作用[1]。

## 3. 永平冕制的经典取舍：《周礼》

汉明帝定冕服，被汉儒视为一时盛事。不过再观察汉末魏晋学者的评述，却还有另一个微妙之处，我们别给忽略过去。挚虞云"惟为玄衣绛裳，一具而已"，曹魏《尚书奏》云"改六冕之制，以玄冠绛衣，一服而已"，曹魏秦静说"改六冕之制，俱玄冠绛衣而已"，《晋书·舆服志下》说"兼五冕之制，一服而已"。这"一具而

---

[1] 狄百瑞：《中国的专制政治与儒家理想》，收入《中国思想与制度论集》，台湾联经出版事业公司 1976 年版，第 215 页。"儒家学者对于他们所长久拥护支持的专制制度的一切，是无法完全逃避历史责任的。不过在我们匆促地下这样一个判断以前，却有一件事同样值得我们考虑：儒家思想一方面透过他们的道德说教，不断地给专制权力种种限制，一方面又不断地从事于政府组织的改革，这些对中国专制政治似乎有调和与软化的作用。"

已""一服而已""俱玄冠绛衣而已",众口一词地都用"而已"口气,好像很不惬意的样子。那是怎么回事?他们"而已"什么呢?细审其说,原来他们是就"改六冕之制""兼五冕之制"而言的。还有董巴的《大汉舆服志》中也有一句概括:"汉六冕同制。"汉明帝定冕服,皇帝只服衮冕;然而只服衮冕,那还能叫"六冕"吗?当然不能了。

对"周礼"与汉帝国,本章开头打了个比方:早已疏远了的发妻与暴贵的丈夫重温鸳梦了,其时发妻会怎么装扮取悦,而丈夫又如何评头品足呢?王朝决意"服周之冕",受命的经师便忙碌起来,各种经典各家经说纷陈御前,儒经儒学与帝国制度开始了双向互动。

然而在这时候,得把两个概念区分开来:"周礼"与《周礼》。"周礼"泛指各种周代礼制,它们见于多种经典,不只《周礼》。王朝复兴"周礼"之时,所据不一定是《周礼》,也可能是别的经书中的"周礼"。我们的兴趣随之而来了。哪些经典经说被采用了,哪些被弃置了,又为什么呢?

《续汉书·舆服志下》:"孝明皇帝永平二年,初诏有司采《周官》、《礼记》、《尚书·皋陶篇》。"又蔡邕《独断》:"采《尚书·皋陶篇》及《周官》、《礼记》定而制焉。"又《后汉纪》:"至是天子依《周官》、《礼记》制度,冠冕、衣裳、佩玉、乘舆拟古式矣。"[1]据此,永平冕制所据经书,主要是《周官》《礼记》及《尚书》三种经典。下面分别讨论之。

永平服制所参考的有《周礼》。我想天子用十二章、三公诸侯用九章、九卿以下用七章一点,肯定参考过《周礼》。因为除了《周礼》之外,《礼记》《尚书》等书没有提供服章的数列。当然,永平

---

[1]袁宏:《后汉纪》汉明帝永平二年(59年),《两汉纪》,下册第165页。

服制只是参考了《周礼》的服章之数,六冕却没有被搬用。

具体说来,首先皇帝只使用衮冕一冕,而不是六等冕服。再者,从戴冕者的爵号看,据《续汉书·舆服志》说是"诸侯用山龙九章",也跟《周礼》不同。《周礼》诸侯分公、侯伯、子男三等,而永平服制中的诸侯只是一等。显然,永平服制充分照顾了现行品位结构。除了新莽,汉朝是不封五等爵的,王朝也没打算为了"古礼"而改变帝国爵制。

其三,《周礼》中六等祭祀都用冕服,而永平冕服的适用祭祀有限,只用于天地、明堂、宗庙。《续汉志》叙述永平制度,在说完了"祀天地、明堂,皆冠旒冕"之后,又云:"五岳、四渎、山川、宗庙、社稷诸沾秩祠,皆袀玄长冠,五郊各如方色云。百官不执事,各服常冠袀玄以从。"按,"宗庙"似应改列于"明堂"之后,"宗庙"属于用冕的祭祀①。质言之,天地、明堂、宗庙三者用冕,而五岳、四渎、山川和社稷祭祀仍依秦汉旧制,皇帝与公卿、诸侯使用"袀玄长冠",百官不执事者"常冠袀玄"。"五郊各如方色",当然也是秦汉旧制。《周礼》六等祭祀,本是昊天上帝及五帝、享先王、享先公、祀四望山川、祭社稷五祀、祭群小祀,而永平制度只前三等用冕,其余的仍循"汉家故事",用"袀玄长冠";在用冕的祭祀中,只主祭及助祭者用冕,其余"不执事"的参与者,"常冠袀玄以从"。

其四,再从一个细微处,也就是旒玉颜色看,《周礼》说天子"皆五采玉十有二",诸公"珉玉三采";叔孙通的《汉礼器制度》也

---

① 《续汉志》随后又说冕服"郊天地,宗祀明堂,则冠之",这个"宗祀"是在明堂之中举行的。同书注引《东观书》:"今祭明堂、宗庙,圆以法天,方以则地,服以华文,象其物宜……"又蔡邕《独断》卷下:旒冕"郊天地、祠宗庙、祀明堂则冠之"。上海古籍出版社 1990 年版,第 18 页上栏。可见依永平制度,宗庙祭祀也用冕。

采用"五采玉";而永平冕制却是天子冕旒白玉珠,公侯青玉珠,卿大夫黑玉珠。显然另有所据。

最后,《周礼》六冕九服的"特色"是君臣通同,所以列表的话,那表会有一个横向宽度,能形成9列,不妨称为"多列式"。永平服制却不是那样了,皇帝只用衮冕十二章,是所谓"六冕同制";公侯只用九章之冕,九卿只用华虫七章。若列表显示,只能形成一个纵列而已,可称"单列式"。"君低臣高"的可能性,只能发生在"多列式"下,在"单列式"下是不会出现的。《周礼》六冕的"多列式"是早期等级君主制的折射,而永平冕制是一元化的,与专制集权的一元化体制相合,它于"宗经"之中又见"尊君"之意;进而其三公诸侯九章、九卿七章之制,适应了汉朝的爵秩体制,于"复古"中又见"实用"之意。

## 4. 永平冕制的经典取舍:《尚书》

由上可见,永平冕服不全依《周礼》,那另行参考了什么经书呢?根据《独断》《续汉志》所记,永平冕制所参考的还有《尚书·皋陶篇》与《礼记》。我们先看《尚书·皋陶篇》,这篇也就是《尚书·益稷》——汉代的《今文尚书》没有《益稷》,《益稷》系《伪古文尚书》从《皋陶谟》的后半部分割出来的①。其中"日月星辰山

①钱大昕云:"伏生《今文尚书》以《益稷》合于《皋陶谟》,故引日月星辰山龙华虫之文为《皋陶篇》也。"王先谦:《后汉书集解》引,中华书局1984年版,下册第1352页上栏。又阎若璩:"又按蔡邕《独断》云汉明帝诏有司采《尚书·皋陶》篇制冕旒。今其制正在《益稷》内。邕距魏晋间不甚远,古文孔书未出,二篇犹合为一如此。"《尚书古文疏证》卷五,上海古籍出版社1987年版,第394页。

龙华虫作会宗彝藻火粉米黼黻绨绣"的记载,被汉儒用作解释古冕十二章之依据。所以永平年间的冕制规划,不可能绕过《皋陶谟》,当然需要《尚书》之学的经师们出力了。

《续汉志》叙永平服制:"乘舆服从欧阳氏说,公卿以下从大小夏侯氏说。"那么,天子用十二章,因《尚书》之学的欧阳氏经师而定;诸侯、公卿用九章、用七章,因《尚书》之学的大小夏侯氏经师而定①。然而他们的工作,却遭到了清儒皮锡瑞的斥责:"皆与《大传》言五服五章不同,此三家今文之背其师传者。"②三家门徒为汉明帝规划冕服,怎么就背上"背其师传"的恶名了呢? 皮锡瑞是就其背离伏生经说而言的。伏生名伏胜,传经于秦汉之间,是汉代《尚书》学之祖师。题名伏生所作的那部《尚书大传》,也有人说是伏生弟子张生、欧阳生辑录的③。《尚书·皋陶谟》叙虞舜之"作服",有"五服五章哉"及"以五采彰施于五色"之辞。而对"五服五章",《尚书大传》有一个很特别的阐释,但三家门徒在参与永平制冕时,没有伸张其说。

下面就来看《尚书大传》的服章理论。那是把《尚书·皋陶谟》中的纹样作为服章而进行分解和排列的最早尝试之一。《尚书大传》相关片段,有陈祥道所引和虞世基所引两个版本:

---

①欧阳氏、大小夏侯氏对《皋陶》"五服五章"的说法,唯见《续汉志》。参看马国翰辑:《尚书欧阳章句》《尚书大夏侯章句》及《尚书小夏侯章句》,《玉函山房辑佚书》,第 1 册第 384、387、391 页。

②皮锡瑞:《今文尚书考证》,中华书局 1989 年版,第 101 页。

③四库馆臣:"此《传》乃张生、欧阳生所述,特源出于(伏)胜尔,非胜自撰也。"《景印文渊阁四库全书》,第 1 册第 289—290 页。还可参看朱维铮:《中国经学史十讲》,复旦大学出版社 2002 年版,第 258—260 页;邓瑞全、王冠英主编:《中国伪书综考》,黄山书社 1998 年版,第 88 页。

陈祥道《礼书》卷一、卷三引《尚书大传》：天子衣服，其文华虫、作缋、宗彝、藻火、山龙；诸侯作缋、宗彝、藻火、山龙；子男宗彝、藻火、山龙；大夫藻火、山龙；士山龙。故《书》曰："天命有德，五服五章哉！"山龙，青也；华虫，黄也；作缋，黑也；宗彝，白也；藻火，赤也。天子服五，诸侯服四，次国服三，大夫服二，士服一。（《景印文渊阁四库全书》，第130册第5页下栏、第25页上栏①）

隋虞世基奏引《尚书大传》：山龙纯青，华虫纯黄，作会，宗彝纯黑，藻纯白，火纯赤。（《隋书》卷十二《礼仪志七》）

陈祥道《礼书》所引与虞世基所引，二者显不一致。陈引《大传》以作缋、宗彝为二事，作缋看上去好像一个服章；藻、火合为一组。而在虞引《大传》中，宗彝为一章，藻、火分之为二，不在一组；至于"作会"二字，由于隋朝服章用郑玄之说，意思应是把山龙、华虫绘在冕服上，而不是一个服章之名。至于山龙、华虫各成一组，则是两说的共同之处。"华虫"一组可能由华、虫两章共同构成，如同"山龙"由山、龙两章构成一组一样。

为便讨论，下面把两说分别列表如下。虞引《大传》简略得多，仅有五色，其五服五等的情况是不清楚的，但可以按陈引《大传》的排列规则处理：

---

① 章如愚《群书考索前集》卷四二引《书大传》，与之略同，正德十三年建阳刘氏慎独书斋刊本，东洋文化研究所扫描版；又《景印文渊阁四库全书》，第936册第559页。又《太平御览》卷六九〇《服章部七》引《尚书大传》："山龙，青；华虫，黄；作缋，黑；宗彝，白；藻火，赤。天子五服。"第3册第3079页上栏。也跟《礼书》所引一致。

| 陈祥道《礼书》引《尚书大传》 | | | | | |
|---|---|---|---|---|---|
| 天子·服五 | 华虫(黄) | 作缋(黑) | 宗彝(白) | 藻火(赤) | 山龙(青) |
| 诸侯·服四 | | 作缋(黑) | 宗彝(白) | 藻火(赤) | 山龙(青) |
| 子男(次国)·服三 | | | 宗彝(白) | 藻火(赤) | 山龙(青) |
| 大夫·服二 | | | | 藻火(赤) | 山龙(青) |
| 士·服一 | | | | | 山龙(青) |

| 《隋志》虞世南奏引《尚书大传》 | | | | | |
|---|---|---|---|---|---|
| 天子·服五 | 华虫(纯黄) | 宗彝(纯黑) | 藻(纯白) | 火(纯赤) | 山龙(纯青) |
| 诸侯·服四 | | 宗彝(纯黑) | 藻(纯白) | 火(纯赤) | 山龙(纯青) |
| 子男(次国)·服三 | | | 藻(纯白) | 火(纯赤) | 山龙(纯青) |
| 大夫·服二 | | | | 火(纯赤) | 山龙(纯青) |
| 士·服一 | | | | | 山龙(纯青) |

这样就看清楚了,《尚书大传》从《皋陶谟》所云纹样中拿出若干种服章,把它们分为五组,再配上"五色"。

陈引《大传》与虞引《大传》,五组中所包含的物事不尽相同。王谟《汉魏遗书钞》辑《尚书大传》,但罗列二说,不辨孰是孰非①。陈引《大传》以"作缋"为一章或一组,而"作缋"是作画的意思,怎能看成一章之名呢? 孙星衍对"作缋"强为之辩,论其合理,但仍难以服人②。陈寿祺辑《尚书大传》以虞引《大传》为是,指陈引有

①王谟:《汉魏遗书钞·经翼·书翼》,嘉庆三年刻本,第 7 页。
②孙星衍《平津馆文稿》卷上《虞书五服五章今文论》认为,黼、黻皆有"黑"义,"会绣此四色为元衣,合为五色,故于黑色独云作绘也"。《孙渊如先生全集》,商务印书馆 1935 年版,第 292 页。

误,认为应当把"子男"之后的"宗彝"两字删掉,那么剩下的藻、火、山龙三事,就合于"次国服三"了①。皮锡瑞支持陈寿祺的看法,也取虞引,进而又提出,应把陈引《大传》"大夫"两字后面的"藻"字也删了:"按陈氏据《隋志》证《礼书》之误,甚是。《礼书》所引《大传》当作'子男藻、火、山龙,大夫火、山龙,士山龙',乃合'次国服三,大夫服二,士服一'之义。陈氏说犹未核。"②由前列表也能看出,虞引《大传》在按"五服五色"排列时,比陈引更为合理。

概括说来,《尚书大传》包含了两个"五服"说。第一个可称"五采服"之说,即按青、黄、黑、白、赤五种颜色,把若干种服章分为五组,一色一组。东汉王充《论衡·语增》:"经曰:'弼成五服。'五服,五采服也。"刘盼遂先生称:"仲任释'五服'为'五采服',虽本今文师说,然于经义则远。"③所谓"今文师说",指的就是《尚书大传》。在刘盼遂看来,王充乃是依照《尚书大传》的"五采服",来解释《尚书·皋陶谟》中的"弼成五服"四字的。刘先生的说法应该不错。

第二个可称"五等服"之说,就是"服五、服四、服三、服二、服一"。"服五"就是服全部5种颜色,"服四"就是服4种颜色,余类推。《伪孔传》概括说:"五服,天子、诸侯、卿、大夫、士之服也。尊卑彩章各异,所以命有德。"④崔圭顺云:"'服五'、'服四'等,指的可能是章数。"⑤其说显误。"服五""服四"明明是就颜色而言,而

①陈寿祺:《尚书大传》卷一,商务印书馆1937年版,第30页以下。
②皮锡瑞:《尚书大传疏证》卷二,《续修四库全书》,第55册第718页。
③刘盼遂:《论衡集解》,古籍出版社1957年版,第163页。
④《尚书·皋陶谟》伪孔传,《十三经注疏》,第139页中栏。
⑤崔圭顺:《中国历代帝王冕服研究》,第293页。

不是就章数而言的;若按章数计算就有七八种,不是"服五""服四"了。庄庆美云:"可知虞舜时代即托称天命,而将服色制度分为五等五色,以五服五等表彰君臣功德等级。"[1]就史实而言,恐怕很难断定虞舜那会儿就有了五等五色之制;然从经学角度看,《尚书大传》确实有那个意思。

我们看到,同属"二次建构",但跟以《周礼》为本的郑玄与《毛传》的章旒安排不同,《尚书大传》另据《尚书》中的"五服五章",用五组服章、五种颜色和五等爵号,建构了又一套冕服等级。

《尚书大传》"宗彝"或"作缋宗彝"是一种服章,对应着黑色,至少在这一点上,三家经师背离了伏生,因为其所规划的永平服章,不以"宗彝"为一章。进而郑玄及《毛传》都按章旒分等,《尚书大传》则以五色分等,而且其中看不到日、月、星辰、粉米、黼黻等章,不知道它们是如何被使用的,也不知是否遵循十二、九、七、五、三、一的数列。而三家经师定冕服用十二章、九章、七章,显然是弃《大传》而用《周礼》了。皮锡瑞斥责三家经师"背其师传",看来没冤枉他们。

《尚书大传》的服章说,弥漫着浓厚的阴阳五行色彩。为什么天子独服华虫呢?因为那是虞舜之制。在"五运"之中,虞舜属土德,土德尚黄,而华虫被定为黄色,所以安排给天子虞舜独用。《尚书大传》中还有一篇《洪范五行传》,发展了先秦五行说,对后世五行灾异理论影响甚大,或说"汉代纬候之说,实由是起"[2]。

---

[1] 庄庆美:《千古中华的服色制度与政刑》,台湾辅仁大学织品服装研究所 2004 年硕士学位论文,第 11、21 页。"于是此种思想与模式传之后世,千古参仿,发挥了'天命作服'的效应","所有品色衣的定等分施,事在三、四千年前就已见其先河"。

[2] 《四库全书总目·经部》,《景印文渊阁四库全书》,第 1 册第 290 页上栏。

由本章第 1 节可以看到,秦与汉初五色祭服制度十分流行,《管子》中也有类似说法,都颇受五行思想影响。以五色定祭服,看来是战国以来的时代风气。

郑玄对《尚书大传》的颜色分配,表示了很大的怀疑:"玄或疑焉:华虫,五色之虫;藻,水草,苍色。"①华虫是五色鸟,怎么给说成是单色的黄鸟了呢? 藻是青色的草,怎么是白色(或赤色)的呢? 孙诒让批评说:"分配五色,既错乱无义;差次五服,复颠倒失序。且不及日月星辰粉米黼黻。"②当然孙氏的批评过于苛刻了。首先《尚书大传》佚失过多,今之所见也许不是它的全貌,在佚失部分"日月星辰粉米黼黻"也许另有安排;再者其五采服、五等服的排列,其实颇有匠心、独具特色,恐不能只用"颠倒失序"评价之。

读者对"五服五章"之说,乍一接触或有"诡异"之感;不过那感觉的滋生,是因为我们只熟悉郑玄十二章的缘故。若换位思考,站在《尚书大传》的立场看问题,也许倒是郑玄十二章诡异呢。孙星衍有言:"伏生犹见先秦制度,传授其义,似较可信。"③王闿运也表态支持,"此五色服,古今所同用,而郑误据欧阳、夏侯说反驳师传,遂汩没至今矣",倒是郑玄的冕服说"凿空立意,莫此甚焉!"④在王闿运的眼睛里,《大传》堂堂正正,郑玄倒成了左道旁门了。

还有一点特别引人注目:《尚书大传》竟让天子到士全服山龙。后儒就没这胆量了吧? "龙"是什么? "飞龙在天"是帝王的

①郑玄:《尚书大传注》卷二,《郑氏遗书》,光绪浙江书局刊本。
②孙诒让:《周礼正义》卷四十,第 6 册第 1629 页。
③孙星衍:《尚书今古文注疏》,中华书局 1986 年版,第 86 页;《平津馆文稿》卷上《礼器龙衮黼黻玄衣解》,《孙渊如先生全集》,第 295 页以下。
④王闿运:《尚书大传补注》,《续修四库全书》,第 55 册第 807 页上栏。

象征,士与大夫配用龙衮吗？先秦没有士、大夫服衮的礼制吧？所以清儒金鹗痛斥"此说最谬"："山有配天之隆,龙为鳞虫之长,皆为君象,非天子、上公不得服也。而谓大夫、士皆得服之,有是理乎?!""孙渊如(星衍)申伏而驳郑,皆牵强之说!"①天子、上公的禁脔,岂容士大夫分享。

伏生据说活了上百岁,本是秦博士,汉初隐居而治学民间,看淡了风云波荡、陵谷变迁,只沉迷于经书的洞天,随心所欲地驰骋着想象力,没什么东西能束缚那位老人的思绪。皮锡瑞在《尚书大传疏证序》中,对伏生传承《书经》的学术贡献奉上盛赞："邈乎百篇,末由再睹;斯文未丧,一老慭遗。著录本于秦官,发藏先于孔壁!"可东汉初的三家尚书经师就不同了,他们是皇家科学院的首席科学家,六百石的秩级相当于局级待遇,恭承王朝指令,为帝王将相的冕服等级尽其绵薄。面对着"今上"的取舍好恶,他们还能恪守家法,还敢伸张先师吗？伏生的五服之说不合"尊君"之需,故时君不采。经说的取舍不只是学术问题,而是事关皇帝戴什么冕面对天神的。神州大地之上,还有什么比皇帝更大、比天更大呢！

《尚书大传》的"五采服"和"五等服"理论,并不是昙花一现,它在冕服史上还是留下了影响的。马融与《伪孔传》中的十二章等级安排很特别,其特点之一,就是对黼黻两章做单独处理;而伏生的五服说,恰好也没把黼黻算在内。曹魏王肃处处跟郑玄立异,反对郑玄的"至周九章"之说,另称虞舜时才用九章,不把日月星辰画在衣服上,是周朝增加到十二章的。而伏生的虞舜五服,

---

① 金鹗:《求古录礼说》卷八《冕服考》,《续修四库全书》,第 110 册第 303 页下栏。

恰好也没有日月星辰。南朝宋明帝又创制了一种五采冕服,其色彩运用,对伏生的"五采服"未必没有参考借鉴。这些,将在后面的章节中适时讨论。

## 5. 永平冕制的经典取舍:《礼记》

皮锡瑞在指责三家尚书经师"背其师传"时,特别强调他们在永平制冕时"附会《周官》":"故三家博士变今文《尚书》之师说以傅会《周官》,不知周礼非可以解《虞书》。"[1]皮锡瑞说的"周礼非可以解《虞书》",我们当然赞成;不过永平章旒的经书依据,不只《周礼》,还有《礼记》。

《礼记》是永平冕制的第三个依据。请看:

> 《礼记·郊特牲》:祭之日,王被衮以象天,戴冕,璪十有二旒,则天数也。
> 《礼记·礼器》:天子之冕,朱绿藻十有二旒,诸侯九,上大夫七,下大夫五,士三。
> 《礼记·玉藻》:天子玉藻,十有二旒,前后邃延,龙卷以祭。

这个说法跟《周礼》有两点不同。第一,《郊特牲》说天子祭天用十二旒龙衮,而《周礼》说祭天用大裘冕,所服为大裘,非衮,其冕无章无旒。第二,《礼器》的旒数虽以十二、九、七、五、三为差,数列同《周礼》,但又形同实异:《周礼》五等爵分公、侯伯、子

---

①皮锡瑞:《今文尚书考证》,第 101 页。

男三级,而《礼器》中诸侯同为一等,其旒数都是"九";"上大夫"为"七"。"上大夫"可视为卿,在汉朝对应着九卿。那么《礼记》旒数,正与永平制度相合。下面把三说列表比较:

| 《周礼》郑玄说 | 《礼器》 | 永平制度 |
|---|---|---|
| 天子:无章无旒;九章十二旒 | 天子:十二旒 | 天子:十二章十二旒 |
| 公:九章九旒 | 诸侯:九旒 | 三公诸侯:九章九旒 |
| 侯伯:七章七旒 | 上大夫:七旒 | 卿大夫:七章七旒 |
| 子男:五章五旒 | 下大夫:五旒 | |
| 孤:三章四旒 | 士:三旒 | |

这里要说明,《续汉书·舆服志》说永平服制三公、诸侯七旒,卿大夫五旒,但那是误把魏明帝冕制当成汉明帝冕制了,应当另以蔡邕《独断》为准,认定三公、诸侯九旒,卿大夫七旒。详见第六章第3节。

上表可以清晰显示,永平冕旒等级比较接近《郊特牲》《礼器》:祭天用衮冕,合于《郊特牲》;冕旒等级,直取《礼器》。可见汉明帝对"古礼",持的也是"取其精华,弃其糟粕"的态度。十二章十二旒再加龙衮,更能显示帝王之尊,明显"优"于《周礼》无章无旒的大裘冕。再从"实用"角度看,东汉的三公九卿制,与《周礼》的三公三孤六卿相去甚远。三公权高势重,位在诸侯之上,而《周礼》中的三公八命,低于公爵;汉朝封爵只王、侯二等,若以县侯、乡侯、亭侯为别,则为四等,怎么弄都没法跟《周礼》的公一等、侯伯一等、子男一等沟通。斟酌推敲之余,《礼记》的级差最为可取。

而且若从"实用"考虑,连《礼器》也不能照搬。首先《礼记·

礼器》说的是"天子龙衮，诸侯黼，大夫黻，士玄衣纁裳"，只有龙、黼、黻三种服章。又西汉刘向《说苑·修文》："故士服黼，大夫黻，诸侯火，天子山龙。"①与《礼器》口气相类，但提到了五种服章，多了火、山两章，而且认为士也有服章。本书第二章已对先秦服章做了考察。我们认为《左传》"火龙黼黻"之说比较可靠，先秦服章可信的就是这四个；此外，先秦"山"可能也是一章。种种情况给我一种感觉：就算秦与西汉皇帝穿过冕服，那上面的服章也不是十二章，大概只有"火龙黼黻"而已，因为连刘向都没说冕服有十二章。尽管民间经师、儒家经书对服章有各种说法，但以十二章为王朝定制，很可能是汉明帝时的事情，定于永平，定其事者为三家尚书经师。所以史书要对永平冕制做郑重记载。而东平王刘苍也说秦汉"久无祭天地冕服之制"，且随后就歌颂永平冕制"日月星辰山龙华藻，天王衮冕十有二旒，以则天数"之法，似乎"日月星辰山龙华藻"，以及"衮冕十有二旒"，都是此时新定。（至于新莽是否改革服章，就不得而知了。）总之，《礼器》三章之说汉明帝没采纳，而是另用十二章的。

其次，《礼器》中不光大夫服冕，而且连士都有冕。《礼器》中的"士三"二字，显然是说士冕三旒，无冕则旒何所附着？那么，永平服制有"下大夫五、士三"的规定吗？没有。《白虎通义·绂冕》："《礼器》云'天子麻冕，朱绿藻，垂十有二旒'者，法四时十二月也。诸侯九旒，大夫七旒，士爵弁无旒。"《白虎通义》成书于汉章帝时，在永平冕制之后。它对《礼器》的引用大可玩味：只叙及"大夫七旒"就到此为止了，置"下大夫五"和"士三"于不顾，而且断言"士爵弁无旒"，显有"断章取义"之嫌。那是为什么呢？陈

①赵善诒：《说苑疏证》，第 560 页。

立指出"则此所引,其当时之制欤?"①可谓一语破的。"当时之制"就是永平冕制,"大夫七旒"指九卿。东汉礼制等级,六百石、千石为一等,二千石为一等,中二千石卿为一等,有时候二千石、中二千石也合为一等②。各种记载都说东汉服冕到九卿为止,九卿之下相当于"大夫"的官职,我们认为不能服冕③。《白虎通义》屈从于永平冕制,改动了《礼器》的本来说法;反过来说,永平冕制虽参考了《礼器》,但没采用其下大夫五旒、士三旒之说,只让列卿以上服冕,不让下大夫和士服冕。

三公、诸侯的服冕情况,在史书中就清晰多了。诸侯在分封时即赐以冕服④。蔡邕《太傅胡广碑》:胡广"封建南蕃,受兹介祜;玉藻在冕,毳服艾辅";《太尉杨赐碑》:"为邑河渭,衮冕绂斑。"⑤蔡邕云:"天子、公卿、特进、朝侯祀天地、明堂,皆冠平

---

① 陈立:《白虎通疏证》,第 500 页。

② 前者之例,如阮谌《三礼图》:"进贤冠……一梁,下大夫一命所服;两梁,再命大夫二千石所服;三梁,三命上大夫、公侯之服。"《太平御览》卷六八五《服章二》,第 3 册第 3056 页上栏。后者之例,如《续汉书·礼仪志中》:"及贽,公侯璧,中二千石二千石羔,千石六百石雁,四百石以下雉。"

③ 东汉六百石的博士被特许"服大夫之冕",是为特例。《续汉书·舆服志下》注引荀绰《晋百官表注》东汉尚书陈忠议:"又博士秩卑,以其传先王之训,故尊而异令,令服大夫之冕。"博士所服,应是九卿的七旒冕。

④ 曹魏高堂隆《拜受仪》:"按旧典,天子遣使者赍车服策命诸侯嗣位之礼,上卿为使者,嗣君遣上卿吉服迎于境。……嗣君端委以入,升自阼阶,西面立。使者以皇帝命命冕,内史赞之。"《通典》卷七二《礼三二》,中华书局1988 年版,第 1981 页。高堂隆既称"旧典",当为汉代旧典;所云"诸侯",当包括诸侯王与列侯。

⑤ 严可均:《全上古三代秦汉三国六朝文》,中华书局 1958 年版,第 1 册第886、894 页。"为邑河渭"指杨赐被封为临晋侯,参看《后汉书》卷五四《杨赐传》。

**图 20　沂南画像石中的冕,旒数难以判明**

(《中国历代服饰大观》,台湾百龄出版社 1984 年版,第 35 页)

冕。"①据《续汉书·百官志五》,东汉诸侯在礼制上分为四等:有
功德者赐特进,其次为朝侯,其次为侍祠侯,其次为猥诸侯;据《续
汉书·舆服志下》,"侍祠侯"以上有资格服冕助祭。又太尉朱宠
临终遗言:"素棺殡敛,疏布单衣,无设绂冕。"②由此可知,冕服是
具有个人属性的礼服,官僚死后可以跟尸首一块埋在坟墓里随
葬。较低秩级的官员,若蒙皇帝赏识,也有可能得到服冕的荣耀。
"郭贺拜荆州刺史,明帝巡狩到南阳,特见,嗟叹,赐以三公之服,
黼黻冕旒,救去幨露冕,使百姓见此衣服,以彰其德。"③刺史只六

①蔡邕:《独断》卷下,上海古籍出版社 1990 年版,第 18 页。
②袁宏:《后汉纪》汉顺帝永建四年(129 年),《两汉纪》,下册第 348 页。
③《太平御览》卷六八六《服章部》引陈寿《益部耆旧传》,第 3 册第 3061 页
　上栏。

百石,不算"上大夫",荆州刺史郭贺的服冕出于特许。

因为史书说永平冕制依据《尚书》《周礼》《礼记》三书,我们就很想弄清其时君臣对诸经的取舍。一番考察之后,我们的感觉是:各家经师并没张扬门户之见,不是说非用本家的经典不可,非用本师的经说不成。在皇帝眼睛里,他们只是一家——儒家;甚至连"一家"都够不上,他们首先是"皇家",皇家的御用学者。各家经师也很识大体,很顾大局,受命后即放弃学派私见,对诸经择善而从,熔铸一炉,最终以"六冕同制",向皇家献礼告成。

新莽"车服黻冕,各有差品",其服冕范围可能是比较宽泛的。而至东汉永平,服冕者就只限于公卿以上了。有人用"贵族社会遗习"①来解释永平时的服冕范围收缩。可我认为恰好相反,我认为那是帝制时代的现象。无论如何,汉明帝不想让古冕等级扭曲了帝国现行等级。新莽一意复古,汉明帝则古而不泥、古而有度、古为今用。新莽把早期儒家的"乌托邦"精神推到了极端,东汉政治则恢复了政治理性,儒法合流。永平服制的复古力度,看起来比新莽冕制为小,也是两汉间思想转折的一个反映。永平之后,朝野对"复古改制"、对"制礼作乐"的热情,很快大大降温。汉章帝时有位叫曹褒的,再度尝试制礼作乐,结果遭到群臣的强烈反对,还有人主张把曹褒抓起来杀了②。大多数人对"周礼"已兴趣

————————

① 洪进业云:东汉冕服"主要对象限于帝后、诸侯、公卿等高级官僚,故明显带有过去贵族社会的遗习"。《具体与抽象——从形制到观念的秦汉服饰之研究》,台湾大学历史研究所 2003 年博士学位论文,第 203 页。
② 《后汉书》卷三五《曹褒传》:"太尉张酺、尚书张敏等奏褒擅制汉礼,破乱圣术,宜加刑诛。"按,甘怀真先生说:"今存史料中尚可见汉顺帝时的服章之制采用'曹褒新礼',见《晋书》卷二一。"见其《"制礼"观念的探析》,收入《皇权、礼仪与经典诠释:中国古代政治史研究》,第 100 页。查《晋书》卷二一《礼志下》:"汉顺帝冠,又兼用曹褒新礼。"《宋书》卷十四(转下页注)

索然。

"服周之冕"在汉代的命运,大致就是如此了。新莽、永平一番折腾,弄出的只是个"单列式"冕服,《周礼》"六冕"仍如水月镜花。那么回头重新看后人对秦汉冕服"一具而已""一服而已""俱玄冠绛衣而已"之类的观感,以及"六冕同制"的评价,就更能理解他们的怏怏不平了。他们是以"六冕"为正宗来衡量东汉冕制的,那口吻就含有劣质品、冒牌货、瓜菜代、山寨版的意思。"六冕古礼"好比那位发妻,本想照自己的口味打扮丈夫,结果没全得逞,反倒连自己的妆束都被改了:"改六冕之制,以玄冠绛衣,一服而已。"她也许满肚子屈原式的姜妇之怨,要发泄那"不得帮忙的不平"[1]了:"荃不察余之衷情兮","承恩不在貌,教姜若为容!"

# 6. 永平及魏晋宋齐之章目:华虫粉米之分合

在本章最后一节,我们考察永平十二章的分章问题。

---

(接上页注)《礼志一》同。那么,"兼用曹褒新礼"的是汉顺帝的冠礼,而不是汉顺帝的服章。而且《晋志》《宋志》本身也有问题。《后汉书·曹褒传》:"会(章)帝崩,和帝即位,褒乃为作章句,帝遂以新礼二篇冠。"然则按照曹褒新礼举行冠礼的,其实是汉和帝,而不是汉顺帝。复检《后汉纪》卷十三汉和帝永元三年(91年):"春正月甲子,皇帝加元服,仪用新礼。""新礼"即曹褒新礼。又《资治通鉴》卷四七汉和帝永元三年:"正月,甲子,帝用曹褒新礼,加元服。"《通鉴》之不误,是因为它是编年体,以编年体的《后汉纪》为史源。总之,曹褒新礼与东汉服章之制无关。
[1]鲁迅:《从帮忙到扯淡》,《鲁迅全集》,人民文学出版社2005年版,第6卷第356页。

前文有一个猜测：十二章定制因永平冕制而定。汉末魏晋对十二章的章目有两种说法，一为郑玄之说，一为《尚书伪孔传》。本书第二章已指出，对《皋陶谟》或《益稷》中被认为是讲服章的那句话，即"日月星辰山龙华虫作会宗彝藻火粉米黼黻绣绣"那句话，郑玄与《伪孔传》的解释是不一样的。郑玄之说有宗彝一章，华虫为一章，粉米为一章。而《伪孔传》的章目中没有宗彝这一章，同时又"分华虫、粉米为二"，即把华、虫、粉、米当成四样东西，总共阐释了日、月、星辰、山、龙、华、虫、藻、火、粉、米、黼、黻等13种物事，是为"伪孔十三章"之说。

那么，郑、孔之前的永平十二章的章目问题，主要就是探讨其是否用宗彝，进而是其华、虫、粉、米的分合情况了。若不用宗彝，十二章就少了一章，就得把华虫分为两章，或把粉米分为两章，才能合乎十二章之数。对永平十二章的章目，虽然史无明文，但可以用魏晋以下的王朝冕制和学者经说来反推。

《伪孔传》释华虫粉米："华，象草华。虫，雉也。……粉若粟冰，米若聚米。"《尚书》孔颖达疏是这么理解的："孔以'华象草华虫雉'，则合华虫为一。"[1]孔疏认为华虫为一，进而就是粉、米为二了。有两种标点本的《尚书正义》对《伪孔》"华象草华虫雉也"不予点断[2]，似乎就以孔疏为本的。孔疏是以"草华"为"虫雉"的修饰词的，意谓"像草花一样的虫雉"。不过这样读起来颇觉别扭，"雉"好像也不该说成"虫雉"。

---

①《尚书·益稷》孔颖达疏，《十三经注疏》，第142页中栏。孔疏云："草木虽皆有华，而草华为美，故云'象草华虫雉也'。《周礼·司服》有鷩冕。鷩则雉焉。雉五色，象草华也。"知孔疏以"草华"为一词。

②《尚书正义》简体横排标点本，北京大学出版社1999年版，第116页；《尚书正义》繁体竖排标点本，北京大学出版社2000年版，上册第140页。

顾颉刚、刘起釪先生也认为华虫为一,但对《伪孔传》的断句不同,他们在"草"字之后断句,作"华,象草;华虫,雉也"。随后就说:"如上引郑玄说,以'华虫'为一物,同于伪孔。即伪孔所云:'华虫,雉也。'"①清人也有说郑、孔意见相同的,比如牟庭:"郑注亦以华虫为一,与伪孔同。"②然而"华,象草"吗? 花儿比草漂亮多了吧。

　　王宇清先生分析《伪孔传》:"对'华'及'虫'分加释说,似属华与虫分为两章,然又似以'花'形容雉色之美,特先就华字加以阐释,而'华虫'实为一章。再则于粉米二字,亦分言'粉若粟冰','米若聚米',两者各别比譬形容,各自成章,而非以'粉米'为一章。"③

　　黄能馥、陈娟娟先生:"前汉时按孔安国的解析……他把粉和米分列为 2 章,不列入宗彝,如再把华与虫分为 2 章,合起来就成为 13 章而不是十二章了,这是他说得不明确的地方。后汉马融把华虫合为 1 章,其余说法与孔安国相同,明确以日、月、星辰、山、龙、华虫、藻、火、粉、米、黼、黻为十二章,这个说法被《续汉书·舆服志》所采纳,后来《晋书·舆服志》、《宋书·礼志》、《南齐书·舆服志》也都相同。"④照他们所说,西汉的孔安国对十二章没分清楚,后来东汉的马融合并了华、虫,就成了十二章了。

　　黄、陈二先生的这个意见,也许参考了原田淑人。原田淑人

---

①顾颉刚、刘起釪:《尚书校释译论》,中华书局 2005 年版,第 447 页。
②牟庭:《同文尚书》,齐鲁书社 1981 年版,第 203 页。
③王宇清:《冕服服章之研究》,第 21 页。
④黄能馥、陈娟娟:《中国服装史》,第 32 页以下;又《中华文化通志·服饰志》,第 61 页以下;又《中华历代服饰艺术》,第 32 页以下;又《中国服饰史》,第 60 页以下。

云,前汉孔安国《尚书传》对十二章说得不明确,而后汉马融《尚书传》中有"士服藻火,大夫加以粉米,并藻火为四章"之说,显示粉米为二,那么马融以华虫为一①。近年崔圭顺又来讨论这一问题,仍然沿用了孔、马以华虫为一章的说法②。原田等人先叙"前汉孔安国"、后叙"后汉马融",表明他们认为《尚书孔氏传》在马融之前。不过学界一般认为,《尚书孔氏传》并非西汉孔安国所作,而是晋代某位学者伪托的,那人大概是梅赜③。所以其书被冠上了一个"伪"字,称"伪孔传"。马融与《伪孔传》确实有相近的地方。《尚书》孔疏阐释《伪孔传》十二章时说:"马融不见孔传,其注亦以为然。以古有此言,相传为说也。"④唐代经学家仍能看到马融《尚书注》,而且看到了马融的服章说与《伪孔传》相近。但我们已看到,正确的顺序应是伪孔袭马融,而不是马融袭伪孔,不能把事情弄反了。

又,黄能馥、陈娟娟先生说,马融的说法"被《续汉书·舆服志》所采纳"了。可细审《续汉书·舆服志》的冕服阐述,乃是依据郑玄的,与马融无关⑤。

---

① 原田淑人:《漢六朝の服飾》,東洋文庫,1967 年增订版,第 31 页以下。
② 崔圭顺:《中国历代帝王冕服研究》,第 293 页。
③ 刘起釪:《尚书源流及传本考》,辽宁大学出版社 1997 年版,第 49 页以下。梅赜又作梅颐,此后不另注。
④《尚书·益稷》孔疏,《十三经注疏》,第 142 页下栏。
⑤《续汉书·舆服志下·序》:"日月星辰,山龙华虫,作缋宗彝,藻火粉米,黼黻絺绣,以五采章施于五色作服。天子备章,公自山以下,侯伯自华虫以下,子男自藻火以下,卿大夫自粉米以下。至周而变之,以三辰为旂旗。王祭上帝,则大裘而冕;公侯卿大夫之服用九章以下。"(标点从中华书局本。)其中"天子备章"以下,出自郑玄《尚书注》:"天子备有焉,公自山龙而下,侯伯自华虫而下,子男自藻火而下,卿大夫自粉米而下。"《尚书·益稷》孔疏引,《十三经注疏》,第 142 页下栏。其"至周而变之"以(转下页注)

原田淑人说《晋书·舆服志》《宋书·礼志》《南齐书·舆服志》都同于马融。真是那样吗？我们罗列三志：

　　衣画而裳绣，为日、月、星辰、山、龙、华虫、藻、火、粉米、黼、黻之象，凡十二章。(《晋书》卷二五《舆服志》)

　　平冕，……为日、月、星辰、山、龙、华、虫、藻、火、粉米、黼、黻之象，凡十二章也。(《宋书》卷十八《礼志五》)

　　平冕黑介帻，今谓平天冠。……为日、月、星辰、山、龙、华虫、藻、火、粉米、黼、黻十二章。(《南齐书》卷十七《舆服志》)

以上标点，均从中华书局本。《二十四史全译》本同①。

　　先看《晋志》，所列服章仅 11 章。为此刘驰先生提出："此处称十二章，但实际仅记载 11 种形象，《宋书·礼志五》文字相同，而将华虫分为两种。据《续汉志》及《隋书·礼仪志六》，此处缺宗彝，应据以补上，以足 12 种之数。"②再看《南齐书·舆服志》，

---

（接上页注）下，出自郑玄《周礼注》，《十三经注疏》，第 781 页。《续汉志》既然用郑玄说，前引文的标点就不妥当了，应改为"日、月、星辰、山、龙、华虫，作缋；宗彝、藻、火、粉米、黼、黻，缔绣"。但我们不应苛责标点者，而应首先归咎于王先谦，王先谦的《后汉书集解》就是那么四字一释的，见中华书局 1984 年版，下册第 1351 页。进而注《续汉志》的刘昭难辞其咎，他释十二章全引《伪孔传》；直到"天子备章"以下，才改引郑玄《周礼注》。可是司马彪并没有杂用孔、郑，刘昭注是误导性的。

①《二十四史全译·晋书》，第 1 册第 587 页；《二十四史全译·宋书》，第 1 册第 420 页；《二十四史全译·南齐书》，第 244 页，汉语大词典出版社 2004 年版。

②刘驰：《魏晋南北朝社会生活史》，中国社会科学出版社 1998 年版，第 79 页注[3]。

数来也只 11 章。中华书局本附《校勘记》因谓:"今数之,止十一章,盖'华虫'下脱'宗彝'二字也。"但对此问题,原田淑人、王宇清等已有正解:晋宋齐三朝"十二章"不用郑玄说,无宗彝。所以三《志》都用不着另补宗彝。并且,《宋志》以华虫为一的标点,我们认为准确无误。

再回到《尚书》孔疏上来。其实,《尚书》孔疏并不认为"华象草华虫雉"的理解是板上钉钉的。在面对《春秋左传》时,孔疏又改了口。《左传》昭公二十五年孔疏:

> 孔安国云:"(中略)。"如孔此言,日也,月也,星辰也,山也,龙也,华也,虫也,七者画于衣服、旌旗。山、龙、华、虫四者,亦画于宗庙彝器。藻也,火也,粉也,米也,黼也,黻也,六者绣之于裳。如此数之则十三章矣。天之大数不过十二,若为十三,无所法象。或以为孔并华虫为一,其言"华象草华虫雉"者,言象草华之虫,故为雉也。若华别似草,安知虫为雉乎? 未知孔意必然以否。(《十三经注疏》,第2108 页上栏)

本来《尚书》孔疏说"日、月、星辰、山、龙、华虫六章",而《左传》孔疏却说"日也,月也,星辰也,山也,龙也,华也,虫也,七者画于衣服、旌旗"。一"六"一"七",后者"华也,虫也"两分了,"如此数之则十三章矣"。"或以为孔并华虫为一",那"或以为"的也是孔疏,当然是《尚书》孔疏。但《左传疏》不认为那说法合于《伪孔传》了——"未知孔意必然以否"。孙诒让认为《左传》孔疏是对的:"孔《疏》(《尚书疏》)谓孔以华虫为一事,非《伪传》旨也。彼《疏》(《左传疏》)引顾彪说及《左传》昭二十五年疏说,并不误。"①《左传》孔疏云《伪孔传》是一种"十三章"之说,并怀疑"并华虫为一"的说法不确了。

孔疏并非出自一人之手,只是孔颖达领衔而已,执笔者各有其人②。《左传疏》是以杜预注为本的③,而杜预对《左传》昭公二十五年"九文"一词,是这样解释的:

> 谓山、龙、华、虫、藻、火、粉米、黼、黻也。华若草华。藻,水草。火,画火。粉米若白米。黼若斧。黻若两已相戾。传曰:"火龙黼黻,昭其文也"。(《春秋左传集解》,第4册第1519页)

杜预阐释"九文",其中没有宗彝;进而不释"虫",却说"华若草华",而那就意味着"华"自成一章;随即杜预径释"粉米"为"若白米",明以粉米为一章。粉米既合为一章,则华、虫必分为两章。孙诒让因谓:"杜与《益稷·伪传》说略同,盖亦分华、虫为二章,与郑义异。"④对此《左传》孔疏亦云:"杜昭二十五年数九文,不取宗彝,则与郑异也","杜之此注,……九文唯言衣服之文,谓山也,龙

---

① 孙诒让:《周礼正义》卷四十,第6册第1629页。

② 《尚书正义》初为孔颖达与太学博士王德韶、四门助教李子云等共撰;至贞观十六年,又与前修疏人及四门博士朱长才、苏德融、太学助教隋德素、王士雄修改定稿,并由赵弘智覆审而成。《左传正义》初为孔颖达与国子博士谷那津、四门博士杨士勋、四门博士朱长才等共撰;至贞观十六年又与前修疏人及太学博士马嘉运、太学博士王德韶、四门博士苏德融、太学助教隋德素等修改定稿,并由赵弘智覆审而成。参看孙钦善:《中国古文献学史》,中华书局1994年版,第371、202页。

③ 皮锡瑞指出:"案《左氏正义》,虽详亦略,尽弃贾、服旧解,专宗杜氏一家。"《经学历史》,第204页。

④ 孙诒让:《周礼正义》卷四十,第6册第1629页。

也,华也,虫也,藻也,火也,粉米也,黼也,黻也。以此为九。杜言华若草华,而不言虫,则华、虫各为一也。粉米若白米,是粉米共为一也"①。林巳奈夫也看到,杜预释十二章,华、虫为二,粉米为一②。面对着杜注的"华虫各为一"和"粉米共为一",《左传》孔疏恪守"疏不破注"原则,对《伪孔传》,采取了与《尚书》孔疏不同的解释。

　　清儒张聪咸评论说:"杜去宗彝,而分华、虫为二,非是。"③王鸣盛驳斥杜预,说是若华是草,藻又是水草,那么十二章里的草就太多了④。张、王尊郑驳杜,只属一家之言而已。我们所关心的是,杜预以华、虫为二的看法,是从哪儿来的?《春秋左传集解》系杜预晚年所成⑤。首先可以推测,他如此分章,来自马融《尚书注》。同时杜预是司马昭的妹夫,曾任镇南大将军,位尊望重;他曾参预制定晋律并为之做注,当然稔熟晋朝制度。我们进而推测,杜预以华、虫为二,也参照了本朝制度,晋朝冕制就是华、虫为二的。

　　评论《尚书》孔疏时,孙诒让谓"彼《疏》引顾彪说及《左传》昭二十五年疏说,并不误"。他所提到的"顾彪"是隋朝学者,江左余杭人,此人也分释华、虫、粉、米。《尚书·益稷》孔疏:

　　　　顾氏取先儒等说,以为"日月星取其照临,山取能兴云

---

① 《十三经注疏》,第 1741 页下栏、第 2108 页上栏。"火也"据《校勘记》补。
② 林巳奈夫:「天子の衣裳の「十二章」」,『史林』52 卷 6 号,1969 年。
③ 张聪咸:《左传杜注辨证》卷五,《续修四库全书》,第 125 册第 369 页上栏。
④ 王鸣盛:《尚书后案》卷二,《清经解》,上海书店 1988 年版,第 3 册第 24 页中栏。
⑤ 《晋书》卷三四《杜预传》。

雨,龙取变化无方,华取文章,雉取耿介"。顾氏虽以华、虫为二,其取象则同。又云:"藻取有文,火取炎上,粉取絜白,米取能养,黼取能断,黻取善恶相背。"(《十三经注疏》,第 142 页中栏)

顾彪对十二章象征意义的阐发,属后起说法,为《伪孔传》所无。顾氏既云"华取文章,雉取耿介",那么华是花、虫是雉,所以孔疏称其"以华、虫为二"。那么我们又找到了一位"以华虫为二"的主张者。但顾氏又说"粉取絜白,米取能养",是不是说粉、米为二呢?那可就不一定了。因为"粉取絜白"的"粉"只表示白色,而不表示"粉"本身是一章。那"粉"有如《红楼梦》"粉面含春威不露"之"粉"。"粉面"是白脸蛋儿,"粉米"就是白米粒儿,有如杜预所云"白米"。然则不妨判断顾彪是以粉米为一的。总之,"粉米"虽可分释,但在杜预、顾彪那里只是一章,因为"粉"被用作"米"的修饰词①。顾彪不专主《伪孔传》,又兼治《尚书大传》②,

---

① 崔灵恩《三礼义宗》采用的是郑玄十二章,则其粉米应为一章,但他也说:"粉米亦画其形。粉洁白,故以名之;米者,人恃之以生者,亦物之所赖以治。"王泾《大唐郊祀录》卷三引,《大唐开元礼·大唐郊祀录》,民族出版社 2000 年版,第 749 页。崔灵恩分释粉、米,然其"粉洁白"中,"粉"字是修饰"米"的;那么反观顾彪的"粉取絜白,米取能养",也可以只是一章。可见若遇华、虫分释,基本就可以判断论者是分华、虫为二的;但遇粉、米分释,可就不一定了,很可能粉米仍为一章。

② 唐长孺先生说:"《隋书·经籍志》所载顾彪的关于《尚书》的著作三种,其一为《今文尚书音》,又其一为《尚书大传音》,似乎不主《伪孔传》,这也许和家学有关。"《读〈抱朴子〉推论南北学风的异同》,收入《魏晋南北朝史论丛》,生活·读书·新知三联书店 1955 年版,第 381 页。按,顾彪关于《尚书》的著作不止 3 种,实有 4 种,另 2 种是《尚书疏》二十卷、《尚书文外义》一卷,见《隋书》卷三二《经籍志一》。

则《尚书大传》似乎也以华、虫为二。

顾彪的意见，我想能代表江左古文家的一般看法，即华、虫为二而粉米为一。对此我们还有更多证据。南朝梁武帝的十二章改用郑玄说了，天监七年（508年）王僧崇对新冕制提出异议，被梁武帝驳回。两方一议一驳，其间有些言论值得我们注意。《隋书》卷十一《礼仪志六》：

> 王僧崇：今祭服……两袖各有禽鸟，形类鸾凤，似是华虫。……又裳有圆花，于礼无碍，疑是画师加葩蘤耳。藻米黼黻，并乖古制，今请改正，并去圆花。
> 梁武帝：孔安国云："华者，花也。"则为花非疑。

因其时冕制改用郑玄说，服章增宗彝，所以华虫并为一章了。不过有趣的是，王僧崇所看到的冕服，两个袖子上有"禽鸟"即华虫，但裳上依然有"圆花"。就是说华虫被合为一章后，裳上仍残留着圆花的图案。

"圆花"是从哪儿来的呢？王宇清先生认为是画师擅加的："裳又增列'圆花'，任由画师自为，未免失之浮滥。"[1]然而，若非梁武帝有旨，画师敢随便加花儿吗？梁武帝虽已改用郑玄十二章了，但旧情未断，舍不得冕服上那花儿，便重新拣起《伪孔传》"华者，花也"一语，为花儿辩护，宣告"则为花非疑"。这再度证明，"华者，花也"，就是江左对《伪孔传》"华象草华"的通行解读。梁朝冕服上的圆花，我判断是上承晋宋齐而来的，就是与"虫"两分的那个"华"。梁朝服章处"新旧交替"之际，并未把花儿断然摒弃于服章之外，照旧把它画在裳上，只是不计一章而已。

---

① 王宇清：《冕服服章之研究》，第109页。

清儒雷学祺云:"《伪孔传》用马季长之说,以日月、星辰为二章,华虫亦为二章。"①雷氏说马融"以日月、星辰为二章",不知其据何在;但他推测马融《尚书注》同于《伪孔传》,都以华、虫为二,其说属实。所谓"伪孔十三章",只是后人弄不清《伪孔传》本意时的提法;至于《伪孔传》作者自己,对什么是"十二章"决不会没有主张的。根据杜预、顾彪、梁武帝,可知《伪孔传》以华、虫为二,晋、宋、齐冕制也以华、虫为二。那么东汉马融呢?我判断马融也是如此。黄侃就根据杜预注,提出:"马注似亦以华、虫为二。"②而且我判断,马融以华、虫为二,是采用东汉现行冕制,始于汉明帝永平。

至此,话题终于回到汉明帝永平冕制上来了。首先,东汉冕制无宗彝,不同于郑玄。《后汉书》卷五四《杨秉传》"况以先王法服而私出盘游"句李贤注:"法服谓天子服,日、月、星辰、山、龙、华虫、藻、火、粉、米、黼、黻十二章。"这里面明明没有宗彝。可见,李贤注很清楚东汉冕制是无宗彝的。上引标点从中华书局本,但现

---

① 雷镡著,雷学淇释:《古经服纬》卷上,商务印书馆1936年版,第16页;中华书局1985年版,第16页;《四库未收书辑刊》,第1辑第5册第462页下栏。

② 《黄侃日记》,江苏教育出版社2001年版,第68—69页。此书系陈冠华同学提示,特此致谢。黄侃又云:"马说:……士服藻火,大夫加以粉米,并藻火为四章。"按,这话原是孔疏,但黄先生将之径引作马融了;而若大夫以藻火加以粉米为四章,则藻、火、粉、米各为一章。由此将引导出"马融以粉、米为二"的结论。而黄先生确实就是这么理解的,因为他随后讨论《伪孔传》,云:"《孔传》说:……'粉若粟冰,米若聚米',按,此当本马而与郑不同,又案《说文》,亦二物也。"《说文解字》是分释粉、米的,黄侃认为马融及《伪孔传》也是如此。然若华、虫为二,而粉米必当为一,否则就不再是"十二章",而是十三章了。黄先生未能留意此点,可以说他依然停留于"伪孔十三章",并没超过孙诒让。

在我们已有理由，将其订正为"日、月、星辰、山、龙、华、虫、藻、火、粉米、黼、黻十二章"了，分华、虫而合粉米。

东平王刘苍赞扬永平冕制时，也描述了其服章，其提法是"日月星辰山龙华藻"。刘苍撮举服章，以"华藻"为说，单用一"华"字，而非"华虫"。在以"华虫"为一章时，"华虫"一词是偏正结构，"华"修饰"虫"，所以即令省称，也应省略"华"而简称为"虫"，正如"龙衮"的简称是"衮"而不是"龙"一样。而刘苍说的是"华藻"而不是"虫藻"，可证汉明帝十二章中，"华""虫"各为一章，"华"就是花儿。

至如粉米，永平冕制是把二者合计一章。换了我，我肯定也那么做。因为花儿是极艳丽的图形，能给人强烈美感。粉与米远比不上花儿，一堆白色点子，在缬裳上很不显眼。孙机先生说它们"均为细点状的绣纹"①，二者很不容易分开。元人黄镇成："然粉亦米为之，一物而为二章，与章不类，其说非也。"②虽然《说文解字》分释粉、米二物③，但不是不能合计一章的。总之，汉明帝分华、虫而合粉米，有理有据。梁武帝仍对圆花恋恋不舍，两皇帝的心理差不多少吧。梁武帝冕服上的圆花，在我看就是汉明帝传下来的。直到赵宋，冕服裳上的圆花依然保留着。宋徽宗大观二年（1108 年）详定礼文："今祭服上衣以青，其绣于裳者藻及粉米，皆

---

① 孙机：《两唐书舆（车）服志校释稿》卷二，收入《中国古舆服论丛》（增订本），第 392—393 页；又可参臧克和：《尚书文字校诂》，上海教育出版社1999 年版，第 86—87 页。

② 黄镇成：《尚书通考》卷五，《景印文渊阁四库全书》，第 62 册第 128 页下栏。

③《说文解字》卷七下黹部，释"黺"为"画粉也"；卷十二下系部，释"絑"为"绣文如聚细米也"。第 161、273 页。

五色圆花藉之。"①那就是"华"曾经单为一章的历史遗迹。

宋明帝曾以一己之意另新创冕制，但齐武帝永明二年（484年）又恢复了汉制，以王俭之议，"车服之仪，率遵汉制"②。这样，东汉冕制得以恢复了。永明六年对章旒又加调整。"旧相承三公以下冕七旒，青玉珠；卿大夫以下五旒，黑玉珠。永明六年，太常丞何谌之议，案《周礼》命数，改三公八旒，卿六旒。尚书令王俭议，依汉三公服山龙九章，卿华虫七章。从之。"③按东汉永平制度，三公九章九旒，旒用青玉珠；卿七章七旒，旒用黑玉珠。世入魏晋，那制度发生了变化，三公改为七章七旒，卿大夫改为五章五旒了（详见第六章第3节），但青玉珠、黑玉珠的做法没改。因永明六年何谌之的建议，三公与卿分别使用八旒、六旒，以便与《周礼》的命数一致起来；至如公卿章数，则采用王俭的意见，上承东汉永平旧制，三公用山龙九章，卿用华虫七章，青玉珠、黑玉珠也仍汉之旧。总之，从魏晋到南齐永明，虽然冕制有所变化，但十二章的分章办法是一脉相承的，未见任何改动，除了宋明帝自出心裁的冕服革新。

现在可以做两点概括了。

第一，汉明帝十二章中没有宗彝，华、虫分为两章，粉米合为一章。这个章目安排，东汉二百年没变，魏晋宋齐亦无所改作，直到萧梁改用郑玄经说。从刘苍的"山龙华藻"，杜预的"华若草华"，梁武帝的"孔安国云：华者，花也"，直到顾彪的"华取文章"，都以华、虫为二，粉米为一。回头再看中华书局本《晋书·舆服

①《文献通考》卷一一三《王礼考八》，上册第1024页中栏。
②《南齐书》卷九《礼志上》。
③《南齐书》卷十七《舆服志》。

志》《南齐书·舆服志》的十二章标点，均应订正为"日、月、星辰、山、龙、华、虫、藻、火、粉米、黼、黻"；而《宋书·礼志》恰好就是那么标点的，准确无误。

第二，无宗彝，分华、虫而合粉米的章目安排，并不始于马融或《伪孔传》，而是始于永平冕制。因为马融及《伪孔传》表述不清，在后人眼中它成了一种"十三章"之说；但马融及《伪孔传》作者自己心里有数，他们，以及魏晋江左学者，都以本朝现行制度为准，分华、虫而合粉米。

当然，十二章的章目纠葛并没有到此结束，在北朝又出现了新的变动。在本书第八章第2节还将看到，北魏北齐政权对《伪孔传》还有另一种理解，还真就是分粉、米而合华虫的。也就是说，那种无宗彝在内的章目安排，在南北朝时出现了南北两系。"士服藻火，大夫加以粉米，并藻火为四章"那句话，被认为是马融《尚书传》以华虫为一的证据。可那句话其实不是马融的，而是《尚书》孔疏的说法，它只代表北系经说，不能反映汉晋南朝的章目安排。

# 第六章　魏明帝"损略黼黻"考

　　制度变化是有节奏的,时而平稳,时而波动。新莽改制波澜壮阔,大起大落。此后东汉近二百年里,官制就很少变化,长期平稳运行。虽然受新莽改制影响,光武帝、汉明帝在礼制上也有所兴作,包括冕制,但那多少也是出于天下初创、朝制无文的缘故,跟王莽比只能算小打小闹。东汉官制的平稳运行,是新莽"乌托邦"式的大复古破灭之后,"法治"精神与政治理性的一次强力反弹。一顿饕餮吃伤了,弄得整整二百年没食欲。

　　汉末魏晋间情况又不同了。秦汉大帝国解体,社会陷入动荡,政权规模萎缩,国祚不长;权力的结构,也因门阀士族崛起而发生了"变态"。在这时候,制度变迁的步伐骤然加速。各种制度变迁,呈现出的意义是复杂多向的。新出现的九品官人法,体现了门阀的政治特权。但也有的变动反映了秦汉帝国体制的历史惯性,说明统治者痴心不改,艰难维系着专制集权。这时候的舆服等级制,也是评价政治动态的旁证之一。随后对魏明帝"损略黼黻"事件的考察,就将向读者展示,统治者是如何通过冕制安排来维护皇权与皇室的。

　　新的政治局面也造成了新的文化需要。曹魏以来,"周礼"的影响明显大起来了。在"乱世"的焦虑消沉中,"周礼"作为一个

"理想国"的追求,给黯淡动荡的政治生活涂上几抹亮色,正如老庄之于名士、道佛之于平民构成了一种心灵慰藉一样,围绕着祭祀、朝礼、婚礼、丧礼等,礼学讨论频繁起来了。西晋王朝着手制订"五礼",给官制改革披上"周礼"的包装,如五等爵、国子学等。《周礼》之书的地位明显上升,礼学大师郑玄的经注开始影响王朝礼制,为此还引发了门户之争,主要是郑玄、王肃之争。君臣士大夫把很多精力花费在了礼制之争上。冕制变迁,跟礼学变迁和经学纷争纠结在一起了。

下面就来看魏晋冕制,以及相关的政治权力争夺和文化权力争夺。具体的切入之点,是魏明帝"损略黼黻"的事件。

# 1. 魏明帝"损略黼黻"和"毁变"高山冠

对于曹魏冕服,唐人杜佑有个概括:"魏氏多因汉法,其所损益之制,无闻。"①这句话有两点值得讨论,第一是"多因汉法",第二是"损益之制"。

"多因汉法"的依据,也许是魏文帝黄初元年(220 年)诏:"其余郊祀天地朝会四时之服,宜如汉制;宗庙所服,一如周礼。"②"如汉制"是否就不依周礼,"如周礼"就不依汉制了呢?虽然曹植称赞魏文帝"乘殷之辂,行夏之辰","绂冕崇丽,衡纮维新"③,但魏文帝在舆服方面的更张似乎是有限的。无论如何,"多因汉

---

① 《通典》卷六一《礼二一》,中华书局 1984 年版,第 347 页中栏。
② 《宋书》卷十四《礼志一》。
③ 曹植:《文帝诔》,《三国志》卷二《魏书·文帝纪》注引《魏氏春秋》。

法"之说先入为主,影响了研究者的判断。

"损益之制"出自魏明帝。但魏明帝"损益"了什么呢？王宇清先生未检《通典》,不过也在《文献通考》中看到了杜佑的说法:"《文献通考》有谓'魏氏多因汉法,其所损益无闻'。余亦无所记述。想魏制之章目、章次,君臣皆同汉制,其所减损,唯在衮衣之'饰',即公卿以次不得服绣,限用织成。至服章之数,汉制天子十二章,而公卿以次九章七章,盖公卿已减,何需再减。……魏明之所减损者,唯在公卿之服织成而不用刺绣,余皆同于东汉矣。"①周锡保先生的说法差不太多:"魏代至明帝时,始定衮衣黼黻的制度,大抵都是因袭汉代的制度,惟天子的冕服用刺绣,公卿等用织成的纹样,垂旒改为珊瑚为异。"②崔圭顺亦云"魏之冕服因袭汉制"③。按刺绣、织成之别,实际是汉明帝的制度而非魏明帝制度。垂旒用珊瑚珠,则是因为魏明帝"好妇人之饰"而改的④。除了珊瑚珠一点外,魏明帝冕服还有更多"损益"之处,而王、周没说。请看:

> 1. 傅玄《傅子》:魏明帝疑三公衮冕之服似天子,减其采章。(《太平御览》卷六九〇《服章部七》引,第3册第3080页上栏;又叶德辉:《叶氏观古堂所著书》之《辑傅子》卷三)
>
> 2.《宋书》卷十八《礼志五》:魏明帝以公卿衮衣黼黻之文拟于至尊,复损略之。晋以来无改更也。
>
> 3.《晋书》卷二五《舆服志》:魏明以黼黻之美,有疑于僭,

---

①王宇清:《冕服服章之研究》,第106页。
②周锡保:《中国古代服饰史》,第18页。
③崔圭顺:《中国历代帝王冕服制度研究》,第81页。
④参看《晋书》卷二五《舆服志》。

于是随章傆略,而损者半焉。……魏明帝以公卿衮衣黼黻之
饰疑于至尊,多所减损,始制天子服刺绣文,公卿服织成文。
及晋受命,遵而无改。

"减其采章""随章傆略""多所减损"告诉人们,魏明帝在服章上
颇有更张,那些更张,不应被"无闻"二字轻易掩去。

读史者都知道,魏明帝志在大权独揽,是个强势的君主。三
段引文都显示,魏明帝"损略黼黻"的出发点,是嫌公卿衮服"服似
天子""拟于至尊""有疑于僭",帝王心理赫然可见。简言之,改
服章的动机是"尊君",耿耿于怀的是"黼黻"。傅玄是当时之人,
他对"损略""毁变"的观感与解读,就是最好的证据。

黼黻作为纹样用于衣装,据说始于黄帝:"黄帝黼黻衣,大带
黼裳,乘龙扆云,以顺天地之纪。"①古人认为黼黻是很华贵的。
"黼黻之文"用来形容织物的华丽、文章的华美,"黼黻之服"用来
指代高贵的冕服。那"黼黻之美",怎么甘心让臣下分享呢!战国
秦汉间,贵族服饰传统发生"断裂","美者黼绣,是古者天子之服
也,今贵富人大贾者丧资,若兄弟召客者得以被墙"②。三国动荡
中也有这样的景象:"民贫而俗奢,……并绣文黼黻,转相仿
效。"③魏明帝看不下去了。公卿衮衣上的黼黻"损者半焉",这一
刀砍下去,动作真是不小。

魏明帝到底是如何"损略"的,怎么就弄得"损者半焉"了呢?
我们十分好奇。杜佑精于制度,其《通典》所引曹魏史料颇多,然

---

① 《大戴礼记·五帝德》,王聘珍:《大戴礼记解诂》,第 118 页。
② 贾谊:《新书·孽产子》,阎振益、钟夏:《新书校注》,中华书局 2000 年版,
第 107 页。又见《汉书》卷四八《贾谊传》。
③ 《三国志》卷六五《吴书·华覈传》。

而连他都说"无闻",今人更如隔雾看花了。但我们不想轻易放弃,决意尝试一次探索。

首先,"损略黼黻"不是孤立事件,同时遇难的还有高山冠:

1. 傅玄《傅子》:魏明帝以高山制似通天、远游,乃毁变先形,令行人、使者服之。(《太平御览》卷六八五《服章部二》引,第 3 册第 3057 页下栏;叶德辉:《叶氏观古堂所著书》之《辑傅子》卷三)

2. 《傅子》曰:"魏明帝以高山冠似通天,乃毁变其形,除去卷筒,令如介帻。帻上加物,以象山峰,行人使者,通皆服之。"新制参用其事,形如进贤,于冠前加三峰,以象魏制。(《隋书》卷十二《礼仪志七》)

魏明帝还"毁变"了高山冠。高山冠是什么冠? 干吗要"毁变"它们呢? 请看:

1. 谒者高山冠,本齐服也。一名侧注冠。秦灭齐,以其君冠赐谒者。魏明帝以其形似通天、远游,乃毁变之。(《宋书》卷十八《礼志五》)

2. 通天冠,高九寸,……乘舆所常服。……远游冠,制如通天,……诸王所服也。高山冠,一曰侧注。制如通天,……中外官谒者、仆射所服。太傅胡广说曰:"高山冠,盖齐王冠也。秦灭齐,以其君冠赐近臣谒者服之。"……洗马冠高山。……洗马职如谒者,故皆服其服。(《续汉书·舆服志下》)。"中外官"应作"从官",即侍从之官。)

3. 高山冠,齐冠也。一曰侧注,高九寸。(蔡邕:《独断》卷下,上海古籍出版社 1990 年版,第 19 页)

4. 通天冠，一曰高山冠，上之所服。（阮谌：《三礼图》，《太平御览》卷六八五《服章部二》引，第 3 册第 3056 页上栏）

5. 乘舆冠高山冠，飞月之缨，帻耳赤，丹纨里衣，带七尺斩蛇剑，履虎尾绚履。（卫宏：《汉旧仪》，《续汉书·舆服志下》注引。刘昭注："案此则亦通于天子。"）

6. 巧士冠，〔前〕高七寸，要后相通，直竖。不常服，唯郊天，黄门从官四人冠之。（《续汉书·舆服志下》）

7. 巧士冠，其官似高山冠而小。……巧士冠高五寸，要后相通，扫除从官服之。礼无文。（蔡邕：《独断》卷下，上海古籍出版社 1990 年版，第 18—19 页）

综合 1—3 条材料，情况是这样的：高山冠本是齐国的王冠，外观很像通天冠和远游冠，连高度都相同，都是九寸。通天冠本是天子所服，远游冠本是诸王所服。但据第 4 条《三礼图》，通天冠又名高山冠；又据第 5 条《汉旧仪》，皇帝也用高山冠。这意味着三冠一源，是由一冠逐渐分化为三冠的。此外还有一种"巧士冠"，也属同一序列的冠。根据第 6 条《续汉志》，黄门从官的巧士冠高七寸；根据第 7 条《独断》，扫除从官的巧士冠高五寸。高山冠被用作"从官"谒者、仆射、太子洗马的帽子，而常侍谒者及太子洗马不过比六百石，给事谒者比四百石，灌谒者比三百石，谒者的首长谒者仆射也不过比千石而已。扫除从官的地位就更低了。想一想吧，那么一大群中下级官吏，其帽子都跟天子、诸王相像，岂不是尊卑无别吗？所以，魏明帝非把高山冠的样子改造了，心里才舒坦。我们说魏明帝"损略黼黻"的意图是"尊君"，而其"毁变"高山冠的做法，就是一个旁证。

除此之外，魏晋皇帝还想方设法限制臣下服衮，具体措施是

"加侍官"：

> 1.（宋明帝）泰始六年（470年）正月戊辰……兼左丞陆澄议："服衮以朝，实著经典。秦除六冕之制，至汉明帝始与诸儒还备古章。自魏晋以来，宗庙行礼之外，不欲令臣下服衮冕，故位公者每加侍官。"（《宋书》卷十八《礼志五》；又《南齐书》卷三九《陆澄传》）
>
> 2. 许善心：臣谓衮冕之服，章玉虽差，一日而观，颇欲相类。臣子之道，义无上逼。故晋武帝太始三年（267年），诏太宰安平王孚著侍内（即侍中）之服，四年，又赐赵、燕、乐安王等散骑常侍之服。自斯以后，台鼎贵臣，并加貂珰武弁。（《隋书》卷十二《礼仪志七》）

上述"不欲令臣下服衮冕，故位公者每加侍官"的相关记载，又透露了一个消息。在元会朔望等典礼上，诸公本来该服衮；不过魏晋皇帝对诸公衮冕，颇觉碍目刺眼，原因即许善心所说："衮冕之服，章玉虽差，一日而观，颇欲相类。"君臣衮服虽章旒不同，粗看上去却差不多少，皇帝衮服上有龙，诸公衮服上竟然也有龙。面对此情此景，皇帝心酸得像醋罐子。一方面"臣子之道，义无上逼"，另一方面臣下服冕又属古礼、见于经书。那么该怎么办呢？皇帝真有办法：给他们"加侍官"。即在服衮者的本官之外，再给他们加一个侍中或散骑常侍之号。侍官的服饰是武冠、金珰、附蝉、插貂①，看上去好不风光；然而皇帝别有用心、明褒暗抑，真正意图却是不让他们服衮——魏晋制度，若有加官，就得服穿加官

---

① 《晋书》卷二五《舆服志》叙武冠："侍中、常侍则加金珰，附蝉为饰，插以貂毛，黄金为竿，侍中插左，常侍插右。"

之服,而不是本官冠服①。"位公"者戴上了武冠貂蝉,就没法儿再戴冕了。在"尊君"和"宗经"的两难之间,皇帝用"加侍官"的妙计来暗度陈仓、曲线救国。所以魏晋除了至尊之外,没多少人服衮,皇太子、诸王也不例外,除非权臣僭越及皇帝特赐②。

此外对于拜三公之礼,也有过限制服冕之议。事见晋武帝咸宁三年(277年)《拜三公奏乐服冕议》:

> 诏曰:三公鼎司,皇帝有兴之礼,何以不设乐? 又正位南面,何以不服冕?
>
> 尚书顾和言:……今拜三公,事毕于庭阶,礼成于拜立,欢宴未交,无事于乐。又按六冕之服主于祭祀,唯婚特用之,他事未见服冕者,故拜公不应服冕。(《通典》卷七一《礼三一》,中华书局1984年版,第391页下栏)

皇帝问"正位南面,何以不服冕",是问他自己在拜三公的典礼上

---

① 《晋书》卷二五《舆服志》:"诸王……若加余官,则服其加官之服也。"他官也是如此。此制至陈不改。《隋书》卷十一《礼仪志六》叙陈制:诸王"若加余官,则服其加官之服"。但加"特进"例外。《唐六典》卷二《吏部尚书》:特进"二汉及魏、晋以为加官,从本官服。……进贤两梁冠、黑介帻、五时朝服,无章绶"。中华书局1992年版,第29页。当时特进非官,只是加号。得加特进的人若有本官,则服本官之服;若无本官,则服"进贤两梁冠、黑介帻、五时朝服,无章绶"。

② 曹操、孙权、桓温、桓玄、刘裕等人所加九锡,都有衮冕在内。晋武帝曾赐宠臣郑袤、贾充衮冕,赐太原王司马瑰、彭城王司马权、扶风王司马骏衮冕,都是特殊情况。分见《晋书》卷三五《郑袤传》、卷四十《贾充传》、卷三七《宗室传》、卷三八《宣五王传》。又《宋书》卷十八《礼志五》记有晋武帝赐大司马义阳王、彭城王、琅邪王衮冕的事情,都是作为特例而被记载的。可见晋朝皇子封王者服冕,往往也须特赐。

是否应该服冕;但皇帝服冕了,三公大概就得跟着服冕,"在朝君臣同服"。顾和主张,除祭祀及婚礼,其他场合不应服冕。孔子有"冕而亲迎"之语,还说那是"政之本"呢①,那么婚礼就服冕吧。但拜三公服冕礼无明文,既无明文,正好不让他们服。若从皇帝限制臣下用冕的大氛围看,顾和的意见属曲意逢迎,正中皇帝下怀。

魏明帝一刀砍掉公卿的黼黻,"损者半焉",高山冠也遭殃"毁变"了。两件事情是相互无关的吗?史家说魏明帝"有君人之至概","遽追秦皇、汉武"②。他每天看吏民上书,几十份上百份都看不烦③,阅读文书的积极性之高,也很像秦始皇。有一次他竟跑到尚书台亲手处理文书,弄得尚书令陈矫很尴尬,连这样的话都说出来了:"此自臣职分,非陛下所宜临也。若臣不称其职,则请就黜退。陛下宜还。"④魏明帝在诏书中公开感叹:谁来承担那忧患呢?还是我自己来承担吧⑤!人要是权势欲太强了,对下属的猜忌和不满就会时时而生。史称魏明帝"用法深重""法制苛碎"⑥,尚书郎不称其心,就在殿前活活鞭杀⑦。

魏晋以降门阀崛起,皇权趋于低落,到了东晋就陷入了低谷,

①《礼记·哀公问》:"孔子对曰:……冕而亲迎,亲之也。亲之也者,亲之也。是故,君子兴敬为亲;舍敬,是遗亲也。弗爱不亲;弗敬不正。爱与敬,其政之本与!"《十三经注疏》,第1611页下栏。
②《三国志》卷三《魏书·明帝纪》
③《三国志》卷三《魏书·明帝纪》注引《魏略》。
④《三国志》卷二二《魏书·陈矫传》。
⑤《三国志》卷十六《魏书·杜恕传》。
⑥《三国志》卷二五《魏书·高堂隆传》、卷二七《魏书·王昶传》。
⑦《太平御览》卷六四九《刑法部十五》注引《汉晋春秋》:"明帝勤于吏事,苛察逾甚,或于殿前鞭杀尚书郎。"第3册第2902页下栏。

出现了门阀政治。也许有人想象,尊君卑臣的礼制也会随之变化吧？然而那是一种直线思维,实不尽然。冠服之礼的"尊君"倾向并未中止,仍在"损略""毁变"臣下以反衬帝王的崇高。别把那只看成形式的虚荣,它维系着一种"君尊臣卑"的理念,宣示着中国专制集权的悠久与顽强。我曾指出,魏晋以来虽皇权衰落,尊君卑臣、纲常名教之论成了空话套话,然而空话不空,它们在诏令奏议中依然重复出现,那依然是对皇权的一种维系,预示着其未来的重振与伸张①。魏明帝的"损略""毁变"之举,具有同样意义。

有人用"贵族政治"和"独裁政治"概念,把六朝到唐宋之间判定为一个截然不同的历史段落,以"贵族政治"为特征。我们不反对那种分期,不过是从一个不尽相同的角度,即"常态—变态"的角度观察它。从历史大势说,官僚帝国体制既是"两千年一贯制"的,同时在其漫长历程的各个具体时期,又经常出现解体与"变态"。六朝政治变动,借用田余庆先生的表述,就是一种"变态"②,一种皇权政治在"乱世"中的"变态"。具体说来,第一,其时政治体制的本质和主导仍是皇权政治。第二,门阀现象确实具有"贵族化"的意义,但它最多只造成了"变态",而未造成一种全新的政体。第三,若从传统史学的"治乱"视角看,"变态"可以认为含有"乱世"意义;但"乱世"或政权衰败,与帝国体制的根本性转型不能等量齐观。第四,两千年的帝国历史显示,"变态"与"常态"是交替的进程,帝国体制在穿越"乱世"和"变态"中前行。

---

① 参看拙作:《南齐秀才策题中之法家论调考析》,《北京大学学报》1997 年第 3 期。
② 田余庆:《东晋门阀政治》,第 343 页以下。

不妨在这一视角中,观察魏晋皇帝损略公卿冕服的意义。中古时期并没有出现一种舆服礼制,足以体现门阀与皇权的共治。士族门阀在政治上赢得了较大选官特权,然而从官制、法制和礼制看,整个魏晋南朝仍处在帝国体制和皇权政治的范畴之内,士族门阀没有足够的能力,造成其根本性变动。

## 2. 马融与《伪孔传》的黼黻安排

魏明帝"毁变"高山冠,相对比较简单,因为高山冠"礼无文",想怎么毁就怎么毁。冕服就有些麻烦了,礼书有文,"损略黼黻"恐怕也得有经义根据才成。事涉天地宗庙祭祀,妄改是要遭讥刺的。汉明帝的永平服制用《礼器》,那么魏明帝的"损略黼黻",有经学根据吗? 本节就来考察这个问题。

魏明帝"损略黼黻"事件,很可能有一个经学背景。从一些蛛丝马迹中我们提取了若干线索:第一,《尚书伪孔传》显示了一种新的服章安排,它来自马融,被魏明帝利用以"损略"公卿黼黻;第二,魏明帝还曾利用《周礼》,去减损公卿冕服的章数;第三,这事情还跟"郑王之争"——即郑玄与王肃的经学之争——搅在一起了。魏明帝的冕服改革,经学家王肃与有力焉。所以我们不能被杜佑的"无闻"二字给误导了,因为事情背后藏着更多鲜为人知的纠葛。详下。

首先阐述第一点,即《尚书伪孔传》中有一种服章安排,可能来自马融,并成为魏明帝"损略黼黻"的理论依据。

"十二章"出自《皋陶谟》,亦即《古文尚书·益稷》,并被说成是虞舜之制。郑玄论虞舜十二章:"天子备有焉,公自山龙而下,侯伯自华虫而下,子男自藻火而下,卿大夫自粉米而下。"①(郑玄又说周制与虞制不同,十二章在周代变成九章了。)而据称是孔安国所作的《古文尚书传》,其服章等级却是这样的:"天子服日月而下,诸侯自龙衮而下至黼黻,士服藻火,大夫加粉米。"②制表如下,以显示郑、孔之异:

| | | |
|---|---|---|
| 郑玄尚书注 | 天子 | 日、月、星辰、山、龙、华虫、宗彝、藻、火、粉米、黼、黻 |
| | 公 | 山、龙、华虫、宗彝、藻、火、粉米、黼、黻 |
| | 侯伯 | 华虫、宗彝、藻、火、粉米、黼、黻 |
| | 子男 | 藻、火、粉米、黼、黻 |
| | 卿大夫 | 粉米、黼、黻 |
| 伪孔传 | 天子 | 日、月、星辰、山、龙、华、虫、藻、火、粉米、黼、黻 |
| | 诸侯 | (山?)龙、华、虫、藻、火、粉米、黼、黻 |
| | 大夫 | 藻、火、粉米 |
| | 士 | 藻、火 |

列表之后,两种服章结构的差别就一目了然了。郑玄以宗彝为一章,合华虫为一章;《伪孔传》无宗彝,华、虫分为两章。在郑玄的安排中,大夫以上方有服章,士不用冕,其祭服没有服章;而在《伪孔传》中,士有藻火二章。《伪孔传》对黼黻的安排,引人注目地高于藻火粉米;大夫服藻火粉米三章,不得用黼黻;士服藻火二章,也不得用黼黻。

乍一看,《伪孔传》的服章结构很奇怪,其结构呈倒三角形。它是平地起楼台呢,还是有所凭依呢?我们不由得想起伏生《尚

①《尚书·益稷》孔疏引,《十三经注疏》,第142页下栏。
②《十三经注疏》,第141页下栏。

书大传》的"五服说"了。依《隋书·礼仪志》所引,在《尚书大传》的"五采服"中,只分华虫、作缋宗彝、藻、火、山龙五组,前无日月星辰,后无粉米黼黻。伏生是汉朝尚书学的祖师,他的学说后儒不会陌生。在用十二章定等时,《尚书大传》不论前面的日月星辰、后面的粉米黼黻,只取居中的服章来分等的做法,也许就对《伪孔传》发生了影响。《尚书大传》五等都用山龙一点,是朝廷和后儒难以接受的;《伪孔传》将之调整为四等皆用藻火,并以"加"为原则,即如"大夫加粉米"之"加"。

无论如何,在《伪孔传》中,只有天子、诸侯两级能用黼黻,大夫、士不能。正对黼黻耿耿于怀、愤愤不平的魏明帝,会心处不在远吧? 他"损略黼黻"师出有名了。

或许有读者忍不住反驳了:《伪孔传》的出现,可能晚在永嘉丧乱之后,与魏明帝何干? 陈梦家先生还认为,《伪孔传》是东晋末的那位孔安国所作的呢,那样的话,魏明帝更不及与闻了①。但我们提请读者注意,东汉的马融在服章上,已有与《伪孔传》类似的说法了。这个信息来自《尚书·益稷》孔颖达疏。在讨论《伪孔传》的服章时,孔疏云:"马融不见孔传,其注亦以为然。以古有此言,相传为说也。"②唐人孔颖达仍能看到马融的《尚书注》,且在两相比较之余,说明其服章安排同于《伪孔传》。蒋善国先生云:"马融所注《尚书》、《周易》、《毛诗》和《三礼》,魏、晋时俱存,至少他的《尚书》注在魏初曾立学。"③马融的大名、大著,《伪孔传》作

---

① 陈梦家:《尚书通论》,商务印书馆1957年版,第122页以下。又罗锦堂《尚书伪孔传辨》也有类似意见,原载《大陆杂志》第17卷第12期,参看郑良树编:《续伪书通考》,第1册第295页。
②《十三经注疏》,第142页下栏。
③ 蒋善国:《尚书综述》,上海古籍出版社1988年版,第129页。

者不可能视而不见，他把马融的服章之说吸收了，这就是《伪孔传》"天子服日月而下……"那段话的来源。

马融与《伪孔传》，共同持有一种与郑玄不同的服章之说。那种服章说，还能在环济《帝王要略》中看到。环济其人生活在两晋之间，东晋初担任了太学博士[①]。在他的《帝王要略》中，有这样一段涉及服章：

> 天子龙冕，诸侯黼，大夫黻。白与黑谓之黼，黑与青谓之黻，青与赤谓之文，赤与白谓之章，五色备谓之绣。诸侯去日月星辰，服山龙华虫，卿大夫去山龙华虫，服藻火粉米。[②]

上文包含的三句话，我判断它们杂抄三书。"天子龙冕，诸侯黼，大夫黻"抄自《礼记·礼器》，"白与黑谓之黼……"抄自《考工记》。最后一句是我们最关心的，虽然出处不明，但不是渺不可考。对这句话，请留神其以下四点：第一，它以诸侯为一等，卿大夫为一等，这是同于马、孔的；第二，其中没有宗彝，这也是同于马、孔的；第三，它以日月星辰、山龙华虫、藻火粉米分三组，却不论黼黻，看上去也类似马、孔；第四，玩其语气，它的意思是天子服全部三组，诸侯服后二组，卿大夫服最后一组，而那与《伪孔传》的服章排列规则，又是惟妙惟肖。以上四点表明，环济《要略》中的那句话，与马融、与《伪孔传》息息相通。我们还可推测：参照《伪

---

① 严可均：《全晋文》卷一二八环济小传，《全上古三代秦汉三国六朝文》，第3 册第 2195 页下栏。环济生平，曾蒙胡宝国先生指点，特此致谢。

② 《太平御览》卷六九〇《服章部七》引，第 3 册第 3080 页上栏。末句原作"服藻火服粉米"，第二个"服"字应系衍文，当删。《渊鉴类函》卷三七一《服饰部二》所引，即无末的"服"字。中国书店 1985 年版，第 15 册第4 页。

孔传》的表述,环济《要略》"卿大夫去山龙华虫,服藻火粉米"的文后,还应有这样一句:"士去粉米,服藻火。"

上引环济《要略》的三句话中,前两句抄自两种古书,以此律之,第三句也应抄自某一古书,并不是环济的个人创见。那么《要略》是抄《伪孔传》吗?我看不会。《要略》与《伪孔传》虽宗旨一致,但文句有异,而且有两点明显不同:第一,《伪孔传》的叙法是"加",即加上某某服章;《要略》的叙法是"去",即去掉某某服章。第二,《伪孔传》是"诸侯自龙衮而下至黼黻",没提"山"之一章,而《要略》是"诸侯去日月星辰,服山龙华虫",有山之章。基于两点,《要略》就不是抄《伪孔传》。那么《要略》是抄谁呢? 到东晋初年为止,为时所重的《尚书注》有贾逵、马融、郑玄、王肃、《伪孔传》诸家。贾、马、郑、王曾立于曹魏官学①,《伪孔传》在东晋初也立于学官了②。在五家之中"马融不见孔传,其注亦以为然",只有马融近于《伪孔传》;《要略》既不是抄《伪孔传》③,则判断其直抄马融《尚书注》,就是最合理的解释吧?

下面把这种服章说的沿袭发展,制图表示:

---

① 王国维《观堂集林》卷四《汉魏博士考》:曹魏"《书》有贾、马、郑、王氏"。《观堂集林》,中华书局1959年版,第190页;《王国维先生全集初编》,台湾大通书局1976年版,第1册第172页。
② 陆德明《经典释文·叙录》:"永嘉丧乱,众家之书并灭亡,而《古文孔传》始兴,置博士。"第8页下栏。据此,东晋初年《伪孔传》曾立学官。又参蒋善国:《尚书综述》,第53—54页。
③ 附带说,除了环济《帝王要略》上引文类似于马融《尚书注》与《伪孔传》之外,西晋皇甫谧的《帝王世纪》也有若干类似《伪孔传》的说法。孔颖达《尚书·尧典疏》谓《帝王世纪》"往往载《孔传》五十八篇之书"。所以有人又认为《伪孔传》出自皇甫谧。参看张西堂:《尚书引论》,陕西人民出版社1958年版,第75—76页。

上图的实线表示直接沿用,虚线表示受其影响。就是说对四书关系我们作如是观:《尚书大传》启发了马融,但马融调整了其等级安排;随后是环济《要略》直抄马融《尚书注》,《伪孔传》又变换了马融的表述。马融先有了一个服章说法,与《伪孔传》表述不同而安排类似;环济《要略》所抄,就是马融之说的原始样子。就算魏明帝看不着《伪孔传》,可他对马融的鼎鼎大名不陌生吧?在其"损略"臣下服章之时,马融经说足以堵住质疑的嘴巴。

按照马融及《伪孔传》,只有天子、诸侯可用黼黻,《宋志》又明言被"损略"的对象是"公卿",那么我们初步判断,魏明帝"损略黼黻"时,是以诸侯与诸臣划线的,诸侯可用黼黻,诸臣三公九卿不能。三公虽地位崇高,但如果没有封爵,就不能使用黼黻,除非特赐。三公排在诸侯之下,可能又有读者不以为然了。然而我们有个平行的例子:北周的三公尽管是九命高官,但因其是诸臣而不是诸侯,所以只服火冕六章,被安排在公(衮冕九章)、侯(山冕八章)、伯(鷩冕七章)之下。诸臣在诸侯之下,这是中古时期的特殊安排,与汉不同。那么对诸王、公侯、三公、九卿几种服冕者,魏明帝不准其中的三公、九卿使用黼黻了,岂不正是"而损者半焉"吗!

又,南朝梁武帝萧衍在讨论章服时,也曾引证过《伪孔传》。《隋书》卷十一《礼仪志六》:"帝曰:《古文》日月星辰,此以一辰摄三物也;山龙华虫,又以一山摄三物也;藻火粉米,又以一藻摄三物也。是为九章。"所谓"古文",当然指《伪孔传》了。在这个编排中,日月星辰为一组,山龙华虫为一组,藻火粉米为一组。很有趣的吧?恰好又是三组,恰好又无黼黻。马融及《伪孔传》的服章编排,特点就是"章分三组"和"黼黻另计"。梁武帝所云"三物""九章"及"摄",第七章第3节将具体讨论。

由伏生的"五服说",滋生出了马融、《伪孔传》的服章说,并为梁武帝萧衍所称引。这个一脉相承的轨迹,与魏明帝"损略黼黻"、晋廷"遵而无改"的轨迹,是不是重合的呢?我们的回答是肯定的。上面已说完了魏明帝,至于晋廷是怎么"遵而无改"的,请转入下节。


## 3. 晋朝服章的"遵而无改"

魏明帝的"损略黼黻"措施,《宋志》云"晋以来无改更也",《晋志》也说"及晋受命,遵而无改"。那么晋廷沿用魏明帝所定冕制,应有其事。不过继续阅读史料,我们却发现了矛盾,因为《晋书·舆服志》说晋朝王公用山龙以下九章,卿用华虫以下七章,若是那样的话,则其服章没遭"损略"。因为,如果"损略"了黼黻两章,三公冕服就会由九章降至七章,九卿冕服就会由七章降至五章,而《晋志》却说王公九章、卿七章,西晋公卿的服章等级没降。

发生矛盾了。问题出在哪儿呢?我很怀疑,《晋书》中公九章、卿七章的记载,其实是从《宋书》抄来的,但抄错了,它并不是晋制。请比较以下三段记载:

> 1.《宋书·礼志五》:上公、卿助祭于郊庙,皆平冕,王公八旒,卿七旒,以组为缨,色如其绶。王公衣山龙以下,九章

也,卿衣华虫以下,七章也。

　　2.《晋书·舆服志》:平冕,王、公、卿助祭于郊庙服之。王公八旒,卿七旒。以组为缨,色如其绶。王公衣山龙以下,九章;卿衣华虫以下,七章。

　　3.《南齐书·舆服志》:旧相承三公以下冕七旒,青玉珠;卿大夫以下五旒,黑玉珠。永明六年(488年),太常丞何谞之议,案《周礼》命数,改三公八旒,卿六旒。尚书令王俭议,依汉三公服山龙九章,卿华虫七章。从之。

比较第1、2条不难发现,《宋志》与《晋志》几乎雷同。晋宋冕制相同,倒是有可能的。不过再看第3条《南齐志》,矛盾就出来了。《南齐志》既然专叙旒数的历代变化,则其时间次序不会出错,那么请注意了:"旧相承三公以下冕七旒,青玉珠;卿大夫以下五旒,黑玉珠"的做法,是一直维持到齐武帝永明六年,才因何谞之议而发生变化的,那么在此之前,本不会有《晋志》《宋志》所谓"王公八旒,卿七旒"的情况! 进而再看尚书令王俭议:"依汉三公服山龙九章,卿华虫七章",这显示永明时因王俭之议,服章又改回汉制,三公九章而卿七章了。那么此前的公卿冕服就不会是九章、七章,否则王俭的"依汉"之议,就无的放矢了。

　　《宋志》《晋志》中的王公八旒九章、卿七旒七章,既然不是晋宋之制,又是哪家的制度呢? 我们认为,是南齐永明之后的制度。沈约《宋书》的"纪传"部分在南齐永明六年修成,其"八志"三十卷是后来续写的,最后定稿已在齐明帝,甚至梁武帝的时候了①,完全可能搀入南齐永明制度。但《宋志》对此没加说明。可能因为《宋

---

①可参看中华书局1974年版《宋书》的《出版说明》,第2页。

志》叙事每每追述前代，所以那记载被唐修《晋书》抄了过来，误以为是晋制①。这个错误像接力棒一样，又传到了杜佑《通典》的手里。

而且由《南齐志》，我们认为《宋志》《晋志》"王公八旒，卿七旒"的记载也有错儿。首先"王公"应作"三公"，其次卿不会是七旒。因为《南齐志》的记载非常明白，永明六年何谧之说的是"案《周礼》命数，改三公八旒，卿六旒"，可见八旒的是"三公"而不是"王公"，不含诸王；卿非七旒而是六旒，六旒是为了合乎《周礼》的卿六命。所以《宋志》《晋志》的"王公八旒，卿七旒"，必为"三公八旒，卿六旒"之讹。总之，在南齐永明之前，三公七章七旒，卿五章五旒；至南齐永明改制，又变成了三公九章八旒、九卿七章六旒。九章、七章系汉制，依王俭之议而定；八旒、六旒依《周礼》，依何谧之议而定。王宇清先生说："足证南齐制度，亦惟周礼之是尚。"②然而就章旒而言，王先生的话只说对了一半：南齐只是冕旒依《周礼》，服章却不依《周礼》，而是依汉制的。

在南齐永明之前"旧相承三公以下冕七旒"，这一点还可以取证于《齐职仪》：

> 《齐职仪》云：太尉，品第一，金章紫绶，进贤三梁冠，绛朝服，佩山玄玉。郊庙，冕服七旒，玄衣纁裳，服七章。（《唐六典》卷一引，第3页）

---

①《宋书》"志"的部分记叙制度，经常时代不清。《晋书·舆服志》各代制度杂糅不分的情况，更为严重，不止冕服，车舆也是如此。所以使用二志须慎之又慎。
②王宇清：《周礼六冕考辨》，第51页。

《通典》也有同样记载，文字小异，应该来自《齐职仪》①。《齐职仪》明明说晋朝的太尉七旒七章，而太尉正是三公之一。这与我们晋"三公七旒"的推断完全吻合，反证《宋志》《晋志》王公八旒九章，卿七旒七章的说法，必误。

根据蔡邕《独断》，东汉永平冕制是三公诸侯九旒、卿七旒的。那么什么时候，又冒出一个三公七旒、卿大夫五旒呢？而且无独有偶，司马彪《续汉书·舆服志》叙汉明帝永平服制，竟然也说"三公诸侯七旒，青玉为珠；卿大夫五旒，黑玉为珠"，与《独断》不同，倒跟《南齐志》一样。真是怪了！在刘昭为《续汉志》作注时，已通过征引《独断》，来提醒人们《续汉志》此处有问题："《独断》曰：'三公诸侯九旒，卿七旒。'与此不同。"面对这一分歧，周锡保先生也认为《续汉志》有误，应以《独断》为准②。刘昭、周锡保的质疑，都师出有名。我再补充一条材料。卫宏《汉旧仪》："太常主导赞助祭，皆平冕，七旒，玄上纁下，华虫七章。"③太常在九卿之列。这再次证明，汉代诸卿戴的冕并不是五旒，而是七旒，进而三公就是九旒无疑了④。那么《独断》无误，《续汉志》的说法是可疑的，不足以论汉制。

《续汉志》错了，那错误不会无因而发，原因还得给找出来。我猜想，《续汉志》所云"三公诸侯七旒，卿大夫五旒"，其实也是史实，它虽非汉制，却是魏制：《续汉志》误把魏明帝当成汉明帝，

---

① 《通典》卷二十《职官二·三公总叙》，中华书局1984年版，第115页中栏；王文锦等点校本，中华书局1988年版，第514页。
② 周锡保：《中国古代服饰史》，第18页。
③ 《太平御览》卷二二八《职官部·太常》引，第2册第1085页上栏。
④ 《后汉书》卷二《明帝纪》注引《汉官仪》："天子十二旒，三公、九卿、诸侯七。"按此处文字有误，应作"三公、诸侯九，卿七"。"九""七"都是旒数。

张冠李戴了。两个"明帝"谥号相同,都曾改革冕制,不留神就会弄混。本朝文书在称引本朝先帝的时候,当然不会特加"汉""魏"字样了,只云"明帝"而已。面对着某件文书上的"明帝"冕制记载,《续汉志》作者司马彪将之错判为汉,并把它跟汉明帝冕制缀合在一起了①。让司马彪出错的还有一个细节,就是旒珠。《独断》说东汉三公之冕用青玉珠、卿大夫用黑玉珠,由《南齐志》可知,那制度直到南齐永平六年都没变,那么魏明帝的冕制当然也是三公青玉珠、卿大夫黑玉珠的了。在面对某位"明帝"的"三公七旒,青玉为珠;卿大夫五旒,黑玉为珠"的材料时,不留神就容易误解为汉明帝、误解为汉制。

此外比照《南齐志》,司马彪在"三公"二字之后还误增"诸侯"二字,因为东汉的三公、诸侯处于同一服等,这一点司马彪是知道的,所以他就自作主张给加上了。《南齐志》只说"旧相承三公以下冕七旒",没提"诸侯冕七旒",因为魏明帝只损略了三公的旒章,没损略诸侯的旒章。《傅子》也说:"魏明帝疑三公衮冕之服似天子,减其采章。"只减三公,不含诸侯。

质言之,自汉明帝始,汉冕本是三公诸侯九旒九章、卿七旒七

①汉明帝、魏明帝之两帝相混,还有一例。《晋书》卷二五《舆服志》:"魏明帝以公卿衮衣黼黻之饰疑于至尊,多所减损,始制天子服刺绣文,公卿服织成文。"这里把"天子服刺绣文,公卿服织成文",说成是魏明帝所定。然而《续汉志》记永平冕制:"衣裳玉佩备章采,乘舆刺绣,公侯九卿以下皆织成,陈留襄邑献之云。"面对二志异文,郑樵《通志》卷四七《器服略一》称"未详孰是"。中华书局1987年版,第610页上栏。其实这问题并不复杂,《续汉志》那段话来自董巴《大汉舆服志》。《后汉书》卷二《明帝纪》注引董巴《舆服志》:"显宗初服冕衣裳以祀天地。……乘舆刺绣,公卿已下皆织成。陈留襄邑献之。"可知《晋志》误,《续汉志》是。"天子服刺绣文,公卿服织成文"本是汉明帝所定,但被《晋志》弄成魏明帝定的了。

章的,而魏明帝把三公降为七旒、把卿降为五旒了。我们不禁要问了:旒数与章数是相应的,魏明帝既把公卿的旒数砍掉两条了,则章数应该同步砍掉两章吧?所以有理由判定,魏明帝还把三公降至七章、卿降至五章;而减少的那两章,我敢说就是黼黻!西晋"遵而无改"的,正是这个制度。从《南齐志》我们已知道,三公七旒、卿大夫五旒的制度,是一直实行到永明六年的;同时这一年服章之数也发生了变化,由王俭倡议而变为三公九章、卿七章了,则由此反推,此前的章数当为三公七章,卿五章。三公七章一点,前引《齐职仪》有明文。由此,各条材料间的关系都得以理顺,一通百通了。

总之,魏明帝"损略黼黻"的具体做法,是令三公七章七旒、卿五章五旒;这做法西晋"遵而无改",直至刘宋、南齐。5 个世纪之后的杜佑对此已觉茫然,而我们在 21 世纪的考证,居然让它浮出水面了。

魏晋南朝的"黼黻"给人一种印象:它们是高贵的身份标志,颇为时人所重。张率《绣赋》:"寻造物之妙巧,固饰化于百工,嗟莫先于黼绣。自帝虞而观风,杂藻火于粉米,郁山龙与华虫。"[1]说是各种纹章"莫先于黼绣"。陈思王曹植《七启》:"九旒之冕,散耀垂文……黼黻之服,纱縠之裳,金华之舄,动趾遗光。"[2]沈约《为始兴王让仪同表》:"况高拟万石,爰均八命,室等天黄,服加黼黻。"[3]"火龙黼黻""黼黻衮冕"被用作王爷们的自夸之语,或拍马者的赞颂之词。"物以稀为贵",黼黻的特殊荣耀,应与此期帝王

---

①《初学记》卷二七《宝器部·绣》引,第 657 页。
②《文选》卷三四,第 486 页。
③《艺文类聚》卷四七《职官部·仪同》,第 847 页。

着意限制其使用,有密切关系。

魏晋以降,各阶层、各集团、各势力的权势格局发生重大变化,官僚体制和品位结构也发生了变化。那些变化就有可能投射到礼制等级上,包括舆服等级。黄惠贤先生指出:"因此,魏明帝'疑三公衮冕之服似天子,减其章采',这样做是很必要的。"①为什么说"很必要"呢?三公或诸公发生了什么变化,非要压低其章旒呢?汉代三公是宰相,另有太傅、大将军居公之位,位公者有五。而"魏初三公无事,又希与朝政"②。太傅、大将军外又置太保、大司马,"公"已至七了。晋武帝加设太宰,遂成"八公同辰,攀云附翼"之局,"八公"都是皇帝优礼有加的亲信死党。朝廷还通过"开府仪同三司"之衔,让很多高级官贵获得了"比公"的待遇;还有一批高级军政官号,"骠骑、车骑、卫将军、伏波、抚军、都护、镇军、中军、四征、四镇、龙骧、典军、上军、辅国等大将军,左右光禄、光禄三大夫,开府者皆为位从公",皆高居一品③。比起秦汉大帝国,魏晋小朝廷陡然增加了一大批"公""从公"。尽管其时户口大减,民愈少而"公"愈多。这是因为风雨飘摇之时,更有必要广施名号以结人心,维系统治集团的稳固与忠诚。封授力度跟政治动荡的程度,往往是水涨船高的关系。但皇帝的心理又很矛盾:多出了一大堆"公"与"从公"来,若其衮冕全都"拟于至尊",朝堂上一片"火龙黼黻",极觉刺眼。在这时候,压低"公"的等级礼遇,以降低名器猥滥之弊,也算是亡羊补牢吧。这就是"损略"三公冕服的政治背景。

---

①黄惠贤:《中国政治制度通史·魏晋南北朝卷》,人民出版社1996年版,第84页。
②《三国志》卷二四《魏书·高柔传》
③《晋书》卷二四《职官志》。

为什么"损略"的刀子只砍向公卿,却不碰诸王冕服呢?诸王是宗室,是皇帝的骨肉至亲,当然不能轻易动刀了。自汉末魏初,周制五等爵渐次恢复了。最初那倒不是为了"复古",而是为了专权需要:曹操给自己搭建的篡权台阶,是由魏公、魏王拾级而上,"公"爵由此再现。魏文帝黄初三年(222年)三月,"初制封王之庶子为乡公,嗣王之庶子为亭侯,公之庶子为亭伯"①。这时的公、侯、伯爵,明显面向皇族成员。西晋大封五等爵以优待宗室、功臣,培植效忠集团;同时又大封宗王,或让他们居外以临方镇,或让他们居朝以执国柄,所谓"出拥旄节,莅岳牧之荣;入践台阶,居端揆之重"②。大封宗王,目的是在权势的天平上提高皇室的权重,在门阀权势日益膨胀之时,让皇室的权势也抓紧膨胀起来以为抗衡。因史料所限,对五等爵的服冕规则我们不甚清楚,只能阙而不述。无论如何,西晋上承曹魏继续"损略"公卿冕服,却不动王爷们的冕服,对这做法,显然是可以拿"宗王政治"来解释的。

## 4. 魏晋的鷩冕与《周礼》

以上叙述显示,魏晋冕制变动,利用了马融、《伪孔传》一系的冕服说。不过不止于此,被其利用的还有《周礼》。下面就来看这样一点。

---

①《三国志》卷二《魏书·文帝纪》。又《晋书》卷十六《地理志上》:"魏文帝黄初三年,初制封王之庶子为乡公,嗣王之庶子为亭侯,公侯(按侯字当删)之庶子为亭伯。"
②《晋书》卷五九《序》。

让我们从孙吴降人孙壹的冕服谈起。《三国志》卷四《魏书·三少帝纪》高贵乡公甘露二年（257 年）六月诏：

> 吴使持节、都督夏口诸军事、镇军将军、沙羡侯孙壹，贼之枝属，位为上将，畏天知命，深鉴祸福，翻然举众，远归大国，虽微子去殷，乐毅遁燕，无以加之。其以壹为侍中车骑将军、假节、交州牧、吴侯，开府辟召、仪同三司，依古侯伯、八命之礼①，衮冕赤舄，事从丰厚。

《三国志》的历代注释是非常多的，但"依古侯伯、八命之礼，衮冕赤舄"一句，似无达诂②。这位孙壹既已"开府辟召、仪同三司"了，则位在"从公"，与三司或三公地位相若。"八命"是三公的代

---

① 按，中华书局本《三国志》作"依古侯伯八命之礼"。吴金华点校《三国志》同，岳麓书社 2002 年版，第 96 页。但依《周礼》侯伯七命，非"八命"。故"八命"应另有所指，"侯伯"二字之后当顿。

② 卢弼《三国志集解》（中华书局 1982 年版，第 158 页）、梁章钜《三国志旁证》卷五（福建人民出版社 2000 年版，第 141 页）、杭世骏《三国志补注》卷一（商务印书馆 1937 年版，第 14 页以下）、侯康《三国志补注续》（商务印书馆 1937 年版，第 29 页），均于此无说。章惠康等《三国志今注今译》："八命：周代官秩自一命至九命凡九等，八命是官爵的第八等，即王之三公及州牧。后泛指高级官僚"；"兖（衮）冕赤舄：古代帝王、诸侯、贵族穿戴的礼服、礼帽、礼鞋"。湖南师范大学出版社 1991 年版，第 249页。略具轮廓而已。《白话三国志》远波译文："依照古代侯伯之礼，赏其帝王礼服、礼帽及礼鞋。"中央民族学院出版社 1994 年版，第 173 页。"帝王礼服"之说，误甚。又许嘉璐主编：《二十四史全译·三国志》："依照古代侯伯八等官爵的礼仪，穿上礼服礼帽和红色的鞋子，事事按丰厚的礼遇相待。"汉语大词典出版社 2004 年版，第 1 册第 65 页。亦略具轮廓而已。

称,也是开府仪同三司的代称①。后文裴松之说孙壹"至乃光锡八命,礼同台鼎",这个"台"不是尚书台,而是象征天子朝廷的三台星,"台鼎"指三公,"礼同台鼎"也就是"仪同三司"。(当然孙壹又是交州牧,而州牧也被认为是八命的②。)赐孙壹衮冕一事,已在魏明帝改革冕服之后了。诏书"依古侯伯、八命之礼"的话包括两点:第一是依侯伯之礼,第二是依八命之礼。《周礼》以公、侯伯、子男为三等,连同"八命",都表明甘露二年之前的冕制,已采用《周礼》等级概念了。

当然读者马上就会发现问题:孙壹爵为吴侯,而依《周礼》侯伯应为七命,应服鷩冕;孙壹又加仪同三司,相当三公,八命三公也不应高于鷩冕。这两点当时的人不会不明白。对此孙吴韦昭的《国语解》,可算一个旁证。《国语·周语上》:"晋侯端委以入。太宰以王命命冕服。"韦昭注:"命,命服也。诸侯七命,冕服七章。冕,大冠。服,鷩衣。"③那么高贵乡公诏称"依古侯伯、八命之礼",孙壹所服却是"衮冕"而非鷩冕。这是为什么呢? 有趣的地

---

① 张衡《司徒吕公诔》:"登受八命,衮职靡倾。"《艺文类聚》卷四七引,第838页。语中"八命"指的是司徒。王导《遗王含书》"近有嘉诏,崇兄(王含)八命"(《晋书》卷十九《王敦传》),沈约《为齐明帝遗诏》"徐令(尚书令徐孝嗣)可重申八命,中书监、本官悉如故"(《南齐书》卷六《明帝纪》),《为始兴王让仪同表》"况高拟万石,爰均八命,室等天真,服加黼黻"(《艺文类聚》卷四七,第847页),语中"八命"都指开府仪同三司。

② 《周礼·春官·大宗伯》:"八命作牧。"《十三经注疏》,第761页下栏。《汉书》卷九九《王莽传》天凤元年(14年):"莽以《周官》、《王制》之文,……置州牧、部监二十五人,见礼如三公。"居延汉简有"州牧八命黄金印"之文,见谢桂华、李均明、朱国炤编:《居延汉简释文合校》,文物出版社1987年版,第470页,简号280·2。"州牧八命"是比附《周礼》制度。

③ 《国语》,上册第40—42页。董增龄《国语正义》也是用郑玄《周礼注》来解说《国语》此文的。巴蜀书社1985年版,第124页。

方显出来了。

究其原因,我以为这仍与魏明帝的"损略黼黻"相关。经过魏明帝之"损略",三公冕服只剩七章了;然而如前所考,魏明帝"损略"的两章是黼黻,而不是山龙,这就是关键所在。由于那件冕服上仍有龙纹,所以仍可以称"衮冕"。换言之,当时八命者所服冕服,从服章上有山龙来说,算是衮冕;但从章数"七章"来说相当于鷩冕,缺少两章,没有黼黻。就"七章"而言,确实是"依古侯伯、八命之礼"的;就冕名而言,却非古礼,按古礼侯伯不能服衮。皇帝诏书为了好听或出于习惯,径称"衮冕"——东汉三公服衮,"衮司""衮职""衮命"等语,早就成了三公之代称了①。而且叫"衮冕"并不算错,因为那服上确实有龙。可见所谓"古礼",其实经常因时事而发生变态。读史的朋友要留神了,魏晋三公、位从公者所服的"衮冕",从章数说只相当于《周礼》的鷩冕。这样我们又看到:魏明帝冕制中还含有《周礼》因子。

判断孙壹的冕服名为衮冕实为鷩冕,只有七章,我们还有更强硬的证据。西晋博士孙毓、段畅有一篇《诸王公城国宫室章服车旗议》,它可以证明西晋位公者所服,正是鷩冕七章。请看:

> 余诸王从公者,出就封,朝祀之事,宜路车驷马,建大旗九斿,画交龙。《礼》,公之服自衮冕而下,侯伯自鷩冕而下,皆如王之服。祭服宜玄冕朱里,玟玉三采九旒,缫三色九就,

①如"司衮"。张衡《思玄赋》:"董弱冠而司衮兮。"《六臣注文选》,中华书局1987年版,第281页。张衡的意思,是说董贤22岁就做了三公。又参龚克昌等:《全汉赋评注》,下册第541页注[186]。如"衮职"。《后汉书》卷五四《杨赐传》:"五登衮职,弭难义宁。"是说杨赐五次担任三公。直到南北朝,"衮司""衮命""衮章"之类,仍用以指代三公。

丹组缨，玄衣纁裳，画九章，以事宗庙。其祀社稷、山川，及其
群臣助祭者，皆长冠玄衣。其位不从公者，皆以七为节，其它
则同……

　　诸王公应助祭，按《司服》之职："王祀昊天上帝，则大裘
而冕，享先生（当作王）则衮冕，先公则鷩冕。公之服，自衮冕
而下，如王之服；侯伯之服，自鷩冕而下，如公之服。"《礼记·
王制》曰："制，三公一命衮。"谓三公八命复加一命，则服衮
龙，与王者之后同。然则九命及二王之后，乃服衮衣无升龙；
三公之服，当从鷩冕而下。太尉、三公助祭，宜服鷩冕七章，
冕缫九旒，赤舄。①

《议》中直引《周礼》以论冕制，表明《周礼》正式成为王朝冕制指
南；同时又能看到，东汉永平冕制还保持着传统影响。

　　下面对《议》中的若干文句加以诠释。"祭服宜玄冕朱里，玭
玉三采九旒，缫三色九就，丹组缨，玄衣纁裳，画九章，以事宗庙"
那段话，说的是王公自祭之冕服。本书第四章第 5 节，已讨论过
自祭与助祭的冕服差别问题了。后儒认为，诸侯助祭时服其最高
冕服，自祭只能服玄冕；但这里还有一个作为例外的特许："其二
王之后，祭受命之王，各服已上之服。"打比方说，宋国是周朝的
"二王之后"，若依此礼，则宋公自祭商汤，就是可以服衮冕的。再
比方说，因为山阳公刘康是晋朝的"二王之后"，所以如果刘康自
祭汉高祖或光武帝，就可以服衮冕。孙毓、段畅"祭服宜玄冕朱
里"一语中的"玄冕"，只是讲冕的颜色，不是指六冕中最低级的玄

---

① 《通典》卷七一《礼三一》，中华书局 1984 年版，第 391 页上栏、中栏；王文
锦等点校本，中华书局 1988 年版，第 1957—1958 页。

冕。那冕是九旒九章的衮冕。孙毓、段畅让王公戴衮冕自祭宗庙，就是参照了"二王之后"的待遇，来安排西晋王公自祭宗庙的冕服的。在周朝，唯天子称"王"，然而汉晋皇子通例封"王"。孙毓、段畅先根据《周礼》的公爵待遇，确定了诸王服衮冕；但"王"号毕竟高于"公"，所以孙、段又参照"二王之后"的冕服特权，打算允许晋室诸王用衮冕祭宗庙。晋武帝当然是"受命之王"了，若他死了，晋室诸王在本国宗庙祭祀他的时候，可以戴衮冕。这就是孙毓、段畅的意思。这样安排冕服，是一个尊崇皇族之举，当然也是一个尊崇"受命之王"之举。

"其祀社稷、山川，及其群臣助祭者，皆长冠玄衣。"这里所说的也是自祭。若不是"祭受命之王"，而是自祭社稷、山川，王公们就不能服衮冕了。而且在这时候，孙毓、段畅连玄冕都不让他们服，只能服长冠玄衣。帮王公助祭的群臣亦然，也是长冠玄衣。这么安排，参考了东汉永平旧制："五岳、四渎、山川、社稷诸沾秩祠，皆袀玄长冠，五郊各如方色云；百官不执事，各服常冠袀玄以从。"[1]所以我们说，东汉永平冕制作为传统，对晋朝冕制也有影响。

"其位不从公者，皆以七为节。"孙毓、段畅想让"位不从公"的王公们鷩冕七章七旒，以示区别。陈戍国先生说："我们还可从中发现'以七为节'与以九为节两个属于诸侯王的阶层。"[2]但这个规划之所涉，也许不只是诸侯王，可能也包括五等爵的拥有者。但我们并不清楚，其中是包括了五等爵的所有拥有者，抑或只是其高等爵号，例如只包括公爵，不包括侯伯以下爵；或者只包括司

---

[1]《续汉书·舆服志下》。
[2]陈戍国：《中国礼制史》魏晋南北朝卷，湖南教育出版社1995年版，第223页。

马氏同姓,不包括异姓的五等爵封臣。

"诸王公应助祭,按《司服》之职"以下,讲的就是为皇帝助祭了。"然则九命及二王之后,乃服衮衣无升龙;三公之服,当从鷩冕而下","太尉、三公助祭,宜服鷩冕七章,冕缫九旒"。这显然是照上公九命、三公八命推算出来的。九命、鷩冕,都是《周礼》概念。西晋实行了五等爵制,依《周礼》公爵九命。

本书第四章已揭示,对《周礼》诸臣冕服可以有两种安排,一是郑玄的"以爵不以命数",即三公毳冕五章,孤絺冕三章,卿大夫玄冕一章;另一种是《毛传》所反映的"各视其命之数",三公鷩冕七章,孤卿毳冕五章,大夫絺冕三章。二者相差一级。比较之余我们看到,孙毓、段畅没有采用郑玄的冕服说,采用的是"各视其命之数"的办法,依命数而定服章。简单说来,孙毓、段畅的总体规划,是王公衮冕九章九旒,自祭宗庙可用衮冕;为皇帝助祭的三公鷩冕七章九旒,"位不从公"的王公鷩冕七章七旒。

但这个建议,至少其"三公九旒"一点,没有被晋廷采纳。魏晋的实际冕制,是王公及相国、丞相衮冕九章九旒,三公鷩冕七章七旒,九卿五章五旒。相国、丞相相当于"上公",他们用衮冕一点,可参看《晋书·职官志》:"其相国、丞相,皆衮冕,绿綟绶,所以殊于常公也。"相国、丞相的冕服,比"常公"又高一头。"自魏晋以来,相国、丞相多非寻常人臣之职"[1],往往都是操持国柄的权臣,故其礼遇高于三公。

由此反观曹魏孙壹的冕服问题,所服虽然名为衮冕,但若"依古侯伯、八命之礼"的话,孙壹的冕从章数说只能是鷩冕七章。西晋王公、九命才能服衮冕九章,魏明帝时冕制已约略如此了。

---

[1]《通典》卷二一《职官典三》,中华书局1984年版,第119页下栏。

我们揭示,魏明帝在"损略黼黻"时利用了马融《尚书注》;现在又可补充这样一点:魏明帝其时还利用了《周礼》,让三公七章、九卿五章,其实也是合乎《周礼》的。若按"各视其命之数"的原则确定诸臣冕服,则三公鷩冕七章,九卿毳冕五章。孙毓、段畅之议,就是证明。魏明帝不想让诸臣用黼黻,想把三公九章砍掉两章,那么《周礼》鷩冕七章之说,正好为他提供了理由。魏明帝理当笑纳。质言之,对三公衮冕九章的东汉旧制,魏明帝是双管齐下、左右开弓,依马融《尚书注》而损其黼黻,依《周礼》而定其七章。

这样我们就看到,《周礼》对王朝冕制的影响,在魏晋明显大起来了。皮锡瑞等学者已指出,汉儒重《仪礼》,而魏晋以下重《周礼》。陈寅恪先生说:"中国儒家政治理想之书如《周官》者,典午之前,固已尊为圣经,而西晋之后复更成为国法矣。"①甘怀真先生论西晋"五礼",指出魏末已出现了"《周礼》地位的突出",魏末恢复五等爵的举措就是表现之一,"此举的目的之一是宣告一个遵从'周政'的新体制的诞生,而不再用汉家之法,此亦象征周礼成为政制的法源"②。近年梁满仓先生又强调这样一点:汉人重"八礼",即重《仪礼》;魏晋以下重"五礼",即重《周礼》③。魏晋冕制的变迁,也证明了《周礼》影响在与日俱增。

为什么魏晋以下,《周礼》成了"圣经""国法"呢?从中国政治史的大趋势看,魏晋南北朝这个时代中,"族"的因素——皇族、

①陈寅恪:《崔浩与寇谦之》,收入《金明馆丛稿初编》,生活·读书·新知三联书店 2001 年版,第 145 页。
②甘怀真:《"制礼"观念的探析》,收入《皇权、礼仪与经典诠释:中国古代政治史研究》,第 101—102 页。
③梁满仓:《论魏晋南北朝时期五礼制度化》,《中国史研究》2001 年第 4 期。

士族、家族，在北朝还有部族因素——的政治影响重大起来了，这在某种意义上或一定程度上，是周朝贵族世卿政治的回潮或倒卷。在这时候，人们对名为"周礼"的周制，就有了更大的亲近感。比较而言，宋明清发达的集权官僚政治远离了周政，君臣对"周礼"的亲近感，就大为淡漠了。像五等爵、国子学、三年丧等等可追溯于周的制度设置，与皇族、士族、家族因素，确实存在着重大的亲和性。中国士人是传承诗书礼乐的。从士人的发展历程看，两汉儒生、汉末名士在魏晋以下发展为士族阶层，这也为礼学的升温创造了条件。在各种经传之中，《周礼》一书所提供的"周礼"丰富、整齐而集中，那也是魏晋以下其书为人所重的重要原因之一。在魏晋制度发生剧烈波动之时，《周礼》在外在形式上也可以为改制提供素材，包括官名、爵称、官署架构等等。

除此之外，还有文化心理的原因。对此我们不妨多说几句。从清议、党锢到黄巾、董卓，从汉帝国崩溃到三国分裂，从曹操篡权到司马氏篡权，人们的心灵不断被刺痛灼伤，其感受跟"盛世"大不相同了。人们在想什么？"天地不仁，以万物为刍狗"，眼睁睁地看着历史滑向低谷，人们焦灼的心灵渴求着慰藉，想给"苟全于乱世"的生活寻求意义；朝廷上的君臣，其心理也需要寄托，需要为"乱世"中的统治寻求意义。"周礼"之于君臣士大夫，就好比这一时期的老庄之于名士，道佛之于平民。与秦汉大帝国相比，我们真的很惨；那还瞎忙活什么呢？有必要、有价值、有意义吗？"红旗到底能打多久？"不如散伙儿算了。在这时候，"周礼"就成了黯淡无光中的一道亮光。马克思曾经说过："宗教是被压迫心灵的叹息，是无情世界的感情……宗教是人民的鸦片。"①与之相似，"周礼理想国"就是君主士大夫的心灵叹息，就是他们在无情世界中的感情。皇帝由此证明其行使统治是有意义的，士大夫由此相信自己拥戴政权是有必要的。"周礼"是魏晋君臣的鸦片。

在名士选择了"自然"、平民选择了宗教之时，朝堂上的皇帝、官僚们选择了"周礼"。刚刚崩溃的汉朝已不值得留恋，对昏君阉宦人们记忆犹新，"汉家之法"失去了吸引力。而"周礼"则在焦虑、沮丧与挫折之中，赋予了政权以新的存在意义。一把钥匙开一把锁。魏晋统治集团是高度"士人化"的，士人传承儒经礼典。"士人化"的统治集团，就需要"士人化"的慰藉方式，用"周礼"来打开其心灵之锁。曹操想象着"太平时，吏不呼门，王者贤且明……"的盛世，憧憬周政："于铄贤圣，总统邦域，封建五爵，井田刑狱。"②晋武帝司马炎以"吾本诸生家，传礼来久"自负③，西晋大定"五礼"，家学变成了"国学"。不但丧服、祭典等等一意从古，就是实用性的制度改革，也成心给它们加上"周礼"的文饰。比如，用以保障皇族、褒奖功臣的品位安排，刻意采用周朝"五等爵"的形式；用以优遇权贵的等级教育机关，刻意选择周朝"国子学"作为校名。动荡不宁、满身病相的小朝廷，由于"周礼"而被激起了若干神圣感、悲壮感：我们虽处历史低谷，但我们维系的礼乐，是一个古老文明的血脉；我们支撑的制度，是一个"周礼理想国"的投影。那么，让我们化悲痛为力量，坚持到底，继续奋斗吧！此期的华夏衣冠、周礼冕服，当然也都具有类似意义，发挥着类似的作用。

---

① 马克思：《黑格尔法哲学批判导言》，收入《马克思恩格斯全集》，第 1 卷第 453 页。
② 曹操：《度关山》《对酒》，《曹操集》，中华书局 1959 年版，第 2、4 页。
③ 《晋书》卷二十《礼志中》。

## 5. 高堂隆之冕服从郑

"礼是郑学"①,礼学大师郑玄以其学行,在汉末赢得了世人的敬爱,号称"经神"。郑玄的"周礼建构"本用于自娱,但在魏晋以下,随礼学,特别是"周礼"的升温,郑玄经说不可避免地要成为礼制参考,将对王朝制度发生影响了,包括冕制。

孙毓、段畅安排诸臣章旒,以命数为准,三公鷩冕七章、卿毳冕五章;汉末郑玄却不那么看,认为三公毳冕五章,孤绨冕三章,卿大夫玄冕一章。郑玄之说,在汉魏有无伸张者呢? 汉末似乎已经有了,曹魏则肯定有。请看:

> 1. 蔡邕《太傅文恭侯胡公碑》:封建南蕃,受兹介祜。玉藻在冕,毳服艾辅。(《蔡中郎集》卷五,《景印文渊阁四库全书》,第 1063 册第 207 页上栏;严可均:《全上古三代秦汉三国六朝文》,第 886 页上栏)
> 2.《魏台访议》:《礼》,天子大夫玄冕而执雁。今秩中二千石、六百石者可使玄冕而执雁。(《太平御览》卷六九〇《服章部七》引,第 3 册第 3080 页下栏)

第 1 条中的"胡公"就是太傅胡广。"玉藻在冕,毳服艾辅",是说胡广居三公之位而又封侯,得以头戴旒冕、身着毳服。胡广死于汉灵帝建宁五年(172 年)。这一年郑玄 46 岁,已名重一时,早已

---

①《礼记·杂记》孔颖达疏,《十三经注疏》,第 1550 页下栏。

完成了他的《周礼注》①。蔡邕与郑玄年龄相若，又彼此敬重，其《独断》往往合于郑玄礼注②，那么，蔡邕《胡广碑》不按汉朝冕制称三公之冕为"衮冕"，却另称"毳服"，是采用了好友郑玄的"三公毳冕"之说吗？

第 2 条表明，曹魏也有伸张郑玄冕服说的。"魏台"即曹魏尚书台。尚书台若遇到礼制方面的疑难，往往"访"之学者，学者因之有"议"。《魏台访议》这段话，就出自郑玄追随者。那个人就是高堂隆："《魏台杂访议》三卷，高堂隆撰。"③

史称"高堂隆为郑学"。例如在庙制上，高堂隆伸张郑玄之说："至魏初，高堂隆为郑学，议立亲庙四，太祖武帝，犹在四亲之内。"④除了庙制，现在我们又看到，在服制上高堂隆也是"为郑学"的。贾公彦把郑玄的诸臣冕服安排，概括为"天子之臣与诸侯之臣服同"。高堂隆凭什么说"天子大夫玄冕而执雁"呢？只能是凭借这个原则。中二千石为卿，二千石到六百石为大夫，高堂隆认为"中二千石、六百石者可使玄冕"，恰好合乎郑玄的卿大夫玄冕的意见。

当然我们也看到，中二千石玄冕一点，与高堂隆的另一作品《瑞贽议》⑤，有一致之处也有矛盾之处。《瑞贽议》所讨论的，是

---

① 王利器：《郑康成年谱》，第 82 页。
② 四库馆臣云，《独断》"各条解义，与康成礼注合者甚多"。《景印文渊阁四库全书》，第 3 册第 557 页下栏。
③《隋书》卷三三《经籍志二》。又《太平御览》卷三三《时序十八》引有"高堂隆《魏台访议》曰：诏问何以用未祖丑腊？臣隆对曰……"一条。第 1 册第 156 页上栏。
④《隋书》卷七《礼仪志二》。
⑤《通典》卷七五《礼三五》引，中华书局 1988 年版，第 2035 页以下。

如何把《周礼》六瑞六贽用于现实官制。郑玄论瑞贽之礼,采用"以爵不以命数"原则,高堂隆《瑞贽议》也如此处理。其中对诸臣贽礼的相关安排,略如下述:

1. 群公执璧;大将军、骠骑、车骑、卫将军,与公同仪执璧。

2. 九卿之前三卿(即太常、光禄勋、卫尉),比孤执皮帛。

3. 九卿之其余六卿(按即太仆、廷尉、大鸿胪、宗正、大司农、少府),州牧、郡守以功德赐劳秩比中二千石者,比卿执羔。

4. 三府长史(按秩二千石①),州牧、郡守未赐劳者(按秩二千石),诸县千石、六百石,儒官博士,比大夫执雁。

5. 诸县四百石、三百石长,比士礼执雉。

据此我们列出下表:

---

① 汉武帝时丞相长史有二千石的,见《史记》卷一〇四《田叔附田仁传》田仁"为二千石丞相长史"。据《后汉书》卷二三《窦宪传》,东汉窦宪做大将军时"长史、司马秩中二千石"。《续汉书·百官志一》:"(太尉)长史一人,千石。"《太平御览》卷二〇九《职官部·三公府掾属》引应劭《汉官仪》:"太尉、司徒、司空长史,秩比千石,号为毗佐三台,助和鼎味。"第2册第1003页下栏。《北堂书钞》卷六八《设官部·长史》引《汉旧仪》:"太尉、司徒长史,秩比二千石,号为毗佐三台,助鼎和味。"中国书店1989年版,第244页下栏。不同时期,三公长史的秩级有变。高堂隆《瑞贽议》:"三府长史,亦公之副,虽有似于孤,实卑于卿,中大夫之礼可也。"曹魏时三府长史既然"实卑于卿",即低于中二千石九卿,那么其秩级应为二千石。

| 三公执璧 | 群公;诸大将军及骠骑、车骑、卫将军等 | 毳冕? |
| --- | --- | --- |
| 孤执皮帛 | 太常、光禄勋、卫尉 | 絺冕?<br>玄冕? |
| 卿执羔 | 太仆、廷尉、大鸿胪、宗正、大司农、少府,<br>州牧郡守以功德赐劳,秩比中二千石者 | |
| 大夫执雁 | 三府长史,二千石<br>州牧郡守,二千石<br>诸县千石、六百石令<br>博士,比六百石 | 玄冕 |
| 士执雉 | 诸县四百石、三百石长 | |

《瑞贽议》建议二千石到六百石"执雁",这与《魏台访议》的"天子大夫玄冕而执雁",是一致的;但《魏台访议》让中二千石执雁,中二千石是卿,《瑞贽议》却让太常等三卿执皮帛、太仆等六卿执羔,三卿与六卿都不"执雁"。在这里,《瑞贽议》同《魏台访议》不一致了。

是高堂隆的两次意见不一样,顾此失彼了吗?不能说没那种可能。就是我们自己,不留神自相抵牾也是常有的。人非圣贤,难免疏漏。汉魏秩级难以跟《周礼》爵命一一对应,在用周爵去附会现行秩级的时候,发生参差在所难免。但还有一种可能,就是《太平御览》在摘引《魏台访议》时发生了错漏。若让《魏台访议》在"执雁"一点上与《瑞贽议》一致起来,不妨想象《魏台访议》的原文如下:"天子之卿玄冕而执羔,天子大夫玄冕而执雁;今秩中二千石者可使玄冕而执羔,秩二千石、六百石者可使玄冕而执雁。"这样就合理多了。虽然没找到材料来证成这一推断,但我想其可能性不是一点儿都没有的。

无论如何,高堂隆的"天子大夫玄冕而执雁",与郑玄的"卿大夫玄冕"之说是一致的。那么在冕服上,仍可以说"高堂隆为郑学"。第四章第 4 节曾提到,清儒金鹗在反驳"三公毳冕说"时,有个"郑(玄)当谓三公服鷩冕也"的猜测。但从《魏台访议》看,曹魏时所传承的郑玄冕服说,是三公毳冕而非三公鷩冕,金鹗的猜测不确。

# 6. 魏晋冕制与郑王之争

高堂隆的"天子大夫玄冕执雁"之议,没被当局采纳;魏晋朝廷采用的是三公鷩冕之说,而不是郑玄的三公毳冕之说。不用郑玄大概还有一个背景,就是郑玄、王肃之争。下面就来考察这个问题。

王肃是司空王朗的儿子,在相府中长大。黄初年间拜散骑、黄门侍郎,太和三年(229 年)又为散骑常侍,连历门下三职,可谓"春风得意马蹄疾"。王肃与郑玄并不同时①,但其遍注群经②跟郑玄相似,兼综今古文跟郑玄相似,长于礼学又跟郑玄相似。学业甫成,王肃便选中大师郑玄为敌,指其"违错者多",宣称要"夺而易之",没多久就把自己也弄成大师了,宛然一位"学术超男"。曹魏学官中通行着贾逵、马融、郑玄、王肃之学,《三礼》博士各有

---

①郑玄约在建安五年(200 年)辞世,那一年王肃五岁。
②李振兴《王肃之经学概述》云:"王肃所治,则《易》、《书》、《诗》、《三礼》、《春秋左氏传》、《孝经》、《论语》等七经,殆已几遍群经,异夫彼独抱一经以自名家者,可谓博矣。"收入《经学研究论集》,台湾黎明文化事业公司1981 年版,第 153 页。

郑、王两家①。史称王肃"其所论驳朝廷典制、郊祀、宗庙、丧纪轻重,凡百余篇"②。至少魏明帝太和年间,年资尚浅的王肃已屡屡得到尚书台的顾访,在王朝礼制上频频发言③,俨然政府智囊了。学者有这样的幽默说法:"王肃一生的事业在于反驳郑玄。"④话虽刻薄,但非无据。那么,面对着郑学一方的"大夫玄冕执雁"之议,王肃能缩头缄口、任人夺席吗? 魏明帝的三公鷩冕七章、卿绨冕五章之制,是否跟王肃相关呢? 下面征之史料,逐步加以考察。

王肃甫卒,就有一位《书》博士庾峻,在高贵乡公的经学讲席上伸张王肃经义了⑤。那位庾峻,后来又成了晋礼的制订

①王国维先生云:"《诗》及《三礼》郑氏、王氏。"见其《汉魏博士考》,《观堂集林》,中华书局1959年版,第190页;河北教育出版社2003年版,第92页。又参刘汝霖:《魏氏十九博士表》,《汉晋学术编年》,上海书店据商务印书馆1935年版影印,第109页;蒋善国:《尚书综述》,第129页;王志平:《中国学术史·三国两晋南北朝卷》,江西教育出版社2001年版,第133页。
②《三国志》卷十三《魏书·王朗传附王肃传》。
③《通典》卷四九《礼九》:"太和六年,尚书难王肃,以《曾子问》唯祫于太祖,群主皆从,而不言禘,知禘不合食。肃答曰,以为祫禘殷祭,群主皆合,举祫则禘可知也……"同书卷七二《礼三二》:"魏尚书奏,以故汉献帝嫡孙杜氏乡侯刘康袭爵,假授使者拜授,康素服。……王肃议……"同书卷七九《礼三九》:"景初中,明帝崩于建始殿,殡于九龙殿。尚书访曰:当以明皇帝谥告四祖,祝文于高皇称玄孙之子,云何? 王肃曰……"同书卷九一《礼五一》:"魏尚书郎武竺有同母异父昆弟之丧,以访王肃。肃据子思书曰……"可见当时王肃经说,颇为朝廷所重了。中华书局1984年版,第284页上栏、第395页下栏、第427页上栏、第496页下栏。
④本田成之:《中国经学史》,上海书店2001年版,第171页。
⑤潘眉:"惟《书》博士庾峻从王肃义。盖庾峻系郑袤所举,袤党司马氏,故峻亦宗王黜郑也。"《三国志旁证》卷二,《二十四史订补》,书目文献出版社1996年版,第5册第162页。又钱大昕:"王肃卒于是年,而其说已为博士所习,进讲人主之前,盖肃兼通数经,强辩求胜,又以三公之子早登显要,易为人所信从也。"《廿二史考异》卷十五,上海古籍出版社2004年版,第283页。

者①。前揭《诸王公城国宫室章服车旗议》的作者之一孙毓,也是王肃的粉丝之一。皮锡瑞云:"晋初郊庙之礼,皆王肃说,不用郑义。其时孔晁、孙毓等申王驳郑,孙炎、马昭等又主郑攻王,断断于郑、王两家之是非……"②余嘉锡先生也说:"及至晋时,孙毓作《毛诗异同评》,朋于肃。"③孙毓既然"申王驳郑""朋于肃",则他的那份包括"三公鷩冕"在内的冕服规划,就有可能依据王肃吧?

魏明帝"损略黼黻"时,利用了马融《尚书注》;马融《尚书注》又被《尚书伪孔传》所吸取。而王肃与马融、与《伪孔传》,全都有密切关系。史称"肃善贾、马之学,而不好郑氏"④,陆德明谓王肃《尚书注》"大与古文相类,或肃私见《孔传》而秘之乎?"⑤皮锡瑞等甚至指"孔安国《尚书传》,王肃伪作"⑥。对王肃与《伪孔传》的关系,学者看法不一,这里就不纠缠了,总之二者有瓜葛就是了。

在冕服理论上王肃颇有建树,提出了"虞舜九章""脱裘服衮"等说法,都与郑玄不同。郑玄说虞舜冕服用十二章,到了周朝,日月星辰三章改画在旌旗上面,天子的衮冕就只剩九章了。而王肃《尚书注》相反,说是虞舜时的冕服才是九章,那时候的三

---

①《南齐书》卷九《礼志上》:"晋初司空荀颉因魏代前事,撰为晋礼,参考今古,更其节文,羊祜、任恺、庾峻、应贞并共删集,成百六十五篇。"又见《晋书》卷十九《礼志上》。

②皮锡瑞:《经学历史》,第 160 页。

③余嘉锡:《晋辟雍碑考证》,收入《余嘉锡文史论集》,岳麓书社 1997 年版,第 145 页。

④《三国志》卷十三《魏书·王朗传附王肃传》。

⑤陆德明:《经典释文》卷一,第 8 页下栏。

⑥皮锡瑞:《经学历史》,第 163 页。当然也有不同意见。吴承仕:"愚谓此乃孔《传》采摭王义,非王氏窃自伪《书》也。"见其《经典释文序录疏证》,中华书局 1984 年版,第 68 页。刘起釪先生亦云:"王肃在魏晋时伪造孔氏本之说,在情理上显然是说不过去的。"《尚书源流及传本考》,第 51 页。

辰才画在旌旗上呢："舜时三辰即画于旌旗,不在衣也,天子山龙华虫耳。"①那不是成心跟郑玄作对吗?

再看"脱裘服衮"之说。此说出自《孔子家语》王肃注。《孔子家语》在魏晋就遭到质疑了,后人多认为今见《家语》含有王肃的伪造成分,甚至称为"污点",指为"大蠹"②。但近年也有学者提出,不论王肃是否曾动笔改篡,"说他伪造整部《家语》,恐怕是不可能的"③,"《孔子家语》记载的可靠性应该不成问题"④。我们来看《孔子家语·郊问》中的冕服之说:

> 天子大裘以黼之,被裘象天。乘素车,贵其质也。旗十有二旒,龙章而设以日月,所以法天也。既至泰坛,王脱裘矣,服衮以临燔柴。戴冕璪十有二旒,则天数也。
>
> 王肃注:大裘为黼文也。言被之大裘,其有象天之文,故被之道路,至大坛而脱之。(上海古籍出版社1990年版,第76—77页)

①《古文尚书·益稷》孔颖达疏引,《十三经注疏》,第142页中栏。
②可参看姚际恒:《古今伪书考》,景山书社1929年版,第16页;黄云眉:《古今伪书考补证》,山东人民出版社1959年版,第72页;邓瑞全、王冠英主编:《中国伪书综考》,黄山书社1998年版,第384页以下。蒋伯潜:"东汉经学得此造作伪书之人以结其局,实为一大污点。"《十三经概论》,上海古籍出版社1983年版,第15页。皮锡瑞盛赞郑玄"高节卓行之美",而指王肃为"大蠹"。《经学历史》,第141、159页。郑玄的品德为世人所敬,王肃在这方面就比较吃亏。
③李学勤:《竹简〈家语〉与汉魏孔氏家学》,收入《简帛佚籍与学术史》,江西教育出版社2001年版,第411页;《李学勤文集》,上海辞书出版社2005年版,第510页。
④王志平:《中国学术史·三国两晋南北朝卷》,第150—152页。王先生的考辨虽繁,但多在问题的外围周旋,仍然缺乏实质性的证据。

查《礼记·郊特牲》："祭之日，王被衮以象天，戴冕，璪十有二旒，则天数也。乘素车，贵其质也。旗十有二旒，龙章而设日月，以象天也。"《家语·郊问》中"被裘象天……"以下的文字，显然就是从《郊特牲》的这一段中抄来的。可王肃又不是原文照抄，"衮"字被他刻意改动了，改成了"裘"字，"被衮以象天"成了"被裘象天"了。元明浅人未能细审王肃注文，擅据《郊特牲》，又把《家语》的"被裘象天"改回为"被衮象天"①。所改殊不足据，因为恰

①元人王广谋注本《标题句解孔子家语》（庆长四年古活字印本，日本东京大学东洋文化研究所藏，扫描版），"被裘象天"四字作"被衮象天"；而且"服衮以临燔柴"一句之前，无"既至泰坛，王脱裘矣"八字。此八字显系妄删，以迁就前文的"被衮象天"。无怪明人何孟春说王广谋本"庸陋荒昧，又正文多所漏略"了。然而何孟春未见《家语》王肃注，所以他自己也是"臆测亦所不免"，见四库馆臣《提要》，《景印文渊阁四库全书》，第3册第72页。何孟春注《孔子家语》，亦作"被衮象天"，仍不正确，见《四库全书存目丛书》，齐鲁书社1996年版，子部第1册第53页下栏。作"被衮象天"的，还有清人陈士珂《孔子家语疏证》卷七，商务印书馆1939年版，第184页；《丛书集成新编》，第18册第320页；《新编孔子家语句解》卷七，《续修四库全书》，第931册第36页上栏；清人姜兆锡：《家语正义》，《四库全书存目丛书》，子部第1册第144页上栏。又王德明主编《孔子家语译注》，亦作"被衮象天"，广西师范大学出版社1998年版，第324页。以上均误。

《四库全书》内府藏影宋钞海虞毛晋校勘本《孔子家语》，作"被裘象天"，见《景印文渊阁四库全书》，第695册第68页下栏。这是正确的。上海古籍出版社版《孔子家语》，即据此本影印。作"被裘象天"的，又如陈际泰：《新刻注释孔子家语宪》，《四库未收书辑刊》，北京出版社1998年版，第3辑第21册第42页上栏；章如愚：《山堂群书考索前集》卷四一《礼器门·冕服类》引，正德十三年建阳刘氏慎独书斋刊本；范家相：《孔子家语证伪》引，《续修四库全书》，第931册第145页；秦蕙田：《五礼通考》卷四《吉礼四》引，《景印文渊阁四库全书》，第135册第185页，等等。又张绵周标点的《孔子家语》作"被裘象天"，上海新文化书社1933年原版，中州古籍出版社1991年影印，下册第20页。

好就在此处，王肃做了手脚。首先，《郊问》后文比《郊特牲》多了"王脱裘矣"四字，则前文必作"被裘象天"，"脱裘"与"被裘"是相呼应的。再看王肃自注，就更明白了，明明是说"言被之大裘，其有象天之文"，"被"以"象天"的乃是"大裘"，不是"衮"。反过来说，"被裘象天"及"王脱裘矣"，都出于王肃之手。

姜兆锡云："《礼记》无'天子大裘以黼之'句，下亦无'既至泰坛'三句。大裘见《周礼·司服》"①；范家相云："文内言天子被裘象天，既至泰坛脱裘服衮，以临燔柴，此据《周礼·司服》'王祀昊天上帝，服大裘而冕'云云有意添出。"②姜、范之语，都能中肯破的。王肃《家语》利用了《礼记·郊特牲》，但又以一己私见擅加损益。《周礼·司服》说天子祭天时"大裘而冕"，这跟《礼记》不同；郑玄认为周朝祭天的大裘冕无章无旒，指《礼记》衮冕十二旒祭天为"鲁礼"，好让《周礼》《礼记》二者各是各，不致抵牾。而王肃既用《郊特牲》又用《司服》，又兼下己意，便在《孔子家语》中编排了这么一个说法：祭天之日天子上路，其时先穿大裘，等到登上了祭坛，再把大裘脱掉，用衮服及十二旒衮冕燔柴祭天③。是所谓"脱裘服衮"。

---

① 姜兆锡：《家语正义》，《四库全书存目丛书》，子部第 1 册第 144 页上栏。
② 范家相：《孔子家语正伪》，《续修四库全书》，第 931 册第 145 页。
③ 何孟春、姜兆锡所释与此不同。何孟春曰："内服大裘，外被龙衮，被衮所以袭裘"；姜兆锡曰："在道时被衮于大裘之上，至泰坛乃脱裘而服衮也。"照这说法，衮是披在大裘之外的。但想象一下吧：天子上路前先穿大裘，再把衮服披在大裘之上；那么到了泰坛，就得先脱衮服，才能脱下大裘，然后再穿上衮服——那么折腾是不是很弱智？两人所据《孔子家语》版本，不是作"被裘象天"而是作"被衮象天"的，又没有王肃注"言被之大裘……"之文，所以他们不知道上路时所"被"的不是"衮"，而是大裘，结果把自己绕糊涂了。明确上路所披的不是"衮"而是大裘，就"不折腾"了。

孙志祖评论说:"天子大裘,被之道路,既至泰坛,则脱裘而服衮,以临燔柴,其实于经传无所据也。"①孙氏对《家语》指摘颇严,但其看法仍然未达一间,其实王肃于经传是有所据的,他把《礼记》《周礼》捏合在一块堆了。清人陈士珂的《孔子家语疏证》于此泛泛而注,远没察觉"脱裘服衮"的微妙之处②。在郑王之争中,曹魏马昭面对王肃门徒,指出"《家语》王肃所增加,非郑所见","《家语》之言,固所未信"③。现在看这话没冤枉王肃,王肃确曾对《孔子家语》上下其手④。王承略先生指出:"我们有足够的证据表明,某些增饰的成分,特别是语句的改易和添加,只能出自王肃之手。他增饰的目的,是特意为其学说辩护,或别有用心地让郑玄出丑。"⑤王先生所言甚是,本书前面的讨论,为之增添了新的证据。

---

① 孙志祖:《家语疏证》卷四,《丛书集成新编》,第 18 册第 259 页;又《丛书集成初编》,中华书局 1991 年版,第 73 页。
② 陈士珂:《孔子家语疏证》卷七,商务印书馆 1939 年版,第 184 页;《丛书集成新编》,第 18 册第 320 页。
③ 分见《礼记·乐记》孔颖达疏引,《十三经注疏》,第 1534 页上栏;《通典》卷九一《礼五一》引,中华书局 1984 年版,第 479 页上栏。
④ 马昭只是指出王肃在《家语》中加进了自己的东西,不足凭信,而不是说全书都是王肃向壁虚造的。所以这个评价相当公允,应系定论。顾实先生已注意到:"考马昭曰'《家语》王肃所增加',似不全伪造也。"见其《重考古今伪书考》,上海大东书局 1928 年版,第 22 页。以往称《家语》为"伪书"者,其实也不是说其内容全伪、于史无征,只是说其部分内容的可靠性有问题罢了。以《家语》中有真实内容,来论证其全书不伪,逻辑上显有问题。比如说,我整理了一部古书,趁机加进了 10% 的编造内容,虽然 90% 的内容是原文,但还能说这是一部真古书吗?
⑤ 王承略:《论孔子家语的真伪及其文献价值》,收入周彦编:《文献学研究的回顾与展望:第二届中国文献学学术研讨会论文集》,台湾学生书局 2002 年版,第 21 页。

平心而论，王肃的脑子挺好使的，其"虞舜九章""脱裘服衮"二说，从学理上说不无可取之处。其"虞舜九章"之论，认为虞用九章而周用十二章，那是可以体现"由质而文"的历史进程的；其"脱裘服衮"之论，也可以调和《周礼》"大裘而冕"和《礼记》衮冕十二旒的矛盾。两个论点都可备一说。郑玄以"鲁礼"释《郊特牲》，也有漏洞，故后儒不惬。王肃之说与郑玄之说，短长互见而势均力敌。在郑玄所阐释的周礼六冕中，大裘冕是一套独立的冕服，其特征是服无章而冕无旒；而两相比较之余，不妨认为王肃所持为一种"周礼五冕说"：由于引入了《礼记》，"大裘而冕"变成了服衮服、戴旒冕、再加披一件大裘，这个意义上的"大裘"，就不再是一套独立的祭服了。清儒秦蕙田已指出："《郊特牲》'王被衮以象天，戴冕，璪十有二旒'是大裘之冕，即五冕之衮冕，非别有一冕也。郑氏谓大裘不被衮，又泥于'大裘而冕'之文，不得已为有冕无旒之说，不知有冕无旒，玄冕也。"[1]秦氏此说，显然就是在申王驳郑。

不管王肃是否一意攻郑，若真有一善可采，就不当因人废言[2]。但那背后确实又有宗派门户：王肃寸土必争，在冕服的战区里也在跟郑玄争一日之长：郑玄说"至周九章"，王肃就说"虞舜九

<hr />

[1] 秦蕙田：《五礼通考》卷四《吉礼》，《景印文渊阁四库全书》，第 135 册第182—183 页。

[2] 余嘉锡先生说："余谓肃所注书列于学官，固缘司马氏之力，然其为说，亦与康成互有短长。"《晋辟雍碑考证》，《余嘉锡文史论集》，第 145 页。解释经义时的郑不如王之处，历代学者多有揭举。马国翰承认王肃也有"特识"，万斯大《学礼质疑》多从王不从郑。郑玄之说上承汉学，受纬书影响较大。学者或谓"郑、王郊丘异议，实代表二人思想之玄怪与平实"。参见汪惠敏：《三国时代之经学研究》，台湾汉京文化事业公司 1981 年版，第119 页。

章";郑玄说"大裘而冕",王肃就说"脱裘服衮"。而且学术门户背后又有政治门户。被贾充、成济一戈穿胸的高贵乡公曹髦,生前曾帮着郑氏博士反驳王氏博士;王肃的女儿,则嫁了路人皆知其心的司马昭。所以有学者指出,郑王之争的背后是曹马之争①。晋武帝司马炎篡魏建晋,对外祖父的大著当然另眼相看、格外捧场了。好风凭借力,王学扶摇直上而盛极一时。学术与政治,是既要分开看,又不能分开看的。

　　西晋祭礼多用王肃之说②,那么西晋祭礼之冕服,很可能也用王肃之说。西晋冕制上承魏明帝,而魏明帝冕制,我们已有线索,能证明它有取于王肃了。这线索是在傅玄的《正都赋》里挖出来的,请看:

　　　　建乎禋祀,祈福上帝。天子乃反古,服衮大裘,绖纽五采,平冕垂旒,质文斌斌,帝容孔修。列大驾于郊畛,升八通之灵坛,执镇珪而进苍璧,思致美乎上乾。尔乃太簇为征,圆钟为宫,吹孤竹而拊云和,修轩辕之遗风。类于圆丘,六变既

①范文澜:《经学讲演录》,收入《范文澜历史论文选集》,中国社会科学出版社1979年版,第316页;张国刚、乔志忠:《中国学术史》,东方出版中心2002年版,第239页。又王志平先生:"高贵乡公曹髦实际是想以玄学难郑学,以郑学难王肃学。这也是曹氏与司马氏的政治斗争在学术上的反映。"《中国学术史·三国两晋南北朝卷》,第121页。
②刘起釪:《尚书学史》,中华书局1989年版,第169页。"西晋政权把王肃之说用之于一些制度措施上,由《晋书·郊祀志》所载,知晋初郊庙之礼,都依王肃说制定,而不依在礼学上特有造诣的称为礼学大宗的郑玄说。王肃在《圣证论》中所述五帝、六宗之祀,七庙、郊丘之礼,以及丧服之制等等,无不成为晋礼。"当然,实际情况可能更复杂一些。

终，则天神斯降，可得而礼矣！①

傅玄是魏晋时人，生平约在公元217至278年间，其卒年即晋武帝咸宁四年。赋中的祭祀天帝场面，乃其目睹亲见。那么就由傅玄所见，反观王肃的"脱裘服衮"之说吧。傅玄"天子乃反古"之言表明，那次祭天之前曾斟酌古礼、决意"反古"；傅玄"服袭大裘"之言又显示，祭祀那天皇上披了一件大裘。

郊天"服袭大裘"，是东汉所不见的事情。首先那是用《周礼》了，因为只有《周礼》有"大裘而冕"的说法。进而，那与王肃"被之大裘，其有象天之文，故被之道路"的说法，有无联系呢？而且随后，傅玄又看到了皇帝"綖纽五采，平冕垂旒"，那跟王肃所说"服衮以临燔柴。戴冕璪十有二旒"，也对上号了吧？"綖纽五采"四字系《周礼》原文。《周礼·夏官·弁师》："掌王之五冕，皆玄冕朱里，延纽五采，缫十有二就。"郑玄认为大裘冕无章无旒，不在五冕之列。王肃对《周礼》冕服的解释则为一种"周礼五冕说"，大裘是披在身上的，不构成一种冕，天子祭天用衮冕十二旒。所以傅玄看到了皇帝"平冕垂旒"。

用傅玄《正都赋》论皇帝祭祀冕服，初看上去只是单文孤证；但拿它跟王肃的《孔子家语·郊问》对看，情况就不同了。二者在"大裘""平冕垂旒"两点上都彼此契合，难道是巧合吗？假如傅玄只看见皇帝服大裘，未见冕上有旒，我们可以说那是用郑玄《周礼注》；假若傅玄只看见皇帝服衮冕，未见身披大裘，我们可以说那是用汉儒《礼记》说；然而傅玄既看到了"服袭大裘"，又看到了

①《太平御览》卷五二七《礼仪六》引，第3册第2395页上栏；又严可均：《全上古三代秦汉三国六朝文》，第2册第1715页下栏。扫叶山房本《精校精印汉魏六朝百三名家集》之《傅鹑觚集》所收《正都赋》，无此段文字。

"平冕垂旒",兼合《周礼·司服》与《礼记·郊特牲》,那若不是王肃的"脱裘服衮",又是什么!

那意味着什么呢？第一意味着其时的皇帝冕制用《周礼》了,第二意味着皇帝采用王肃的"脱裘服衮"了。因为,只有《周礼》才有"大裘而冕"之语,只有王肃才有"脱裘服衮"之说。而且傅玄还用"质文斌斌"来称赞那场祭祀。大裘冕属"质",路上穿大裘是为了表示"尚质",衮冕十二旒则属"文"。傅玄的"质文斌斌",很可能是就"大裘"和"平冕"兼用而言的,并非泛泛之谈。

魏明安、赵以武先生认为,《正都赋》是傅玄17岁即234年左右的作品,赋中所记龙舟、绛阙等场景是他亲眼看到的,与魏明帝练水军、修宫室相关①。不过即使认定《正都赋》成于魏明帝时,它也不应成于234年,因为其中所记的事情与圆丘祭祀天帝有关,而魏明帝"景初元年(237年)十月乙卯,始营洛阳南委粟山为圆丘。……十二月壬子冬至(入238年),始祀皇皇帝天于圆丘,以始祖有虞帝舜配"②。景初元年傅玄21岁,大约仍在太学里念书呢,得以亲睹那场圆丘之礼,亲睹魏明帝"服衮大裘,纮纽五采,平冕垂旒,质文斌斌"的丰姿。由此看来,《正都赋》应成于景初元年之后。

魏明帝定郊庙之乐,也采用过王肃的主张。太和初年(227年)王肃议:"礼,天子宫县,舞八佾。今祀圆丘方泽,宜以天子制,设宫县之乐,八佾之舞。"其建议得到了卫臻、缪袭、左延年等人响应,随后皇帝"奏可"。王肃又议:"高皇帝、太皇帝、太祖、高祖、文昭庙,皆宜兼用先代及《武始》、《大钧》之舞。"有司认为"宜如

①魏明安、赵以武:《傅玄评传》,南京大学出版社1996年版,第96、424页。
②《宋书》卷十六《礼志三》。

肃",皇帝再度"奏可"。"晋武帝泰始二年,改制郊庙哥,其乐舞亦仍旧也。"①那么王肃所定郊庙乐舞,又被西晋沿用了。又魏明帝定庙制,所采用也是王肃之说。《隋书》卷七《礼仪志二》:"至魏初,高堂隆为郑学,议立亲庙四,太祖武帝,犹在四亲之内,乃虚置太祖及二祧,以待后代。至景初间,乃依王肃,更立五世、六世祖,就四亲而为六庙。"郑玄与高堂隆的意见属东汉旧法,王肃新说至此取而代之。

景初元年圆丘祭祀"皇皇帝天"②,学者认为是用郑玄而不用王肃,因为郑玄认为郊、丘为二,而王肃主张郊丘合一。但我们对祭天冕服的考察表明,魏明帝依然给了王肃一席之地,以令郑、王两家平分秋色。在揭举《正都赋》之前,我们说魏明帝冕制用《周礼》,或将招致"证据不足"的质疑,但是现在,质疑者可以三缄其口了。

《正都赋》的"服袭大裘"四字太珍贵了,它让我们知道,魏明帝"损略黼黻"事件,比先前所知更为复杂。魏明帝既已采用了《周礼》"大裘",则当同时采用了衮冕、鷩冕和毳冕等《周礼》概念。其所定三公七章七旒,应即鷩冕;所定卿五章五旒,应即毳冕。这种以命数定诸臣冕服的做法,不同于郑玄,也应出自王肃的主张。前面说魏明帝"损略黼黻"以马融为口实,我猜也是王肃始发其议,因为马融正是王肃之所好;前揭郑学的"天子大夫玄冕

---

① 《宋书》卷十九《乐志一》。
② 魏明帝圆丘祭"皇皇帝天",方泽祭"皇皇后地",南郊祭"皇天之神",北郊祭"皇地之祇"。陈戍国先生认为:"郊祀而区分之多如此,前所未有,盖曹叡之发明。"见其《中国礼制史》魏晋南北朝卷,第29页。西汉末年王莽复古变法,"先祖配天,先妣配墬(地)",在泰畤祭天神,曰"皇天上帝";在北郊广畤祭地祇,称"皇墬后祇"。参看《汉书》卷二五下《郊祀志下》。

而执雁"的建议未被采纳,我猜也是王肃居间作梗,以王肃的秉性判断,他不会让步示谦。而王肃的规划,又为西晋所继承,为孙毓、段畅《诸王公城国宫室章服车旗议》所依本。总之,魏明帝的冕服改革,王肃是主谋;西晋的冕服制度,王肃是功狗。

郑王之争是经学史上一大公案,至今学人仍在探讨。近年郭善兵先生讨论魏晋宗庙:"汉魏、魏晋之际的郑玄、王肃的解释大相径庭。魏用郑玄说而晋依王肃说,由此而导致魏晋宗庙制度出现根本性的变异。"①按,魏明帝定七庙之制,也在景初元年。又如杨英君讨论景初圆丘:"秦蕙田《五礼通考》卷七:'马端临《文献通考》认为此郊与圆丘为二处,用郑玄之说。其时康成所注二礼方行,王子雍(王肃)虽著论以攻之,而人未宗其说。'即此时王肃虽然已经立说,但还没有得到承认。"②不过以往无人察觉,魏晋冕制是用王肃的,魏明帝定祭礼时王肃已得到部分承认,其冕服主张已蒙皇上垂采,未得惠顾的反倒是郑玄的冕服说。

杜佑说曹魏冕制"多因汉法",现在看来情况相反;其轻飘飘的"无闻"二字,掩盖了那么多前所未闻的东西!魏明帝对冕制曾做重大改革,魏晋冕制大异于汉,"多因汉法"之说,可以休矣。

---

① 郭善兵:《就宗庙制度的损益看魏晋时代之特征》,《许昌师专学报》2001年第 3 期。

② 杨英:《魏晋郊祀及祭祖礼考》,《北大史学》第 9 辑,北京大学出版社 2003年版。按,魏明帝景初元年圆丘之礼,也未必就全用郑玄说。日人金子修一已经指出:曹魏郊祀"与郑玄学说在圆丘祭昊天上帝相反,圆丘祭皇皇帝天等,祭神的名称不同,并且以帝舜配圆丘,以舜妃伊氏配方丘,这是其特征","南郊、北郊的祭神分别是皇天神、皇地之祇,并非依据郑玄学说。在北朝才实行了郑玄学说的郊祀"。见其《关于魏晋到隋唐的郊祀、宗庙制度》,《日本中青年学者论中国史·六朝隋唐卷》,上海古籍出版社 1995年版,第 347、357 页。

魏明帝改革冕制,一大堆经学纠葛缠绕其间。而秦皇、汉武定礼制,看上去就简单得多了。秦朝的群臣博士提心吊胆"昧死上尊号",嬴政一句"去'泰',著'皇',采上古'帝'位号,号曰'皇帝'",就此定案。又,秦始皇宣布"自今已来,除谥法"①,轻轻一句,谥法遂废,没人胆敢质疑立异。汉武帝制定封禅之礼,嫌儒者莫衷一是,索性把他们一脚踢开,"尽罢诸儒不用"②。汉明帝定冕服,欧阳氏、大小夏侯三家经师也能自觉放弃学派私见,顺利完成了皇帝交给的光荣任务。

魏晋就不完全如此了,经常出现礼制争端。三统五行一定要讲的,以便"神明其政"。"魏文帝虽受禅于汉,而以夏数为得天","明帝即位,便有改正朔之意,朝议多异同"③。一大群理论工作者聚讼不已,各种论点纷陈御前,皇帝很是费神费事儿,哪怕有所取舍,总得在经义上站得住脚。暂不管各种经说的深意,比如郊丘合一意义为何、郊丘为二意义为何——求之过深反成穿凿——我们更感兴趣的是,那些礼制末节竟能形成朝堂纷争。西汉末的"奉天法古"浪潮中,儒生们也争辩过类似的东西,但曹魏小朝廷不能跟西汉大帝国比。甫经汉末"白骨露于野,千里无鸡鸣"的惨况,创痛未愈而民心未安。阮籍有"炎丘火流,焦邑灭都"④之感,刘颂有"所遇之时,实是叔世"⑤之叹。在这时候,君臣士大夫们却在郊丘分合、裘衮章旒的细枝末节上浪掷精力,那是为了什么? 皇帝随便圈定一下,不就完了吗? 蜀、吴好像就是

---

①《史记》卷六《秦始皇本纪》。
②《史记》卷二八《封禅书》。
③《宋书》卷十四《礼志一》。
④阮籍:《大人先生传》,《阮籍集》,上海古籍出版社1978年版,第65页。
⑤《晋书》卷四六《刘颂传》。

如此。

经学、礼制的是是非非，皇帝无法漠视，不好圣衷独断了；儒臣们也觉兹事体大，马虎不得，非得弄明白不可。是什么造成了那个氛围、那种压力呢？是士人。汉末士人已是一个文化雄厚、影响重大的"名士"阶层了，魏晋以降进一步发展为士族，成了皇权、皇族之下的最大权势者。经学礼制讨论，在政治飘摇中仍能升温，应视为士人的"文化资本"大大增值的表现。没人能拿士人不当事、拿士人的学问不当事了。比起秦皇、汉武，魏晋皇帝在制礼时已很碍手碍脚，不能只考虑"尊君"而不考虑"宗经"，即便想"损略"一下冕服，也得于经有据，才能堵住士大夫的嘴巴，让他们心服首肯。所以从总体上说，"古礼"论争在政治文化生活中的分量，其在朝堂上所能造成的纠葛，与士人、士族在政治文化生活中的权重成正比。

然而，中古士族的历史轨迹与"古礼复兴运动"，又不全是线性对应关系，因为还有更多因素影响其间。蜀汉与孙吴较小较弱，类似的礼制纠葛就少得多。东晋也与之相近。可见国势国力也是一个因素，如果经济、军事上左右支绌，就难以鼓足干劲制礼作乐。那么也可以说，曹魏国势较强、士人势力较大这二者，共同造成了"周礼热"。士族发展的波峰是东晋门阀政治，而《周礼》六冕的浪头一在魏晋，一在南北朝隋唐。古冕的波峰与儒学大族的波峰，在总的轮廓上大致重合，在局部上则不完全重合。在魏晋的那个波峰中，帝王"损略""毁变"措施，具有皇权自我维护的意义；南北朝隋唐之波峰，则是民族融合、帝国复兴进程中的创制高潮的一部分，而不能解释为迎合儒学大族，其动力也不全来自儒学大族。在不同时期，士人与朝廷，对"古礼"有不同期待，做不同利用。我们应看到问题的多重性。

# 第七章　南朝冕服的复古与创新

　　魏晋处于历史的下行阶段,其制礼作乐之举,多少给人以"知其不可为而为之"的悲壮之感。东晋在江南艰难立足,官制、礼制能简则简。"惟怀逮愍,丧乱弘多,衣冠礼乐,扫地俱尽";"元皇中兴,事多权道,遗文旧典,不断如发"①。南北朝情况变了,逐渐走出历史低谷,各政权都有向上气象。官制改革、制礼作乐之事,在南北两方引人注目地同时升温。

　　"制礼作乐"要以国势为基础,正如风雨飘摇中的棚屋住户,是没心思对装饰摆设穷讲究一样。政权上升期的统治者就不一样。棚屋在拆,要建高楼大院了,他决意好好装修一番,家具要焕然一新,祖宗牌位要供上,还得弄些艺术品增添风雅。也就是说,政权上升期的皇帝,对"礼乐"兴趣盎然了,他着意更张,甚至奢望在制度史上留下自己的"标志性建筑"呢。进而考虑到左邻右舍的观感,"制礼作乐"更不是浮文虚饰了。东晋十六国造成的南北分裂,在南北朝转向了民族融合与政治统一,这时候民族文化问题,就具有了特殊政治意义。包括华夏冠冕在内的"制礼作乐",事涉政权的正统性与号召力——华夏族自称"礼乐之邦""衣冠上

--------

①《晋书》卷九一《儒林传序》、卷十九《礼志上》。

国",一向为其礼乐衣冠而自豪,把它们看成民族文明的象征物。

南北两方的冕制变迁,就是在政治复兴、民族复兴与文化复兴的历史背景之中展开的。本章讨论南朝冕服。

# 1. 宋明帝:"留范垂制"和"沿时变礼"

东晋草创江东,一时立足未稳,官制架构遂有萎缩之势。以九卿为例,太常、光禄勋、卫尉、太仆、廷尉、大鸿胪、宗正、大司农、少府等,不少都成了闲职。渡江之初省去了卫尉,太仆或省或置,大鸿胪有事权置、无事则省。晋哀帝索性罢省光禄勋、大司农,把宗正并于太常,把少府并于丹杨尹①。九卿的萎缩,虽然跟尚书省分割了九卿事权有关②,可是东晋的尚书省本身也在收缩。曹魏尚书省有二十五曹,西晋尚书省有三十五曹,江左初年却只有十七曹郎,晋康帝、晋穆帝时十八曹,后来又减到了十五曹③。学者论曰:"郎曹之数,经过西晋猛增,到东晋又猛减。当时处于偏安

---

① 《宋书》卷三九《百官志上》;《晋书》卷二四《职官志》。按,东晋桓温曾指 "九卿为虚设之位",认为太常、廷尉之外的卿可以简并。《太平御览》卷二百三《职官部一》引《桓温表》,第 2 册第 979 页。黄惠贤先生认为,此表当在晋哀帝兴宁元年至二年(363—364 年)之间。见其《中国政治制度通史》魏晋南北朝卷,人民出版社 1996 年版,第 170 页。则晋哀帝省诸卿,应与桓温的建议直接相关。

② 魏晋以来,因尚书诸曹分割了九卿的职权,所以有人提出把尚书的职权还给九卿,有人提出把九卿并省于尚书,还有人提出让九卿从属于尚书省。参看陈仲安、王素:《汉唐职官制度研究》,中华书局 1993 年版,第 65 页以下。

③ 《宋书》卷三九《百官志上》;《晋书》卷二四《职官志》。又可参看王素:《三省制略论》,齐鲁书社 1986 年版,第 10 页以下。

局面,版图变小,事务也变少,减官省职是必要的。……尚书曹郎的增减,是国家版图大小和实力强弱的一种反映。"①北方大好河山弄丢了,流落寄寓江东,这时候再把官制礼制弄得宏大堂皇,东晋君臣也臊得慌吧。

官制如此,礼制亦然。例如国家祭祀。"江左不立明堂,故阙焉","及中兴草创,百度从简,合北郊于一丘"。直到晋康帝时,才把南郊、北郊分开来祭祀②。舆服之制,也是能简就简。"自晋过江,礼仪疏舛,王公以下,车服卑杂。"③那么冕服呢? "及过江,服章多阙,而冕饰以翡翠、珊瑚、杂珠。侍中顾和奏: '旧礼,冕十二旒,用白玉珠。今美玉难得,不能备,可用白璇珠。'从之。"④东汉冕旒用白玉珠,魏明帝改用珊瑚珠。东晋小朝廷的"服章多阙",无论白玉珠还是珊瑚珠,哪一样儿都凑不齐 288 颗,只好各种珠子混用着凑数,好生可怜。顾和看在眼里、急在心上,灵机一动,建议用"白璇珠"顶替白玉珠,看上去仍是一色的白,而不是五颜六色、乱七八糟。"白璇珠"即蚌珠⑤。南方出产珠贝,蚌珠还是容易搞到的。

人在病中往往消沉低落,事情能对付就对付。那就有点像东晋之于"周礼"。当然也有另一可能,就是病中反想做点事儿,作为精神支撑,免得让心情垮下去。曹魏西晋对"周礼"的态度即

---

① 陈仲安、王素:《汉唐职官制度研究》,第 65 页。
② 《宋书》卷十六《礼志三》。
③ 《宋书》卷十八《礼志五》。"自晋过江"原作"自晋武过江","武"字衍。《隋书》卷十《礼仪志五》即作"自晋过江"。
④ 《晋书》卷二五《舆服志》。又见《晋书》卷八三《顾和传》及《太平御览》卷六八六《服章部三》引何法盛《晋中兴书》。
⑤ 《隋书》卷十一《礼仪志六》:"萧骄子云:白琁,蚌珠是也。"

是。康复中的人又不同了,他跃跃欲试,兴致勃勃,渴望着重享健康的感觉。刘裕"金戈铁马,气吞万里如虎"的北伐事业,江南地区的经济繁荣,给政权注入可观的精神能量,进而激起了"兴作"的欲望。

刘宋振作察举,振兴学校,改革禁卫军制,尚书曹郎也增设了。宋孝武帝重新设置卫尉、大司农、少府之官。梁武帝更把九卿增加到春夏秋冬十二卿,居然比汉魏的"卿"还多,还有一大堆前所未有的官阶班品,络绎问世出台。再看礼制,宋文帝一度打算举行"封禅"。"封禅"这个礼典的意义是"告成于天",秦始皇、汉武帝曾行其礼;而今宋文帝跃跃欲试,打算向天"告成",欲与秦皇汉武试比高了。汉朝皇帝的大驾有属车八十一乘,法驾属车有三十六乘。东晋无大驾,郊祀用法驾,宗庙用小驾。而宋孝武帝定制,大驾郊祀、法驾祠庙、小驾上陵①。

看上去"盛世"有望,南朝君臣便都兴奋起来了,进入了一个积极创制的时期。"创制"既是出于实用需要,汉魏旧制已不全适合政治变迁了,确实有完善调整的必要;也是出于文化需要,即在江左、山东与关中三方政权相争不下时,拿"制礼作乐"来夸耀繁荣昌盛,标榜"中华正统",用"周礼"去争取文化号召力。

自偏安江左以来,"正统"与"北伐"就成了东晋政权合法性之所系。桓温北伐,据说关中耆老泣曰"不图今日复见官军";刘裕北伐,据说三秦父老泣曰:"残民不沾王化,于今百年矣,始睹衣冠,方仰圣泽!"②史书在这里的叙述笔调,明明就是"中华正统"意识的体现。时至南北朝,北方政权的汉化也越来越深了,"南北

①《宋书》卷十八《礼志五》。
②分见《晋书》卷九八《桓温传》;《宋书》卷六一《庐陵王刘义真传》。

皆妙选人才充使,以夸耀文化修养之高"①,都想在文化上压对方一头,以提高一己政治声望。《宋书》有"索虏传",贬北魏为"索虏";《魏书》有"岛夷传",贬江左为"岛夷"。南齐还有这么一件事:"虏使遣求书,朝议欲不与",即北朝来求图书,朝议不给。名士王融听了兴奋不已,极力主张给:既然对方上门磕头、讨教礼乐("稽颡郊门,问礼求乐"),那么"若来之以文德,赐之以副书",则"无待八百之师,不期十万之众,固其提浆伫俟,挥戈愿倒,三秦大同,六汉一统"②,靠文化就把对方征服了。王融的迂远之处暂且不管,其强烈的文化自豪感、自信心,还是溢于言表、赫然可见的。

南朝如此,北朝亦然。北朝作品《洛阳伽蓝记》讲了这么一个故事:南人陈庆之与北人杨元慎等彼此自夸争胜,陈庆之说"魏朝甚盛,犹曰五胡;正朔相承,当在江左";杨元慎便反唇相稽,嘲笑江左"礼乐所不沾,宪章弗能革","小作冠帽,短制衣裳"。据北朝传说,陈庆之南归之后,承认"衣冠士族,并在中原,礼仪富盛,人物殷阜",从此"羽仪服式,悉如魏法,江表士庶,竞相模楷,褒衣博带,被及秣陵"了③。在这个故事里,倒是南朝沾溉北朝之化了。梁武帝萧衍大事衣冠礼乐,东魏高欢惊悚不已,说是"江东复有一

---

①周一良:《魏晋南北朝史札记》"《晋书》札记·王敦桓温与南北民族矛盾"条,第105页。

②《南齐书》卷四七《王融传》。

③杨衒之:《洛阳伽蓝记》卷二《景宁寺》,范祥雍:《洛阳伽蓝记校注》,上海古籍出版社1958年版,第117页以下;周祖谟:《洛阳伽蓝记校释》,中华书局1963年版,第105页以下;韩结根注:《洛阳伽蓝记》,山东友谊出版社2001年版,第94页以下;周振甫:《洛阳伽蓝记校释今译》,学苑出版社2001年版,第80页以下;杨勇:《洛阳伽蓝记校笺》,中华书局2006年版,第113页以下。

吴儿老翁萧衍者,专事衣冠礼乐,中原士大夫望之以为正朔所在"①。可见,南北朝政权对他方的"衣冠礼乐"动态都很敏感。那么创制之时,各政权还得左顾右盼,考虑花样翻新,或作某种处理以示更胜一筹,或作某种标榜以示独树一帜,以显示自有"特色",更具"中华正统"资格,压对手一头。就是说,此期王朝的"正统标榜",还可能伴随着一种"特色寻求"。

世入南朝未久,刘宋朝廷就拉开了冕服变革的大幕,好戏开场了。《周礼》所记周朝舆服之制,分别是五辂、六冕;而刘宋双管齐下,舆服二制同时复古,古辂、古冕联袂登台。

大明三年(459年),宋孝武帝下令造五辂,居然就造出来了。刘宋的冕制与辂制是捆绑在一块的,那么将其五辂之制引述如下:

> 宋孝武大明三年,使尚书左丞荀万秋造五路。《礼图》,玉路,建赤旂,无盖,改造依拟金根,而赤漆槅画,玉饰诸末,建青旂,十有二旒,驾玄马四,施羽葆盖,以祀。即以金根为金路,建大青旂,十有二旒,驾玄马四,羽葆盖,以宾。象、革、木路,《周官》、《舆服志》、《礼图》并不载其形段,并依拟玉路,漆槅画,羽葆盖,象饰诸末,建立赤旂,十有二旒,以视朝。革路,建赤旂,十有二旒,以即戎。木路,建赤麾,以田。象、革驾玄,木驾赤,四马。旧有大事,法驾出,五路各有所主,不俱出也。大明中,始制五路俱出。(《宋书》卷十八《礼志五》)

①《北齐书》卷二四《杜弼传》。

玉辂、金辂、象辂、革辂、木辂等五种辂车,上面竖着不同颜色的旗,用于祭祀、宾礼、视朝、即戎、田猎。

由此风生水起,掀起了舆服复古的波涛。宋明帝泰始四年(468年),"更制五辂,议修五冕,朝会飨猎,各有所服"①。其时冕制,居然不同凡响:

> 车服之饰,象数是遵。故盛皇留范,列圣垂制。朕近改定五路,酌古代今,修成六服,沿时变礼,所施之事,各有条叙。便可付外,载之典章。朕以大冕纯玉缫,玄衣黄裳,乘玉路,郊祀天,宗祀明堂。又以法冕五彩缫,玄衣绛裳,乘金路,祀太庙,元正大会诸侯。又以饰冕四彩缫,紫衣红裳,乘象辂,小会宴飨,饯送诸侯,临轩会王公。又以绣冕三彩缫,朱衣裳,乘革路,征伐不宾,讲武校猎。又以绂冕二彩缫,青衣裳,乘木辂,耕稼,飨国子。又以通天冠,朱纱袍,为听政之服。②

宋明帝所定冕服有五:大冕、法冕、饰冕、绣冕、绂冕。这五冕与五辂配合使用。我们把宋明帝五冕、五辂,与《周礼》六冕、五辂③分别列表显示,以便比较:

---

①《南齐书》卷十七《舆服志》。

②《宋书》卷十八《礼志五》。"饰冕"原作"饰冠冕","冠"字衍。又《太平御览》卷六八六《服章部六》引王智深《宋纪》略作:"明帝诏曰:朕以大冕郊祀天、宗祀明堂,以法冕祀太庙、元正大会、朝诸侯,以缔冕小会宴饷、饯送诸侯、临轩命王公,以绣冕征伐不宾、讲武校猎。"第3册第3061页。"饰冕"作"缔冕",未知孰是。

③五辂见《周礼·春官·巾车》,《十三经注疏》,第822页下栏。

| 宋明帝五冕、五辂 | | | |
|---|---|---|---|
| 大冕 | 纯玉缫<br>玄衣黄裳 | 玉辂 | 郊祀天,宗祀明堂 |
| 法冕 | 五彩缫<br>玄衣绛裳 | 金路 | 祀太庙,元正大会诸侯 |
| 饰冕 | 四彩缫<br>紫衣红裳 | 象辂 | 小会宴飨,饯送诸侯,临轩会王公 |
| 绣冕 | 三彩缫<br>朱衣裳 | 革路 | 征伐不宾,讲武校猎 |
| 纮冕 | 二彩缫<br>青衣裳 | 木路 | 耕稼、飨国子 |
| 通天冠 | 朱纱袍 | | 听政之服 |

| 《周礼》六冕、五辂 | | | | |
|---|---|---|---|---|
| 大裘冕 | 祀昊天上帝、五帝 | 玉路 | 樊缨十二就<br>建大常 | 以祀 |
| 衮冕 | 享先王 | 金路 | 樊缨九就<br>建大旗 | 以宾,同姓以封 |
| 鷩冕 | 享先公,飨,射 | 象路 | 樊缨七就<br>建大赤 | 以朝,异姓以封 |
| 毳冕 | 祀四望山川 | 革路 | 条缨五就<br>建大白 | 以即戎,以封四卫 |
| 绣冕 | 祭社稷、五祀 | 木路 | 前樊鹄缨<br>建大麾 | 以田,以封蕃国 |
| 玄冕 | 祭群小祀 | | | |

宋明帝冕制给人什么感受呢?第一是着意复古的明确意向,第二是"制度创新"的强烈欲望。自东汉以来,天子祭祀只用衮冕一冕。魏晋虽参用了《周礼》的鷩冕、毳冕之名,不过那是臣下使用

的,皇帝不用鷩冕以下。魏晋皇帝祭天用大裘,但那采用了王肃之说,加大裘于衮衣之上,并不构成一种独立的冕服。宋明帝就不同了,皇帝的五冕六服,分用于不同场合。这一设计思想,无疑来自《周礼》六冕的启迪。

比较以上两表又可知道,宋明帝的五冕与《周礼》六冕用途并不相同,不是用于五等祭祀,而是另行确定了祭天、祭庙、宴飨、征伐、耕稼等等用途;而且五冕与五辂配合使用,二者用途一体化了。此前宋孝武帝的"五辂",是玉辂以祀、金路以宾、象辂以视朝、革辂以即戎、木路以田,完全依照《周礼》。而宋明帝定五辂,已不满足于照搬《周礼》了,决意做"创造性发展"。其大冕应取义于"大驾",法冕应取义于"法驾"。饰冕、绣冕、纮冕所配象辂、革辂、木辂,大约都参考了王朝现行车制,如小驾、耕车、戎车、猎车等。《周礼》六冕与五辂本不对应,而宋明帝的"创造性发展",则在于舆、服一体化,并把《周礼》六冕、五辂与帝国现行舆服整合为一。

再看服色。宋明帝五冕杂用玄、黄、绛、紫、红、朱、青诸色,"正色"与"间色"杂用。大冕所配的玄衣黄裳,应取义于"天玄地黄";法冕所配的玄衣绛裳,合乎冕服"玄上纁下"旧例;至于饰冕的紫衣红裳、绣冕的朱衣裳、纮冕的青衣裳,就不知何据了。宋明帝说那套冕制"象数是遵",则其服色安排肯定有某种神秘考虑。

还有冕缫,宋明帝五冕除大冕之外,其余四冕有旒,分别使用五彩缫、四彩缫、三彩缫、二彩缫。《周礼·弁师》说天子五冕用五采缫、五采玉;诸公用三采玉,大概用三采缫吧①。《仪礼·聘礼》

①用彩缫区分等级,又如放圭璧的缫藉。《周礼·春官·典瑞》记有五采五就、三采三就、二采再就、二采一就诸等。

则云："（诸侯）所以朝天子……缫三采六等，朱、白、苍。"本书第五章第4节讨论过伏生《尚书大传》的"五采服"。那"五采服"的设想，就是在五行五色思想的指导下，按黄、黑、白、赤、青五种颜色，把服章分为五组五等的。宋明帝则把"五采"用于皇帝冕缫的分等了。《礼记·礼器》说的"天子之冕，朱绿藻十有二旒"，大概嫌其单调，宋明帝未采。

总之，宋明帝及相关学者"酌古代今"，"沿时变礼"，其舆服之制创意颇丰，源于《周礼》又超越了《周礼》，青出于蓝而胜于蓝。复古而兼创新的事情，往前看有新莽，往后看有北周。对北周的创新，后人以"迂怪"贬之；而刘宋的舆服复古，自出心裁又"象数是遵"，又何尝不可以视为"迂怪"呢！二者不过是五十步百步之异，小巫大巫之别，论者却只贬北周，不及刘宋。这种态度，若非目不见舆薪，则无辞"为中国讳"之讥。

初登高位者除"求利"之外，"求名"也属人之常情，当官儿的如此，皇帝也未能免俗。我们叫它"新政心态"：创造一套前无古人的东东，作为个人的"标志性建筑"。宋明帝的舆服改革诏说得极明白："盛皇留范，列圣垂制。""盛世"有望，帝王们如同蛰伏已久的虫子感到了丝丝暖气，雪藏已久的"留范""垂制"雄心随即膨胀开来，企望跻身"盛皇""列圣"了。北朝亦然。北魏孝文帝的"新政心态"也很强烈，他改革官品、"班镜九流"后志满意得，夸耀"使千载之后，我得仿像唐虞，卿等依俙元凯"；臣子们紧跟他的话音："刊正九流，为不朽之法，岂惟仿像唐虞，固已有高三代！"[1]"礼俗之叙，粲然复兴；河洛之间，重隆周道。"[2]君臣两方的

---

①《魏书》卷五九《刘昶传》。
②《魏书》卷二四《崔僧渊传》。

口气都大得吓人。"重隆周道"说的是亦步亦趋、复兴古礼;"有高三代",则是自我作古、超迈前圣了。

概而言之,南北朝的"制礼作乐",除了实用需要外,还有"正统标榜""特色寻求"与"新政心态"作用其间。"正统标榜"就得"复古","特色寻求"就得"求异","新政心态"导致了"创新"。在宋明帝五冕之中,就看得到三种心理动力的交织;而"复古"与"创新"的二重奏,还构成了整个南北朝的礼制变迁特征。


# 2. 南齐诸臣旒数依命数

宋明帝"修成六服"后,下令"便可付外,载之典章"。那么"载之典章"之后,王朝是否实施了呢? 史阙未记。至少萧齐冕制,没用宋明帝之法。也许因其"迂怪",望而却步了吧。而且现在是姓萧的说了算了,新官不理旧账,萧家皇帝不打算对姓刘的亦步亦趋。南齐冕制又有变动。它包含两个趋势,一是复归于汉制,一是取法于《周礼》:

> 1. 齐武帝永明二年(484年)王俭议:"今宜亲祠北郊,明年正月上辛祠昊天,次辛瘞后土,后辛祀明堂,御并亲奉。车服之仪,率遵汉制。南郊大驾,北郊明堂降为法驾。衮冕之服,诸祠咸用。"诏可。(《南齐书》卷九《礼志上》)
>
> 2. 旧相承三公以下冕七旒,青玉珠;卿大夫以下五旒,黑玉珠。永明六年(488年),太常丞何谨之议,案《周礼》命数,改三公八旒,卿六旒;尚书令王俭议,依汉三公服山龙九章,卿华虫七章。从之。(《南齐书》卷十七《舆服志》)

三公冕七旒、卿大夫五旒是魏明帝的办法。宋明帝冕制大概实行没几年。王俭的"车服之仪,率遵汉制",算是结束了魏晋以来的三公鷩冕、诸卿毳冕之法,复归于三公九章、卿七章的汉制了。

同时,《周礼》的影响继续增大。继宋明帝五冕,何谵之的依《周礼》命数改旒数的建议,再度体现了这一点。魏晋参照《周礼》命数定公卿章数,公用鷩冕七章七旒,卿用毳冕五章五旒,奇数的章旒与诸臣的偶数命数差一级。南齐就自由多了,不惮再创新法,旒数径用偶数,同于命数。我猜想何谵之本来是想让章数也如旒数,也以命数为准的;但因王俭坚持汉制,齐武帝便居间折中,旒数从何谵之、用《周礼》,章数依王俭、依汉制。那么,南齐的三公九章八旒,卿七章六旒,就可以看成周制与汉制的综合物。

为什么不纯用周制,而要兼用汉制呢?要注意在这时候,"汉"也是一个重要的政治符号,有特殊象征意义。宋文帝时,有司请皇帝行封禅之礼,其时就有"爰泊姬、汉,风流尚存,遗芬余荣,绵映纪纬"之言①。从南朝向前回顾中国历史,可资称道的王朝,姬周之后就数"大汉"最令人神往了。秦不必说,魏晋也不堪取法,"汉制"的招牌比魏制、晋制亮堂多了。齐武帝为增加政治号召力,屡做"北伐"姿态,其时公开标榜要追踪汉武,还让人画了一幅《汉武北伐图》。汉武帝曾在昆明池训练水军,齐武帝就把建康的玄武湖改名昆明池,也在那里训练水军,以示慕其功业、步其后尘之意②。南齐之冕制周、汉并用,与齐武帝东施效颦的"崇汉"姿态,是否有内在的曲折联系呢?不妨想象,"周"用来象征中

---

①《宋书》卷十六《礼志三》。
②拙作:《南齐秀才策题中之法家论调考析》,《北京大学学报》1997 年第 3 期。

华正统,"汉"用来象征帝国功业。

南齐士人议礼之时,也有跟宋明帝"留范垂制"类似的论调。东昏侯永元元年(499 年)何佟之议云:"江左草创,旧章多阙,宋氏因循,未能反古。窃惟皇齐应天御极,典教惟新,谓宜使盛典行之盛代,以春分朝于殿庭之西,东向而拜日,秋分于殿庭之东,西向而拜月。"①晋宋两代,朝日夕月之礼废弛了②,何佟之想恢复日月祭祀,于是就有了上面的奏议。"盛典""盛代"的说法有失肉麻,史称东昏侯萧宝卷"乃隳典则,乃弃彝伦,玩习兵火,终用焚身"③,这么个昏君的统治,称不上"盛代"吧。然而"江左草创,旧章多阙"毕竟已成旧事,"典教惟新""盛典行之盛代"的渴望滋生了,踊动起来。

何佟之还讨论了朝日与祭天的冕服等级:"服无旒藻之饰,盖本天之至质也,朝日不得同昊天至质之礼,故玄冕三旒也。近代祀天,著衮十二旒,极文章之美,则是古今礼之变也。礼天朝日,既服宜有异,顷世天子小朝会,著绛纱袍、通天金博山冠,斯即今朝之服次衮冕者也,窃谓宜依此拜日月,甚得差降之宜也。"按《周礼》,天子祭服有等级;但东汉以来,天子祭服无等级,一律十二旒衮冕。何佟之期望,现行冕制能跟《周礼》接近一点儿,但他也知道现行冕制骤难大变,只能小修小补,就设想衮冕为一等,通天冠为一等;天地明堂用前者,朝日夕月用后者,算是"慰情聊胜于无"吧。

"服无旒藻之饰,盖本天之至质",指的是《周礼》大裘冕,大

①《南齐书》卷九《礼志上》。
②参看陈戌国:《中国礼制史》魏晋南北朝卷,第 263 页。
③《南齐书》卷七《东昏侯纪》。

裘冕上没有旒藻，那就是何佟之真正心仪的。没多少年萧梁代齐，大裘冕的运气来了。何佟之在梁朝继续参与冕服讨论，大裘冕也在天监七年被梁武帝采用。详下。

# 3. 梁武帝使用大裘冕和服章用郑玄

萧梁是南朝的全盛之时。作家庾信回顾说："于时朝野欢娱，池台钟鼓；里为冠盖，门成邹鲁。……草木之遇阳春，鱼龙之逢风雨，五十年中，江表无事"；"天子方删诗书，定礼乐，设重云之讲，开士林之学"①。不甘寂寞、热衷于创制造作的梁武帝，以"删诗书，定礼乐"为务，在冕服上也有新招数，主要是采用大裘冕，以及依据郑玄之说改革十二章。

梁初冕制及天监七年（508 年）改用大裘冕，事情的经过大略如下：

> 1. 梁制，乘舆郊天、祀地、礼明堂、祠宗庙、元会、临轩，则黑介帻，通天冠平冕，俗所谓平天冠者也。其制，玄表，朱绿里，广七寸，长尺二寸，加于通天冠上。前垂四寸，后垂三寸，前圆而后方。垂白玉珠，十有二旒，其长齐肩。以组为缨，各如其绶色。
>
> 2. （天监）七年……帝曰："礼：'王者祀昊天上帝，则大裘而冕，祀五帝亦如之。'又云：'莞席之安，而蒲越稿秸之用。'斯皆至敬无文，贵诚重质。今郊用陶匏，与古不异，而大裘、

---

① 庾信：《哀江南赋》，《庾子山集注》，中华书局 1980 年版，第 110 页以下。

蒲秸,独不复存,其于质敬,恐有未尽。且一献为质,其剑佩之饰及公卿所著冕服,可共详定。"五经博士陆玮等并云:"祭天犹存扫地之质,而服章独取黼黻为文,于义不可。今南郊神座,皆用茈席,此独莞类,未尽质素之理。宜以稿秸为下藉,蒲越为上席。又《司服》云'王祀昊天,服大裘',明诸臣礼不得同。自魏以来,皆用衮服。今请依古,更制大裘。"制:"可。"玮等又寻"大裘之制,唯郑玄注《司服》云'大裘,羔裘也'①,既无所出,未可为据。案六冕之服,皆玄上纁下。今宜以玄缯为之。其制式如裘,其裳以纁,皆无文绣,冕则无旒。"诏:"可。"(《隋书》卷十一《礼仪志六》)

第1条所叙为梁初制度,白玉珠十二旒的"通天冠平冕",通用于郊天、祀地、明堂、宗庙之时,其形制与东汉永平制度略同。

第2条叙述天监七年采用大裘冕的经过。"王者祀昊天上帝,则大裘而冕,祀五帝亦如之",语出《周礼·春官·司服》;"扫地""陶匏""稿秸""蒲越",语出《礼记·郊特牲》:"扫地而祭,于其质也。器用陶匏,以象天地之性也。……莞簟之安,而蒲越藁鞂之尚,明之也。"梁武帝希望天帝祭祀能体现出"至敬无文,贵诚重质",祭祀用物力求古朴,冕服亦然。陆玮等深察帝心,"今请依古,更制大裘"。郑众说大裘用羔裘,而陆玮认为可以用玄缯制作。从"其裳以纁,皆无文绣,冕则无旒"看,梁武帝的大裘冕,确实就是郑玄所说的无章无旒的大裘冕。在此之前,只有魏明帝"服袭大裘",但他没戴无旒冕。若不考虑宋明帝五冕中的"大

---

① "郑玄"也许应作"郑众"。《周礼·司服》郑玄注:"郑司农曰,大裘,羔裘也。"《十三经注疏》,第781页中栏。"大裘,羔裘也"是郑玄所征引的郑众的意见。

冕",梁武帝就是有史以来,第一位把无旒的大裘冕戴在头上的皇帝。

　　天监七年用大裘冕,除梁武帝发诏、陆玮等附议之外,许懋的建议似有功焉。"宋、齐旧仪,郊天祀帝皆用衮冕,至天监七年,懋始请造大裘。"①天监八年以明山宾议,迎气祭五帝也使用大裘冕②。天监十年再以许懋及朱异之议,祭明堂也改用大裘冕了,其理由是"'礼云大裘而冕,祀昊天上帝亦如之。'良由天神尊远,须贵诚质。今泛祭五帝,理不容文"③。看来,"尚质"就是萧梁采用大裘冕的主要口实。当然,"尚质"与现实政治无关,那只是个"复古改制"的由头,用以显示本朝皇帝与众不同、高瞻远瞩而已。

　　天监十四年(515年)春南郊,其时发诏求贤,有"恭祇明祀,昭事上灵,临竹宫而登泰坛,服裘冕而奉苍璧"④之言。梁武帝没

---

① 《梁书》卷四十《许懋传》。
② 《隋书》卷七《礼仪志二》:"八年,明山宾议曰:'《周官》祀昊天以大裘,祀五帝亦如之。顷代郊祀之服,皆用衮冕,是以前秦,迎气、祀五帝亦服衮冕。愚谓迎气、祀五帝亦宜用大裘,礼俱一献。'帝从之。"
③ 《梁书》卷四十《许懋传》天监十年:"有事于明堂,仪注犹云'服衮冕'。懋驳云:'礼云大裘而冕,祀昊天上帝亦如之。'良由天神尊远,须贵诚质。今泛祭五帝,理不容文。改服大裘,自此始也。"《隋书》卷六《礼仪志一》记作:"旧《齐仪》,郊祀,帝皆以衮冕。至天监七年,始造大裘,而《明堂仪注》犹云衮服。十年,仪曹郎朱异以为:'《礼》,大裘而冕,祭昊天上帝,五帝亦如之。良由天神高远,义须诚质,今从泛祭五帝,理不容文。'于是改服大裘。"朱异之说与许懋差不多少,似以《梁书》为正。当然,许懋当时是太子家令,也许是许懋主张在先,而仪曹郎朱异赞成于后的。
④ 《梁书》卷二《武帝纪中》。《册府元龟》卷二一三《闰位部》引作"临行宫而登泰坛,服衮冕而奉苍璧"。所引有两个错误。"行宫"应从《梁书》作"竹宫","竹宫"是用汉武帝的典故。《汉书》卷二二《礼乐志》:"用事甘泉圜丘,……天子自竹宫而望拜。""衮冕"应作"裘冕",其时梁武帝已用大裘冕了。

忘记借着求贤的机会,夸耀一下自己已经"服裘冕"了。又萧绎《玄览赋》描述圆丘郊禘,有"奏苍璧而服大裘""冕无繁露之旒"①之词;萧绎《庆南郊启》有"大裘而冕,陶匏以质"②之语;萧纲《南郊颂》先把汉代的祭祀贬上一番——"甘泉之已奢",随后就赞扬本朝南郊"被大裘,服山冕","质文得中"③。可见梁武帝很拿"尚质"当回事儿,萧家子弟便顺竿爬,赶紧给"被大裘"唱颂歌,以示皇上的举措"引起了强烈反响"。

南齐旒数依命数,用八旒、六旒,是向《周礼》靠拢了;萧梁复用大裘冕,进一步朝《周礼》接近。冕服取法《周礼》的倾向,随后又波及了服章。《隋书》卷十一《礼仪志六》叙梁朝服章:"衣画而裳绣。衣则日、月、星辰、山、龙、华虫、火、宗彝,画以为缋。裳则藻、粉米、黼、黻,[缔]以为绣。凡十二章。"("缔"字原缺,据《周礼·司服》郑注补)从东汉到宋齐,皇帝十二章一直是日、月、星辰、山、龙、华、虫、藻、火、粉米、黼、黻。至此王朝改用郑玄了,增宗彝而合华虫。"画以为缋""缔以为绣",均出《周礼·司服》郑注。在某种意义上,可以说梁武帝是"弃孔从郑"了。"孔"即《尚书伪孔传》,其中的十二章没有宗彝,华、虫分为两章。江左《尚书》之学,孔、郑并行④,《伪孔传》稍占优势,所以后人有"古文经……江左学者,咸悉祖焉""江左……《尚书》则孔安国"⑤的印象。

---

①《文苑英华》卷二二六,中华书局1966年版,第1册第578页下栏。

②《艺文类聚》卷三八《礼部上》,第683页。

③《文苑英华》卷七七二,第6册第4062页上栏。

④马宗霍:《中国经学史》,上海书店1984年版,第77页。"故梁、陈所讲,有孔、郑二家,是南朝于《书》非专崇安国也。"

⑤分见《尚书正义序》,《十三经注疏》,第110页;《北史》卷八一《儒林传序》。

魏晋冕制,王肃与有力焉。南朝代晋后,对王肃的负面看法公开化了。梁人萧子显:"王肃依经辩理,与硕(郑玄)相非,爰兴《圣证》,据用《家语》,外戚之尊,多行晋代。"①没掩饰看不上眼的口气。萧子显的《南齐书·舆服志序》,在阐释《尚书·益稷》中的服章时,全用《周礼》郑玄说,不取《伪孔传》。又梁人崔灵恩《三礼义宗》叙服章,也以郑玄为本,说有虞氏之冕用十二章,周冕用九章②。刘起釪先生说:《尚书》"南朝四代都孔、郑并行,而郑氏日微"③。可在冕服这个局部,我们看到的不是"郑氏日微",倒是"孔氏日微"。

孔氏以《尚书》著名,郑氏以《周礼》著名,所以服章从郑就是从《周礼》。《尚书》之学不以礼制见长,《周礼》却是礼制的渊薮。"礼是郑学",郑玄治三《礼》又以《周礼》为中心。而且郑玄的品学声望,对后人也有感召力。萧子显有云:"康成生炎汉之季,训义优洽,一世孔门,褒成并轨,故老以为前修,后生未之敢异。"④可见南朝对郑玄的评价日益崇高了。再考虑北朝也正在标榜"周

---

① 《南齐书》卷三九《刘瓛陆澄传论》。
② 王泾:《大唐郊祀录》引,民族出版社 2000 年版,第 749 页;《玉海》卷八一《车服·冕服》引,江苏古籍出版社、上海书店 1987 年版,第 1504 页。崔灵恩对《周礼》"三弁"的解释与郑玄稍异。不过孙诒让推测,那有可能是崔灵恩被"展转援引,文有讹易"造成的。《周礼正义》卷四十,第 6 册第 1621 页。
③ 刘起釪:《尚书源流及传本考》,第 54 页。《隋书》卷三二《经籍志一》:"梁、陈所讲,有孔、郑二家。齐氏唯传郑义。至隋,孔、郑并行,而郑氏甚微。""郑氏甚微"是"至隋"发生的。
④ 《南齐书》卷三九《刘瓛陆澄传论》。"一世孔门,褒成并轨"中的"一"是副词,意思是"一样地";"世"是动词,意思是传承。孔子的后代被封为"褒成君""褒成侯",在血缘上传承孔子,而郑玄在学缘上传承孔子,二者之功可以方驾并轨,一样地继承孔门。

礼",而且日益崇郑,南朝若不把"周礼"和郑玄的大旗举高一些,岂不让北人独擅其美了吗。

细审梁武帝的衮冕,还有两个地方需要讨论:第一,日月等八章在衣,藻、粉米、黼、黻四章在裳;第二,火被移置于宗彝之前。这是怎么回事呢?

按郑玄的说法,虞舜用日月以下十二章,六章在衣、六章在裳;周朝以日、月、星辰三章画于旌旗,冕服上不用那三章了,所以"有虞氏十二章,周九章";而且九章在衣裳的分配,是衣五章而裳四章①。那梁武帝呢? 他虽用郑玄,但为帝王之尊计,并不肯屈就九章,依然使用虞制十二章。随后还将看到,梁武帝还想在衮服上画凤凰,其时周舍便以《礼记》"有虞氏皇而祭"作为证据。

然而梁武帝又不甘心疏远了"周礼"。毕竟孔夫子的教导是"服周之冕",却不是"服有虞氏之冕"。于是梁武帝便弄出一个八章在衣、四章在裳的新办法。王宇清先生颇觉奇怪:"八章在衣而四章在裳,则不知其何据。"②而我们认为,梁武帝其实师出有名、事出有据:"四章在裳",是为了跟"郁郁乎文哉"的周制搭上边儿。具体说,梁武帝十二章实际是分三组的,含有日月星三章一组在衣,又五章一组在衣、又四章一组在裳的意思,后两组加在一块,合成"衣五裳四",就可以附会"周九章",进而标榜"吾从周"了。

然而还有个小麻烦。郑玄说,周朝的九章排序也变了,"登龙于山,登火于宗彝"了,龙被移到了山的前面,火被移到了宗彝的前面。那么打算兼顾虞、周,两边占便宜的梁武帝,龙、火两章登

①《礼记·王制》郑玄注,《十三经注疏》,第 1346 页下栏。
②王宇清:《冕服服章之研究》,第 107 页。

还是不登呢？梁武帝真是有趣，他一登一不登，两边沾光。所以梁武帝十二章就有了一个怪现象：火登于宗彝之前了，龙依然在山之后。我们觉得顾此失彼，梁武帝认为两全其美吧。王宇清先生也注意到了，梁朝服章"火在宗彝之上，是亦郑玄'登火于宗彝'说之采用，惟未依郑玄'登龙于山'，山仍居龙上"①。但对此王先生没能提供解释。我们则认为，那奇怪的处理是为了兼顾虞、周，与"衣五裳四"同出一辙。

梁朝的冕制变化，"宗经""复古"的意图只是一个方面，此外"尊君"的考虑并没有被皇帝忘在脑后。例如启用大裘冕，就既属复古之举，又含尊君之意。看看五经博士陆玮的话就明白了："《司服》云'王祀昊天，服大裘'，明诸臣礼不得同。自魏以来，皆用衮服。今请依古，更制大裘。"皇帝独占大裘冕，"诸臣礼不得同"，从而保证了皇帝的鹤立鸡群。

为了"尊君"，梁武帝甚至可以杂用经说、曲解经典。比如，他想把皇帝衮服上的雉（即华虫）改画为凤凰②，好跟大臣冕服上的雉区分开来。那做法够"迂怪"吧。《隋书》卷十一《礼仪志六》天监七年（508年）：

> 周舍议："诏旨以王者衮服，宜画凤皇，以示差降。按《礼》'有虞氏皇而祭，深衣而养老'。郑玄所言，皇则是画凤皇羽也。又按《礼》所称杂服，皆以衣定名，犹如衮冕，则是衮衣而冕。明有虞言皇者，是衣名，非冕，明矣。画凤之旨，事

---

① 王宇清：《冕服服章之研究》，第107页。
② 崔圭顺云：梁天监七年"把十二章中的龙纹改为凤凰"，陈同梁制。见其《中国历代帝王冕服研究》，第85、300页。说凤凰是龙纹改的，甚为可异，不知是如何解读《隋志》的。

实灼然。"

制:"可。"

又王僧崇云:"今祭服,三公衣身画兽,其腰及袖,又有青兽,形与兽同,义应是蜼,即宗彝也。两袖各有禽鸟,形类鸾凤,似是华虫。今画宗彝,即是周礼。但郑玄云:'蜼,蝯属,昂鼻长尾。'是兽之轻小者。谓宜不得同兽。寻冕服无凤,应改为雉。又裳有圆花,于礼无碍,疑是画师加葩蕍耳。藻米黼黻,并乖古制,今请改正,并去圆花。"

帝曰:"古文日月星辰,此以一辰摄三物也;山龙华虫,又以一山摄三物也;藻火粉米,又以一藻摄三物也。是为九章。今衮服画龙,则宜应画凤,明矣。孔安国云:'华者,花也。'则为花非疑。若一向画雉,差降之文,复将安寄? 郑义是所未允!"

王僧崇看到皇帝祭服上新添了虎、蜼,便说那就是宗彝了①。那是服章从郑造成的。王僧崇还看到了鸾凤,那就是梁武帝下令改的了。臣子周舍很能曲学阿主,说是"画凤之旨,事实灼然",并举《礼记·王制》的"有虞氏皇而祭"为证。其实那句话郑玄说得很明白:"皇,冕属,画羽饰焉。"②"皇"是头上的冠冕,但周舍硬说

① 王僧崇话中的"兽"都应作"虎",避唐讳也。依郑玄之说,宗彝形象是虎与蜼(长尾猴);可当时祭服上的蜼画走形了,看上去像一只"青兽",即青老虎,所以王僧崇建议改进一下。附带说,孙机先生的《两唐书舆(车)服志校释稿》引用此文,说"则隋代的蜼画得像虎"。《中国古舆服论丛》(增订本),第391页。孙先生偶出小疏,把梁代误为隋代了。由王僧崇所叙我们知道,当时的宗彝是直接画虎画蜼的,而不是像后代那样,画在两个酒杯上。宋代聂崇义《三礼图》也是直接画虎画蜼,直接画在袖子上,而不是画在酒杯上的。《景印文渊阁四库全书》,第129册第6页以下。

② 《礼记·王制》郑玄注,《十三经注疏》,第1346页下栏。

"是衣名，非冕"，"皇"就是凤凰，"画羽"就是衣服上画凤。梁武帝一听随即"制可"。没头脑的王僧崇却唱出了反调："冕服无凤，应改为雉。"此刻梁武帝就不肯从郑了："若一向画雉，差降之文，复将安寄？郑义是所未允！"生生把王僧崇顶了回去。用凤不但可以与龙相配（"衮服画龙，则宜应画凤"），尤其在于凤凰又大又漂亮，非雉可比，皇帝与臣下一用凤凰、一用雉，才能显出"差降之文"呢。事涉大是大非，梁武帝就不让步了，就算"郑义"也得靠边儿①。

　　这样看来，在服章问题上，梁武帝对郑玄又不是亦步亦趋的。"圆花"的问题也是如此。梁武帝让他的衮服继续沿用圆花，以免损失艳丽的视觉效果。然而王僧崇认为，既然已依郑玄把华虫合一了，就不该使用圆花了。这时梁武帝再度拾起《伪孔传》的"华者，花也"一言，去驳斥那位不知趣的王僧崇。我们看到，在圆花

①按，上引梁武帝之言，王宇清先生是这么标点的："若一向画雉差降之文，复将安寄郑义？"王先生分析说："帝所谓'复将安寄郑义'云者，即谓非如此不足以应郑玄'有虞氏皇而祭'——衮衣画凤之义。"见其《冕服服章之研究》，第108—109页。那么王先生认为，梁武帝"复将安寄郑义"的"郑义"，即周舍的"郑玄所言，皇则是画凤皇羽也"。照这么说，梁武帝倒是在伸张郑玄了，与本文的判断恰好相反。下面略作辨析。第一，从周舍的"诏旨以王者衮服，宜画凤皇，以示差降"一语看，把梁武帝反驳王僧崇的话标点为"若一向画雉，差降之文，复将安寄"，能两相呼应，相当合情合理。"一向画雉"，意谓"像以往那样，君臣全都画雉"；"寄"是就"差降之文"而言的，君臣都画雉则不足以"寄""差降之文"。第二，再看王僧崇的驳议，他根据郑玄十二章指摘现行制度，其"冕服无凤，应改为雉"之说显依郑义，那么梁武帝的"郑义是所未允"，乃是针对王僧崇"冕服无凤，应改为雉"而言的。由此反观王先生的"若一向画雉差降之文，复将安寄郑义"的标点，就十分别扭，什么叫"一向画雉差降之文"呢？"一向画雉"怎么会出现"差降之文"呢？"差降之文"四字没了着落。所以我们认为，王宇清先生标点有误，其说不确。

上梁武帝又以孔驳郑了。孔、郑杂用,就是为我所用。

在梁武帝的话中,我们还看到了一种"一物摄三物"的说法,即"古文日月星辰,此以一辰摄三物也;山龙华虫,又以一山摄三物也;藻火粉米,又以一藻摄三物也。是为九章。"这"三物""九章"是什么东东呢?

王宇清先生解释说:梁武帝以华、虫、粉、米为四,又把"日月星辰"的"辰"独立出来,进而日、月、星、辰为一组,以"辰"摄之;山、龙、华、虫为一组,以"山"摄之;藻、火、粉、米为一组,以"藻"摄之。"若然,则梁制衮服之十二章,实含物象十四矣。"[1]

王先生的解释很有想象力,然而不无可议之处。三组各四个物象,三四一十二,共计十二章,与梁武帝所说的"是谓九章",不吻合了吧?必须注意梁武帝已采用郑玄十二章了,所以其时华虫为一,粉米亦为一。若按郑玄十二章,而不是王先生说的"物象十四",我想真相应是这样的:日、月、星辰三物为一组,以"(星)辰"摄之;山、龙、华虫三物为一组,以"山"摄之;藻、火、粉米三物为一组,以"藻"摄之。三组共计九章,与梁武帝"是为九章"那句话严丝合缝。以上九章,再加上宗彝及黼、黻三章,合计十二章;圆花只是额外的装饰,不计一章。

"一物摄三物"是从哪儿来的呢?首先三组之分,应与《伪孔传》有关。《伪孔传》:"天子服日月而下,诸侯自龙衮而下至黼黻,士服藻火,大夫加粉米。"[2]那就含有以日月星辰为一组,以山龙华虫为一组,又以藻火粉米为一组的意思。参看本书第六章第2节。其中第二组是四章。因为《伪孔传》是以华、虫两分,三组

---

① 王宇清:《冕服服章之研究》,第108—109页。
② 《十三经注疏》,第141—142页。

共十章,黼黻两章另计。梁武帝转用郑玄后华虫合一,恰好变成三章一组。所以"一物摄三物"只能是梁武帝的发明。严格依据《伪孔传》,是得不出"三物""九章"的。那么梁武帝仍是在兼用孔、郑:把黼黻之外的服章分三组,是取法《伪孔传》;合华虫为一,就是《周礼》郑玄说了。

## 4. 陈朝六冕存疑

陈朝已值南朝之末,其时南朝政治已经走进了死胡同。当然,政治走进了死胡同,并不等于制度也走进了死胡同。政权衰败不等于制度衰败,政权崩溃也不等于制度告终,制度是可以跨越王朝兴废而传承的。不过陈朝的颓势,还是会给礼制以某种影响的。

陈朝冕制前后有变。据《隋书·礼仪志六》,永定元年(557年)陈武帝即位,当时采用了徐陵的建议:"乘舆御服,皆采梁之旧制。"按东晋过江,冕旒曾用过翡翠及白璇珠。白璇珠就是蚌珠。陈武帝下令:"形制依此。今天下初定,务从节俭。应用绣、织成者,并可彩画,金色宜涂,珠玉之饰,任用蚌也。"①可见陈初的衰

---

① 按,中华书局版《隋书》的相关段落,是这样标点的:"陈永定元年,武帝即位,徐陵白:'所定乘舆御服,皆采梁之旧制。'又以为'冕旒,后汉用白玉珠,晋过江,服章多阙,遂用珊瑚杂珠,饰以翡翠'。侍中顾和奏:'今不能备玉珠,可用白璇。'从之。萧骄子云:'白璇,蚌珠是也。'帝曰:'形制依此……'"(1973年版,第218页)照这样标点,东晋初的顾和就成了陈朝人了。《册府元龟》卷五七九《掌礼部·奏议七》中也有类似错误:"陈顾和为侍中……又以为冕旒后汉用白玉珠……"径以顾和为陈朝人。

象,曾造成了冕服一度因陋就简。

陈文帝陈蒨时,冕服有所变动。据《隋书·礼仪志六》:"至天嘉(560年)初,悉改易之,定令具依天监旧事,然亦往往改革。"皇太子"其侍祀则平冕九旒,衮衣九章","凡公及位从公、五等诸侯,助祭郊庙,皆平冕九旒,青玉为珠,有前无后。各以其绶色为组缨,旁垂黈纩。衣,玄上纁下,画山龙已下九章,备五采;……卿大夫助祭,则冠平冕五旒,黑玉为珠,有前无后。各以其绶采为组缨,旁垂黈纩。衣,玄上纁下,画华虫七章"。"青玉珠""黑玉珠""有前无后"跟东汉永平冕制很像。公侯九旒九章,同于汉制;卿大夫华虫七章,同于汉制,"五旒"则似是魏晋制度。

仅就上述情况看,天嘉冕制好像是在向汉魏回归,而疏远了《周礼》。不过另一些情况又提示人们,情况并不完全如此。请看:

> 1. 陈文帝天嘉四年(563年)四月《无碍会舍身忏文》:弟子自身及乘舆法服,五服銮辂,六冕龙章,玉几玄裘,金轮绀马,珠交缨络,宝饰庄严,给用之所资待,生平之所玩好,并而檀那,咸施三宝。①
>
> 2.《隋书》卷十二《礼仪志七》:高祖(隋文帝)元正朝会,方御通天服,郊丘宗庙,尽用龙衮衣。大裘毳褕,皆未能备。至平陈,得其器物,衣冠法服,始依礼具。

---

① 《广弘明集》卷二八下,《弘明集·广弘明集》,上海古籍出版社1991年版,第345页中栏。南朝舍身,除"敬舍宝躯"外,还有舍肌肤之外若干种服用之物的做法,包括舆服。又如《南齐皇太子解讲疏》:"乃敬舍宝躯,爰及舆冕自缨以降凡九十九物。"南齐太子舍身,也是连舆车、冕服一块儿舍了的。同书,第239页中栏。

先看第 1 条。陈文帝向寺庙施舍时很大方，不但把自己舍了，而且连"五服銮辂，六冕龙章"都舍了，也不知和尚们是不是用得上。"五辂"也是《周礼》制度。梁朝所造的"五辂"在战乱中被毁，天嘉元年又重新造出来了①。那么同出《周礼》、同时被施舍的六冕呢？"玄裘"呢？那"玄裘"就是黑羔裘或黑缯的大裘冕吧。造冕大概比造车省事，五辂都造了，六冕看来也造了。再看第 2 条，隋朝的冠服体制，最初是"大裘毳褕，皆未能备"；而平陈之后，"得其器物，衣冠法服，始依礼具"了。看来在平陈的掳获物中，有整套的"大裘毳褕"。那"大裘毳褕"若非得之于寺庙，就只能是从陈朝皇帝的御府里掳获的。也就是说，在陈文帝把六冕施舍给寺庙后，皇家的裁缝又造了一套，存于御府。若然，则陈朝在追踪《周礼》上，比梁又进了很大一步：梁朝只有大裘冕与衮冕，陈朝居然把六冕备齐了。

　　《隋书·礼仪志六》叙述陈朝冠服印绶达九千余字，可见《隋书》作者所能利用的陈朝文献还是不少的，然而其中没提六冕。不过，陈文帝的《无碍会舍身忏文》，毕竟透露了陈朝存在六冕的消息。陈文帝忽对五辂、六冕发生兴趣了，似非偶发奇想。远眺西北，那里的西魏（535—556 年）政权正在紧锣密鼓地复兴"周礼"呢，《周礼》六冕不仅被全盘兑现，甚至变本加厉了，弄得更恢宏了。若干年前西魏北周的"复礼"盛事，陈文帝及其大臣应有所闻。陈文帝在天嘉年间造"五辂"、六冕，是受了西魏北周的刺激吗？很可能，陈朝不想让北周独占鳌头，不想在"上国衣冠"方面输给"索虏"。陈朝冕制上承天监，"然亦往往改革"，六冕应属

---

① 《隋书》卷十《礼仪志五》："陈承梁末，王琳纵火，延烧车府。至天嘉元年，敕守都官尚书、宝安侯到仲举，议造玉金象革木等五辂及五色副车。"

300 ｜ 服周之冕：《周礼》六冕礼制的兴衰变异

"改革"内容之一。不过我们又推测,陈朝把六冕造出后,大概只装在衣柜里,没拿出来用于祭祀,因为我们没看到王朝祭礼因六冕而发生变动。夕阳西下的陈家小朝廷精力有限,大约没功夫在礼乐上做太大投入,造完五辂、六冕就忙别的去了。

# 第八章　北朝冕服的复古与创新

十六国以下，中国历史南北分途，"五胡"入主造成了北方社会面貌和政治形态的重大变化，一度给社会文化造成了重大破坏。同时异族政权也在缓慢汉化，部落军事传统和民族压迫造成的张力，跟汉式官僚制度结合起来，就孕育出了一个强大的军事专制皇权，并在北朝后期迎来了帝国体制的复兴。

在汉化之中，异族统治者主动改革礼仪系统和象征符号，以适应民族融合的历史前景，应对统一前夕各政权之间的文化竞争。北朝重军功、重吏治，富于实用和功利精神，同时在礼乐建设上也很有能动性。魏孝文帝的改革就是一个例子。西魏北周大规模周礼复古，其力度与深度更让南朝相形失色。那种能动性体现了强烈的"正统寻求"，并有帝国体制的强劲复兴作为支撑。对北朝异族政权来说，"制礼作乐"并不是繁文虚饰，因为它对国家制度的综合建设，会起到连锁性的"拉动"作用。

制礼作乐就要以经学为基础，在这方面，北朝只能从"学习"开始。唐长孺先生概括南北学术大势说，"南北崇尚不同，大抵南人受玄学影响，特重义解，北人守汉儒传统，重章句名物"，进入隋朝后,南学便占了绝对优势①。学者还指出,"南北经学虽侧重不同而各有特色,但都以《易》、《礼》为主要经典。南朝重《丧服》,强调亲属等级观念,北朝为鲜卑民族,故特重《周官》;南朝《易》学重在义理发挥,北朝则承袭东汉以谶纬说《易》的传统。两者的区别在于,前者为门第服务,后者为帝王作说"②。从总体上看,"北朝特重《周官》"之说是不错的。西魏北周的周礼改制就是其强证。不过"周礼"与《周礼》还是有区别的,"周礼"不仅仅见于《周礼》一书,也见于其他经书。具体到冕服规划上,除了《周礼》、郑玄注外,《尚书》《伪孔传》等也在发挥着作用。

因为是从"学习"开始的,北朝礼学往往对汉晋南朝的成说"亦步亦趋";然而底子薄、起点低,倒也减少了传统束缚,可以相对自由地断以己意。两种情况都可能有的。舆服礼制是文化建设的一部分,舆服等级又是政治等级的一部分。来自"周礼"冕服等级若与现行等级抵牾,那么会发生什么呢?这问题在两汉有,魏晋有,南朝有,在北朝也有。冕服毕竟只是特定场合的祭服与礼服,与皇帝官贵的真实权势地位有距离;为了弘扬"周礼"、宣示"正统",在等级秩序发生扭曲时,君臣也许愿意将就一下,当然也不会总是如此。

# 1. 十六国冕服举隅

十六国之初,"五胡"君主已有使用冕服的了。较早建立政权

①唐长孺:《魏晋南北朝隋唐史三论》,武汉大学出版社1992年版,第460页。
②陈居渊:《本田成之〈中国经学史〉序》,本田成之:《中国经学史》,第6—7页。

的"五胡"首领,久已活动于塞内,对汉式文物礼制其实不算陌生,冕服给华夏皇帝带来的荣耀,他们就算没有目睹,至少曾经耳闻。

前赵皇帝刘曜封石勒为赵王,并给了石勒以"出入警跸,冕十有二旒,乘金根车,驾六马,如魏武辅汉故事"的待遇①。刘曜既待石勒如此,我们猜他不会亏待了自己,他自己也应是"冕十有二旒,乘金根车,驾六马"的。

再看后赵的皇帝石虎。据《邺中记》:"石虎正会,虎于正殿南面临轩,施流苏帐,皆窃拟礼制,整法服,冠通天,佩玉玺,玄衣纁裳,画日月山龙黼黻华虫粉米。寻改车服,著远游冠,前安金博山,蝉翼丹纱里服。太学行礼,公执珪,卿执羔,大夫执雁,士执雉,一如旧礼。充庭车马,金银玉辂、革辂数千。"②"公执珪,卿执羔,大夫执雁"之礼及"玉辂、革辂"之制,都用《周礼》。"整法服,冠通天",还应含衮冕,因为从下文"玄衣纁裳,画日月山龙黼黻华虫粉米"看,那应是一套衮服。石虎大概袭用了晋朝之法,把衮冕加在了通天冠上。又《魏书》卷九五《羯胡石虎传》也记载着石虎"衣衮冕,将祀南郊"的事情。在前赵和后赵,只看到了皇帝戴冕,没看到臣下戴冕。五胡皇帝戴冕的积极性,主要出于自我尊崇。

前燕慕容儁统治之时,给事黄门侍郎申胤曾为冕服之礼而专门上疏。他在《上言定冠冕制》中提出,太子的冠服等级偏低了:"太子有统天之重,而与诸王齐冠远游,非所以辨章贵贱也。祭缔朝庆,宜正服衮衣九文,冠冕九旒。"这样的做法,是属于"礼卑逼下"。他想让太子服衮冕九旒,好高于诸王的远游冠。但那建议

---

①《魏书》卷九五《匈奴刘聪附刘曜传》。
②《太平御览》卷二九《时序部》引《邺中记》,第 1 册第 138 页。

被慕容儁否定了:"太子服衮冕,冠九旒,超级逼上,未可行也。"①
对古冕等级与现行品位的关系,十六国君臣并非漫不经心,而是
反应敏锐、认真推敲的。在魏晋南北朝时代,太子的权位问题尖
锐化了,太子的冠服等级也复杂起来了。南朝对太子冕服就有过
讨论,隋唐也有,对这问题,本书在后面还要专论。一个民族对其
他民族服饰的细微意义,最初肯定不甚了了;而前燕对衮冕十二
旒、衮冕九旒、远游冠之等级意义,已觉兹事体大、不容含糊了,那
不仅说明其礼制的汉化已达到相当程度,还显示其礼制背后的权
力结构的汉化,也达到相当程度了。申胤看到了"礼卑逼下",慕
容儁看到了"超级逼上",其实殊途同归。

　　据崔鸿《前燕录》所记,慕容儁曾指出"《周礼》冠冕体制,君
臣略同",他创造了平上冠、公字冠等新冠服,却没用六冕②,大概
就因为不能接受"君臣略同"吧。慕容儁对《周礼》六冕并不生
疏,对其结构特点洞若观火,那么前燕的冠服规划,确实已有一个
经学背景了。申胤对下雨天诸侯的朝服该怎么穿发表看法时,就
曾引经据典③。当然慕容儁也很敢创新。他创造的平上冠,是给

①《晋书》卷一一〇《慕容儁载记》。
②崔鸿《十六国春秋·前燕录》:"慕容儁下书曰:《周礼》冠冕体制,君臣略
　同。中世以来,亦无常体。今特制燕平上冠,悉赐廷尉已下,使瞻冠思事,
　刑断详平。诸公冠悉颜裹屈竹锦缠作公字,以代梁处,施之金璂,令仆尚
　书置璂而已,秘(书)监令别施珠璂,庶能敬慎威仪,示民轨则。"《太平御
　览》卷六八四《服章部》引,第3册第3053页。
③申胤《上言定冠冕制》:"朔望正旦,乃具衮、舄。礼,诸侯旅见天子,不得终
　事者三,雨沾服失容,其一焉。今或朝日天雨,未有定仪。礼贵适时,不
　在过恭。近以地湿不得纳舄,而以衮襗改履。案言称朝服,所以服之而朝,
　一体之间,上下二制,或废或存,实乖礼意。"《晋书》卷一一〇《慕容儁载
　记》。语中"诸侯旅见天子,不得终事者三"一句,似应作"不(转下页注)

廷尉等法官戴的;公字冠大概由进贤冠改造而来,在冠梁处弄出一个"公"字来,让官贵们时刻不忘克己奉公,还用金璜、瑱、珠瑱来区分等级职类。这些冠既不是汉魏制度,也不是鲜卑旧服。所以我们说,十六国北朝君主在礼制上既可能一意复古,同时也少了很多传统束缚,是敢于自创新制的。

## 2.《周礼》《伪孔传》之间:魏齐冕制

下面再看北魏冕服变迁。

北魏道武帝甫建国,便投身于制度建设,修官制、立爵品、定律吕、协音乐、撰祭典、考天象,以及制冠冕。其时有若干制度,就曾参考《周礼》。北魏皇帝以冕为朝服,大概以道武帝为始。孝文帝大刀阔斧地汉化改制,"河洛之间,重隆周道"。礼制改革是孝文帝文化改革的重心,废除鲜卑祭俗,采用汉式祭典,又是礼制改革的重中之重①。在这个过程中,衮冕开始用为祭服。请看:

---

(接上页注)得终事者四"。查《礼记·曾子问》:"曾子问曰:'诸侯旅见天子,入门,不得终礼,废者几?'孔子曰:'四。''请问之。'曰:'大庙火,日食,后之丧,雨沾服失容,则废。'"《十三经注疏》,第 1394 页上栏。那大概就是申胤所据。但《曾子问》所云是四事,不止三事。前燕之朔望正旦朝会时,诸侯是服衮、舄的。舄是丝鞋,依礼而与衮服相配。后来因为下雨地湿,改舄为履了。履大概是鲜卑皮靴,不怕水。然而华夏衮服与鲜卑皮靴并不搭配,所以申胤请求将衣履划一,以免一汉一鲜,"一体之间,上下二制"。

① 康乐:《从西郊到南郊——国家祭典与北魏政治》,台湾稻禾出版社 1995年版,第 184 页以下。孝文帝从 491 年到 493 年出台了 45 项改革措施,其中礼制改革占 35 项,而与祭典相关的改革又占了 27 项。

1. 魏道武帝天兴六年(403年):诏有司始制冠冕。(《隋书》卷十一《礼仪志六》)

2. 有魏孝文,圣天子也,五岁受禅,十岁服冕。(《广弘明集》卷二《魏书·释老志》,第107页上栏)

3. 魏孝文帝太和十年(486年)春正月:癸亥朔,帝始服衮冕,朝飨万国。(《魏书》卷七下《高祖孝文帝纪下》)

4. 太和十五年(491年)十一月:己未朔,帝释禫祭于太和庙。帝衮冕,与祭者朝服。既而帝冠黑介帻,素纱深衣,拜山陵而还宫。庚申,帝亲省斋官冠服及郊祀俎豆。癸亥冬至,将祭圆丘,帝衮冕剑舄,侍臣朝服。辞太和庙,之圆丘,升祭柴燎,遂祀明堂,大合。既而还之太和庙,乃入。甲子,帝衮冕辞太和庙,临太华殿,朝群官。既而帝冠通天,绛纱袍,临飨礼。帝感慕,乐悬而不作。丁卯,迁庙,陈列冕服,帝躬省之。既而帝衮冕,辞太和庙,之太庙,百官陪从。(《魏书》卷一〇八《礼志一》)

5. 太和十九年(495年)十一月癸未诏:三公衮冕八章,太常鷩冕六章,用以陪荐。(《魏书》卷一〇八《礼志一》)

第1条显示,道武帝时曾制造冠冕。第2条说孝文帝五岁受禅,十岁加冕,其年应为承明元年(476年),这一年太上皇献文帝死了,孝文帝在形式上成为最高统治者,尽管实权操于冯太后。第3条中,"始服衮冕,朝飨万国"的"始",是就"朝飨万国"而言的,而不是就"服衮冕"而言的,因为十年前孝文帝就加冕了,服冕并不以此为始。第4条,史官对太和十五年孝文帝衮冕祭祀,一一郑重记载,是因为前一年冯氏去世,孝文帝要显示他已全面接管政权了。第5条,在太和十九年,三公及太常被允许服冕助祭,从此北朝不止皇帝戴冕了。王宇清先生断言"后魏诸臣无冕服"①，王先生的这个判断只适合于太和十九年前。太和十九年十二月，孝文帝在光极殿向群臣赐冠服。三公与太常陪荐服冕，也算是此年冠服改革的一部分了。

应该注意，九卿之中，孝文帝只准礼官太常服冕，看来他不怎么乐意让太多的人服冕。再看服章，"三公衮冕八章，太常鷩冕六章"，这种偶数章数前所未有，很不平常。八章、六章，恰合于《周礼》的三公八命、六卿六命。如本书第四章第3节所述，汉代已有一种意见，根据"各视其命之数"的原则去安排诸臣章旒。但在较早时候，人们只敢使用奇数章旒，不敢使用偶数章旒。南齐永明六年（488年）有所不同了，王朝让三公八旒、卿六旒，旒数直用《周礼》偶数命数；进而北魏孝文帝让三公衮冕八章、太常鷩冕六章，章数也直用《周礼》偶数命数了。魏孝文帝时的冕旒之数是多少呢？复查北齐冕制，是三公八章八旒、九卿六章六旒。我想就可以由此反推北魏的诸臣旒数，也就是说，北魏北齐都是三公八章八旒、九卿六章六旒，章旒都用偶数。

魏孝文帝怎么就想到要用偶数章旒呢？我想不能排除如下可能性：其灵感火花来自南齐永明六年冕制。太和十年到十五年间，北魏只皇帝服冕；到了太和十九年，孝文帝忽而允许臣下服冕了，而且依《周礼》定其冕名，依命数定其章数，这一年或这年之前发生了什么？永明十一年，即北魏太和十七年（493年），南朝王肃投降了北魏，随后就参与了北魏制礼。那么，是王肃把数年前

①王宇清：《冕服服章之研究》，第110页。王先生未检《魏书》，所依据的是《金史》。《金史》卷四三《舆服志中》金熙宗皇统七年（1147年）太常寺言："后魏帝服衮冕，与祭者皆朝服。"

的南齐冕制变动消息带到了北魏吗？可能性相当之大。再往前两年即太和十五年，蒋少游作为李彪的副使前往南齐，受命搜集宫殿建筑方面的情报，"虏宫室制度，皆从其出"①。蒋少游向孝文帝传述的见闻中，没准儿也有冕服的消息。孝文帝的"新政心态"也很强烈，其礼制改革也是"复古"与"创新"的二重奏。基于"特色寻求"，魏孝文帝让章数同于偶数命数，而且直称八章者为衮冕、六章为鷩冕，在贯彻"各视其命之数"上百尺竿头再进一步，以此来压倒南齐。

对章目做进一步考察，将进一步强化"百尺竿头再进一步"的印象。北魏八章、六章是哪些章，虽无记载，但可以从北齐反推。那么再看北齐章旒。兹据《隋书》卷十一《礼仪志六》，把北齐武成帝河清(562—565年)冕制节述如下：

> 1. 皇帝：平冕，白珠十二旒十二章。用于四时祭庙，圆丘，方泽，明堂，五郊，封禅，大雩，出宫行事，正旦受朝，临轩拜王公，籍田，庙中遣上将。
> 2. 皇太子：平冕，白珠九旒九章。
> 3. 公卿：平冕，青珠为旒，上公九，三公八，诸卿六。三公山龙八章，降皇太子一等，九卿藻火六章，唯郊祀天地、宗庙服之。

皇太子及上公九旒九章，三公八旒八章，诸卿六旒六章，三等旒章全都合乎《周礼》命数，即合于上公九命、三公八命、诸卿六命。章目的情况见第3条，但这时问题骤然复杂了，因为就"三公山龙八章"而言，山龙以下是九章，不是八章；就"九卿藻火六章"而言，藻

---

①《南齐书》卷五七《魏虏传》。

火以下在汉魏晋南朝也不是六章,而是藻、火、粉米、黼、黻五章。那么在十二章的章目上,北魏北齐难道又有新法吗?

王宇清先生分析说:"九卿之六章,似为藻、火、粉、米、黼、黻。上云:'三公则山龙八章',则其首章当为'山',若然,亦应为九章,而宗彝不与焉。(因粉米已分为两章,倘非分粉米为两章,则九卿之'藻火六章'乃不可解。)何故三公之服章山龙并用而仍仅八章? 其降而减者究为何章? 殊不可知。而北齐三公之服八章,九卿之服六章,取偶数,异于前代,是乃孔安国尚书传学说之初次采行。"①在王先生看来,第一,山龙以下为九章而不是八章,这是一个矛盾;第二,北齐九卿六章只能是藻、火、粉、米、黼、黻,这就意味着粉、米为二,因为若粉米合一,藻以下就只有五章,而非六章了;第三,北齐的章目的依据是《伪孔传》,"是乃孔安国尚书传学说之初次采行"。

王先生说北齐服章"取偶数,异于前代",其实北魏服章已经如此,已取偶数了。他认为北齐服章以粉、米为二,对此我们只能表示赞成,因为只有粉、米为二,才可能有"九卿藻火六章",否则就是"九卿藻火五章"了。然而王先生说汉魏晋宋齐和《伪孔传》都以华虫为一,以粉、米为二,我们的看法与此不同。我们认为,汉魏晋宋齐都是分华、虫而合粉米的;北齐服章以粉、米为二,只说明对"伪孔十三章"的解说出现了南北两系,两方对华虫粉米的处理不一样了。

下面就来论证冕服章目安排上"南北两系"的存在。《尚书·益稷》孔颖达疏,在阐释《伪孔传》时说到了八章、六章,而且还有四章、二章。请看:

---

① 王宇清:《冕服服章之研究》,第 111 页。

《伪孔传》：天子服日月而下，诸侯自龙衮而下至黼黻，士服藻火，大夫加粉米。上得兼下，下不得僭上。

孔颖达疏：天子服日月而下十二章，诸侯自龙衮而下至黼黻八章，再言"而下"，明天子、诸侯皆至黼黻也。士服藻火二章，大夫加粉米四章。孔注上篇"五服"，谓"天子、诸侯、卿、大夫、士"，则卿与大夫不同，当加之以黼黻为六章，孔略而不言。孔意盖以《周礼》制诸侯有三等之服，此诸侯同八章者，上古朴质，诸侯俱南面之尊，故合三为一等。……孔以此经上句"日、月、星辰、山、龙、华虫"尊者在上，下句"藻、火、粉、米、黼、黻"尊者在下，黼黻尊于粉米，粉米尊于藻火，故从上以尊卑差之，士服藻火，大夫加以粉米，并藻火为四章。马融不见孔传，其注亦以为然，以古有此言，相传为说也。盖以衣在上为阳，阳统于上，故所尊在先。裳在下为阴，阴统于下，故所重在后。《诗》称"玄衮及黼"，《顾命》云"麻冕黼裳"，当以黼为裳，故首举黼以言其事。如孔说也，天子诸侯下至黼黻，大夫粉米兼服藻火，是"上得兼下"也；士不得服粉米，大夫不得服黼黻，是"下不得僭上"也。①

基于《伪孔传》，孔疏阐述了一种八、六、四、二的服章等级，而北魏、北齐正好用八章、六章之法。就八章而言，《伪孔传》的"诸侯自龙衮而下至黼黻"，本不含"山"在内，那么王宇清先生"何故三公之服章山龙并用而仍仅八章"的疑问，似乎就有了一点儿着落：北齐三公八章，应是去掉了"山"，本是"自龙衮而下"的。《隋志》传述北齐河清冕制，先叙"上公九，三公八，诸卿六"，又叙"三公山

---

① 《尚书·益稷》孔颖达疏，《十三经注疏》，第142页下栏。

龙八章"，而"上公九"即山龙九章。也许《河清令》原文是上公山龙九章、三公龙八章，而《隋志》传述时出了错儿，误给三公增"山"。这个错误，是"山龙"连称的语言习惯导致的。

再看六章一等。孔疏既云"大夫加粉米四章"，则"四章"只能是藻、火、粉、米，即粉、米为二。但一定要注意那只是孔疏的意见，《伪孔传》原文并没有"四章"之辞。进而"卿六章"《伪孔传》也无其文。孔疏是看到《伪孔传》上文把"五服"解释为天子、诸侯、卿、大夫、士五等之服，就推断卿的服章是单独的一等，推断它是由大夫四章再加黼黻，而为六章的。六章即藻、火、粉、米、黼、黻，与魏齐"九卿藻火六章"完全相同的。

这里得辨明一个问题。在上引孔疏中，有孔疏自己的意见，也有对《伪孔传》的传述，还有对马融的评述，说是"马融不见孔传，其注亦以为然"。那么马融《尚书注》"以为然"的，到底是哪些东西呢？马国翰辑《尚书马氏传》，以《伪孔传》的服章之说属马融[1]。王谟辑马融《尚书注》，并以孔颖达疏中"士服藻火，大夫加以粉米，并藻火为四章"一句属马融[2]；孙星衍《尚书今古文注疏》，还把孔疏中的前若干章"尊者在上"、后若干章"尊者在下"一段，径引作"马融曰"[3]。黄侃先生及顾颉刚、刘起釪先生，也做类似处理[4]。王宇清先生也把孔疏"天子服日月而下十二章，诸侯自龙衮而下至黼黻八章"一句，及"此经上句日月星辰……并藻火

---

[1] 马国翰：《玉函山房辑佚书》，第 1 册第 400 页。
[2] 王谟：《汉魏遗书钞·经翼·书翼》，第 8 页。
[3] 孙星衍：《尚书今古文注疏》，第 97 页。
[4] 《黄侃文存》，江苏教育出版社 2001 年版，第 68 页；顾颉刚、刘起釪：《尚书校释译论》，第 448 页。

为四章"一段,径引作"马云"①。

学者们那么做是否妥当呢?我认为,孔疏所谓马融《尚书注》"亦以为然"的,仅指《伪孔传》"天子服日月而下,诸侯自龙衮而下至黼黻,士服藻火,大夫加粉米"一句,而且只是说马融的服章安排与此相似,但不能据此认为马融原文如此。马融到底是怎么说的,其实有迹可循。本书第六章第 2 节已指出,晋博士环济《帝王要略》中"诸侯去日月星辰,服山龙华虫;卿大夫去山龙华虫,服藻火粉米"那段话,就是直抄马融《尚书注》原文的。孔颖达疏也看到了马融《尚书注》的那段话,并评述说"马融不见孔传,其注亦以为然"。但马、孔对冕服等级的表述有异,二者只是"同构"而已。《要略》所抄马融,其中并没有孔疏中的八章、六章、四章、二章之词,而且《伪孔传》中也没有,它们只是孔疏的阐述而已。后世学者把八章、四章、二章说成马融意见,并没有其他证据;"马融亦以为然"是怎么回事儿,也不是他们所理解的那样。

辨析这一点有什么意义呢?是为了区分南北两系经说。我们认为,从东汉永平到梁初,从马融到《伪孔传》,都以华、虫为二,粉米为一,从而形成了南系经说。北系经说则对"伪孔十三章"做出了新的解释,合华虫而分粉、米。孔疏中所见八章、四章、二章,都只是孔疏的陈述,并不是马、孔原文原意。例如孔疏有"则卿与大夫不同,当加之以黼黻为六章"一句,这"则""当"明明是应然之词,从语气看明明是孔疏自己的推测,《伪孔传》里并无"六章"之文。在环济《要略》所抄马融《尚书注》中,不但没有"六章"之文,而且说的是"卿大夫去山龙华虫,服藻火粉米","卿大夫"共为一级,"卿"并不单为一级。在南系经说中,并

① 王宇清:《冕服服章之研究》,第 22 页。

无八章、六章、四章、二章;孔疏所云八章、六章,倒跟北魏北齐的八章、六章相合,所以我们认为,孔疏只代表了北系经说对《伪孔传》的理解。

在第五章第 6 节我们指出,《尚书》孔疏以华虫为一,《左传》孔疏却以华、虫为二。那再度反映了相关经说确有南北两系。孔颖达《五经正义》出自众手,往往承袭旧注旧疏,而旧注旧疏出自南北各家,难免互异①。就南系而言,《左传》孔疏必须正视杜预《春秋左传集解》的"华若草华""粉米若白米"之说,只能以华、虫为二,粉米为一。杜预之说,还有梁武帝的"孔安国云:华者,花也",以及顾彪的"华取文章"等等可以为证。这时《左传》孔疏遵循"疏不破注",只能依杜注,认定《伪孔传》以华、虫为二。而在北系经说中,北魏北齐恰好就有八章、六章,其藻火六章只能是粉、米为二,相应就是华虫为一。反过来说,魏齐之所以要合华虫而分粉、米,是为了牵合《伪孔传》的八章、六章。可见在魏齐,一种对"伪孔十三章"的新解释应运而生了,形成了我们所说的北系经说。《尚书》孔疏释《伪孔传》时合华虫为一,采用的是北系经说,而且是以魏齐冕制为本的。

从某些记载看,《伪孔传》在北朝流布似乎很晚。史称"齐时,儒士罕传《尚书》之业,徐遵明兼通之。遵明受业于屯留王聪,传授浮阳李周仁及勃海张文敬、李铉、河间权会,并郑康成所注,非古文也。下里诸生,略不见孔氏注解。武平末,刘光伯、刘士元始

---

① 《五经正义》中的很多地方沿袭了南北朝旧注。皮锡瑞云其"诸儒分治一经,各取一书以为底本,名为创定,实属因仍",其中不无"名为新义,实袭旧文"之处,甚至"以唐人而称大隋","彼此互异"。《经学历史》,第 198页以下。

得费甝《义疏》，乃留意焉"①。唐长孺先生因云："北朝经学亦即河北之学，大抵笃守汉代以来的传统，以集汉代今古文学的郑玄之学为宗，而王弼《周易注》、《尚书》伪孔传、杜预《春秋左传集解》，北方大致无传习"，"至于《尚书》伪孔传，直到北齐末年才经由梁费甝《尚书义疏》传到河北"②。不过陈鸿森先生又指出："按北朝经学亦有取于南学者。其《尚书》孔传，则郦道元据以说地"，"郦氏《水经注》明引孔传者凡十三见"③。郦道元生年不详，其卒年在527年，即北魏孝明帝孝昌三年④。那么《尚书》孔氏之学的流布，至少可以提前到北魏后期。而我们的考察又表明，在魏孝文帝时，《伪孔传》已被用于服章规划了。

但魏孝文帝对《伪孔传》又没原样照搬，而是把它跟《周礼》糅在一块了。首先他受南齐的八旒、六旒推动，决意让章数也直依《周礼》命数，即三公八章、太常六章，并名之为衮冕、鷩冕；随后又依《伪孔传》的"诸侯自龙衮而下至黼黻"，确定八章为龙以下，令八命三公用之；把《伪孔传》的"大夫加粉米"解释为四命大夫服藻、火、粉、米四章，加黼、黻而为六章，令六命之卿用之。《周礼》郑玄注中没有偶数章数，故孝文帝不采；"伪孔十三章"则为偶数章数的使用留下了空间。可见孝文帝的冕制颇有"理论创新"，以独特方式糅合了《周礼》和《伪孔传》，自成一系，并不是对魏晋南朝的简单模仿。

---

①《北史》卷八一《儒林传序》。
②唐长孺：《魏晋南北朝隋唐史三论》，第226—227页。
③陈鸿森：《北朝经学的二三问题》，《历史语言研究所集刊》第66本第4分，1995年12月，第1077页。按此文系陈冠华同学提示并代为复印，特此致谢。
④参看陈桥驿：《郦道元评传》，南京大学出版社1997年版，第16页。

**图 21　北魏司马金龙墓出土画漆屏风"班姬辞辇"图**

（宿白主编：《中华人民共和国重大考古发现》，

文物出版社 1999 年版，第 328 页）

　　北魏北齐的冕制及相关经说，随后就影响了唐初的《尚书》孔疏①。杨华先生指出，虽然南朝礼制多遵王说，北朝礼制多用郑义——如郊祀制度，但不是全部如此，"以庙制为例，魏晋至南朝用王肃学说，北魏和北齐用王肃学说，北周和隋文帝用郑玄学说，隋炀帝转用王肃学说"②。我们对魏齐冕服的考察，可以强化杨先

---

①王鸣盛认为孔颖达《尚书正义》取自隋人顾彪、刘焯、刘炫，皮锡瑞也指出了《尚书正义》沿用二刘的地方。陈鸿森先生进一步证明了《尚书正义》取自二刘，见其《北朝经学的二三问题》，《历史语言研究所集刊》第 66 本第 4 分，第 1077 页。这为认识冕服经说的南系、北系两分，提供了更清晰的背景。孔颖达释"伪孔十三章"时所用北系经说，可能出自刘焯、刘炫；而刘焯、刘炫之说，又上承孝文帝时的礼制之议。

②杨华：《论〈开元礼〉对郑玄和王肃礼学的择从》，《中国史研究》2003 年第 1 期；收入《武汉大学历史学集刊》第 1 辑，第 291—292 页。

生的论点。北魏北齐冕制含有《伪孔传》的影响，而南北朝时《伪孔传》的冕服说，大致可以看成王学。

　　总之，孝文帝时的拓跋政权已不容小觑了，已超越了"马上治天下"阶段，而汉化到了这一程度：已接近了华夏学术的精微之处，能娴熟运用经学技巧搞花样翻新了。孝文帝的冕制不仅杂采郑、王，而且自有创造。有人说"北朝的冕服样式与规制，显得杂乱无章，几乎到了无制可循的程度"①。其实不是那样的。正如康乐先生所说的那样："孝文的礼制改革绝非仅仅是恢复了汉族王朝固有祭典而已，而是有其创新与整合的努力在内。"②我们对魏齐冕服的考察，可以强化康先生的论点。北朝礼制的若干地方，甚至比南朝更接近"周礼"。如本书第四章第 5 节曾论及的《周礼》三夫人、九嫔、世妇、女御之制，那些名号在北魏北齐还真被采用了③；南朝嫔妃名号，大致只是汉晋余绪而已④。在嫔妃名号上，北朝更近《周礼》。又如家庙之礼："六朝时期，属于士大夫以上的阶层，建立封建宗庙的恐怕仍是少数。……在现存的史料中，第一次看到家庙制度的成文法制化是在北齐的河清令，这也

---

① 王雪莉：《宋代服饰制度研究》，杭州出版社 2007 年版，第 46 页。
② 康乐：《从西郊到南郊——国家祭典与北魏政治》，第 187 页。
③《魏书》卷十三《皇后列传》："高祖改定内官，左右昭仪位视大司马，三夫人视三公，三嫔视三卿，六嫔视六卿，世妇视中大夫，御女视元士。"《隋书》卷十一《礼仪志六》载后齐制度：左右昭仪、三夫人视一品，九嫔视三品，世妇视四品，八十一御女视五品。
④《南史》卷十一《后妃传》："晋武帝采汉魏之制，置贵嫔、夫人、贵人，是为三夫人，位视三公；淑妃、淑媛、淑仪、修华、修容、修仪、婕妤、容华、充华，是为九嫔，位视九卿。"南朝变化不大，只是在三夫人、九嫔之下，增设了五职、三职。参看《宋书》卷四一《后妃传序》、《陈书》卷七《皇后传序》。陈朝又设世妇，似出《周礼》影响，但无女御。参看《隋书》卷十一《礼仪志六》。

是唐代家庙制度的前身。"①在家庙古礼上,北朝也超越了南朝,奏响了唐制的先声。魏齐君臣的冕制复古与花样翻新,我们同样拿"正统标榜""特色寻求"及"新政心态"来解释。他们不愿跟南齐雷同,而是力图后来居上。

## 3. 北周冕制的"创造性发展"

东魏北齐地处关东,文化相对繁荣,那对偏处西北一隅的西魏北周应是很大的压力,会给人"低人一头"的感受。然而同样让人瞩目的是,与其他偏处一隅的小朝廷不同,西魏北周的君臣没有自暴自弃,而是不甘后人,全力扭转文化劣势。他们的对策,仍是在礼制上"复古"而兼"创新"。在官制上,北周轰轰烈烈地"宪章姬周";在舆服上,也根据《周礼》五辂六冕而全面复古。而且不止复古,还在《周礼》及郑玄注的基础上,大搞"创造性发展",造出了一套比《周礼》更宏伟的冕服体制。

具体说,《周礼》的基本服制是六冕三弁(韦弁、皮弁、冠弁),是为"九服";而西魏北周把天子六冕增至十冕,九服增至十二服了,公侯以下则自九而降。兹据《隋书》卷十一《礼仪志六》,把北周冕服列为下表:

| 皇帝十二服[1] | 苍衣苍冕　青衣青冕　朱衣朱冕　黄衣黄冕　素衣素冕　玄衣玄冕　象衣象冕十二章 | | |
|---|---|---|---|
| | 衮冕九章　山冕八章　鷩冕七章 | | 韦弁　皮弁 |

①甘怀真:《唐代家庙礼制研究》,台湾商务印书馆1991年版,第134页。

| | | | | | | | | | |
|---|---|---|---|---|---|---|---|---|---|
| 诸公服九 | 方冕 | 衮冕九章 | 山冕八章 | 鷩冕七章 | 火冕六章 | 毳冕五章 | 韦弁 | 皮弁 | 玄冠 |
| 诸侯服八 | 方冕 | | 山冕八章 | 鷩冕七章 | 火冕六章 | 毳冕五章 | 韦弁 | 皮弁 | 玄冠 |
| 诸伯服七 | 方冕 | | | 鷩冕七章 | 火冕六章 | 毳冕五章 | 韦弁 | 皮弁 | 玄冠 |
| 诸子服六 | 方冕 | | | | 火冕六章 | 毳冕五章 | 韦弁 | 皮弁 | 玄冠 |
| 诸男服五 | 方冕 | | | | | 毳冕五章 | 韦弁 | 皮弁 | 玄冠 |
| 三公服九 | 祀冕 | 火冕六章 | 毳冕五章 | 藻冕四章 | 绣冕三章 | 爵弁 | 韦弁 | 皮弁 | 玄冠 |
| 三孤服八 | 祀冕 | | 毳冕五章 | 藻冕四章 | 绣冕三章 | 爵弁 | 韦弁 | 皮弁 | 玄冠 |
| 六卿服七[2] | 祀冕 | | | 藻冕四章 | 绣冕三章 | 爵弁 | 韦弁 | 皮弁 | 玄冠 |
| 上大夫服六 | 祀冕 | | | | 绣冕三章 | 爵弁 | 韦弁 | 皮弁 | 玄冠 |
| 中大夫服五 | 祀冕 | | | | 绣冕三章 | 爵弁 | 韦弁 | | 玄冠 |
| 下大夫服四 | 祀冕 | | | | 绣冕三章 | 爵弁 | 韦弁 | | 玄冠 |
| 士之服三 | 祀弁 | | | | | 爵弁 | | | 玄冠 |
| 庶士服一 | | | | | | | | | 玄冠 |

注:〔1〕按北周 557—559 年之间称天王不称皇帝。

〔2〕"六卿服七",《隋志》原文是"公卿之服,自祀冕而下七"。杜佑《通典》卷五七《礼十七》、王仲荦《北周六典》照样引作"公卿之服"。然而我认为"公卿"二字系"六卿"之讹。北周官制中,并没有一种与六卿同品之公。

这个体系的宏伟又是《周礼》所不及的,《周礼》之冕不过 6 种,而北周冕达 14 种;再加上三弁一冠,冕弁冠合计竟达 18 种之多!就连笔者在制完表后一看,都有一种"被雷了"的感觉。它不但结构宏伟,而且寓意复杂,各个细微之处都有匠心,在解析它的时候我们得花费很多笔墨。

后人拿北周服制当怪物,目为"迂怪"①。其繁缛复杂,是为

① 隋初裴政云:"后周制冕,加为十二,既与前礼数乃不同,而色应五行,又非典故。谨案三代之冠,其名各别。六等之冕,承用区分,璪玉(转下页注)

一"怪";引入了"五行"因素,又是一"怪"。青冕、朱冕、黄冕、素冕、玄冕组成五色之服,用以祭五方上帝等。五色冕服的设计,大概是从汉代学来的,秦汉就有"五郊衣帻各如方色"的制度①。按,在北魏孝明帝时,四门博士臣王僧奇、蒋雅哲已有"五时冠冕,宜从衣变",让冕服也"改色随气"的建议了,这就是受了汉制的影响。但那个建议,被太学博士崔瓒和清河王元绎给否定了。否定的理由,一是《周礼》《礼记》中的冕服"都无随气春夏之异",二是汉魏晋也只是衣帻"改色随气",但"冠冕仍旧,未闻有变"②,只改衣帻之色而不改冠冕之色。冕服"色应五行"的建议在北魏虽被否决,但毕竟已有苗头了。又,南朝宋明帝的冕制也是"象数是尊"的,可见南北朝冕服都有过"迁怪"现象。所以北周冕服中出现了五行因素,不完全是孤立事件。

南北朝各政权在制礼之时,因"正统标榜"而有"宗经""复古",因"特色寻求""新政心态"而有标新立异;当然帝王也没忘记"尊君"和"实用",还得让礼制等级跟政治等级配合起来。北周冕制也是如此,它是多种考虑的叠加。北周冕制的依据是《周

---

(接上页注)五采,随班异饰,都无迎气变色之文。唯月令者,起于秦代,乃有青旗赤玉,白骆黑衣,与四时而色变,全不言于弁冕。五时冕色,礼既无文,稽于正典,难以经证。"《隋书》卷十二《礼仪志七》。王仲荦先生因云:"按北周名为宪章姬周,冠冕之制,一依周礼,而又参以后世五行之说,自我作古,甚多迁怪。夫以千载之下,一朝欲以千载前之冠冕定为朝服,其怪诞固非有言语所能喻者。"《北周六典》,中华书局 1979 年版,上册第 197—198 页。

① 北周五色冕的用法,见《隋书·礼仪志六》:"祀东方上帝及朝日,则青衣青冕;祀南方上帝,则朱衣朱冕;祭皇地祇、祀中央上帝,则黄衣黄冕;祀西方上帝及夕月,则素衣素冕;祀北方上帝,祭神州、社稷,则玄衣玄冕。"又据《续汉书·祭祀志中》,照东汉永平制度,五郊迎气时的车旗服饰,分别"皆青""皆赤""皆黄""皆白"或"皆黑"。

② 《魏书》卷一〇八《礼志四》。

礼》及郑玄经注,即令有所损益,也是在《周礼》和郑注基础上变本加厉的。其冕服结构明显分为三大段落:一是天子,二是诸侯公侯伯子男,三是诸臣公孤卿大夫士。下面就来分析其结构特点,依次讨论天子冕服及诸侯、诸臣冕服。

在天子冕服的段落,苍冕及青、朱、黄、素、玄五冕,所对应的是《周礼》的大裘冕。南朝梁武帝启用了大裘冕,而北周进而把大裘冕一分为六,苍冕等于大裘冕,五色冕是根据五行思想而增益的,所对应的也是大裘冕。郑玄说大裘冕无章无旒,所以笔者推测,北周的以上六冕也是无章无旒的。进而诸侯的方冕①、诸臣的祀冕②都是

①《隋志》叙述公侯伯子男之冕,照例先列方冕,不云章,再叙"某冕若干章",参下:

诸公之服九:一曰方冕。二曰衮冕,九章,宗彝已上五章在衣,藻已下四章在裳……

诸侯服,自方冕而下八,无衮冕。山冕八章,衣裳各四章……

诸伯服,自方冕而下七,又无山冕。鷩冕七章,衣三章,裳四章……

诸子服,自方冕而下六,又无鷩冕。火冕六章,衣裳各三章……

诸男服,自方冕而下五,又无火冕。毳冕五章,衣三章,裳二章……

可见诸侯的方冕是无章的。

②《隋志》叙述公卿大夫士之冕,照例先列祀冕,不云章,再叙"某冕若干章",参下:

三公之服九:一曰祀冕。二曰火冕,六章,衣裳各三章……

三孤之服,自祀冕而下八,无火冕。毳冕五章,衣三章,裳二章……

公卿之服,自祀冕而下七,又无毳冕。藻冕四章,衣裳各二章……

上大夫之服,自祀冕而下六,又无藻冕。绣冕三章,衣一章,裳二章……

中大夫之服,自祀冕而下五,又无皮弁。绣冕三章,衣一章,裳二章……

下大夫之服,自祀冕而下四,又无爵弁。绣冕三章,衣一章,裳二章……

可见诸臣的祀冕是无章的。

比拟大裘冕而设的,所以笔者推断它们也无章无旒①。诸侯、诸臣也有无章无旒之冕,这是北周的又一个增益。王仲荦先生说,天子的苍冕及青、朱、黄、素、玄五冕是十二章,公侯伯子男的方冕是九章。王先生这个看法,笔者不敢苟同②。苍冕等六冕的冕服上面,又各有同样颜色的衣,苍冕配以苍衣,青冕配以青衣,朱冕配以朱衣,黄冕配以黄衣,素冕配以素衣,玄冕配以玄衣,象冕配以象衣。北周这么做,依据的是《郑志》:"大裘之上,又有玄衣,与裘同色,亦是无文采。"③

---

① 《隋志》叙毕天子诸冕之后,有"冕通十有二旒"之文。但我认为,"通十有二旒"仅仅是就象冕及衮、山、鷩三冕而言,不含前文的苍冕及五色五冕,前文那六冕都没有旒。对苍冕及五色五冕无旒一点,可以用诸侯的方冕无旒来类推。《隋志》在分叙公侯伯子男之冕之时,虽然每段都有"皆若干旒"之词,但这"皆"不应包括列在段首的方冕,因为方冕无旒。细审《隋志》所叙诸侯冕服,于公之冕,末句言"冕俱九旒";于侯之冕,末句言"冕俱八旒";于伯之冕,末句言"冕俱七旒";于子之冕,末句言"冕俱六旒";而于男之冕,末句却只说"冕五旒"了,而不说"冕俱五旒"了。男爵计有方冕及毳冕两冕,为什么只说"冕五旒",而无"俱"字呢? 是因为方冕不计在内,有旒的只是毳冕一冕而已;既止一冕,当然就不能说"俱"了。诸侯方冕既然无旒,诸臣的祀冕也应无旒;诸侯方冕和诸臣祀冕既然无旒,则其所对应的天子苍冕及五色五冕也应无旒。

② 王仲荦先生解释北周的诸侯方冕,认为它对应着天子祭昊天上帝的苍冕和祭五帝的五色五冕,这一点我们赞成;但王先生又说"但天子冕服十二章,有日、月、星辰,公(方冕)九章,无日、月、星辰耳"。《北周六典》,上册第195页。后一点我们就不赞成了。查《隋书·礼仪志六》,在叙毕苍冕及五色五冕之后,又叙象冕,然后有"十有二章"之文;但这"十有二章"是仅就象冕而言的,并不包含前文苍冕及五色五冕。诸侯方冕、诸臣祀冕既然无章,则其所对应的天子苍冕及五色五冕也应无章。

③ 《周礼·天官·司裘》贾公彦疏引,《十三经注疏》,第683页上栏。因为《郑志》说过大裘之上有玄衣,北周便给上述六冕之服都配上了同色之衣。可见北周冕服规划,一丝不苟。裘上之衣是用来保护裘的,称(转下页注)

《周礼》六冕的结构特点，是"如王之服"和"君臣通用"，天子九服中有八服与臣下重合，六冕中有五冕臣下可用。而北周天子十二服，也出现了五服与臣下重合的情况。韦弁、皮弁两弁上下通用，衮冕、山冕、鷩冕三冕，天子可用，而公、侯、伯又分别可以用其三、用其二、用其一。可见北周冕服结构由"单列式"变为"多列式"，同于《周礼》了。比之汉魏的"六冕同制"，北周的做法是相反的：不是加大而是缩小了君臣差距。而且北周诸冕的用途比《周礼》有所扩大，这样，君臣冕服差距缩小所涉及的礼制场合，就将多于《周礼》。比如《周礼》说天子视朝用皮弁，汉晋天子视朝用通天冠，北周天子视朝却改用鷩冕了。因为冕服被用于"视朝"，所以王仲荦先生把北周冕服称为朝服①。

郑玄采用"冕名首章说"，把冕名与衣上的首章联系起来了。北周如法炮制，其新创之冕都用首章定名，如山冕、火冕、藻冕即是。还有衣用几章、裳用几章，也是参考郑玄经说而定的②。郑玄的"登龙于山，登火于宗彝"，北周也照办，所以诸臣的衮冕居山冕

---

(接上页注)褶衣。褶衣可参看吕思勉：《中国制度史》，上海教育出版社2005年版，第128页；或杨向奎：《褶袭礼与"礼不下庶人"解》，《中国社会科学院研究生院学报》1998年第6期。不过，《郑志》系郑玄门人赵商等所记录的师生问答之书。宋人何洵直认为，"裘上有玄衣"之说出自赵商，"盖赵商之徒，附会为说，不与经合"，并不是郑玄本人的意见。

① 冕服在北周称"公服"。《隋书》卷十一《礼仪志六》："诸命秩之服，曰公服，其余常服。"北周官服分两类：具有标示命秩作用的为公服，也就是大礼所服之朝服，冕服即在其中；常服是低公服一等的日常穿着。这与北齐的"公服"概念不同。北齐七品以上官所服为朝服，又称具服；八品以下至流外四品所服为公服，又称从省服。

② 现将《周礼·司服》郑玄注与《隋书》卷十一《礼仪志六》所记北周服章在衣在裳的分配，列为下表以供比较：

（转下页注）

之前①。郑玄说虞舜衮冕十二章,姬周衮冕改用九章了。这个"九章"的说法,皇帝向来不肯问津;而北周的天子衮冕,居然就是直用九章的,居然就屈尊"执谦"②了,以期合乎郑玄的"周九章"之义。

当然,"执谦"只是一个方面。北周冕制中又不乏"尊君"意

---

（接上页注）

| 《周礼》郑玄注服章 | | 北周服章 | |
|---|---|---|---|
| 衮冕九章 | 衣五章,裳四章 | 象冕十二章 | 衣六章,裳六章 |
| | | 衮冕九章 | 衣五章,裳四章 |
| 鷩冕七章 | 衣三章,裳四章 | 山冕八章 | 衣四章,裳四章 |
| | | 鷩冕七章 | 衣三章,裳四章 |
| 毳冕五章 | 衣三章,裳二章 | 火冕六章 | 衣三章,裳三章 |
| | | 毳冕五摘 | 衣三章,裳二章 |
| 绣冕三章 | 衣一章,裳二章 | 藻冕四章 | 衣二章,裳二章 |
| | | 绣冕三章 | 衣一章,裳二章 |
| 玄冕一章 | 衣无章,裳一章 | 爵弁 | |

① 《隋书·礼仪志六》叙述象衣象冕十二章,为日、月、星辰、山、龙、华虫六章在衣,火、宗彝、藻、粉米、黼、黻六章在裳。其中"龙"应在"山"前,因为下文又云"则服衮冕,自龙已下,凡九章十二等",表明北周之龙必在山前;假若山在龙前,则自龙以下只有八章了。又《隋志》下文叙北周天子衮冕:"宗彝已下五章在衣,藻、火已下四章在裳。"此文应作"宗彝已上五章在衣,藻已下四章在裳",前一句"下"字有误,后一句"火"为衍文。火既已登于宗彝,就不可能出现在藻的后面。《隋志》在叙述北周诸公衮冕时,说的就是"宗彝已上五章在衣,藻已下四章在裳",前句即作"宗彝已上",后句没有"火"字。

② "执谦"是隋人虞世基对北周衮冕的评价:"后周故事,升日月于旌旗,乃阙三辰,而章无十二。但有山、龙、华虫作绘,宗彝、藻、火、粉米、黼、黻,乃与三公不异。……且周氏执谦,不敢负于日月,所以缀此三象,唯施太常,天王衮衣,章乃从九。"《隋书》卷十二《礼仪志七》。"三象"即日月星辰,"唯施太常"的"太常"指旌旗。

义的安排。与《周礼》相比，大裘冕一分为六，象冕十二章而非九章，则北周天子又比姬周天子更神气了。为什么要在衮冕之外另设象衣象冕呢？是因为北周天子不甘心衮冕九章之卑，所以另造一套十二章十二旒的象衣象冕，来填补自尊心的空白。据《隋书·礼仪志六》："享先皇、加元服、纳后、朝诸侯，则象衣象冕。"但对象冕的用途的这个概括，并不全面。查北周《祀五帝歌辞》："钩陈旦辟，闾阖朝分；旒垂象冕，乐奏山云。"可见北周祀五帝也用象冕①。

又，《周礼》中天子皮弁以视朝，郑玄也说皮弁"此天子日视朝之服"，而北周天子视朝改用了鷩冕，升了格。《周礼》天子最低等的冕是玄冕一章，而北周天子最低等的冕却是鷩冕七章；《周礼》天子有五冕与臣下通用，北周天子则只有三冕与臣下通用；《周礼》天子五冕不但与诸侯（即公侯伯子男）重合，而且与诸臣（即孤卿大夫）重合，北周天子之冕则只与诸侯重合，不与诸臣重合，火冕以下天子不用。又据《隋书·礼仪志六》，周宣帝妄自尊大，在大象元年（579 年）还曾"制冕二十四旒，衣服以二十四章为准"。这二十四旒、二十四章之冕，堪称中国上下五千年最崇高的冕服。

下面来看诸侯与诸臣的等级安排。北周之前各朝，诸臣一般是按公、卿职务服冕的，因公、卿职务的数量有限，所以服冕者人数不多。（东汉特许博士服冕，系特例。）而北周诸臣不同，从按职务服冕变成按官阶服冕了，下大夫可以服绣冕三章，下大夫四命，

---

① 《隋书》卷十四《音乐志中》。"钩陈旦辟，闾阖朝分"是说宫门晨开，天子上路往祭；"旒垂象冕，乐奏山云"是说天子戴十二旒象冕，踏着《山云》之乐登临祭坛。可见祀五帝时天子要穿象衣象冕。至于青衣青冕或朱衣朱冕、黄衣黄冕、素衣素冕、玄衣玄冕，应是在某个环节换穿的。

相当于六品官。(绣冕也就是《周礼》中的绨冕,郑玄释"希"为绣,刘宋、北周索性直名为绣冕。)服冕者的数量因而大增,因为现在六品以上官全都服冕了。至于三命以下的士,相当于七八九品的官,通用爵弁。士用爵弁,有《周礼》郑注为据:"一命之大夫冕而无旒,士变冕为爵弁。"[1]假若北周冕制真被实施了,本来胡风扑面的北周朝堂,就将满目旒冕爵弁,宛如姬周之朝堂,古风扑面了。

## 4. 北周的命数、章数、等数、旒数、服数

但古风的劲吹也吹出了毛病,造成了冕服等级与现行官阶的不一致。下面来看这个问题。依照《周礼》,诸臣三公八命,六卿六命,大夫四命,比诸侯公九命、侯伯七命、子男五命分别低一命。而北周的现行官阶,公卿大夫为九、八、七、六、五、四命,公侯伯子男为九、八、七、六、五命,诸臣与诸侯并驾齐驱了,只是诸臣多了一级四命而已。北周官阶如此安排,是为了配合王朝现行品位结构。首先在诸臣部分,三公诸卿已是帝国政务的主要承担者,把公卿调整为九、八、七命,即一、二、三品,这与他们的现实权责地位是相称的。其次在诸侯部分,中古的五等爵本身也在变迁。在《魏官品》中,公侯伯子男都在第一品,县侯三品,乡侯四品,亭侯五品,关内侯、名号侯六品[2]。而至北朝,列侯以下爵号旋即消失,

---

[1]《周礼·夏官·弁师》郑玄注,《十三经注疏》,第 855 页上栏。按天子之大夫四命,此"一命之大夫"是公侯伯之大夫,故止一命。
[2]《通典》卷三六《职官十八》,中华书局 1988 年版,第 991 页以下。

五等爵在官品上舒展开来。

官阶已根据实用需要做了调整,诸侯、诸臣的命数并驾齐驱了。那冕服呢?前揭北周冕服表显示,诸臣中的三公不过火冕六章,三孤仅毳冕五章,六卿仅藻冕四章,大夫仅绣冕三章,明显低于诸侯。这就很奇怪了。这说明北周诸臣冕服并不依照命数。那么依照什么呢?本书已揭示,在《周礼》诸臣冕服上,汉晋略有二说:一个是《毛传》代表的"各视其命之数",一个是郑玄的"以爵不以命数"。北周冕制既然全面从郑,则其诸臣冕服自火冕而始的做法,就应出自郑玄。根据郑玄,三公毳冕同于子男,孤绨冕,卿大夫玄冕。那么请比较诸侯与诸臣的相对地位:

| 郑玄的安排 | | 北周的安排 | |
|---|---|---|---|
| 诸侯 | 诸臣 | 诸侯 | 诸臣 |
| 公衮冕九章 | | 诸公衮冕九章 | |
| 侯伯鷩冕七章 | | 诸侯山冕八章 | |
| | | 诸伯鷩冕七章 | |
| 子男毳冕五章 | 三公毳冕五章 | 诸子火冕六章 | 三公火冕六章 |
| | | 诸男毳冕五章 | 三孤毳冕五章 |
| | 孤绨冕三章 | | 六卿藻冕四章 |
| | | | 大夫绣冕三章 |
| | 卿大夫玄冕一章 | | |

面对此表,我想谁都看明白了,北周诸侯与诸臣的等级关系,与郑玄所论非常接近,略有不同的,只是北周的孤卿大夫调高了一些而已。北周的公爵与三公都是九命,三公冕服却比公爵低三级,

那只能拿郑玄的"以爵不以命数"来解释。

这样一点,还可以从命妇礼服方面看到。郑玄是在阐释《周礼》后妃命妇之服时,流露出"天子之臣与诸侯之臣服同"的看法的。那么再依《周礼·内司服》郑玄注及《隋书·礼仪志六》,把郑玄与北周的命妇礼服安排列表比较:

| 郑玄的安排 | | 北周的安排 | |
|---|---|---|---|
| 诸侯夫人 | 内外命妇 | 诸侯夫人 | 内外命妇 |
| 二王后夫人袆衣 | | 诸公夫人褕衣 | |
| 侯伯夫人揄狄 | | 诸侯夫人鷩衣 | |
| | | 诸伯夫人鵫衣 | 三妃、三公夫人鵫衣 |
| 子男夫人阙狄 | 三夫人、三公之妻阙狄 | 诸子夫人鞠衣 | 三妌、三孤内子鞠衣 |
| | | 诸男夫人展衣 | 六嫔、六卿内子展衣 |
| | 九嫔、孤之妻鞠衣 | | 上媛、上大夫之孺人青衣 |
| | 世妇、卿大夫之妻展衣 | | 中媛、中大夫之孺人朱衣 |
| | 女御、士之妻缘衣 | | 下媛、下大夫之孺人黄衣 |
| | | | 御婉、士之妇人素衣 |

命妇礼服与其配偶的礼服,其结构上的一致性,同样一目了然。

这样一来,官阶上已比肩并立的诸侯与诸臣,在冕服上一肩高一肩低了,命数相同者冕服等级却不相同。只是为了符合千百年前的"周礼",就把行政官僚压低了好几级。当官的对级别都极其敏感。面对九命公爵的衮冕九章,九命三公只服六章火冕,等于一品官穿四品服,或国务院总理只给局长待遇,三公能开心吗?孤卿大夫亦然。六卿七命,相当于部长,却被当成小处长了:其藻冕四章之服比命数低了三级,等于三品官穿六品服。显然,由于冕服复古的力度太大,北周的现行等级秩序被扭曲了。由于冕服不仅用作祭服,还用作朝服,那么等级扭曲还将由祭坛之上,波及朝堂之上。

当然北周君臣也不傻,我们所发现的扭曲他们是亲身承受的,当然更有切肤之感了。他们并没有听之任之。细审北周冕制,在调和古冕等级与现行官阶的矛盾上,制度规划者是花了心思、做了文章的。具体说其对策有三:第一是在"服数"上做文章,第二是在"等数"上做文章,第三还有旒数的调整。

首先来看"服数"。根据《隋书·礼仪志六》,并参照前揭北周冕服表,就能发现一个有趣的地方。在诸侯方面,诸公服衮冕九章以下,即方冕、衮冕、山冕、鷩冕、火冕、毳冕、韦弁、皮弁、玄冠,是为"服九"。而在诸臣方面,三公不能用衮冕、山冕、鷩冕,只能服火冕以下,然而《隋志》也说"三公之服九"。这是怎么回事呢?只服火冕以下,怎么还能照旧"服九"呢?原来三公的火冕以下,另行添加了藻冕、绣冕、爵弁三事,居然也凑成了"九服"。与此相类,三孤服毳冕以下,比八命的诸侯少了山冕、鷩冕、火冕三冕,但因另有藻冕、绣冕、爵弁三事,也得以凑成了"服八"。六卿服七,上中下大夫服六、服五、服四,以此类推。可见北周诸臣的服数,与命数一致了。

其次再看"等数"。北周创造了一种"重一等"之法,就是冕服上的某几章被重复使用,画成两个,而不是一个,由此形成新的等差。比如天子衮冕九章,但"衣重宗彝",衣上的宗彝绣了两个;"裳重黼、黻",裳上的黼、黻也各画了两个。多出来的 3 个服章,与九章合计就成为"十二等"了。就是说在章数、旒数之外，北周又弄出一个"等数"的指标来。天子山冕八章，衣重火、宗彝，裳重黼、黻，多了4个纹样，与九章合计也是"十二等"；天子鷩冕七章，衣重华虫、火、宗彝，裳重黼、黻，多了5个纹样，与九章合计也是"十二等"。可见天子的衮、山、鷩三冕，虽然与诸侯的衮、山、鷩三冕同为九章、八章、七章，可在"等"上天子另用"十二"之数，依然高于诸侯。

诸侯之冕也适用"重一等"。顺着北周冕服表往下看，诸公的第三种冕山冕八章与诸侯通用，然而诸公的山冕"重宗彝"，名为八章，实则纹样有九，形成"九等"，等数同于命数。那么，九命诸公的山冕是八章九等，八命诸侯的山冕却是八章八等，高下遂判。同理，诸侯的鷩冕七章与诸伯通用，然而诸侯的鷩冕"重宗彝"，变成了"八等"。那么八命诸侯的鷩冕是七章八等，七命诸伯的鷩冕却是七章七等，也贴近命数了。诸公的六种冕服，除方冕之外，其余五冕的章数依次而降，但等数都是九等；诸侯的五种冕服，除方冕之外，其余四冕的章数依次而降，但等数都是八等。诸伯、诸子、诸男，以此类推。

进而还有旒数，旒数的安排也不与章数相应，而是与等数相应的。仍以山冕为例：诸公的山冕为八章九等，其冕旒用九旒，不用章数之八而用等数之九，以合于诸公九命；诸侯的山冕为八章八等，其冕八旒，旒数同于等数，以合于诸侯八命。再如诸公的鷩冕七章九等，其冕旒用九旒，不用章数之七而用等数之九，以合于诸公九命；诸侯的鷩冕七章八等，其冕旒用八旒，不用章数之七而用等数之八，以合于诸侯八命。余类推。

诸臣同样适用"重一等"之法，等数与命数一致。三公虽然只有火冕六章，但其九服、九等与其官阶九命相应；三孤虽然只有毳冕五章,但其八服、八等与其官阶八命相应。由此,冕服等级就向命数更多地倾斜了。《隋志》没提诸臣旒数,不过诸侯旒数既然不跟章数一致,而跟命数一致,诸臣也当如此。又隋朝开皇冕制,诸臣旒数也是依官品而不依章数的,可为旁证,详见下节。所以我们推测,北周诸臣的旒数也跟命数一致。

兹将北周命数、章数、等数、旒数、服数列为下表:

| 天子 | 象冕十二章,衮冕九章,山冕八章,鷩冕七章,十二旒、十二等、十二服 | | |
|---|---|---|---|
| 九命 | 诸公:衮冕九章,九等,九旒,服九 | | 三公:九等,九旒,服九 |
| 八命 | 诸侯:山冕八章,八等,八旒,服八 | | 三孤:八等,八旒,服八 |
| 七命 | 诸伯:鷩冕七章,七等,七旒,服七 | | 六卿:七等,七旒,服七 |
| 六命 | 诸子:火冕六章,六等,六旒,服六 | 三公:火冕六章 | 上大夫:六等,六旒,服六 |
| 五命 | 诸男:毳冕五章,(五等),五旒,服五 | 三孤:毳冕五章 | 中大夫:五等,五旒,服五 |
| 四命 | | 六卿:藻冕四章 | 下大夫:四等,四旒,服四 |
| 三命 | | 上大夫:绣冕三章 | |
| 二命 | | 中大夫:绣冕三章 | |
| 一命 | | 下大夫:绣冕三章 | |

表中阴影部分,用以表示诸臣冕服等级被压低的情况,也就是北周现行等级秩序被扭曲的情况。北周的九命官阶,形式上"宪章姬周",其实只是九品官品的翻版,所以它真实体现了本朝的官爵

高下、权责统属。"服周之冕"既然扭曲了现行等级,统治者便引入"服数""等数"来弥缝其间,让其跟命数一致,还让旒数也跟命数一致,作为平衡。这样一来,在旒数、章数、等数、服数4项指标中,已有3项跟现行官阶即命数一致了,仅章数不一致而已。古礼所造成的诸臣章数扭曲程度,由此大为缓解,降低到原先的1/4。

黄永年先生指出,北周的政治形态比北齐相对落后,体现在文武不分途、奴婢制一度回潮等等方面,那是关中地区的民族背景造成的①。但是同时,胡风扑面的西魏北周,又有如此之高的改制热情,在冕服礼制上下了那么大功夫,也给了人们强烈印象。并不是所有偏居一隅的小政权,都有类似的改制热情的。孙吴没有,蜀国没有,东晋也没有。孙吴制度,大抵不过追随曹魏而已;蜀国自称继汉,在制度上无所作为;东晋呢? 倒有减损官制礼制的做法。

那么,如何认识北周的改制热情呢? 我们认为仍是大局势所促成的。南北朝已走出历史低谷,各政权均呈向上气象,投身于制度创新。在这时候包括"服周之冕"在内的"周礼",在政治竞争中具有了特殊意义,所以由南北朝到唐中期,"古礼复兴运动"出现了又一高潮。南朝有宋孝武帝、宋明帝车服复古,梁武帝起用大裘冕,陈文帝制造五辂六冕的事件,北朝的魏齐也在古冕上花了功夫。面对一浪一浪的冕服复古,北周力图掀起一个最大的浪头来。偏处一隅的北周在"复古"上反而走得最远,是有意以高调的"周礼"标榜,弥补其偏处一隅的文化劣势。即便如黄先生所

————————

① 黄永年:《六至九世纪中国政治史》,上海书店2004年版,第二章第2节"说西魏北周的落后"。

说,北周的文化制度水准比不上北齐、江左,但其高昂的创制热情本身,及其强烈的"正统标榜""特色寻求"和"新政心态",依然显示了那个政权的蓬勃活力。

当然,北朝君臣的实际穿着,在多数时候是散漫而率易的。例如北齐,尽管制成《五礼》,纸面上的冠服井然有序了,但若非大礼,往往"各任所好""一切通用"①。北周冕制在多大程度上实行了、实行了多久,也有很大疑问。不过就算一纸空文,毕竟也是法令。那套恢宏繁复的冕服法令的出现,本身就有意义,对其结构和意图的辨析,也有意义。

周武帝577年灭齐,东西礼制得以充分交流。在直面北齐冠服的时候,北周冕服更显特别。周宣帝大象元年(579年),"受朝于露门,帝服通天冠、绛纱袍,群臣皆服汉魏衣冠"②。陈寅恪先生云:"史载宣帝君臣服用汉魏衣冠者,乃不依后周先例服用摹仿礼经古制之衣冠,而改用东齐所承袭南朝北魏制度之意。"③王仲荦先生云:"按北周虽行《周礼》,君臣大礼服冕,以千载之下,而著千载以上之古衣冠,过于迂怪,故周宣帝又改用汉魏衣冠也。"④照两先生的说法,"服汉魏衣冠"乃是就放弃冕制而言的,原因是古冕"迂怪"。

冕服"迂怪"吗? 我们知道,冕服其实是华夏衣冠,而且也是

①《旧唐书》卷四五《舆服志》:"北朝则杂以戎夷之制。爰至北齐,有长帽短靴,合裤袄子,朱紫玄黄,各任所好。虽谒见君上,出入省寺,若非元正大会,一切通用。"

②《周书》卷七《宣帝纪》;《隋书》卷十一《礼仪志六》。

③陈寅恪:《隋唐制度渊源略论稿》,生活·读书·新知三联书店2001年版,第63页;河北教育出版社2002年版,第58页。

④王仲荦:《北周六典》,上册第206页。

"汉魏衣冠",因为汉魏也用冕。开皇初裴政指摘北周衣冠"迂怪",其所指摘的主要有两点:一是"加为十二",即天子之服由《周礼》"九服"变成了十二服;二是"色应五行",即青、朱、黄、素、玄诸冕含有五行因素。如此而已。服冕本身未必"迂怪",但满朝古冕,还是有些"迂怪"的。周宣帝大象元年受朝于露门,"帝服通天冠、绛纱袍",那么群臣"服汉魏衣冠"应是服汉魏进贤冠的。然而另一些迹象透露,北周后期的天帝祭祀,仍用冕服①。

《隋志》又记,北周"后令文武俱着常服,冠形如魏帢,无簪有缨"。"冠形如魏帢"的常服,也许来自胡服,它跟皇帝的"常冠"用于同类场合;皇帝的"常冠"则是幞头之类,幞头源于鲜卑风帽。北齐官贵本来也是类似打扮,在北周"文武俱着常服"之后,东西两政权的常服就差不多少了②。唐朝的官贵常服,更准确地说是

---

① 《隋书》卷十二《礼仪志七》隋初裴政奏:"今皇隋革命,宪章前代,其魏、周辇辂不合制者,已敕有司尽令除废,然衣冠礼器,尚且兼行。乃有立夏衮衣,以赤为质;迎秋平冕,用白成形。"可见北周的五色冕服,至少其中的朱衣朱冕和素衣素冕,在隋初仍被用于夏秋迎气之礼。那么由隋反推北周,五色冕服也应被北周使用过,而不仅仅停留在纸面上。

② 这种文武常服"冠形如魏帢",其外观虽然类似魏晋王公中流行的幅巾,但实际应是突骑帽、乌纱帽、幞头一类。《隋书·礼仪志七》:"后周之时,咸著突骑帽,如今胡帽,垂裙覆带,盖索发之遗象也。又文帝项有瘤疾,不欲人见,每常著焉;相魏之时,著而谒帝。故后周一代,将为雅服,小朝公宴,咸许戴之。开皇初,高祖常著乌纱帽,自朝贵已下,至于冗吏,通著入朝。"那么"冠形如魏帢"的文武常服,其实源于"突骑帽""胡帽"。《周书》卷六《武帝纪下》建德六年(577年):"初服常冠。以皂纱为之,加簪而不施缨导,其制若今之折角巾也。"此事《资治通鉴》卷一七三陈太建十年(578年)记作:"周主初服常冠,以皂纱全幅向后幞发,仍裁为四脚。"后世以此为幞头之始。孙机先生认为幞头起源于鲜卑风帽,见其《从幞头到头巾》,收入《中国古舆服论丛》(增订本),第205页以下。周武帝的"常冠"与百官的"常服"应当使用于同样场合。但二者在用簪上似有区别。(转下页注)

燕服,依然如此。原始意义的"汉魏衣冠",开始发生深刻变化。沈括《梦溪笔谈》所谓"中国衣冠,自北齐以来,乃全用胡服"①。那么我们推测,在周宣帝以后,北周元会朝贺等大礼用"汉魏衣冠",其余场合用"常服",祭祀依然用冕。

---

（接上页注）皇帝的常冠"加簪而不施缨导",百官的"形如魏帢"之冠则"无簪有缨"。《隋志》又记周武帝保定四年(564年):"百官始执笏,常服上焉。宇文护始命袍加下栏。"由此又知道,北周常服用"袍"。那"袍"应该是鲜卑式的圆领或交领缺骻袍。《续高僧传》卷二五《感通上·释慧璡传》:周建德六年(577年)"忽见一人形长丈余,美须面,著纱帽,衣青袍,九环金带,吉莫靴"。《历代高僧传》,上海书店1989年版,第649页中栏。孙机先生云:"这套妆束正与北齐无别。北周称这种服式为常服。"《南北朝时期我国服制的变化》,前引孙书,第202页。与"吉莫靴"相配的袍,应是鲜卑袍。

①沈括:《梦溪笔谈》卷一《故事一》,胡道静:《梦溪笔谈校证》,上海古籍出版社1987年版,第23页;《元刊梦溪笔谈》卷一,文物出版社1975年版,第7页。

# 第九章　隋朝冕制三题

随着历史车轮驶入统一时代,进入隋唐,帝国制度便呈"百川归海"之势,江左、北齐与北周的"后三国"制度被熔铸一炉了。当然那是一个动态的进程,来自各方的制度因子汇聚鼓荡,经常造成制度的"此起彼伏"。这种制度的起伏在隋朝特别明显。例如隋朝位阶,频繁做大幅度的动荡摇摆[1]。王朝礼制因有经书可依,足以减小波动幅度;但因三国差异、经注分歧及政治动态,起伏波动仍然不可避免。

隋朝冕制变迁的趋势,可以概括为二,第一是上承北周又向《周礼》回归了,由此可以为南北朝隋唐"制度源流"问题,提供新的思考判断;第二则是远离《周礼》,向汉明帝的"六冕同制"回归了。读者肯定觉得这两点是彼此矛盾的,然而事情本身就是那样子的,只能那么概括才成,随后第1节将为之提供具体说明。第2节涉及冕服与权力,包含着两个话题。一个是皇帝是否服鷩冕以下,一个是皇太子服不服衮冕。从第3节对"重行"与"小章"的考察,将展示一种服章排列之法,它使服章的"数字化"运用达到顶点。下面逐节讨论。

---

[1]拙作:《品位与职位——秦汉魏晋南北朝官阶制度研究》,第 11 章。

# 1. 隋朝冕制与"制度源流"问题

据《隋书》卷十二《礼仪志七》，"高祖初即位，将改周制"，指示"祭祀之服，须合礼经，宜集通儒，更可详议"。裴政随即指摘北周"舆辇衣冠，甚多迂怪"，"既越典章，须革其谬"。隋文帝"于是定令，采用东齐之法"。又同书卷八《礼仪志三》记开皇初定典礼："撰《仪礼》百卷，悉用东齐仪注以为准，亦微采王俭礼。"这些记载都给人一个印象，就是大隋王朝刚开张，北周舆服就被当废品处理了，东齐之制取而代之。不过详审其事，至少冕服方面还不完全如此。

先据《隋书·礼仪志七》，列出开皇初"将改周制"后所定冕制：

| 天子 | 衮冕 | 九章，十二旒，十二等 |
|---|---|---|
| 太子、王、公、三公 | 衮冕 | 九章，九旒 |
| 侯<br>伯 | 鷩冕 | 七章，八旒，八等<br>七章，七旒，七等 |
| 子<br>男 | 毳冕 | 五章，六旒，六等<br>五章，五旒，五等 |
| 三品<br>四品<br>五品 | 絺冕[1] | 三章，七旒，七等<br>三章，六旒，六等<br>三章，五旒，五等 |
| 六至九品 | 爵弁 | |

注:〔1〕絺冕，《通典》卷五七《礼十七》作"绣冕"。

据表，首先可以判断开皇冕服向《周礼》回归了，"回归"是就北周的"创造性发展"而言的,北周自作心裁的庞大冕服体系被抛弃了,转而靠近《周礼》原文。衮冕、鷩冕、毳冕、絺冕,都是《周礼》概念,其九章、七章、五章、三章之数也都合乎《周礼》及郑玄注。隋朝的絺冕源于北周绣冕,也就是《周礼》中的绣冕。"絺"是刺绣的意思。释"绣"为绣,也是采用了郑玄经说。虽然表中没看见大裘冕与玄冕,但用了《周礼》六冕之四,比起此前历朝,开皇冕制与《周礼》六冕是更接近了。隋文帝所指示的"祭祀之服,须合礼经","礼经"就是《周礼》,奉命落实圣旨的大臣照办了。

若再换个角度,用开皇冕制比较北周、北齐和梁陈,又可以说开皇上承北周。北齐皇帝不用九章,也没有五章、三章之冕。梁武帝有大裘冕,其衮冕为十二章。陈朝有六冕,因未用于祭祀,可忽略不计。而北周及开皇的皇帝衮冕都是九章,忠实遵循郑玄,皇帝宁可屈尊也不用十二章。再从章目看,北魏北齐的十二章章目用《伪孔传》,无宗彝,分粉、米为二;梁陈及北周的十二章章目用郑玄,有宗彝,华虫、粉米各为一章,隋开皇章目与此相同。还有,开皇冕制中没有大裘冕、玄冕,其实也是受了北周的影响。大裘冕在北周繁衍为苍冕、五色诸冕及象冕了,玄冕改列于五色冕中,所以皇帝不用大裘冕,臣下不用玄冕。隋初废掉了苍冕、五色冕及象冕,但一时没想到把大裘冕、玄冕给恢复了,所以在开皇冕制中,最高的是衮冕,最低的是絺冕。

再次,在五等爵的冕服等级上,开皇制度上承北周。开皇冕制,公侯伯子男分别使用九旒、八旒、七旒、六旒、五旒,分五等而不是三等;而北周公侯伯子男的冕服,也是各成一等,合为五等的。梁陈、魏齐则没有五等爵分等服冕之制。

再次,开皇冕制中天子衮冕只有九章,但又是暗用十二章的,因为开皇冕制把北周的"重一等"故伎重演了。据《隋志》,开皇天子衮服"衣重宗彝，裳重黼黻"，由此多出了三章，形成"十二等"。虞世基把"重一等"说成是隋朝新创的，不是数典忘祖，就是睁着眼睛说瞎话①。再看开皇冕制中的诸侯冕服，公九章、侯伯七章，但又一为七章八等，一为七章七等；子男同为五章，但又一为五章六等，一为五章五等。旒数也跟等数相同。"重一等"之法用于五等爵，也是上承北周的。

再次，隋朝不是指定某些官职如三公、九卿服冕，而是让诸臣依官品服冕，三四五品官都可以使用冕服，冕服使用范围大为扩展了（当然使用场合有限制）。而那个做法是北周首创的，依据的是"大夫服冕"的周朝古礼。北周的服冕下限是下大夫，下大夫四命，相当官品六品。而梁陈、北齐的服冕下限是九卿，九卿官品第

---

① 《隋书》卷十二《礼仪志七》大业年间虞世基有言："后周故事，升日月于旌旗，乃阙三辰，而章无十二。但有山、龙、华虫作绘，宗彝、藻、火、粉米、黼、黻，乃与三公不异。开皇中，就里欲生分别，故衣重宗彝，裳重黼黻，合重二物，以就九章为十二等。"然而同书《礼仪志六》记载得明明白白，北周皇帝的衮冕九章，已经是"衣重宗彝""裳重黼黻"了。不知道虞世基为什么会那么说？

按上引《隋志》虞世基语中的"华虫作绘"一句，"作绘"二字当删。虞世基随后又说："今准《尚书》：予欲观古人之服，日、月、星辰、山、龙、华虫作会，宗彝、藻、火、粉米、黼黻绨绣。"标点从中华书局本，然而它本应这样标点："日、月、星辰、山、龙、华虫，作会；宗彝、藻、火、粉米、黼、黻，绨绣。"虞世基称引的不是《尚书》孔注而是郑注，那么就应按郑玄的"衣绘裳绣"之义标点。虞世基又说："今并用织成于绣，五色错文。准孔安国，衣质以玄，加山、龙、华虫、火、宗彝等，并织成为五物；裳质以纁，加藻、粉米、黼、黻之四。"这里的标点也有问题。这么一标点，"衣质以玄……"以下就成了"依孔安国"的了，可那明明是郑玄的衣五裳四之说，《伪孔传》十二章是没有宗彝的。正确的标点应该是："今并用织成于绣，五色错文，准孔安国。衣质以玄……"证以《尚书·益稷·伪孔传》："会，五采也，以五采成此画焉。"此即虞世基之所本。伏生《尚书大传》说诸章都是纯色，孔安国则认为诸章都是五彩的，而虞世基建议以孔安国为准，用五彩。

三;而且是按职务服冕,只让助祭的公卿服冕,却不是所有三品以上官都服冕。从三公九卿服冕,到官僚依官品服冕,这个并非无足轻重的变化,以北周为始,为杨隋所继承。

再次,周、隋两朝,都遵循着郑玄的"以爵不以命数"的原则,让诸侯居诸臣之上。开皇官品,开国公侯伯子男在一到五品[1],四品之子、五品之男可以服毳冕五章,三四五品的官员却只服絺冕三章,以"爵"居"官"上。而北周的冕服安排,恰好也是如此,也是"以爵不以命数",以"爵"居"官"上的,就连九命三公也只服火冕六章,参看前节。开皇冕制的三四五品官同服絺冕三章,实际来自北周的上中下大夫同服绣冕三章之法。三品官是九卿的品级,北齐九卿服六章,陈朝卿大夫服七章,都比周隋的三章为高。

最后还有一个细微之处:开皇冕服,絺冕三章之下就是爵弁,那也同于北周,北周绣冕三章之下就是士之爵弁,而不是《周礼》玄冕。北周那么做,是因为玄冕另有用途,玄冕被另用在青、朱、黄、素、玄五色冕服中了。

把上述诸点列表显示,开皇冕制脱胎于北周的痕迹,就一目了然了:

| | 梁陈 | 北齐 | 北周 | 隋 |
|---|---|---|---|---|
| 章数 | 大裘冕<br>皇帝衮冕十二章<br>三公及位从公九章<br>卿大夫七章 | 皇帝衮冕十二章<br>太子及上公九章<br>三公八章<br>诸卿六章 | 苍冕等六冕无章<br>衮冕九章<br>山冕八章<br>鷩冕七章<br>火冕六章<br>毳冕五章 | 衮冕九章<br>鷩冕七章<br>毳冕五章<br>絺冕三章 |

---

①《隋书》卷二八《百官志下》。

|  | 梁陈 | 北齐 | 北周 | 隋 |
|---|---|---|---|---|
|  |  |  | 藻冕四章<br>绣冕三章 |  |
| 章目 | 用郑玄 | 用《伪孔传》 | 用郑玄 | 用郑玄 |
| 五等爵 | 五等爵共为一等 |  | 五等爵为五等 | 五等爵为五等 |
| "重一等" |  |  | 用"重一等" | 用"重一等" |
| 服冕下限 |  | 服冕下限为九卿 | 服冕下限为四命相当六品 | 服冕下限为五品 |
| 诸侯与诸臣关系 |  |  | 以爵不以命数诸侯在诸臣上 | 以爵不以命数诸侯在诸臣上 |
| 士服 |  |  | 士服爵弁 | 士服爵弁 |

《隋志》云：隋文帝"元正朝会，方御通天服，郊丘宗庙，尽用龙衮衣。大裘氅褕，皆未能备。至平陈，得其器物，衣冠法服，始依礼具。然皆藏御府，弗服用焉"。"大裘氅褕，皆未能备"是说隋文帝没有备齐六冕，只用衮冕一冕，无大裘冕，氅冕、褕冕都是臣下用的，皇帝不用。平陈后掳获了陈朝六冕，"衣冠法服，始依礼具"了，但只藏在御府而不穿不戴，也没有列入法定冕服。所以"北周因子"对隋初冕服的影响，依然大于南朝。至于北齐冕制，即便开皇冕服对之有所取裁，最多也就是外观方面①。所以开皇礼"悉用

———————

① 据《隋书·礼仪志七》，北齐的皇帝冕服形制，是平冕、黑介帻，垂白珠十二旒，饰以五采玉；以组为缨，色如其绶，黈纩，玉笄；衮服为皂衣绛裳，裳前三幅，后四幅，织成为之，用十二章，缘绛中单，织成绲带，朱绂，佩白玉，带鹿卢剑，绛袴袜，赤舄。而开皇的皇帝衮冕，是垂白珠十有二旒，以组为缨，色如其绶；黈纩充耳，玉笄；衮衣为玄衣纁裳，衣用五章而裳用四章；衣、襮领，织成升龙，白纱内单，黼领，青襟、襈、裾；被随裳色，用龙火山（转下页注）

东齐仪注以为准"的论断,至少不适合冕服之礼。

进入隋朝,北周六官就被罢废。罢废六官,是"隋唐不用北周制度"之说的最强硬证据。隋廷排斥北周制度的姿态,我们认为也出于"新政心态":既已夺人天下、"城头变换大王旗"了,总得有个说法以服人心吧?指摘前朝秕政、贬斥前朝弊制,就是取而代之的堂皇理由。西魏中期后,汉族势力逐渐遭到压抑,所以他们在周末变局中,转而积极支持杨坚[1]。指摘前朝、宣示"新政",也符合那批汉族官僚的心理。周家的制度太糟糕,证明宇文氏没有执政能力,所以要我们杨家来革故鼎新。"汉魏""东齐"及"周礼"什么的,被用作"新政"金碧辉煌的包装纸。

但那些"北周特色"的制度,被隋廷全部清除干净了吗?周隋冕服的上承下效关系,以及更多生活经验都告诉人们:"说法"与"做法"是有距离的。标榜废北周之礼,不等于北周之礼尽废;标榜"悉用东齐仪注以为准",不等于东齐之法悉用;标榜"依汉魏之旧",也不等于隋官隋礼真就同于汉魏了。隋朝官僚的实力派来自北周,东齐和南朝的新加入者不怎么得势;北周制礼者的子弟门人,在隋唐政界学界仍处要津;一整套北周旧制,也很难像一盆水似的一泼了之,转眼间"旧貌换新颜"。北周冕制遵循《周礼》及郑玄注,而隋朝制礼者也不打算浪费了"周礼"的号召力。南北朝后期经学,已略有"宁道周孔误,讳言服郑非"之风了,所以郑玄的招牌不能丢。唐初冕服依然从郑(详见第十章第 1、2 节),这一

---

(接上页注)三章;朱袜,赤舄,舄加金饰。那么开皇冕服的外观,除章数不同之外,跟北齐还是有不少相似之处的。

[1]参看吕春盛:《关陇集团的权力结构演变——西魏北周政治史研究》,台湾稻乡出版社 2002 年版,第 356 页。

点周隋唐一脉相承。隋初对北周官制礼制的排斥姿态,轻易遮掩了周制与隋制间的连续性,只有详考其制,才能发现实不尽然。至今学者对南北朝隋唐兵制、爵制、法制、官制源流的研究推进,还有笔者在官阶制上的研究推进①,都显示隋唐制度含有众多北周"因子",或周隋唐一脉相承处。"隋唐礼制不取北周"或"远不如其他二源之重要"的误解,理应放弃了。

隋朝源于北周,为什么又不惮标榜和取材"东齐"呢?其原因是"统一意识"的逐渐强化。周武帝灭齐之后,东齐之地亦帝国之地,东齐之民亦帝国之民。陈朝偏处一隅,北强南弱,历史将以北朝为"出口"而走出低谷、走向统一,已成定局。这时候"统一意识"就鲜明起来了。隋廷指斥三方政权的官制礼典之失,又不惮兼采三方,几次制礼工作都显示了"海纳百川"的气魄。"于时三川定鼎,万国朝宗,衣冠文物,足为壮观!"②"后三国"时代的"特色寻求",悄然退场。

隋朝君臣规划制度时,被宣称用为参考者大致有四:第一是礼经之说③,第二是"汉魏之旧"或"汉晋之法"④,第三是北齐制

---

① 拙作:《品位与职位——秦汉魏晋南北朝官阶制度研究》,第 10 章第 5 节"官阶制与南北朝隋唐制度源流问题"。
② 《隋书》卷二六《百官志上》。
③ 《隋书》卷十二《礼仪志七》隋文帝诏:"祭祀之服,须合礼经。"此句《资治通鉴》作"隋诏郊庙冕服必依礼经"。《隋书》卷四九《牛弘传》牛弘议:"夫帝王作事,必师古昔,今造明堂,须以礼经为本。"
④ 《隋书》卷一《高祖纪上》开皇元年(581 年)二月:"易周氏官仪,依汉魏之旧";同书卷十二《礼仪志七》裴政议:"今请冠及冕,色并用玄,唯应著帻者,任依汉晋";同书卷二六《百官志上》:"高祖践极,百度伊始,复废周官,还依汉魏";同书卷二八《百官志下》:"开皇中,以开府仪同三司为四品散实官,至是改为从一品,同汉魏之制";同书卷六十《崔仲方传》:崔仲方"又劝上除六官,请依汉魏之旧。上皆从之"。

度,第四是南朝制度①。同时,北周旧制或被直接承用,或曲折发挥着影响,又构成了影响隋唐制度的第五个因素。以上诸端,就是隋朝礼制的五个依据和来源。陈戍国先生先有了类似说法:"陈寅恪先生曾畅论隋朝礼仪的三个来源(唐礼亦然),我们认为有必要做出补充。寅恪先生说到的三个来源之外,隋朝礼仪还有一个重要来源,这就是南北朝之前的古礼(汉晋礼仪与先秦礼制)。"②我们参考陈戍国先生这个提法,另作"隋唐制度五源说",即把北周与南朝、北齐、汉晋和古礼五者,都看成隋唐制度的来源。

大业元年(605年),隋炀帝再度"宪章古制,创造衣冠",而且比开皇那次更为认真。根据《隋书·礼仪志七》,其时所定冕服等级,略如下表:

| | 大裘冕 | 衮冕 | 鷩冕 | 毳冕 | 冕 | 玄冕 |
|---|---|---|---|---|---|---|
| 天子 | 无旒无章 | 九章十二旒(十二章) | 七章九旒 | 五章七旒 | 三章五旒 | 一章三旒 |
| 皇太子、诸王三公摄祭者 | | 九章九旒 | | | | |
| 三品、公侯 | | | 七章七旒 | | | |
| 四品、伯 | | | | 五章五旒 | | |
| 五品、子男 | | | | | 三章四旒 | |
| 一至五品祭其私庙 | | | | | | 一章三旒 |

面对此表,我们更怀疑"北周复古至隋而止"的说法了。开皇制度

---

①隋朝制度取法北齐、梁陈,参看陈寅恪《隋唐制度渊源略论稿》有关部分。
②陈戍国:《中国礼制史》隋唐五代卷,湖南教育出版社1998年版,第51页。

没有大裘冕、玄冕，比《周礼》六冕少了两冕，而大业制度均予补足，使之齐备。因北周冕制自有创造，陈文帝六冕只用于皇帝自娱，那么就可以认为，自《周礼》成书之后，直到隋大业年间，中国王朝礼制才真正把六冕原样备齐了！大业冕服之法，梁陈没有，北齐没有；其蓝本是《周礼》及郑玄注，其"服周之冕"的动力则来自北周。把六冕补足备齐之举，是北周"周礼复古"路线的延伸和继续。

大业舆服改制之时，君臣们对古制做了全面梳理推敲，其时所参考的古籍历历可见，班班可考。前面所揭举的隋朝礼制之五源，在大业舆服的参考书上，充分反映出来了。据《隋书·礼仪志七》，其时所参考的古籍，经传类的有《周礼》《仪礼》《礼记》《礼·含文嘉》《古文尚书》《诗》《大戴礼记》等；小学著作有《尔雅》《方言》《释名》《说文解字》《广雅》等；先秦古书有《逸周书》《尉缭子》等；两汉魏晋南朝的学人著作有伏生《尚书大传》《淮南子》、刘向《五经通义》、班固《白虎通义》、许慎《五经异义》、蔡邕《独断》、阮谌《三礼图》《士燮集》、傅玄《傅子》《晋太常卿挚虞集》、雷次宗《五经要义》、徐爰《释疑略》《释问》等；典志故事类有《汉杂事》、应劭《汉官》、董巴《大汉舆服志》《魏台访议》、徐广《车服杂注》《晋令》《晋中朝大驾卤簿》《晋咸康元年故事》《晋东宫旧仪》《晋公卿礼秩》《宋起居注》《梁令》等。此外被引述的学者，还有张衡、孙叔然、郭璞、蔡谟等人。我想这就足以显示，礼书，以及汉魏晋学人著述、汉魏故事典章，都是大业舆服之所本；"宪章古制，创造衣冠"并非虚辞，用"百川归海"来形容隋廷创制，不算过分。

## 2."自鷩之下，不施于尊"与皇太子"谦不逼尊"

隋朝"制礼作乐"时兼综诸源。当然在诸源之间，隋廷君臣仍是要剪裁取舍的。《周礼》六冕至大业而备，然而种种的调整损益，又使《周礼》六冕似是而非了。由此又有了第二种趋向，远离《周礼》而回归于汉明帝"六冕同制"的趋向。这是就隋朝冕服用"单列式"不用"多列式"，远离了《周礼》"如王之服"精神而言的。

从《周礼》六冕来看，东汉以来，除北周之外，各朝皇帝都不用衮冕以下诸冕，是为"单列式"结构。而当皇帝所服之冕增多，冕服等级列表就会增加若干纵列，由"单列式"变成"多列式"结构了。在这时候，就可能出现"君臣冕服倒置"问题，即，若皇帝冕服依典礼等级而变，臣下的冕服却不依典礼等级而变的话，则在低级典礼上，臣下冕服就将高于皇帝。南北朝时，随郑玄的冕服理论日益为时所重，那个"隐患"逐渐被人注意到了。学者崔灵恩就曾提出过应对之策，详见本书下章。

北周君臣各有很多种冕，是为"多列式"。其时天子按典礼等级服冕，又没规定臣下冕服随之而变，那么就该按官阶服冕了。皇帝最低等的冕是鷩冕七章，用于"群祀、视朝、临太学、入道法门、宴诸侯与群臣及燕射、养庶老、适诸侯家"等等礼节，这时候诸公的衮冕九章、诸侯的山冕八章，都比皇帝为高；就是诸伯的鷩冕七章，也跟皇帝平等了。北周君臣对此作何观感呢？是漫不经心还是感觉别扭？因史料阙如，详情莫明。

由隋炀帝的大业冕服表可知，大业的冕服结构是多列式的，也就是可能导致"君臣冕服倒置"的。不过隋炀帝对服冕规则，另有补充规定。《隋书·礼仪志七》："礼自玄冕以上,加旒一等,天子祭祀,节级服之。开皇以来,天子唯用衮冕,自鷩之下,不施于尊,具依前式。""礼自玄冕以上……节级服之"一句说的不是隋冕,而是郑玄所释周冕,它蕴含着"君臣倒置"的可能性。隋炀帝所决定"具依"的"前式",是开皇初年隋文帝的如下旨令:"其郊丘庙社,可依衮冕之仪。"此即"天子唯用衮冕,自鷩之下,不施于尊"。只要"天子唯用衮冕",不服鷩冕以下,冕服结构就只能是"单列式"的,从而消弭了"君臣冕服倒置"的可能性。大业冕制复古,从理论上说皇帝分服六冕,形成"多列式";但隋炀帝又决定"具依前式",沿用开皇唯用衮冕、不服鷩冕以下的"前式",这就让大业六冕变了质,把大业冕制拉回到"单列式"了。总之,无论开皇冕制还是大业冕制,都是"单列式",都不会导致"君臣冕服倒置"。所以我们说,隋冕的又一个变化趋势,就是由北周"多列式"向汉明帝的"六冕同制"回归了,从而又远离了《周礼》六冕。问题的关键仍是一个"尊"字,"自鷩之下,不施于尊",是为了防止臣下诸冕凌驾于"尊"。

下面再看皇太子的冕服安排,它同样涉及了"尊"的问题。太子如何服冕,各政权变化无常。《周礼》本无太子之礼,那是与周代贵族政治相适应的。贵族政治下,太子没有太特殊的地位。而帝制时代皇权大大强化,太子作为皇储、作为专制权力的法定接班人,其特殊地位就须给予特殊保障了。汉朝尚处帝制早期,受周制的传统影响,太子的特殊礼制一时并不突出。到了魏晋南北朝,储君问题前所未有地敏感起来了。门阀的煊赫使皇室相形失色,政治动荡带来了皇统的不稳,保障储君就成了当务之急。东宫之重,是中古时代的突出现象。曹操确定曹丕为继承人,随后就有一批名士被罗致于五官中郎将的幕府之中。西晋东宫名流荟萃,师傅侍从员额剧增。自此以下,士人以"振缨承华""参务承华"为荣①,即以入仕东宫为荣。"早遇承华"成了称道他人仕途通达、早入东宫之词②。西晋时的东宫设有五个卫率,精兵竟达万人。宋武帝再度加强东宫兵力,在二卫之外又添置太子屯骑、步兵、翊军三校尉。宋文帝又着手增加东宫兵员,"至实甲万人"③。太子听政、监国之事,在秦汉非常罕见,在南北朝则时时而有之。萧梁让昭明太子萧统省理万机,"内外百司奏事者填塞于前"④;北魏太武帝让皇太子拓跋晃"副理万机,总统百揆",拓跋晃所言"军国大事,多见纳用"⑤。让士人与太子建立直接关系,以及直接加强东宫兵卫的做法,其实是一种非法制化的皇统保障措施,它将增加政治的个人性、随机性与不确定性,不无饮鸩止渴的意思。刘宋皇帝着意强化东宫,反而招致了太子刘劭弑父篡位的恶性事件,随后孝武帝不得不反过来削弱东宫,胡三省评价说:"惩元凶刘劭之祸也。"⑥皇帝既得防范儿子的皇位给别人抢了,儿子被别人杀了;又得防范自己的皇位给儿子抢了,儿子把自己杀了。瞻前顾后,权衡利弊,煞费心神。

　　这一背景下的太子服冕,就不仅仅是礼制问题,而是政治问题了。在十六国前燕,有人说太子礼遇偏低,"礼卑逼下",建议让太子服衮。燕主慕容儁的回答是:"太子服衮冕,冠九旒,超级逼

①承华门在东宫,是东宫代称,参看周一良:《魏晋南北朝史札记》"《宋书》札记·承华门"条,第164页。
②《梁书》卷二一《张充传》,系张充《与王俭书》中之语。
③此期东宫官属及兵卫配置,可参黄惠贤:《中国政治制度通史》魏晋南北朝卷,第65页以下。
④《梁书》卷八《昭明太子传》。
⑤《魏书》卷四下《世祖纪下》。
⑥《资治通鉴》卷一二七宋文帝元嘉三十年(453年)。

上,未可行也。"①如果让太子用衮冕九章九旒,那么距离皇帝的冕服只一步之遥,是所谓"超级逼上"了。又怕"礼卑逼下",又怕"超级逼上",就是太子冕服安排的两难所在。

魏晋两朝,都没有太子服冕朝贺之制。到了宋明帝时,丘仲起、陆澄等建议让太子在朝贺时服冕,其根据是《周礼》中的公爵拥有者可以服衮入朝。经皇帝采纳,太子朝贺服冕一时成为制度②。然而萧梁又废除了那个做法,"嫌于上逼,还冠远游"。北周皇太子朝贺,可用衮冕九章。

隋文帝时,太子用衮冕九章九旒,其旒玉最初用的是白玉珠,同于天子而异于三公、诸王。三公、诸王虽然也是九章九旒,但用的是青玉珠。这个细微安排,用来显示太子地位略高,及太子与皇帝"父子同体"。但到仁寿年间杨广做太子的时候,因太子的白玉珠与皇帝相同,其势"太逼",又改成青玉珠了,冕旒长度也比天子短了二寸③。

大业中牛弘再度提出,让皇太子在冬正大朝时服衮,君臣为此展开了一番讨论:

> 牛弘奏云:"皇太子冬正大朝,请服衮冕。"
>
> 帝问给事郎许善心曰:"太子朝谒,著远游冠,有何典故?"
>
> 对曰:"晋令皇太子给五时朝服、远游冠。至宋泰始六

---

① 《晋书》卷一一〇《慕容儁载记》。

② 《宋书》卷十八《礼志五》。其时的皇太子,就是后废帝刘昱。《宋书》卷九《后废帝纪》:"(泰始)六年(470年)出东宫。又制太子元正朝贺,服衮冕九章衣。"

③ 《隋书·礼仪志七》:"开皇中,皇太子冕同天子,贯白珠。及仁寿元年(601年),炀帝为太子,以白珠太逼,表请从青珠。于是太子衮冕与三公、王等,皆青珠九旒。旒短不及髆,降天子二寸。"

年，更议仪注，仪曹郎丘仲起议：'案《周礼》，公自衮冕已下，至卿大夫之玄冕，皆其朝聘之服也。伏寻古之公侯，尚得服衮，以入朝见，况皇太子储副之尊，谓宜式遵盛典，服衮朝贺。'兼左丞陆澄议：'服冕以朝，实著经典，自秦除六冕之制，后汉始备古章。魏晋以来，非祀宗庙，不欲令臣下服于衮冕，位为公者，必加侍官，故太子入朝，因亦不著。但承天作副，礼绝群后，宜遵前王之令典，革近代之陋制，皇太子朝，请服冕。'自宋以下，始定此仪。至梁简文之为太子，嫌于上逼，还冠远游，下及于陈，皆依此法。后周之时，亦言服衮入朝。至于开皇，复遵魏晋故事。臣谓衮冕之服，章玉虽差，一日而观，颇欲相类。臣子之道，义无上逼。故晋武帝太始三年，诏太宰安平王孚著侍内之服，四年又赐赵、燕、乐安王等散骑常侍之服。自斯以后，台鼎贵臣，并加貂珰武弁，故皇太子遂著远游冠，谦不逼尊，于理为允。"

　　帝曰："善。"竟用开皇旧式。(《隋书》卷十二《礼仪志七》)

面对牛弘之奏请，隋炀帝却转脸去问许善心，问他太子朝贺戴远游冠是怎么回事儿；许善心心领神会，马上博举前朝故事，并献上了"谦不逼尊，于理为允"之见。隋炀帝欣然称善，"竟用开皇旧式"①。尽管太子配备了衮冕，但其使用场合却受限制，最隆重的冬正大

───────────

①王仲荦先生云："(北周)太子朝贺，皆衮冕九章服。《隋书·礼仪志》云：'开皇初，许善心曰：皇太子储副之尊，谓宜式遵盛典，服衮朝贺。后周之时，亦言服衮入朝。'"《北周六典》，上册第195页。按，许善心的话是在大业初年说的，不在开皇初年；"皇太子储副之尊，谓宜式遵盛典，服衮朝贺"是许善心引述刘宋丘仲起的话，不是许善心本人的话。王先生所言小疏。

朝不让戴。

　　有人认为,隋廷不肯依《周礼》让太子服冕朝贺,意在排斥北周,因为北周是允许太子服衮入朝的。这个解释不够切近,而是有失迂远了。隋炀帝杨广不会忘记自己是如何夺嫡取代的,两相权衡,他认为不令太子"逼尊"更为可取。再展望唐高祖与唐太宗的父子关系,未雨绸缪更不是杞人忧天了。魏晋南北朝皇权低落,皇统经常发生变故。北方游牧民族的"强者为王"风习,影响了北朝皇位继承制度,那影响延续到了隋与唐朝前期。对此学者已有了不少讨论①。陈戌国先生指出:"隋朝舆服制度对皇太子限制颇严(如不得服衮冕),原因是'臣子之道,义无上逼',唯皇帝为独尊。应该说对皇太子的限制符合其时礼制精神,但隋朝此制实与杨勇、杨广及其周围的政治集团之间的斗争有关。"②其说甚是。唐王朝对太子冕服仍有特殊安排,衮冕九旒一级专门保留给皇太子了,详见下章。总之,南北朝隋唐时太子的冕服之所以一度成为敏感问题,是时代政治特点造成的。


# 3. "重行"与"小章"

　　开皇冕制,天子衮冕只有九章,那是沿用北周旧法,反映了在

---

① 此处参考李树桐:《唐代皇位继承之研究》,台湾《史学集刊》1972 年第 4 期;王超:《唐朝皇帝制度的发展与完备》,《南京大学学报》1985 年第 4 期;孙英刚:《唐代前期宫廷革命之研究》,《唐研究》第 7 卷,北京大学出版社 2001 年版,第 263 页以下;徐乐帅:《唐代皇位继承不稳定的原因及其影响》,收入张国刚主编:《中国中古史论集》,天津古籍出版社 2003 年版,第 304 页以下。
② 陈戌国:《中国礼制史》隋唐五代卷,第 43 页。

"复古"大气候下，隋初朝廷决意恪守《周礼》郑玄注。然而天子只用九章，不用十二章的做法，既不合乎中国政治精神，又不合乎中国文化精神。大业年间君臣探讨服制时，虞世基对这一做法正式提出质疑，语见《隋书》卷十二《礼仪志七》：

> 后周故事，升日月于旌旗，乃阙三辰，而章无十二。但有山、龙、华虫作绘（按"作绘"二字衍）、宗彝、藻、火、粉米、黼、黻，乃与三公不异。开皇中，就里欲生分别，故衣重宗彝，裳重黼黻，合重二物，以就九章，为十二等。但每一物，上下重行，衮服用九，鷩服用七。今重此三物，乃非典故。且周氏执谦，不敢负于日月，所以缀此三象，唯施太常，天王衮衣，章乃从九。但天子譬日，德在照临，辰为帝位，月主正后，负此三物，合德齐明，自古有之，理应无惑。周执谦道，殊未可依，重用宗彝，又乖法服。……既是先王法服，不可乖于夏制。

虞世基觉得，后周天子衮服只九章，跟三公分不开了，好生难堪；开皇中采用"重一等"之法，凑成十二等，但那也不合礼法，于经无据；郑玄所说的"周九章"是"谦道"，咱们大隋是用不着墨守周制的，而应取法虞夏，径用十二章；日、月、星辰是皇权的神圣象征，理应用之无惑。

虽然虞世基义正词严，但径用虞夏十二章也有问题。周隋两朝皇帝都曾为"周礼"而屈尊；若骤然改法虞夏，很可能有"冒进"之嫌，也会浪费郑玄的文化号召力。那怎么办呢？虞世基很机灵，想出了这么一个主意：

> 于左右髆上为日月各一，当后领下而为星辰，又山、龙九物，各重行十二。……衣质以玄，加山、龙、华虫、火、宗彝等，

并织成，为五物；裳质以纁，加藻、粉米、黼、黻之四。衣裳通数，此为九章，兼上三辰，而备十二也。

虞氏的意思是这样的：把日、月、星辰三章另行画在肩膀上和后领下，而用衣五章、裳四章来牵合郑玄之说。那么，这到底是九章还是十二章呢？虞世基故意打马虎眼，"此为九章，兼上三辰，而备十二"的提法模棱两可，你说是九章也成，说是十二章也成，两头儿堵。"衣裳通数"即只计算衣裳上"重行"排列的服章，那只有九章，九章是姬周之制；若把左右髆的日月和后领下面的星辰也算上，就有十二种服章，十二章是虞夏之制。

南朝梁武帝的衮冕十二章，对日月星辰三章也做了特殊处理。具体办法是日月星辰为一组，衣五章为一组，裳四章又为一组，以兼顾虞、周。参看本书第七章第3节。虞世基的灵感火花，是从梁武帝那儿擦出来的吧。总之，大业衮冕明为九章，实为十二章。周与隋初囿于《周礼》，天子不敢使用日月星辰，只能用"衣重宗彝，裳重黼黻"来凑"十二"之数，颇有偷偷摸摸之感，皇帝大概很不爽。隋炀帝则以虞世基之议，给冕服重新添上了日、月、星辰三章，同时又把那三章另计，仍在装模作样地显示"从周"、崇郑。再后来，李唐君臣就不再"犹抱琵琶半遮面"了，日、月、星辰三章仍照虞世基的办法处理，但径直说成衮冕十二章，衣八而裳四，参看本书第十章。

在虞世基的建议中，还有"又山、龙九物，各重行十二"一条。还有他追述的开皇冕制中，也有"但每一物，上下重行，衮服用九，鷩服用七"的做法。他所说的"重行"，又是什么东西呢？按，虞世基批评了北周的"重一等"之法，说是"重此三物，乃非典故"，"重用宗彝，又乖法服"，那么"重行"显然就不是北周"重一等"，而是一个新鲜玩艺了。所以，我们有必要对"重行"加以考察。这"重行"还涉及了所谓"小章"，事关此期服章理论的又一进步。

"重行"是什么意思呢？所谓"重行"，就是"分行重复使用服章"的意思。今天的语言习惯是横者称"行"，竖者称"列"；但虞世基所谓"行"却是竖行，相当今天所说的"列"。以开皇冕制的"衮服用九，鷩服用七"为例：衮服自山龙以下九章，自上而下排成9个竖行，每行同一服章罗列9个，共81个服章。鷩服与之相似，华虫以下7个服章，自上而下排成7个竖行，每行同一服章罗列7个，共49个服章。至于虞世基所建议的"山、龙九物，各重行十二"，就是山、龙以下九章各成一行，共9个竖行，每行同一服章罗列12个，共108个服章。示意如下：

| 龙 | 山 | 华虫 | 火 | 宗彝 | 藻 | 粉米 | 黼 | 黻 |
|---|---|---|---|---|---|---|---|---|
| 龙 | 山 | 华虫 | 火 | 宗彝 | 藻 | 粉米 | 黼 | 黻 |
| 龙 | 山 | 华虫 | 火 | 宗彝 | 藻 | 粉米 | 黼 | 黻 |
| 龙 | 山 | 华虫 | 火 | 宗彝 | 藻 | 粉米 | 黼 | 黻 |
| 龙 | 山 | 华虫 | 火 | 宗彝 | 藻 | 粉米 | 黼 | 黻 |
| 龙 | 山 | 华虫 | 火 | 宗彝 | 藻 | 粉米 | 黼 | 黻 |
| 龙 | 山 | 华虫 | 火 | 宗彝 | 藻 | 粉米 | 黼 | 黻 |
| 龙 | 山 | 华虫 | 火 | 宗彝 | 藻 | 粉米 | 黼 | 黻 |
| 龙 | 山 | 华虫 | 火 | 宗彝 | 藻 | 粉米 | 黼 | 黻 |
| 龙 | 山 | 华虫 | 火 | 宗彝 | 藻 | 粉米 | 黼 | 黻 |
| 龙 | 山 | 华虫 | 火 | 宗彝 | 藻 | 粉米 | 黼 | 黻 |
| 龙 | 山 | 华虫 | 火 | 宗彝 | 藻 | 粉米 | 黼 | 黻 |

这是一个"方阵"式的服章排列。如此理解"重行"，有足够证据

吗？有。我们可以从后代制度反推杨隋。请看：

1. 唐：十二章……自山、龙以下，每章一行为等，每行十二。（《新唐书》卷二四《车服志》）

2. 宋：十二章……山、龙以下，每章一行，重以为等，每行十二。（《宋史》卷一五一《舆服志三》宋太祖建隆元年太常礼院言）

3. 辽：十二章……龙、山以下，每章一行，行十二。（《辽史》卷五六《仪卫志二》）

4. 金：衮……正面日一、月一、升龙四、山十二，上下襟华虫、火各六对，虎、蜼各六对。背面星一、升龙四、山十二，华虫、火各十二对，虎、蜼各六对。……裳……绣藻三十二、粉十六、米十六、黼三十二、黻三十二。（《金史》卷四三《舆服志中》）

5. 元：衮龙服……星一、日一、月一、升龙四、复身龙四、山三十八、火四十八、华虫四十八、虎蜼四十八。裳……凡一十六行，每行藻二、粉[一]①米一、黼二、黻二。（《元史》卷七八《舆服志一》）

首先第1、2、3条显示，唐宋辽三朝都沿用了隋朝的"重行"之法，都是"山、龙九物，各重行十二"的。

再看第4条《金史·舆服志》。衣之正面，日一、月一、升龙四，山十二，合计18个。上下襟"华虫、火各六对，虎、蜼各六对"，"各六对"就是各12个，称"对"大概是因为排列方式变了，与唐宋

————————

①原作"粉米一"。中华书局本《元史》无校。"粉"后应夺"一"字，参看前条《金史·舆服志》"粉十六、米十六"一句。

不同了。华虫、火、宗彝(虎、蜼)三章既各六对,那么合计 36 个服章。衣之背面,星一、升龙四、山十二,共 17 个服章;华虫、火各十二对,宗彝(虎、蜼)六对,合计 60 个服章。下裳的藻、黼、黻各 32 个,粉米 16 个,合计 112 个服章。衣、裳的服章合计,共 243 个。再看第 5 条《元史·舆服志》,所叙服章的分布与金相似,衣有服章 193 个,裳有服章 112 个,合计 305 个。

金元的服章记录,让"重行"之法是什么大为清晰了。金元的做法肯定来自唐宋,尽管其排列方式和"行"的概念看上去有所变化。金朝冕服的正面有"升龙四",而观察宋初聂崇义《三礼图》中的衮冕图,恰好能判断出正面有"升龙四"来。那么反观隋制,开皇冕制的"为十二等。但每一物,上下重行,衮服用九",大业冕制的"山、龙九物,各重行十二",都应当理解为同一服章 9 个或 12 个排成一个竖行。

明初宋濂曾提到这么一件事:"歙儒有议章服之制者,其言曰:公之服,龙山华虫火宗彝五章在衣,藻粉米黼黻四章在裳,五章则五列也,四章则四列也。"宋濂赞同那位"歙儒"的看法:"窃按唐制,衮服之冕衣绘而裳绣,自山、龙而下,每章一行为等,每行十二。夫'行'犹'列'也。天子之衣既云每章分为十二,则公之服似可以类而推。"[1]宋濂说得很对,而且指出了"每行十二"的"行"相对于后人所说的"列"。

清人恽敬也讨论过各朝"重行"问题:"每行十二,言横之行也;每章一行为等,言纵之等也。自山龙以下得九等。盖唐制与

---

[1]宋濂:《章服议》,《摛藻堂四库全书荟要》,台湾世界书局 1990 年版,第 410 册第 235—236 页;《名臣经济录》卷二六,《景印文渊阁四库全书》,第 443 册 540 页下栏;《宋濂全集》,浙江古籍出版社 1999 年版,第 2149 页。

后周十二等不同,而同于隋。"①孙机先生注《唐志》,就引用恽敬之言,去解释"每章一行为等,每行十二"②。现将恽敬所制的示意图选择两幅,提供于此以供参考:

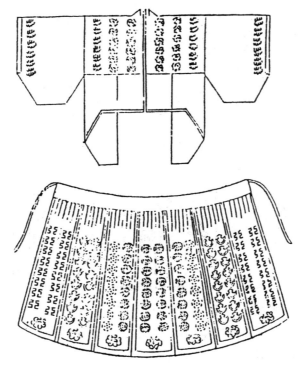

**图 22 恽敬《大云山房十二章图说》选图**

(恽敬:《大云山房十二章图说》,中华书局 1991 年版,第 16—17 页)

---

① 恽敬:《大云山房十二章图说》,中华书局 1991 年版,第 44 页;《丛书集成新编》,第 48 册第 14 页以下。
② 孙机:《两唐书舆(车)服志校释稿》卷二,收入《中国古舆服论丛》(增订本),第 396 页。

不过恽敬又说:"汉晋宋三朝皆十二章,《志》不言行与等,当以《隋志》及《唐志》推之";"又案世基奏'汉、晋以来率皆如此',知后周亦每章十二为行矣"。恽敬似乎认为,汉晋以来一直都用"重行"。对这个说法,我们就要画个问号了。

第一,《隋志》所记虞世基的"汉、晋以来,率皆如此"之语,其实只是就"衣襈、领上各帖升龙"而言的,不是指"重行"之法。恽敬恐怕错会了,不能据此判断汉晋以来都是"每章十二为行"。"以《隋志》及《唐志》推之",也是不妥当的。

第二,南朝萧梁的王僧崇称,其时三公祭服"衣身画兽,其腰及袖,又有青兽,形与兽同,义应是蜼,即宗彝也。两袖各有禽鸟,形类鸾凤,似是华虫"。参看本书第七章第3节。"兽"就是虎、蜼,身上、腰上、袖上都有,不止一处;华虫之章,也同时见于两袖。那么至少,宗彝、华虫两章确实不是单个使用的。不过从王僧崇的话中,看不出排列整齐、形成方阵的"重行"来,服章分布是很随意的。就目前材料看,我们不认为南朝有"重行"之法。

第三,唐人王泾《大唐郊祀录》:"龙、山以下每章一行,重为等,每行十二。《三礼图》:'凡章文,参错满衣裳而已,不拘其数。'崔灵恩云'各画十二'焉,亦取法则天之大数。"①王泾所引述的《三礼图》和崔灵恩,透露了更多有价值的信息。

王泾所说的《三礼图》,指的是汉末阮谌所作的那部《三礼

---

① 王泾:《大唐郊祀录》卷三《祭服·乘舆服》,《续修四库全书》,第821册第290—291页;又民族出版社2000年版,第749页。宋人也引述过这段话,如《太常因革礼》卷二四《舆服四》宋真宗咸平五年(1002年)太常礼院奏引《郊祀录》。《宛委别藏》,江苏古籍出版社1988年版,第52册第315—316页。

图》。后人评价其书"多不按礼文而引汉事"①,那么其中所说的"章文,参错满衣裳",也应该是东汉冕制,至少是接近于东汉冕制的。"不拘其数"暗示我们,东汉冕服上的服章,某一种服章可能用了很多个,然而其排列样式是"参错"的,而不是方阵式的;所考虑的只是让"章文,参错满衣裳",只是让各个纹样分布美观协调,却不含"数理逻辑"。根据《三礼图》所说的"不拘其数",我们推测汉冕并无"重行"之法。

再看王泾所引崔灵恩,那段引文应该出自崔灵恩的著作《三礼义宗》。崔灵恩认为服章应"各画十二",以附会"天之大数",显然,这就有了明确的数理寓意,与《三礼图》所说的"不拘其数"不同了。那么我猜"每章一行,每行十二"的"重行"办法,是崔灵恩的首发原创。《三礼义宗》在南北朝隋唐一直为人所重,被引为师法②。《三

①《隋书》卷三二《经籍志一》:"《三礼图》九卷,郑玄及后汉侍中阮谌等撰。"马国翰《玉函山房辑佚书·经编·通礼类》辑有一卷,题云:"盖郑注三礼,遂为之图,阮复因郑图而修之,故世之称阮谌《三礼图》,而《隋志》推本而题之也。"王利器先生相信郑玄曾作过《三礼图》,见其《郑康成年谱》,第237 页。但四库馆臣云:"然勘验《郑志》,玄实未尝为图,殆习郑氏学者作图,归之郑氏欤?"《景印文渊阁四库全书》,第 1 册第 450 页。《三国志》卷十六《魏书·杜恕传》注引《阮氏谱》:"谌,字士信,征辟无所就,造《三礼图》传于世。"《宋史》卷四三一《儒林聂崇义传》:"陈留阮士信受《礼》学于颍川綦册(册当作毋,参看校勘记)君,取其说为图三卷,多不按《礼》文而引汉事,与郑君之文违错。"隋朝大业定冠服,多方参考《礼图》。而《礼图》所涉冠弁多系汉制,可见《礼图》确实有"多引汉事"的情况。关于《三礼图》,又可参看李学勤、吕文郁主编《四库大辞典》"三礼图"条,吉林大学出版社 1996 年版,第 240 页。

②《宋史》卷四三一《儒林传》聂崇义称:"自《义宗》之出,历梁、陈、隋、唐垂四百年,言礼者引为师法,今《五礼精义》、《开元礼》、《郊祀录》皆引《义宗》为标准。"

礼义宗》所发表的"重行"之见,大概没多久就影响了现实冕制。总之,从《三礼图》所说的"不拘其数",到《三礼义宗》所说的"各画十二",中国冕服理论史上出现了一个新推进:实用章数的运用,也发展出了"数理逻辑",不仅仅考虑美观协调了。

十二章"各画十二"了,衮服的上下正背就会布满服章,服章就很小,看上去会眼花缭乱的。而且得把数十个,以至二三百个服章数一遍,才知道等级高低呢。然而我们所想到的,古人早想到了。他们提出了一个"大小章"的办法,用于更精细地区分冕服等级,同时也可以改进视觉效果。本书第四章第4节,已提及唐人贾公彦有"小章"之说了,这里继续讨论之。贾公彦《周礼注疏》云:

> 凡天子冕服有章者,旧说天子九章,据大章而言;其章别小章,章依命数,则皆十二为节。上公亦九章,与天子同,无升龙,有降龙。其小章,章别皆九而已,自余鷩冕、毳冕以下皆然。必知有小章者,若无小章,绨冕三章,则孤有四命六命;卿大夫玄冕一章,卿大夫中则有三命二命一命;天子之卿六命,大夫四命,明中有小章,乃可得依命数。(《十三经注疏》,第 783 页下栏)

贾公彦把服章分为"大章"与"小章","大章"的数目按郑玄的说法来定,即依爵不依命数,"小章"的多少则按照命数多少来定。本来《周礼》所记章旒,在依爵级还是依命数一点上,是含糊暧昧的;而贾公彦用"大小章"来兼顾两头,就两全其美了。

贾公彦的"大小章"真是很有创意,然而历代经学家对其说却很少留意,留意了也觉费解,不以为然。明儒冯复京云:"则有贾公彦大章小章之说,然亦不知小章如何而别也。"①孙诒让指责小章于古无据②,只当它是贾公彦的偶发奇想。可现在我们恍然大悟了,贾公彦其实是有所本的,所本的就是隋唐服章。贾公彦所说的天子在九章之外"章别小章,章依命数,则皆十二为节",与崔灵恩的"各画十二",与虞世基的"山、龙九物,各重行十二",岂不是合若符契吗?我们已指出开皇冕制是有"等"的,如公衮冕九章九等,侯鷩冕七章八等,伯鷩冕七章七等之类。章数依爵级,而"等"数依命数,也就是依官品。那个做法,与贾公彦的大章依爵级、小章依命数的意见,也如出一辙吧。

开皇衮冕"衣重宗彝,裳重黼黻,合重二物,以就九章,为十二等。但每一物,上下重行,衮服用九",我们推测这里面的服章其实有两套,一套是大章,九章十二等;一套是小章,依"重行"排列,每行9个,共81个;大小章合计,服章共93个。诸侯诸臣以此类推。如三四五品官用三章,但那只是大章,小章则有七等、六等、五等之别。到了大业年间,经虞世基建议,大章实际已是十二章了;小章则"山、龙九物,各重行十二",变成了108个;大小章合计,共120个服章。

这个推测也许过于大胆了,让人望而生畏,不敢苟同,可我们还有进一步的证据,不是空口说白话。证据出自聂崇义《三礼图》卷一:"又张镒《图》云:'天子孤及卿皆六命,则同绤冕之服三章。小章则画六。'"③这位张镒是唐人,所谓"《图》"就是张镒所作的

①冯复京:《六家诗名物疏》卷二四《无衣》,《景印文渊阁四库全书》,第80册第281页上栏。
②孙诒让:《周礼正义》卷三九、卷四十,第6册第1609、1631页。
③聂崇义:《三礼图》卷一,《景印文渊阁四库全书》,第129册第15页下栏。又见《章氏群书考索》前集卷四一《礼器门·冕服类》(东洋文化研究所藏书扫描版)所引,但未云张镒,只记为"或云"。

《三礼图》,这书大约是在唐代宗时写成的①。其书已佚,马国翰辑有一卷,本条即在马氏所辑之中②。张镒说天子孤卿六命,用絺冕三章;又"小章则画六",玩其语气,是说孤卿除大章三章之外另有小章,小章另计分列。小章也是三个,但每章"画六";"画六"依"六命"而定,"六命"在唐就是四品官。唐制,四品官用绣冕三章,但那只是大章;"小章则画六"应指"重行"的"六等"。也就是说,四品官的小章之数,是 3 章×6 等 = 18 个;再加大章三章,所用服章合计 21 个。张镒的意见虽只留下了寥寥数语,却如吉光片羽,弥足珍贵,让小章的用法更清晰了。

这样看来,孙诒让指责小章于古无据,其实是他自己不知底细。小章虽然于古无据,却于"今"有据,"今"就是隋唐冕制,贾公彦不过是陈述现行冕制而已。宋儒聂崇义、易祓居然知道小章是什么,而且都给小章投了赞成票。他俩在服章上都遵循郑玄,又都支持小章。聂崇义不但用小章来凑命数,还主张"其旒与小章皆依命数",即旒玉也依命数来定③。易祓也觉得小章很有必

---

① 《旧唐书》卷一二五《张镒传》:"大历五年(770 年),除濠州刺史,为政清净,州事大理。乃招经术之士,讲训生徒,比去郡,升明经者四十余人。撰《三礼图》九卷。"

② 马国翰:《玉函山房辑佚书·补经编通礼类》,第 2937 页下栏。

③ 聂崇义《三礼图》卷一:"其旒与小章皆依命数。此所谓屈而伸者也。玉缫亦皆三采,每缫八成,则八旒,每旒八玉,计用珉玉百二十八。诸家礼图皆不载三公之冕。臣崇义案,《弁师》注于命爵之中独著孤缫四就,用玉三十二。仰推王之三孤六命,上极三公,缫玉、形制、彩绘、章数触类可知也。"《景印文渊阁四库全书》,第 129 册第 12 页下栏。他由四命大夫之四旒四玉,推算出八命三公所用衮冕八旒八玉,六命孤卿所用絺冕六旒六玉。

要,理由跟贾公彦差不多少①。宋儒的《周礼》功夫,恐怕远不及清末朴学大师孙诒让,为什么宋儒倒觉得小章理所当然呢?我想是因为赵宋冕服也有小章,本朝人论本朝事,当然不陌生了。再回到前面说过的视觉效果问题上去。大小章改善了视觉效果,小章虽小虽多,不容易数清个数,但另有醒目的大章吸引视线,区分等级就容易多了。

以上,就是我们对"重一等""重行""大小章"的初步推断。最初接触服章时,人们可能会有这种错觉:既云"十二章",那么衣服上就只有十二个服章;既云"九章",那么衣服上就只有九个服章。可实际未必是那样的。严格说来,"十二章"应理解为"十二种服章","九章"应理解为"九种服章";至于服章到底用了多少"个",那可就不一定了,很可能用了一大堆,远远超过十二个或九个,可达上百个,甚至二三百个。继北周的"重一等"之法,"重行"之法使中国冕服的复杂程度和"数字化"程度,又上了一个新台阶。

北周大概是最早在服章个数上做文章的政权,率先发明了"重一等"那个先进技术。隋开皇与大业又采用了"重行",并为唐宋辽金元承袭。其变化历程大致如下:

1. 崔灵恩首创"各画十二"之说;

2. 北周采用"重一等"之法,重复使用的服章与章目合计;

3. 隋开皇年间继续使用"重一等",但又创造了"上下重

---

① 易祓:《周官总义》卷六、卷十三,《景印文渊阁四库全书》,第 92 册第 346 页上栏、第 425 页上栏。

行"之法,"重行"的服章是"小章",与"大章"分计;

4. 隋大业年间弃置"重一等"之法,"大章"依郑玄,此外另有"小章","小章"采用"山、龙九物,各重行十二"之法;

5. 唐宋辽金元继承了隋大业之制,大小章并用。

不光经学史的研究者,就是服饰史的研究者,对"重一等""重行""大小章"也极少涉及①。然而它们都是南北朝隋唐间冕服等级理论的新进展。在南北朝隋唐间,不但制式十二章,而且"不拘其数"的"小章"也有了运用规则,有了"数理逻辑"了。那个时代是周礼崇拜、冕制复古的又一个高峰期,古礼、古冕吸引了人们更多的才华精力,"重一等""重行""大小章"等等创新,就是那个氛围所催生的。它们使古冕与帝国现行等级的结合,变得更精致、更复杂了。

---

①就我管见所及,仅王宇清先生对北周、金、元的"重章"有初步阐述。参看其《冕服服章之研究》,第114、127页以下。

# 第十章　唐朝冕服复古与君臣冕服冲突的解决

　　从南北朝到隋唐三方归一，帝国体制在蓬勃复兴，稳步走向今人所谓的"盛世"。在政治复兴的激励下，唐前期的制度史上"周礼"与《周礼》的感召力并未骤减。好比终于从棚户搬进高楼了，对装潢修饰、家具摆设等等，人们兴趣盎然。"盛世复礼"的时代氛围，为冕服规划上的"宗经""复古"热情保温；唐初冕服，沿着北周与隋的《周礼》"六冕"路线继续前行。古冕的使用场合增加了，服冕者的队伍扩大了，中国礼制史上的奇特现象——"君臣冕服等级倒置"，也在唐初冕制中发生了。

　　但随着时光流逝，政治文化气氛发生了变化，制礼作乐的立足点也逐渐发生了变化。在帝国的文化政策方面，通过标榜"宗经""复古"来争取文化号召力的，强化王朝正统性的必要性，逐渐下降了。人们开始用政治理性的实用眼光来打量古制古冕，在这时候，数千年前的古冕与现行等级秩序不合之处，便在眼帘中鲜明起来了。唐高宗时，大臣对六冕及《周礼》公开质疑发难。人们开始基于"尊君""实用"的考虑，立足本朝"国情"，对六冕制度做新的调整修饰。

　　自汉以来，"古礼复兴运动"曾多次涌起波峰，南北朝隋唐的礼制造作,无疑算是其中一个大浪头。这个波峰的逐渐低落,唐高宗大臣对六冕及《周礼》的质疑,就是其表征之一。这是一个重要的转折点。

本章将要叙述唐初礼制是如何追随周隋而继续"复古",由此还造成了冕服使用范围的扩大,以及服冕者队伍的扩大。此后则是《周礼》六冕的由盛转衰,皇帝再度不用鷩冕以下,大裘冕被搁置。

# 1. 唐初的冕服复古

在前一章叙毕隋朝冕制之后,不妨提出一道智力题来:请根据由汉到隋的冕服变迁轨迹,来预测李唐朝廷的冕服变动方向。它将承用隋制呢,还是远采汉魏?它将继踵江左呢,还是追随东齐?也许有人成竹在胸,也许有人踌躇犹豫。那么来看史料记载吧。

据《旧唐书》卷四五《舆服志》所记唐制,天子冕服有大裘之冕、衮冕、鷩冕、毳冕、绣冕、玄冕,侍臣冕服有衮冕、鷩冕、毳冕、绣冕、玄冕。兹列表如下:

| | 大裘冕 | 衮冕 | 鷩冕 | 毳冕 | 绣冕 | 玄冕 | |
|---|---|---|---|---|---|---|---|
| 皇帝 | 无章无旒 | 十二章<br>十二旒 | 七章 | 五章 | 三章 | 一章 | |
| 一品 | | 九章<br>九旒 | | | | | |
| 二品 | | | 七章<br>七旒 | | | | |

|  | 大裘冕 | 衮冕 | 鷩冕 | 毳冕 | 绣冕 | 玄冕 |  |
|---|---|---|---|---|---|---|---|
| 三品 |  |  |  | 五章<br>五旒 |  |  |  |
| 四品 |  |  |  |  | 三章<br>四旒 |  |  |
| 五品 |  |  |  |  |  | 一章<br>三旒[1] |  |
| 六至九品 |  |  |  |  |  |  | 爵弁 |

注:[1]侍臣玄冕的"三旒"之数,原阙,据孙机先生意见补。孙机:《两唐书舆(车)服志校释稿》,《中国古舆服论丛》(增订本),第418页。

**图23　敦煌壁画中的冕,被认为是初唐壁画**

(欧阳琳等:《敦煌壁画线描集》,上海书店1995年版,图99)

对于前面那道问题,现在可以对照答案了。我们觉得,唐初冕服的"复古"倾向，依然浓厚而鲜明。隋朝虽然初次实现了"六冕齐备"，不过由于"自鷩以下不施于尊"，实际又变成了"单列式"，回归于汉明帝的那种"六冕同制"结构了。而武德冕制就不一样了，不但其六冕名称谨守《周礼》——这一点倒是上承杨隋——而且在冕服等级结构上，竟然做到了君臣五冕的全部上下通用！《周礼》是公有五种冕服，侯伯有四种冕服，子男有三种冕服。武德冕制，虽然各级品官只有一种而不是多种冕服，这一点不同于《周礼》；天子衮冕不是九章而是十二章，这一点不同于郑玄；然而观察上表就可以知道，那表格依然展示了一个横向的宽度，存在若干纵列，所以其结构仍属"多列式"，合于《周礼》及郑注。

这样看来，在体现"如王之服"精神上，武德冕制不但越过杨隋而上承北周——北周冕服是"多列式"的，甚至有一点比北周走得更远，就是其"君臣通用"的程度。北周冕制不过造成了君臣三冕重合而已，而且皇帝只跟诸侯重合，不与诸臣重合。那么武德冕制呢？其一品到五品官的冕服与皇帝全面重合，其鷩冕都是七章，其毳冕都是五章，其绣冕都是三章，其玄冕都是一章，四冕章数全部君臣无别。

以上是从章数所看到的情况。但在分析旒数的时候，我们遇到了困难：在《旧唐志》提供的数据中，天子的鷩冕、毳冕、绣冕、玄冕旒数不明。天子冕旒的那些缺项，有办法考知吗？

按，《新唐书》卷二四《车服志》还记载了另一种品官诸冕旒数：一品衮冕九旒、二品鷩冕八旒、三品毳冕七旒、四品绣冕六旒、五品玄冕五旒。这跟上表所列《旧唐志》所记旒数，显然不同。两《唐志》的旒数之异，应该是制度变化造成的，《新唐志》所记旒数是后改的。有先生注意到了二者有异，不过却说《旧唐志》的记载

"不知所据"①。新旧《唐志》之所据,各是不同时期的令文。那么《旧唐志》何所依据呢?《旧唐志》品官旒数作九、七、五、四、三排列,是依据《武德令》的②;《新唐志》的品官旒数作九、八、七、六、五排列,同于《开元礼》③。

两《唐志》,或说《武德令》与《开元礼》中的品官诸冕旒数,已

---

①孙机:《两唐书舆(车)服志校释稿》,《中国古舆服论丛》(增订本),第 417 页。又,原田淑人讨论"武德令的服饰及其后的变迁"时,对君臣服饰的叙述主要依据《新唐书·车服志》。见其『唐代の服飾』,東洋文庫论丛 51,1970 年,第 15、32 页以下。但《新唐书·车服志》出自《开元礼》,《旧唐书·舆服志》所记才是《武德衣服令》。

②按,谢保成先生认为,《旧唐书·舆服志》以《开元礼》为本,辅以《唐会要》。见其《〈旧唐书〉的史料来源》,《唐研究》第 1 卷,北京大学出版社 1995 年版。日人仁井田升的看法不同,认为《旧唐志》中的皇帝、太子、皇后、侍臣服制出自《武德令》。见其《唐令拾遗》,长春出版社 1989 年版,第 307 页。我认为仁井田升之说可取,具体说即是唐高祖武德四年(621 年)所颁《衣服令》。《唐会要》卷三一《舆服上》:"武德四年七月定制,凡衣服之令,天子之服有十二等";"武德四年七月敕,折上巾,军旅所服"。中华书局 1955 年版,第 565、578 页。

③《大唐开元礼》卷三《衣服》所记载的品官冕服,是一品衮冕九旒九章,二品鷩冕八旒七章,三品毳冕七旒五章,四品绤冕六旒三章,五品玄冕五旒一章。《景印文渊阁四库全书》,第 646 册第 60 页下栏。那么九、八、七、六、五,就是开元礼的旒数安排。《唐六典》卷四《礼部尚书》(第 117 页)、王泾《大唐郊祀录》卷三(《续修四库全书》,第 821 册第 294 页)所记品官旒数,均为九、八、七、六、五,应该均出开元礼。《通典》卷五七《礼十七·嘉礼二·君臣冠冕巾帻制度》记品官旒数,为九、七、五、四、三;而同书卷一〇八《礼六八》记品官旒数,为九、八、七、六、五。中华书局 1984 年版,第 327 页下栏、第 569 页下栏。两处记载之不同,就来自武德制度与开元制度之异。前条应出《武德令》,后一条编于"开元礼纂类"部分,当然就是开元新礼了。然而同书卷一二八《礼八八》夹注部分,又记三品以上衮冕九旒、鷩冕七旒、毳冕五旒,四品五品绣冕四旒、玄冕三旒(第 669 页下栏),又与武德冕制相同,似非开元礼。这里大概发生了什么错讹。

如上述;那么二《志》或二《令》中的皇帝诸冕旒数,也有类似差异吗?《新唐书·车服志》难能可贵,居然把皇帝的诸冕旒数完整列出来了,以十二、八、七、六、五为差。其中后四冕,与品官后四冕的旒数八、七、六、五,遵循同一数列。这反映的是《开元礼》的情况。那《武德令》中的皇帝旒数呢?《旧唐志》等多种史书,都没提供《武德令》中皇帝其余四冕的旒数,只有皇帝衮冕十二旒。然而我们有办法补足它。唐高宗显庆年间,长孙无忌等大臣曾为了皇帝冕服等级而上奏,其奏言透露了《武德令》中皇帝绣冕四旒、玄冕三旒的消息,而且明云那与四、五品官的旒数相同,造成了"君臣无别"。再由皇帝绣冕四旒、玄冕三旒进而可以推定,《武德令》的皇帝鷩冕七旒、毳冕五旒,同于二、三品官。那么我们又知道了,武德冕制之中,君臣同样有四冕旒数相同。

根据上述考证结果,我们把《周礼》郑玄注的旒数级差,与《武德令》《开元礼》的冕旒级差,制表以供比较:

| | | 衮冕 | 鷩冕 | 毳冕 | 绤冕/绣冕 | 玄冕 |
|---|---|---|---|---|---|---|
| 《周礼》郑玄注 | 天子 | 十二旒 | 九旒 | 七旒 | 五旒 | 三旒 |
| | 臣下 | 九旒 | 七旒 | 五旒 | 四旒 | 三二一旒 |
| 武德令 | 皇帝 | 十二旒 | 七旒 | 五旒 | 四旒 | 三旒 |
| | 臣下 | 九旒 | 七旒 | 五旒 | 四旒 | 三旒 |
| 开元礼 | 皇帝 | 十二旒 | 八旒 | 七旒 | 六旒 | 五旒 |
| | 臣下 | 九旒 | 八旒 | 七旒 | 六旒 | 五旒 |

由表可见,无论《武德令》还是《开元礼》,总之唐冕有四冕君臣旒数相同。照《周礼》郑玄注,天子五冕虽与臣下通用,但在旒数上,天子还是比臣下高一等的;可是唐冕比郑玄走得更远,天子与品

官有四冕的旒数居然雷同,更能体现"如王之服"!《周礼》属"初次建构",郑玄属"二次建构"。《周礼》六冕来自"等级祭服制",以各级服冕者主祭为前提,所以在《周礼》作者的脑海中,天子、臣下若从事相同祭祀,则服同样祭服,戴同样的冕。郑玄的"二次建构"转而立足于臣下助祭了,所以对同名之冕,他让天子之旒略高于臣下,即稍高一等。那么唐冕的四冕旒数君臣全同,其实更近于《周礼》本意。可以这么说:比较历代冕制,《周礼》六冕的"君臣通用"精神,在千载之后的李唐得到了最充分的体现。

后世之说礼者,也有认为天子与诸侯同旒的。朱熹、戴震就那么看①。不过朱、戴之说,出自他们对经典的个人理解,唐初君臣的旒数相同却另有原因。原因是皇帝把衮冕九旒这一旒数的等级留给了皇太子用,皇帝自己不用。皇帝衮冕用白珠十二旒,皇太子衮冕用白珠九旒。皇帝的鷩冕以下,其旒数依次递降,就变成了七旒、五旒、四旒、三旒,于是就跟品官一样了。开元冕制的旒数以十二、八、七、六、五级差,但太子冕旒的安排同于《武德令》,仍用白珠九旒,所以皇帝鷩冕以下的旒数,是自八旒而下,依然君臣同旒。就是说,唐朝并不是有意寻求"君臣通用",事情是由皇太子"插进"皇帝的冕旒级差造成的。但那么做的结果,毕竟

---

① 朱熹指出天子之冕旒与诸侯之冕旒,玉数有异但旒数相同:"天子之旒十二玉,盖虽与诸侯同是七旒,但天子七旒十二玉,诸侯七旒七玉耳。"《朱子语类》卷六三,中华书局 1994 年版,第 4 册第 1554 页。按《文献通考》卷一一一《王礼考六》引作"盖虽与诸侯同是九旒,但天子九旒十二玉,诸侯九旒九玉耳"。上册第 1001 页下栏。两处记载,从旒玉说皆不误,异文可能来自在同一段话中摘取了不同的句子。又戴震也认为,九章九旒的就是衮冕,七章七旒的就是鷩冕,五章五旒的就是毳冕,三章三旒的就是絺冕,一章无旒的就是玄冕,"经递言相'如'(按即'如王之服'),明冕服之章、冕缫之旒,不异也"。《戴震文集》卷二《记冕服》,第 30 页。

导致了君臣章旒重合,"多列式"的固有矛盾也更尖锐了。这一点我们都看到了,唐初的礼制专家们不会看不到吧,但他们似乎认为不背离"古礼"就成,皇帝的旒数少两根没关系。

我们之所以对唐初冕制变迁感到惊讶,是因为曾被加以一个印象:杨隋代周之日,就是北周复古的闭幕之时。现在至少就冕服之礼看,事情实不尽然。北周以来的冕服复古在唐初继续波荡着,《武德令》中的"绣冕"之名是来自北周的,"多列式"的冕服结构源于北周,而且其六冕的君臣通用程度比北周更大。那么来做一个回顾:从《周礼》六冕的"多列式",到汉明帝的"六冕同制",是一次转折;从"六冕同制"到北周三冕的君臣通用,又是一次转折;隋朝不用鷩冕以下,复归于"六冕同制",又是一次转折;而唐初冕服,又转回到"君臣通用"和"多列式"这边儿来了。冕制结构是用"多列式"还是用"单列式",史料呈现给我们的是一左一右的蛇形轨迹。

唐前期仍处在"制礼作乐"的高温期。除冕服外,李唐朝廷在郊祀、明堂等方面,还有一连串兼具复古与创新意义的举措。大型礼制建筑明堂的修建,特别值得一提。"儒者屡上言请创明堂",武则天正中下怀。最终建成了一座高达二百九十四尺的三层明堂,极其辉煌壮丽,号称"万象神宫"①。令人瞩目的又如《唐

①参看《旧唐书》卷二二《礼仪志二》;《唐会要》卷十一《明堂制度》,第 271 页以下;《增订唐两京城坊考》卷五,三秦出版社 1996 年版,第 244 页;王世仁:《明堂形制初探》,《中国文化研究集刊》第 4 辑,复旦大学出版社 1987 年版;中国科学院考古所洛阳唐城队:《唐东都武则天明堂遗址发掘简报》,《考古》1988 年第 3 期;秦浩:《隋唐考古》,南京大学出版社 1992 年版,第 59 页;任爽:《唐代礼制研究》,东北师范大学出版社 1999 年版,第 16 页以下;杨鸿勋:《宫殿考古通论》,紫禁城出版社 2002 年版,第 497 页以下。

《六典》的编撰，此书是用来比拟《周礼》的，所谓"法以周官，作为唐典"①，"欲依《周礼·太宰》六典之文，成唐六官之典，以文饰太平"②。"既然有一部记录西周制度盛况的《周礼》且已成为经典，我大唐也应撰写一部记载制度盛况的《唐六典》以流传后世。"③

把官制当成一种礼制来改革，唐朝仍有其事。从唐高宗到唐玄宗时，曾有一浪接一浪的官名大改革。请看：

> （高宗）龙朔二年（662年）二月甲子，改百司及官名。改尚书省为中台，仆射为匡政，左右丞为肃机，左右司郎中为丞务，吏部为司列，主爵为司封，考功为司绩，礼部为司礼，祠部为司禋，膳部为司膳，主客为司蕃，户部为司元，度支为司度，仓部为司仓，金部为司珍，兵部为司戎，职方为司城，驾部为司舆，库部为司库，刑部为司刑，都官为司仆，比部为司计，工部为司平，屯田为司田，虞部为司虞，水部为司川，余司依旧。尚书为太常伯，侍郎为少常伯，郎中为大夫。中书门下为东西台。侍中为左相，黄门侍郎为东台侍郎，给事中为东台舍人，散骑常侍为左右侍极，谏议大夫为正谏大夫。中书令为右相，侍郎为西台侍郎，舍人为西台舍人。秘书省为兰台，监为太史，少监为侍郎，丞为大夫。著作郎为司文郎，太史令为秘阁郎中。御史台为宪台，御史大夫为大司宪，御史中丞为司宪大夫。殿中省为中御府，丞为大夫。尚食为奉膳，尚药

---

①顾德章：《东都神主议》引《开元六典敕》，《全唐文》卷七六五，中华书局1983年版，第7956页。

②陈寅恪：《隋唐制度渊源略论稿》，生活·读书·新知三联书店2001年版，第109页。

③李玉生：《唐代法律体系研究》，《法学家》2004年第5期。

为奉医,尚衣为奉冕,尚舍为奉扆,尚乘为奉驾,尚辇为奉御,并为大夫。内侍省为内侍监。太常为奉常,光禄为司宰,卫尉为司卫,宗正为司宗,太仆为司驭,大理为详刑,正为大夫。鸿胪为司文,司农为司稼,太府为外府,卿并为正卿。少府监为内府监。将作监为缮工监,大匠为大监,少匠为少监。国子监为司成馆,国子祭酒为大司成,司业为少司成,博士为宣业……

光宅元年(684年)九月,改尚书省为文昌台,左右仆射为文昌左右相,吏部为天官,户部为地官,礼部为春官,兵部为夏官,刑部为秋官,工部为冬官。门下省为鸾台,中书省为凤阁,侍中为纳言,中书令为内史。太常为司礼,鸿胪为司宾,宗正为司属,光禄为司膳,太府为司府,太仆为司仆,卫尉为司卫,大理为司刑,司农依旧……

垂拱元年(685年)二月,改黄门侍郎为鸾台侍郎,文昌都省为都台,主爵为司封,秘书省为麟台,内侍省为司宫台,少府监为尚方监。其左右尚方两署除方字。将作监为营缮监,国子监为成均监,都水监为水衡监。其詹事府为宫尹府,詹事为太尹,少詹事为少尹……

开元元年(713年)十二月,改尚书左右仆射为左右丞相,中书省为紫微省,门下省为黄门省,侍中为监……

天宝元年(742年)二月,侍中改为左相,中书令改为右相,左右丞相依旧为仆射,黄门侍郎为门下侍郎。改州为郡,刺史为太守。十一载正月,改吏部为文部,兵部为武部,刑部为宪部。其行内诸司有部者并改:改驾部为司驾,改库部为司库,金部为司金,仓部为司储,比部为司计,祠部为司禋,膳部为司膳,虞部为司虞,水部为司水。将作大匠为监,少匠为少监。

　　（肃宗）至德二载（757年）十二月敕："近日所改百司额及郡名并官名，一切依故事。"于是侍中、中书令、兵吏部等并仍旧。（《旧唐书》卷四二《职官志一》）

上列各次改革中，光宅元年的尚书六部改名，直用《周礼》六官之名，是《周礼》影响的最鲜明证据。其余的官名改动，也以字眼古奥、寓意优雅、形式整齐、结构对称为原则。

　　北周复古，再往前是新莽复古时，已曾把官制当成一种礼制，而去改官制、改官名了。唐前期的改官名事件，表明"古礼复兴运动"余波未息。当然三者还是各有胜境的：新莽、北周的改官名，"于经有据"的味道更浓厚些，一看就是学究搞出来的；而李唐是一个诗歌大国，所制造的官名更自由、更浪漫、更富文学色彩，肯定有不少诗人墨客在里面掺和。因门下省改名黄门省，中书省便改名紫微省，不光字面上有骈偶之美，还取义于星空中的紫微垣，以"星官"理论为背景，由此还有了紫微令、紫微郎、紫微舍人这样的官名。其时中书省种了好多紫薇花，士大夫留下了"紫薇花对紫微郎"①的佳句，刻板无聊的衙门竟然诗情画意了。尽管有古典与浪漫之别，李唐"官名大改革"的文化动力，是发源于北周的。那些改动没多少实质意义，与其说是政治改革，不如说是礼制改革；与其称为官制改革，不如称为"官名改革"。正如陈寅恪先生所云："又治史者若有因披览六典尚书省六部职掌之文，而招现一种唐制实得周礼遗意之幻觉者，盖由眩惑于

---

①白居易：《紫薇花诗》，《白氏长庆集》卷二十，文学古籍刊行社1955年版，
　第476—477页。

第十章　唐朝冕服复古与君臣冕服冲突的解决 ｜ 377

名号所致。"①唐朝的行政架构离"周官"相当遥远了，统治者热衷在名号上玩花样，不是出自行政需要，而是另有因缘，是为了显示"唐制实得周礼遗意"。官制官名要整齐、美观、协调，要体现"天人感应"，要跟儒家经典一致，这种寻求在世界其他地方极其罕见，在中国却屡屡出现，如新莽、北周、李唐，还有太平天国，所以是一个"中国特色"。"文化大革命"时"破四旧"改新名，还是笔者的亲历呢。曾有某革命组织的头头们，其职务不叫"长"，不叫"主任"，甚至也不叫"司令""副司令"，却叫"勤务员"，以合乎毛主席老人家"我们的一切工作干部，不论职位高低，都是人民的勤务员"的最高指示。

在经典、古礼与帝国体制的互动中观察"吾从周"时，"唐制实得周礼遗意"就不仅仅是治史者的"幻觉"了，而是中古重大政治文化现象。虽在唐朝初创、百废待举之时，可能有很多关陇军人对"周礼"无大兴趣，但帝国制度中毕竟有礼乐那么一块，官僚队伍中毕竟有士人那么一批。几百年的分裂、衰落和"胡化"刚刚过去，"周礼"作为中华文化的象征，得到了人们的特别珍视。这时候华夏礼乐的象征性与号召力，帝国的文士儒生不会漠视，他们如何制礼作乐也不是小事一桩。随着社会逐渐稳定，文化日益繁荣，"关陇"观念逐渐淡漠了，人们申说"李唐上承周、汉"②。李唐被视为周、汉以后的又一"盛世"，"制礼作乐"又将与"盛世"的降临联系起来。大型典礼、繁缛的礼文、宏伟的礼制建筑，包括服

---

①陈寅恪：《隋唐制度渊源略论稿》，生活·读书·新知三联书店 2001 年版，第 110 页。

②《旧唐书》卷二四《礼仪志四》。又天宝年间，处士崔昌上《大唐五行应运历》，云"国家承周、汉，以周、隋为闰"。皇帝遂宣称："唐承汉后，其周武王、汉高祖同置一庙。"

饰,都可以装饰华夏的复兴、帝国的富强。冕服被视为华夏文明的标志物,等于就是"国服"了。"冕服采章曰华,大国曰夏"①,"中国有礼仪之大,故称夏;有服章之美,谓之华"②。在"服周之冕"的热情中,蕴含着强烈的"文化寻根"和"文化正统"意识。此时的统一、强盛,与结束不久的分裂、动荡形成的巨大反差,就是唐初周礼复古的精神能量的来源。统一局面和强盛国势,既迫切需要,也足以支持那种文化寻求和心理寻求。"周礼""周冕"是盛唐的盛饰。

## 2. 冕服用途和服冕者范围的扩大

衣冠是给人穿的。不管出于什么原因,只要穿的人多了,就说明它在社会生活中的份量变大了。北周和隋唐间的冕服复兴,还可以从冕服用途扩大和服冕者范围扩大方面,进一步地看出来。若是能看到冕的场合多了,有资格用冕的人多了,那不就是"古冕复兴"的表现吗?下面选择四点以展示相关的变化:第一是使用冕服的祭祀种类的增多,第二是使用冕服的礼制场合的增多,第三是有资格用冕的人数增多,第四是私人生活中官僚用冕的机会增多。

首先是第一点,采用冕服的祭祀的增多。一些在前朝不以冕服做祭服的祭祀,在北周到隋唐间改用冕服了。

这事情得从头说起。《周礼》六冕是用于五等祭祀的。但很

①《尚书·武成》伪孔安国传,《十三经注疏》,第185页上栏。
②《左传》定公十年孔颖达疏,《十三经注疏》,第2148页上栏。

多王朝并不照此服冕。东汉明帝的衮冕，只用于天地、明堂、宗庙；至于五岳、四渎、山川、社稷诸沾秩祠，并不用冕，皇帝和助祭之臣用"袀玄长冠"，不执事者则是"常冠袀玄以从"。"长冠"是刘邦年轻时戴过的竹皮冠，称帝后用它做了祭冠，"袀玄"是秦朝祭服之制。《周礼》用大裘冕、衮冕的祭祀，东汉只用衮冕；《周礼》用鷩冕或毳冕以下的祭祀，东汉用长冠袀玄，并不"从周"。比之《周礼》，东汉的用冕范围缩小了。蔡邕《独断》："冕冠……鄙人未识，谓之平天冠。"普通人很难看到冕，也不认识冕，便胡乱唤作"平天冠"。

南朝刘宋时情况一度有变。宋明帝参照《周礼》六冕，新创大冕、法冕、饰冕、绣冕和纮冕，大冕以郊、以祀明堂，法冕以祀太庙。那么天地、宗庙已分用大冕、法冕两冕了，而不像汉晋只用衮冕。不过其余饰冕、绣冕、纮冕跟祭祀无关，用于其他的礼制场合。梁武帝用大裘冕郊天，可以说是上承宋明帝。

北魏孝文帝时，据载曾用于圆丘、明堂、太和庙及太庙（"太和庙"是文成皇后冯氏之庙）。北齐皇帝的衮冕，据《隋书·礼仪志六》，用于"四时祭庙、圆丘、方泽、明堂、五郊、封禅、大雩"；公卿冕服，"郊祀天地、宗庙服之"。那么魏齐官僚助祭，仍只天地、宗庙服冕。

北周让人耳目一新：苍冕等用于祀昊天上帝、五方上帝、朝日、夕月、祭神州、社稷，象冕用于享先皇，衮冕用于享先帝，山冕用于祀星辰、四望，鷩冕用于群祀。六冕等级祭祀之制，至此得以再现。

据《隋书·礼仪志七》，隋文帝"郊丘宗庙，尽用龙衮衣"，隋炀帝大业冕制"具依前式"。那么隋冕的用法向汉魏回归了，只用于郊丘、宗庙。

继之是大唐冕制:大裘冕以祭天神地祇,衮冕以祭宗庙,鷩冕以祭远主,毳冕以祭海岳,绣冕以祭社稷,玄冕以祭日月百神。这个变化,越过杨隋而上承北周,跟《周礼》六冕惟妙惟肖。请看下表:

| 《周礼》六冕 | 东汉至晋 | 刘宋 | 北魏北齐 | 北周 | 隋 | 唐 |
|---|---|---|---|---|---|---|
| 大裘冕:昊天上帝五帝 | 衮冕:天地明堂宗庙 | 大冕:天地明堂 | 衮冕:天地明堂宗庙 | 苍冕等:昊天上帝五帝日月神州社稷 | 衮冕:天地宗庙 | 大裘冕:天神地祇 |
| 衮冕:先王 | | 法冕:太庙 | | 象冕:先皇 | | 衮冕:诸祭祀及庙 |
| 鷩冕:先公 | | | | 衮冕:诸先帝 | | 鷩冕:远主 |
| 毳冕:四望山川 | | | | 山冕:星辰四望 | | 毳冕:海岳 |
| 绣冕:社稷五祀 | | | | 鷩冕:群祀 | | 绣冕:社稷帝社 |
| 玄冕:群小祀 | | | | | | 玄冕:蜡祭百神朝日夕月 |

如表所示,从冕服等级与祭祀等级的对应关系看,汉晋、魏齐与杨隋略同,而《周礼》、北周与李唐三者另成一系,最为接近。

下面再看第二点,即冕服用作礼服的情况,也就是非祭祀场合的用冕情况。

周朝冕服不只是祭服,也是礼服,这一点清人汪中曾有专论①。东汉冕服,其祭祀之外的用途不太清楚。史料中能看到的,

---

① 汪中罗列了祭祀外冕服的 11 种用途:听朔、亲迎、飨、射、食礼、朝诸侯、养老、藉田、诸侯大夫来聘、王丧以复、节服氏服以维王之太常。见其《述学补遗·释冕服之用》,《续修四库全书》,第 1465 册第 413 页上栏。

有诸侯嗣位时,天子特派使者为之加冕;有资格用冕的官僚,可用冕服殡葬;皇帝也可能向官僚特赐冕服。

魏晋以下呢? 孙机先生指出:"从晋代以后,冕服又不复专用于祭祀。《晋志》说:'(天子)临轩,亦衮冕也。'南北朝时也是如此。《隋志》说:'梁制……乘舆临轩,亦服衮冕。'又说:'自晋左迁,中原礼仪多缺。后魏天兴六年诏有司始制冠冕,……四时祭庙、圆丘、方泽、明堂、五郊,封禅,大雩,出宫行事,正旦受朝及临轩拜王公,皆服衮冕之服。'至唐代则皇帝践阼、纳后,亦服衮冕。所以这时的冕服只应被看作是一种隆重的礼服。"①

践阼、纳后服衮冕的制度,都不以唐为始。晋及宋齐梁陈,除天地、明堂、宗庙外,天子元会和临轩行礼也用衮冕②。大婚纳后也服衮冕③,给喜庆场面增添了古雅的风情。此外皇帝加元服,在加帻的同时加冕④;若太子加元服,在其冠礼上,其父亲老皇帝也

---

① 孙机:《两唐书舆(车)服志校释稿》,收入《中国古舆服论丛》(增订本),第383页。
② 《晋书》卷二五《舆服志》:"天子郊祀天地、明堂、宗庙,元会、临轩,黑介帻,通天冠,平冕。"梁制略同,见《隋书》卷十一《礼仪志六》。按,皇帝不坐正殿而至殿前完成某些礼节,称"临轩"。殿前堂陛之间,近檐之处的两边有槛盾,很像车轩,故亦称轩。《宋书》卷十四《礼志一》"凡遣大使,拜皇后、三公,及冠皇太子,及拜蕃王,帝皆临轩",其时"皇帝服衮冕之服,升太极殿,临轩南面"。
③ 西晋顾和《拜三公奏乐服冕议》:"又按六冕之服,主于祭祀,唯婚特用之,他事未见服冕者。"《通典》卷七一《礼三一》,中华书局1988年版,第1959—1960页。又《宋书》卷十四《礼志一》:"今迎皇后,依昔成恭皇后入宫御物,而仪注至尊衮冕升殿。"
④ 江左皇帝冠礼,加帻、冕两冠,太尉加帻,太保加冕。见《宋书》卷十四《礼志一》。

服冕。而东汉皇帝冠礼，还没有加冕的节目呢①。皇帝登基践阼，也应是服冕的②。还不妨一提的是，若权臣加九锡，就将上演"锡公衮冕之服，赤舄副焉"的保留剧目。

南朝宋明帝定五冕，用冕范围扩大了。大冕用于祭天地，法冕除了祀太庙外，还用于元正、大会诸侯；饰冕用于宴会，如小会宴飨、饯送诸侯、临轩会王公；绣冕用于军事，如征伐不宾、讲武校猎；绖冕用于某些礼典，如耕稼、飨国子。宋明帝颁行五冕诏有"所施之事，各有条叙"③之辞，可知诸冕的各种用途是精心规划的。打仗打猎也戴冕，不嫌碍事；几个人吃顿饭的"小会宴飨"也戴冕，不嫌拘束。宋明帝的五冕虽昙花一现，但其冕用途之广，仍反映出了某种时代心态，即对"周礼"的热衷。

北魏孝文帝十岁加冕。诸帝登基继立，由侍中、太尉等重臣加冕加衮④。北齐除了祭祀之外，"出宫行事、正旦受朝及临轩拜王公，皆服衮冕之服"，"籍田则冠冕，璪十二旒"，"庙中遣上将，则衮冕"⑤。"出宫行事"不知都包括哪些场合，是一个很宽泛的

---

①汉代皇帝冠礼，"初加缁布进贤，次爵弁、武弁，次通天"。见《晋书》卷二一《礼志下》。

②《魏书》卷一〇八《礼志四》："中代所以不遂三年之丧，盖由君上违世，继主初立，故身袭衮冕，以行即位之礼。""中代"应指汉魏，其时继主即位"身袭衮冕"。

③《宋书》卷十八《礼志五》。

④《魏书》卷五五《刘芳传》："及世宗即位，芳手加衮冕。"其时刘芳为侍中。同书卷一〇八《礼志四》："太尉（崔）光奉策进玺绶，肃宗跽受，服皇帝衮冕服，御太极前殿。"同书卷十一《废出三帝纪》普泰元年（531年）元晔禅位、元恭登基，其时"太尉公尔朱度律奉进玺绶衮冕之服"。

⑤《隋书》卷十一《礼仪志六》。

说法。此外皇帝加元服、纳后,也服衮冕①。

北周的冕服种类大为增加,而且各有针对性,如:象冕,用于加元服、纳后、朝诸侯;衮冕,用于占卜、食三老五更、享诸侯、耕籍;山冕,用于视朔、大射、飨群臣、巡牺牲、养国老;鷩冕,用于视朝、临太学、入道法门、宴诸侯与群臣及燕射、养庶老、适诸侯家;此外,参照《周礼》而设置的韦弁,用于巡兵即戎;皮弁,用于田猎、行乡畿。其制不但超越魏齐,比起宋明帝五冕来,显胜一筹。

还可以补充两点:第一是北周车制,也依《周礼》五辂而变本加厉了,"皇帝之辂,十有二等",跟十二服成龙配套使用②。那给人一个感觉,皇帝干一样事儿,就得换穿一套衣服、换乘一辆车,不厌其烦。第二是北周皇后之服十二等,也依《周礼》而各有其用③。"采桑,则服鸠衣","采桑还,则服黄衣",采一次桑就得换两套衣服。当"国母"看来也很辛苦,得像时装模特、歌唱演员似的随时换装。当然我们不怎么相信,上述制度被皇帝两口子照章执行了。

---

① 《隋书》卷九《礼仪志四》:后齐皇帝加元服,"太保加冕,侍中系玄纮,脱绛纱袍,加衮服";纳后之礼,"皇帝服衮冕出,升御坐"。
② 北周玉辂,以享先皇,加元服,纳后;碧辂,以祭社稷,享诸先帝,大贞于龟,食三老五更,享食诸侯及耕籍;金辂,以祀星辰,祭四望,视朔,大射,宾射,飨群臣,巡牺牲,养国老。象辂,以望秩柴群,视朝,燕诸侯及群臣,燕射,养庶老,适诸侯家,巡省,临太学,幸道法门;革辂,以巡兵即戎;木辂,以田猎,行乡畿。见《隋书》卷十一《礼仪志六》。
③ 北周皇后十二服:从皇帝祀郊禖,享先皇,朝皇太后,则服翚衣;祭阴社,朝命妇,则服褕衣;祭群小祀,受献茧,则服鷩衣;采桑,则服鸠衣;从皇帝见宾客,听女教,则服鹐衣;食命妇,归宁,则服揄衣;临妇学及法道门,燕命妇,有时见命妇,则服苍衣;春斋及祭还,则服青衣;夏斋及祭还,则朱衣;采桑斋及采桑还,则服黄衣;秋斋及祭还,则素衣;冬斋及祭还,则服玄衣。见《隋书》卷十一《礼仪志六》。

再看隋朝。虽然隋朝的皇帝不用鷩冕以下,但籍田、庙遣上将、征还饮至、元服、纳后、正月受朝及临轩拜王公等活动,仍用衮冕①。这比北齐是有所增加的。比如,出军还师后合饮于宗庙的"饮至"之礼,北齐用的是通天冠②,而隋朝改用衮冕了。

李唐也在多种礼典上使用衮冕。《旧唐书·舆服志》:"衮冕……诸祭祀及庙、遣上将、征还饮至、践阼、加元服、纳后、若元日受朝,则服之。"另据《新唐书·车服志》,用冕的还有"临轩册拜王公"。周锡保先生列举了唐冕的44种用途③,其中超出祭服的部分,大多是南北朝隋所增的。总之,确如孙机先生所说,隋唐冕服用途大为扩展了。那也是跟"复古"热情成正比的。

下面再来看第三点,即服冕者范围的扩大。这是就官贵用冕而言的。

东汉诸王服冕,"侍祠侯"以上的诸侯服冕助祭,此外是三公九卿服冕助祭,及博士服冕。魏晋间"位公"数量增多,服冕者跟着多起来了。曹魏高堂隆《魏台访议》有"今秩中二千石、六百石者可使玄冕而执雁"之议,西晋孙毓、段畅《诸王公城国宫室章服车旗议》有"位从公"者"皆以七为节"之言(均见本书第六章第4

①《隋书》卷十二《礼仪志七》。
②《隋书》卷十一《礼仪志六》北齐河清服制:"征还饮至,服通天冠。"
③周锡保:《中国古代服饰史》,第26—28页。"除祭天地,享先王、先公外"的44种用途,被概括为藉田,朝日,夕月,社稷,四望,明堂,圆丘,方泽,宗庙,大雩,先农,五祀,蜡,家庙,封禅,大射,飨燕,朝会,巡狩,临轩,三老五更,正冬,加元服,践阼,谒庙,册,饮止,遣征,远主,元日,千秋节,朔望,冬至,玉清宫昭应宫祀玉皇大帝等(此赵宋制度),上尊号,大学,感帝,巡牺牲,群祀,元会,朝觐,地祇,祀星辰,元正。但周先生所列偶有不妥,如圆丘、方泽就是祭天地,"宗庙"就是享先王,"远主"就是享先公;"元日""元会""元正"只是一事。

节）。他们设想的服冕范围是比较宽广的。孙毓、段畅建议，位在"从公"以上者助祭，都可以服鷩冕七旒七章；而依晋制，"骠骑、车骑、卫将军、伏波、抚军、都护、镇军、中军、四征、四镇、龙骧、典军、上军、辅国等大将军，左右光禄、光禄三大夫，开府者皆为位从公"①。这个队伍比东汉的"公"浩大多了。当然魏晋皇帝也在限制服冕人数，"位公者每加侍官"。

陈朝"卿大夫助祭，则冠平冕五旒"②。九卿之外的"大夫"也可服冕吗？梁天监九年（510年）司马筠等有言："今之尚书，上异公侯，下非卿士，止有朝衣，本无冕服。"③尚书为三品、十三班、六百石官，却没有冕服。那么暂时还是推定只有九卿服冕为好，"卿大夫"仅指列卿。

北魏孝文帝最初很不情愿让臣下服冕，太和十五年（491年）祭祀太和庙与圆丘祭天时，皇帝衮冕，与祭者和侍臣穿朝服。太和十九年孝文帝的态度有了变化，让三公衮冕八章，太常鷩冕六章，用以陪荐。这时候臣下也可以服冕了。我们推测，应是江左冕制的影响，才让孝文帝的态度有所松动的。但也能看到，若不计王侯，诸臣中只有三公与太常4人服冕而已，屈指可数。北齐又松动了一些，九卿都服冕了。但加上三公，诸臣部分也只有12人服冕。

北周启用了一个全新做法：依据"大夫轩冕"的古制，转以品级来确定服冕资格。除了公侯伯子男分服方冕、山冕、鷩冕、火冕、毳冕之外，公、孤、卿、大夫分服火冕、毳冕、藻冕、绣冕以下。

---

①《晋书》卷二四《职官志》。
②《隋书》卷十一《礼仪志六》。
③《隋书》卷十一《礼仪志六》。

按北周官制,公、孤、卿、大夫都是官阶概念,由命数而定。下大夫正四命,相当官品六品。那么北周的服冕大门,向六品以上的所有官员洞开了。那是帝制两千年中最宽阔的服冕范围,造成了一支浩浩荡荡的服冕大军。

隋文帝时,诸臣方面三公衮冕,三四五品官絺冕。隋炀帝时,王公摄祭者衮冕,三品助祭者鷩冕,四品助祭者毳冕,五品助祭者絺冕。这时候我们须加注意,杨隋在形式上依官品定冕服,但又被限定于"助祭"场合了。这就与北周有所不同了。北周的冕服是"公服""命秩之服",通用于朝堂,不限于助祭。当然杨隋又规定,一到五品官祭其私庙,可用玄冕①。

李唐上承周隋,仍以品级定冕服。《旧唐书》卷四五《舆服志》"《武德令》,侍臣服有衮、鷩、毳、绣、玄冕及爵弁",一品衮冕,二品鷩冕,三品毳冕,四品绣冕,五品玄冕,六到九品服爵弁②。《新唐书》卷二四《车服志》叙"群臣之服二十有一",也说衮冕是一品之服,鷩冕是二品之服,毳冕是三品之服,绨冕是四品之服,玄冕是五品之服。

现将汉唐诸臣服冕范围的变化,列表简示:

---

①《隋书》卷十二《礼仪志七》:"玄冕……一品已下,五品已上,自制于家,祭其私庙。"

②《旧唐志》所引《武德令》有"侍臣服有……"字样,查《唐律疏议》卷九《职制》:"侍臣:谓中书、门下省五品以上,依令应侍从者。"中华书局1983年版,第187页。(据叶炜考察,五品以下官也有被视为侍臣的。见其《从"武冠、加貂蝉"略论中古侍臣之演变》,《唐研究》第13卷,北京大学出版社2007年。)那么五品以上而非"侍臣"者,就不能服冕吗?恐怕不是如此。《新唐志》即作"群臣之服",不作"侍臣服"。又《大唐开元礼》卷三亦作"群臣服",第29—30页。

| 汉 | 魏晋南朝 | 北魏 | 北齐 | 北周 | 隋 | 唐 |
|---|---|---|---|---|---|---|
| 三公 | 诸公,从公 | 三公 | 三公 | 九命 | 一品 | 一品 |
| 九卿 | 九卿 | 太常 | 九卿 | 八命 | 二品 | 二品 |
| | | | | 七命 | 三品 | 三品 |
| | | | | 六命 | 四品 | 四品 |
| | | | | 五命 | 五品 | 五品 |
| | | | | 四命 | | |

那么就官僚服冕范围看,北周、隋、唐形成一系,都以官阶来确定服冕资格。

最后叙述第四点,即官僚个人的用冕问题。除了国家祭祀之外,唐廷还参照古礼,允许官僚在私人生活中用冕,如私家祭祀、婚娶亲迎、子孙加冠之时可以用冕。这一类规定,赋予了唐冕以浓厚的私人属性,冕服及爵弁变成了官僚的私人礼服。"凡冕服,助祭及亲迎若私家祭祀皆服之,爵弁亦同。"①《新唐书·车服志》:玄冕"三品以上②私祭皆服之"。三品以上官,有资格在祭祀家庙时用玄冕,让祖宗看到家道不衰,后继有人,大开其心。不过,隋朝五品以上官都能用玄冕祭私庙,唐朝缩小到三品了。

依照古礼,婚礼亲迎应该服冕。唐朝官贵的亲迎服冕,全依官品:"其亲迎之日……子服其上服:一品衮冕,二品鷩冕,三品毳

---

① 《旧唐书》卷四五《舆服志》。
② "三品以上"原作"三品以下"。据孙机先生说改。《两唐书舆(车)服志校释稿》,收入《中国古舆服论丛》(增订本),第417—418页。又《大唐开元礼》卷三:"若私家祭祀,三品以上,及褒圣侯祭孔宣父,服玄冕。"第30页。《唐六典》卷四《礼部尚书》同,第192页以下。

冕,四品缔冕,五品玄冕,六品爵弁。"①在新郎官去接新娘子的时候,他是"冠冕堂皇"上路的。有个叫李齐运的官僚,"晚以妾为妻,具冕服行礼,士人蚩之"②。这就证明了亲迎服冕的礼制,是真被官贵执行了的,不是一纸空文。而且不仅官贵本人结婚用冕,三品以上职事官及有公爵者,其嫡子成婚允许使用四品之冕缔冕③。大儿子的婚礼,为此而格外风光了。

对于官僚子弟加冠用冕,朝廷是这样规定的:"若诸臣之嫡子……其三加,一品之子以衮冕,二品之子以鷩冕,三品之子以毳冕,四品之子以缔冕,五品之子以玄冕,六品至于九品之子以爵弁。其服从之。"④而且"庶子同嫡子"⑤。那么儿子在成人礼上所加冕弁,同于其父,以示子承父业,冠冕延绵。

隋朝的官贵死了,依法可以敛以朝服,有爵封的用冕⑥。唐令中好像没规定有爵者用冕敛⑦,但元老重臣的葬礼有特许用冕者。

---

① 《新唐书》卷十八《礼乐志八》;又见《通典》卷一二九《礼八九》,中华书局1984年版,第674页下栏。

② 《新唐书》卷一六七《李齐运传》。

③ 《通典》卷一〇八《礼六八》:"凡职事官三品以上、有公爵者,嫡子婚,听假以四品冕服。"中华书局1984年版,第570页上栏。又《唐六典》卷四《礼部尚书》,第117页;《大唐开元礼》卷三《序例·衣服》,第31页上栏。

④ 《新唐书》卷十七《礼乐志七》。

⑤ 《通典》卷一二八《礼八八》,中华书局1984年版,第669页下栏。按此条所叙冕旒作九、七、五、四、三排列,同于《武德令》。

⑥ 《隋书》卷八《礼仪志三》载开皇《丧纪令》:"官人在职丧,听敛以朝服。有封者,敛以冕服。"又见《通典》卷八四《礼四四》,中华书局1984年版,第454页下栏。

⑦ 《唐六典》卷十八《鸿胪寺司仪署令》:"凡百官以理去职而薨、卒者,听敛以本官之服。"第507页。又《通典》卷八四《礼四四》引《大唐元陵仪注》略同,中华书局1984年版,第455页上栏。"本官之服"似指朝服。

元老重臣郭子仪死了，唐德宗就发布优诏："名位斯极，而尊为尚父，官协太师。虽爵秩则同，而体望尤重。敛以衮冕，旌我元臣。"①

先秦大夫以上都服冕。秦汉不一样了，只在祭祀等极少数的场合，极少数官贵服冕。那当然不表明秦汉官贵思想觉悟高，不追求服饰特权了，而是服饰风尚变迁造成的，冕服过时了。北周隋唐却逆服饰风尚而行，五品以上官大面积"服周之冕"了，中国服饰史上再度出现一个用冕高峰。假如那些条文真落实了，那么冕服就将时时映入人们的眼帘，很多场合都要用冕，很多人都在用冕。昨天张尚书的小儿子戴冕加冠，今天李侍郎的大儿子戴冕完婚；再过几天皇家祭祀，又有很多官儿戴冕垂旒、藻火黼黻地列队集合。冷不丁一看不像唐朝，还以为时光倒流，回到周朝了呢。连孔老夫子都给加了冕。唐玄宗把孔子由"隆道公"提拔为"文宣王"，随即下令改塑孔庙中的孔子像，把衮冕扣在了"素王"的脑袋上。此后孔子所用章旒，在历代陆续加码，直到同于天子②。孔老夫子是感激涕零，还是留恋儒冠，我们就不知道了。千年是多么遥远漫长啊，人们穿的戴的早就面目全非了；"古礼复兴运动"却

--------

① 《旧唐书》卷一二〇《郭子仪传》。
② 《唐会要》卷三五《褒崇先圣先师》，第637—638页。其时孔子衮冕似乎是九旒九章。宋朝加到了十二旒九章。宋徽宗崇宁四年（1105年）诏："文宣王庙像冠服制度，用王冕十二旒，衮服九章"，"至是始服王者之服"。《孔氏祖庭广记》卷三，《续古逸丛书》本。这是仅次于皇帝而高于皇太子的冕服待遇了。至金元，孔子衮冕十二章十二旒，径用天子之礼。《阙里志》卷十二《明礼部尚书邹干等题》："唐玄宗既正孔子南面之位，服其衮冕。宋徽宗考正孔子冠服，加十二旒。金世宗加孔子冠十二旒、服十二章。今圣朝孔子冕十二旒、衣十二章。其冕服既用天子之礼……"《北京图书馆古籍珍本丛刊》，书目文献出版社2000年版，第23册第734页下栏。

使古冕那株老树,在千年后开出了满树新花。当然那也可能只是水月镜花,臣民在冠婚祭礼中是否全都照章戴冕,还是要画问号的。不过即令如此,礼典上那些条文仍有意义,它们毕竟让人看到了,皇帝与儒臣的"以礼治天下"的愿望多么强烈。哪怕只是纸面上的制度,也足以向世人宣示:我们大唐帝国,是一个伟大光荣的"礼乐之邦"。

## 3. 君臣冕服倒置问题的凸现与解决

我们是在"从服饰看权力",古今权力结构不一样,所以古冕等级需作调整,才能适应现行等级。但古冕毕竟又是"古礼","古礼"就必然有一个"传统"与"正宗"的问题。若完全迎合现实,随波逐流而与时俱进,就不"正宗"了,失去了"传统"的效力。在"古礼复兴运动"的高温期,人们可能会忽略"古礼"带来的等级扭曲。不过也要看涉及什么问题。若事涉大政、事涉国本、事涉皇权,终究会有人挺身纠偏的。

先看一个"扭曲"与"纠偏"的例子,就是公卿助祭制度。汉代三公九卿地位崇高,而魏晋以下不同了,诸公多半成了虚衔,九卿地位下降。"尚书长官逐渐侵夺宰相之权,也就渐渐凌驾于九卿之上,至唐代,尚书省成为中央行政机关,而九卿就变成了朝廷的事务机关。"①然而很有意思的是,九卿虽已沦落,但在好一段时间中其冕服等级依旧;尚书位尊权重,却被排斥在服冕助祭者之外。萧梁天监九年(510 年),司马筠站出来帮尚书喊冤叫屈:"今

①郁贤皓、胡可先:《唐九卿考》,中国社会科学出版社 2003 年版,第 6 页。

之尚书,上异公侯,下非卿士,止有朝衣,本无冕服。但既预斋祭,不容同在于朝,宜依太常及博士诸斋官例,著皂衣,绛襈,中单,竹叶冠。"①梁朝尚书之官的政治地位很高,可礼制地位很尴尬。在祭祀的时候,公卿们黼黻藻火,好不气派,尚书们却只能穿着朝衣靠边站。司马筠建议让尚书服竹叶冠,即秦汉长冠,那么此前尚书连长冠都没混上。可见祭服与时政的脱节有多大了。"公卿服冕"的传统束缚着现行冕制。

北周、隋、唐变成了根据官阶而定冕服,但在助祭问题上依然囿于传统,只用三公九卿做献官。"旧仪,凡祭享,有司行事,则太尉奠瓒币,司徒捧俎,司空扫除,太尉初献,太常卿亚献,光禄卿终献。"②唐高宗麟德二年(665年)祭泰山,有司遵循旧礼,以太常卿为亚献、光禄卿为终献。于是又有一位刘祥道站出来表达不满:"昔在三代,六卿位重,故得佐祠。汉魏以来,权归台省,九卿皆为常伯属官。今登封大礼,不以八座行事,而用九卿,无乃徇虚名而忘实事乎!"唐高宗于是让司徒李元礼做亚献,让刘祥道做终献③。刘祥道当时的官职是司礼太常伯,也就是礼部尚书。他一番争辩,终于给自己,也给尚书省之官争来了"终献"的资格。

要是跟皇帝的冕服比,尚书省官员的冕服遭遇就不算事儿了。我们已经知道,在《周礼》郑玄注所释六冕中,潜藏着一个结构性的 bug:如果天子按祭祀等级服冕,而助祭者只按爵级服冕,则在天子换穿低等冕服时,"君臣冕服等级倒置"将立刻发生。那种可能性,在北周因全盘采用"如王之服"的冕服结构而萌生,在

---

① 《隋书》卷十一《礼仪志六》。
② 《旧唐书》卷二四《礼仪志四》。
③ 《旧唐书》卷八一《刘祥道传》。

隋朝因"自鹜之下不施于尊"而幸免。大唐武德年间冕服全面复古后,"昔日戏言身后意,今朝都到眼前来","君臣倒置"真正横在君臣眼前了,成为冕服史上六冕与现行政治体制的最大冲突。下面就来观察那个矛盾的凸显与解决。

唐初期百废待举,又正处"古礼复兴运动"的高温期,对"君臣冕服倒置"那个 bug,人们一时视而不见。好比热恋与新婚时满眼都是对方的好,所谓"love is blind";但共同生活久了,逐渐看清了对方那身毛病,不满就会滋生蔓延开来,拌嘴吵架的战鼓就敲响了。在唐高宗时,人们逐渐看出毛病来了,矛盾尖锐起来了。显庆元年(656 年),长孙无忌、于志宁、许敬宗等一批大臣,为现行冕服礼制的"君臣不别"拍案而起,高调发难。他们首先请遵汉魏,用衮冕取代大裘冕,随即痛陈现行冕制的"君臣倒置"之弊:

> 又检《新礼》,皇帝祭社稷绣冕,四旒,衣三章。祭日月服玄冕,三旒,衣无章。谨按令文,是四品五品之服。此三公亚献,皆服衮衣,孤卿助祭,服毳及鹜,斯乃乘舆章数,同于大夫,君少臣多,殊为不可!据《周礼》云:"祀昊天上帝,则服大裘而冕,五帝亦如之。享先王则衮冕,享先公则鹜冕,祀四望山川则毳冕,祭社稷五祀则缔冕,诸小祀则玄冕。"又云:"公侯伯子男孤卿大夫之服,衮冕以下,皆如王之服。"所以《三礼义宗》遂有二释,一云"公卿大夫助祭之日,所著之服,降王一等";又云"悉与王同"。求其折衷,俱未通允。但名位不同,礼亦异数。天子以十二为节,义在法天,岂有四旒三章,翻为御服?若诸臣助祭,冕与王同,便是贵贱无分,君臣不别;如其降王一等,则王著玄冕之时,群臣次服爵弁,既屈天子,又贬公卿。《周礼》此文,久不施用。是故汉魏以降,相承旧事,

皆服衮冕。今《新礼》亲祭日月,乃服五品之服,唯临事施行,
极不稳便。请遵历代故实,诸祭并用衮冕![1]

语中所谓"新礼",即贞观《新礼》,其中的冕服条文应该是上承
《武德令》的。可知这一时期的冕制中,"君臣冕服倒置"实实在
在地存在着。皇帝祭社稷时服绣冕四旒三章,祭日月时服玄冕三
旒一章,可那绣冕、玄冕"是四品五品之服",弄得皇帝"同于大
夫"了。"君臣倒置"将在皇帝"有事远主"时开始发生,其时一品
官的衮冕开始高于皇帝。最难容忍的则是祭日月:其时皇帝玄冕
三旒一章,而亚献的一品三公服衮冕九章,助祭的二品官鷩冕七
章,三品官毳冕五章,四品官绣冕三章,全都高于皇帝! 参看下表
阴影部分:

| 皇帝 | 冕服 | 官员 |
|---|---|---|
| 祀天神地祇 | 大裘冕 | |
| 诸祭祀及庙祭等 | 衮冕皇帝十二章<br>衮冕一品九章 | 一品 |
| 有事远主 | 鷩冕七章 | 二品 |
| 祭海岳 | 毳冕五章 | 三品 |
| 祭社稷、帝社 | 绣冕三章 | 四品 |
| 蜡祭百神、朝日夕月 | 玄冕一章 | 五品 |

祭祀大典原是一种"权力的自我展示",而在那个庄严时分,日神、
月神和百神将惊诧莫名,因为从祭服上他们分不清谁是"核心"、
谁是"一把手"了。皇帝如此委屈,臣子很生气,问题很严重! 长

---

[1]《通典》卷六一《礼二一》,中华书局1984年版,第349页下栏。又见《旧唐
书·舆服志》《唐会要》《文苑英华》《册府元龟》等。

孙无忌等尽力做义愤填膺状:"岂有四旒三章,翻为御服?""君少臣多,殊为不可!"

有人觉得这事情太奇怪了,《周礼》怎么能弄出这种问题呢。其实问题出在"初次建构"与"二次建构"之间。《周礼》六冕原来是立足于自祭的,而汉代经学家转而立足助祭以释之,由此就造成了"倒置"问题。《武德令》《贞观礼》的制定者是透过郑玄理解《周礼》的,隋炀帝大业冕制亦然。请看《隋书》卷十二《礼仪志七》:

> 大裘冕之制……《三礼·衣服图》:"大裘而冕,王祀昊天上帝及五帝之服。"……其大裘之服……其制,准《礼图》……
> 鷩冕,案《礼图》:"王祭先公及卿之服。天子九旒,用玉二百一十六。侯伯服以助祭,七旒,用玉八十。"新制依此。服七章。三品及公侯助祭则服之。
> 毳冕,案《礼图》:"王祀四望山川之服。天子七旒,用玉百六十八。子男服以助祭,五旒,用玉五十。"新制依此。服五章。四品及伯助祭则服之。
> 絺冕,案《礼图》:"王者祭社稷五祀之服。天子五旒,用玉百二十。孤卿服以助祭,四旒,用玉三十二。"新制依此。服三章。五品及子男助祭则服之。
> 玄冕,案《礼图》:"王祭群小祀及视朝服。天子三旒,用玉七十二①。诸侯服以祭其宗庙,三旒,用玉十八。"新制依

---

① 原作"天子四旒,用玉三十二",疑误,径改。查《周礼·夏官·弁师》郑玄注:"玄衣之冕三斿,用玉七十二。"《十三经注疏》,第854页下栏。《礼图》中的诸冕旒玉,都合乎郑玄的编排,采用天子每旒十二玉的办法。如果"天子四旒,用玉三十二",则前后各16玉,每旒4玉,不合天子旒制了。

此。服一章①。通给庶姓。一品已下,五品已上,自制于家,
祭其私庙。②

《礼图》就是汉末阮谌的《三礼图·衣服图》。大业冕旒以阮谌
《三礼图》为依据,阮谌对诸冕的解说又以郑玄为本。其中"侯伯
服以助祭""子男服以助祭""孤卿服以助祭"等语,表明了臣下五
冕已被"建构"为助祭之服了,并表明在天子因祭祀变化而一套一
套换冕服时——是为"规则一",臣下冕服还是老一套——是为
"规则二"。"新制依此",是说大业冕制如法炮制,按助祭等级处
理臣下五冕。因隋朝皇帝不服鷩冕以下,所以不会出现"君臣倒
置";唐朝皇帝服鷩冕以下,"君臣倒置"由此而发生。

古人也不笨,《周礼》六冕将造成的麻烦,还是有人预见到了,
例如长孙无忌等所征引的崔灵恩《三礼义宗》。崔灵恩目光如炬,
先行洞察到《周礼》郑玄注中存在隐患,并提出了两个对策。第一
个对策,是"公卿大夫助祭之日,所著之服,降王一等"。即如:若
天子祭祀服衮冕,则助祭之公由衮冕改服鷩冕,侯伯由鷩冕改服
毳冕,子男由毳冕改服绨冕;若天子祭祀服鷩冕,则助祭之公由衮
冕改服毳冕,侯伯由鷩冕改服绨冕,子男由毳冕改服玄冕;余类
推。第二个对策,是"悉与王同"。即如:若天子祭祀服衮冕,助祭
之公跟着服衮冕;若天子改服鷩冕,助祭之公跟着改服鷩冕;若天
子服毳冕,不但公跟着改服毳冕,还有服鷩冕的侯伯也得跟着改

①原作"服三章",疑误,径改。按絺冕既用三章,则玄冕不可能仍用三章,应
　为一章。依《周礼》郑玄注,玄冕为一章;往后看唐朝冕制,玄冕也是一章。
②按,中华书局标点本《隋书》对《礼图》引文,只把"王祭××之服"以前的文
　字置于引号之内。但我觉得,"案《礼图》"三字之后、"新制依此"四字之
　前的话,都是《礼图》原文,都应在引号之内。

服毳冕;余类推。臣子对天子冕服亦步亦趋,倒也保证了其冕服不致凌驾天子。崔灵恩的两个对策,都是修改"规则二",让本来不变的臣下冕服随着皇帝变起来,两个对策的差别,在于前者比后者低一等。

顺便说,除了"悉与王同",崔灵恩还有一个"悉与君同"之说。那是专为诸侯之"孤"量身打造的。《周礼·司服》:"孤之服,自绨冕而下,如子男之服。"可见孤服绨冕,经有明文。但崔某却说,孤服绨冕是有条件的:"孤不悉绨冕,若王者之后及鲁之孤,则助祭用绨;若方伯之孤助祭,则玄冕,以其君玄冕自祭,不可逾之也。"①孤是不是服绨冕,得看他的主子是谁,"王者之后及鲁之孤",助祭可服绨;"方伯之孤",助祭不得服绨冕,只能服玄冕。为什么呢?"以其君玄冕自祭,不可逾之也。""王者之后"是九命上公,鲁国在礼制上有特殊地位,可以用王礼祭祀,他们的孤用绨冕助祭,等级不会超过其君主的衮冕。但"方伯"即其他诸侯就不同了。诸侯只能"玄冕祭于己",假使他们的孤服绨冕,就凌驾其君了,所以必须改服玄冕。是所谓"悉与君同"。总之,崔某不想让臣下占君主一丝一毫的便宜。

在《礼记正义》中,孔颖达疏也有个说法,与崔灵恩的"悉与王同"相似,但所涉及的范围较小,只跟绨冕、玄冕相关:"凡此诸侯所著之服,皆为助祭于王,若助王祭天地,及祭先王大祀之等,皆服已上之服;若其从王祭祀小祀,虽有应著上服,皆逐王所著之服,不得逾王也。"②孔颖达疏的这番话,也是针对助祭者冕服"逾王"而发的。"已上之服"就是诸侯与诸臣的最高冕服,大祀、小祀

①《礼记·杂记》孔颖达疏引,《十三经注疏》,第 1555 页下栏。
②《礼记·王制》孔颖达疏,《十三经注疏》,第 1327 页上栏。

的礼制见郑玄："大祭者，王服大裘、衮冕所祭也；中祭者，王服鷩冕、毳冕所祭也；小祭者，王服绣冕、玄冕所祭也。"①在唐朝的礼制中，对大祀、中祀、小祀有详细规定②。在大祀上，天子所服的是大裘冕、衮冕，这时候让助祭者穿他们的最高冕服，也不会超过天子，那么就让他们"皆服已上之服"吧。小祀就不一样了，天子服的是绣冕、玄冕，如果臣下"服已上之服"，就会超越天子了。所以孔疏认为，在小祀场合，臣下必须"逐王所著之服，不得逾王也"，也就是"悉与王同"的意思。孔疏在大祀上仍遵从郑玄，小祀就觉不妥，不肯从郑了。

　　崔灵恩一个人就弄出了两个不一样的对策（"遂有二释"），孔疏的对策跟崔灵恩又不一样，可见他们都只是一家之言，不是公论共识。而《武德令》所依据的经说，才代表了南北朝隋唐经学家的主流意见，所以才会被王朝垂采。孔疏"若其从王祭祀小祀，虽有应著上服……"那句话中，"虽有应著上服"就暴露了作者心虚，因为他无法否认，依《周礼》郑注，小祀也"应著上服"，即臣下应服其最高冕服。小祀"皆逐王所著之服，不得逾王也"是孔疏自己的私货。所以孔疏只说大祀如何、小祀如何，中祀就不多说了。因为说得越多越麻烦，私货多了太显眼，就要招讥刺了。

　　唐初统治集团的主体是关陇军功集团，对冕上多几根旒、少几个章，大概不怎么敏感。规划武德冕制、贞观新礼的则是专业学者，对等级礼制决不外行，但他们仍没采用崔灵恩那类建议。

①《周礼·天官·酒正》郑玄注，《十三经注疏》，第668页下栏。
②如《唐六典》卷四《吏部尚书》："若昊天上帝、五方帝、皇地祇、神州、宗庙，为大祀，日、月、星、辰、社稷、先代帝王、岳、镇、海、渎、帝社、先蚕、孔宣父、齐太公、诸太子庙为中祀，司中、司命、风师、雨师、众星、山林、川泽、五龙祠等及州县社稷、释奠为小祀。"第120页。大中小祀时或有调整。

这说明，唐初的文化气氛及"制礼作乐"的指导思想，就是一意"宗经""复古"，由此向全民全军全体士人显示：我们大唐是中华礼乐的正宗传人，一贯重视产品质量，我们奉献的这道"六冕"美食，严格依照《周礼》工序配方，不偷工减料不掺假，不含蛋白精。所以崔灵恩及孔疏那类意见，一时没有影响武德冕制与贞观冕制。但君臣关系毕竟是帝国最敏感的那根神经，周冕与时政的矛盾，既已由隐患变成病灶了，那么总会有人向它下手动刀，如唐高宗时的长孙无忌等。

长孙无忌等与崔灵恩，本来是同一战壕里的战友，踵履相继地为皇帝的舆服尊严操刀上阵，但对崔先生的刀术，长孙无忌等却不以为然："求其折衷，俱未通允。"长孙无忌等分析说：首先"降王一等"会有新的尴尬，因为"王著玄冕之时，群臣次服爵弁，既屈天子，又贬公卿"。皇帝服最低等的玄冕祭祀，在长孙无忌看就够窝囊的了，是所谓"屈天子"；进而"降王一等"还会"贬公卿"：三公及三公之下的助祭者再"降王一等"，他们就只好服爵弁了，而爵弁是最低等礼服，是六到九品官用的。大臣们怎么会乐意"降王一等"呢？革命不能革到自己头上，把自己也给"贬"了。崔先生的第二个办法是"悉与王同"。长孙无忌等一针见血："若诸臣助祭，冕与王同，便是贵贱无分，君臣不别。""悉与王同"还不是一样地"屈天子"吗？天子高高在上，凭什么跟你们臣子"同"呢？

长孙无忌的态度十分鲜明：现行君臣秩序不容扭曲，天子屈不得，公卿也贬不得。那就只能拿《周礼》六冕开刀了。凡是先帝所定就得永远坚持吗？凡是《周礼》所载就字字是真理吗？就算帝国缔造者唐高祖用《周礼》，继体之君用不着按既定方针办；就算《周礼》是周公致太平之书，事涉君臣名分，经典也得靠边站："臣勘前件令，是武德初撰，虽凭《周礼》，理极未安"，"请遵历代故实,诸祭并用衮冕"!

《武德令》《贞观礼》中的冕制依《周礼》而定,但在唐高宗时,却被长孙无忌等斥责为"理极未安",等于是说《周礼》"理极未安"了。长孙无忌的口吻如此率直无忌,那预告着一度如日中天的经书《周礼》,其神圣的灵光已开始黯淡;六冕之制也在一度风靡之后,行将由盛转衰了。那番话唐高宗听起来会心入耳,故从善如流,随即"制可"。"自是,鷩冕已下,乘舆更不服之,……而令文因循,竟不改削。"鷩冕以下诸冕,从此被皇帝搁置。皇帝既不用鷩冕以下,则"多列式"结构立刻变质为"单列式","君臣倒置"的病灶被一刀割除。

## 4. 大裘冕的搁置及相关经学背景

这样,皇帝所用冕就只有大裘冕与衮冕两冕了。长孙无忌等人的要求,本来是"诸祭并用衮冕",也就是说要连大裘冕一块废掉。而永淳二年(683年)唐高宗打算封禅于嵩岳,其时拟用的祭服仍是大裘冕①。

大裘冕虽一时未废,但唐玄宗开元十一年(723年)南郊,中书令张说再度揭著大裘冕与衮冕之争:

> 开元十一年冬,将有事于南郊。中书令张说奏称:"准

---

① 据《旧唐书》卷二三《礼仪志三》,其时议者云:"又衣服料云:东封祠祭日,天皇服衮冕;近奉制,依《贞观礼》服大裘。"按,依《武德令》及《贞观礼》,祭海岳皇帝应服毳冕。但这次不是一般的祭海岳,而是封禅,相当祭天,所以改用大裘冕。

《令》，皇帝祭昊天上帝，服大裘之冕。事出《周礼》，取其质也，永徽二年（651 年）高宗享南郊用之。显庆元年（656 年）修礼，改用衮冕（即前述长孙无忌等奏改冕服之事），事出《郊特牲》，取其文也。自则天已来用之。若遵古制，则应用大裘；若便于时，则衮冕为美。"令所司造二冕呈进。上以大裘朴略，冕又无旒，既不可通用于寒暑，乃废而不用之。自是，元正朝会，用衮冕及通天冠；大祭祀依《郊特牲》，亦用衮冕。自余诸服，虽著在令文，不复施用。（《唐会要》卷三一《舆服上》，第 567—568 页）

张说似乎站在一个两岔路口，给皇帝指点迷津——当然也指点了我们，该如何观察两件冕服的是非。"若遵古制，则应用大裘；若便于时，则衮冕为美"，"古制"则大裘，"便时"则衮冕；"遵古制"当时就是遵《周礼》，那是南北朝以来的文化时尚；"便于时"则在于其衮冕之美，旒章黼黻足以装饰帝王的荣华。

"服大裘之冕。事出《周礼》，取其质也"；"用衮冕，事出《郊特牲》，取其文也"。大裘冕与衮冕之争，也是一场经学之争，事涉《周礼》与《礼记·郊特牲》之争。显庆元年长孙无忌等反对大裘冕，话是这么说的：

谨按《郊特牲》云："周之始郊，日以至"，"被衮以象天，戴冕藻十有二旒，则天数也"。而此二《礼》（即《礼记》与《周礼》），俱说周郊；衮与大裘，事乃有异。按《月令》："孟冬，天子始裘。"明以御寒，理非当暑。若启蛰祈谷，冬至报天，行事服裘，义归通允；至于季夏迎气，龙见而雩，炎炽方盛，如何可服？谨寻历代，唯服衮章，与《郊特牲》义旨相协。周迁《舆服志》云："汉明帝永平二年,诏采《周官》《礼记》,始制祀天地服,唯天子备十二章。"沈约《宋书·志》云:"魏晋郊天,亦皆服衮。"宋、魏、周、齐、隋礼令,祭服悉同。斯则百王通典,炎凉无妨,复与礼经事无乖舛。今请宪章故实,郊祭天地,皆服衮冕,其大裘请停,仍改礼令。①

长孙无忌等强调,在《周礼》《礼记》之间,历代皇帝多取后者,即用衮冕而不是大裘冕祭天。这是历史的证据。此外还有情理的证据:暑夏之时,不能把皇帝老人家捂在大裘里。大裘"明以御寒,理非当暑","季夏迎气,龙见而雩,炎炽方盛,如何可服?"但深究其事,还有更深经学背景。本书第六章第 6 节所讨论的王肃《孔子家语》的"脱裘服衮"之说,就是以《礼记·郊特牲》为主而兼糅《周礼》的。郑、王二人在天地及五帝祭祀上意见不同。简单说,郑玄认为郊、丘为二,王肃认为郊丘为一②。皮锡瑞已指出,这个分歧涉及了大裘冕:"郑说五帝为五天帝,本《周官·司服》:'祀昊天上帝,则服大裘而冕,祀五帝亦如之。'五帝配南郊,祭用夏正月,故服大裘。若五人帝,则迎夏、迎秋,不得服裘。"③唐宋反对大裘冕的,往往拿夏秋不适合服裘做理由,其实事涉郑、王之争。

---

① 《通典》卷六一《礼二一》,中华书局 1984 年版,第 349 页下栏。
② 郑玄认为,南郊指正月南郊祭祀感生帝,圆丘则是冬至祭祀昊天上帝,方丘是夏至祭昆仑地祇,北郊是祭祀神州。但王肃看法不同,他认为南郊就是冬至圆丘之祭,正月祈谷是祭天但不是"郊",北郊与方丘也是一回事。可参看金子修一:《关于魏晋到隋唐的郊祀、宗庙制度》,收入《日本中青年学者论中国史·六朝隋唐卷》,第 337—386 页。
③ 皮锡瑞:《经学通论》卷三《三礼》,第 33—34 页。

唐初期的天地祭祀主要参照郑玄①,跟隋制甚至北周都有源流关系②。但士大夫之倾向王肃者,逐渐开始挑战郑玄。唐高宗时长孙无忌等(或许敬宗等)曾奏称,王肃"符合经典,其义甚明",郑玄则"违弃正经,理深未允"③。长孙无忌(及许敬宗)等在天地祭祀上尊王黜郑,则其用《郊特牲》衮冕驳《周礼》大裘冕,应该与其尊王立场有关。此后,王朝祭礼中的王学影响大了起来,与唐初不相同了④。

那么再看张说之议吧。将临南郊,张说特意提示"准《令》,皇帝祭昊天上帝,服大裘之冕"。《令》中大裘之文,是长孙无忌等想废而没废掉的。张说本人大概倾向衮冕,但他很委婉,知道"眼见为实"的道理,只是让有司造了大裘冕与衮冕两冕,让皇上自己去挑,自己只作"一颗红心,两手准备"状。皇上一看实物,"大裘朴

---

① 唐初礼制,每年冬至祭祀昊天上帝于圆丘;孟春的辛日祈谷,祀感生帝灵威仰于南郊;夏至祭皇地祇于方丘;孟夏雩祀昊天上帝于圆丘;季秋祀五方上帝于明堂;孟冬祭神州于北郊。参看《旧唐书》卷二一《礼仪志一》。

② 杨华先生指出:"明德门东的唐圆丘,采取十二陛的制式,与文献上北周的圆丘陛式相合,很可能是沿着北周—隋—唐这样一条线索发展而来的。"见其《论〈开元礼〉对郑玄和王肃礼学的择从》,《中国史研究》2003年第1期;收入《武汉大学历史学集刊》第1辑,第285页。

③ 《通典》卷四三《礼三·郊天下》记云"永徽二年(651年)七月,太尉长孙无忌等奏议曰",但《旧唐书》卷二一《礼仪志一》作"(显庆)二年(657年)七月,礼部尚书许敬宗与礼官亦又奏议"。《册府元龟》卷五八五、《文献通考》卷七十所记又有不同。参看王文锦等点校《通典》,中华书局1988年版,第1207页校勘记[三]。唐高宗采纳其议,用王肃之说把丘、坛合一,上辛祈谷和孟夏雩祀也改在圆丘(南郊)举行了。

④ 金子修一:《关于魏晋到隋唐的郊祀、宗庙制度》,《日本中青年学者论中国史·六朝隋唐卷》,第360页以下;任爽:《唐代礼制研究》,第12页以下;杨华:《论〈开元礼〉对郑玄和王肃礼学的择从》,《中国史研究》2003年第1期。

略,冕又无旒,既不可通用于寒暑,乃废而不用之",把大裘冕打入冷宫①。东汉衮冕郊祀之法,其"六冕同制"的"单列式"冕服结构,至此全部恢复。南北朝以来的六冕复古浪潮,转趋消歇,冕服变迁绕了一个大弯子,又回归于汉明帝永平制度了。

　　唐玄宗选中衮冕的原因很简单,没什么经学考虑,只在于神气不神气、舒服不舒服。大裘冕"朴略",他不喜欢,如此而已。朴略与繁缛,是制造服饰等级的主要手段。以繁缛为美,有其社会心理原因:繁缛就要消耗更多人工,足以显示穿着者的更多财富和更大权势。春秋政治家子产就曾说过,伟大人物都是"取精用弘"的,即占有的东西精,消耗的东西多。若生前"用物精多,则魂魄强",到阴间都能成为强鬼②。匹夫匹妇一辈子粗茶淡饭、布衣蔬食,死后就只能当可怜巴巴的游魂小鬼。皇帝死了都能占一个山样的陵墓,在世时更是万民俱瞻的红太阳,若其冕服质朴无华,何以威仪天下?那就是"便于时""衮冕为美"的意思了。寻求冕服华美,也正是赵宋冕服的变化趋势之一,详见下章。

　　皇帝可以不管经学纷争,因为他拥有最高决策权。大臣、学者却不能不管,这说明礼制那门学问变重要了,值得花功夫抬杠,进而拥有那套学问的人也重要了。冕服之争、祭礼之争、郑王之争能热起来,首先是关陇军功集团衰落,文人官僚抬头的表现。从学术史看,郑玄的六天、感生帝说有纬书背景,连攻击王肃最力

---

①《唐会要》卷三一《舆服上》,第 662 页。按,此后唐朝皇帝偶尔也用大裘冕。崔敖《大唐河东盐池灵庆公神祠碑》:唐德宗"贞元九年(793 年)冬,天子亲祀明堂,大裘而郊"。《全唐文》卷六一四,第 6201—6202 页。
②《左传》昭公七年,《春秋左传集解》,第 1297 页。

的金鹗都不以为然①。相比之下，王肃的经说似较理性一些。按郑玄经说，祭祀就将很繁琐，按王肃则相对简约不少。天宝、大历以来，礼制有简约之势②。频繁祭祀太费钱费事儿，君臣也会很累很烦。尊天敬祖最终还是为了自己，不能把自己折腾了。东晋以来隔年郊祀，唐初年年郊祀。但唐朝很多祭祀逐渐由臣下代摄。赵宋皇帝"三年一郊"，是省钱省事的"便时"之道。

　　陈戍国先生认为，从唯物主义看，郑、王皆非；但就礼制史说，则郑说未必非，感生帝也算一说③。陈先生此说，我深以为然。不过从政治角度看，就不止是一家之言的问题了。比如，若承认"感生帝"，那么"五德终始"说就强化了。可"五德"是一支双刃剑，既能证明本朝膺天受命，也能证明取代者膺天受命。秦始皇以秦为水德，那跟"二世三世以至万世"是矛盾的。历史后期，皇帝就不怎么讲五德终始了④，严禁谶纬⑤。那就是出于政治考虑。

　　唐初期南郊祭感生帝，雩祭及明堂祀五方上帝，显庆礼、开元礼便改成祭昊天上帝了。姜伯勤先生指出："郊祀礼祭拜统一天

①金鹗："纬书为五经粮莠，而郑好引以解经，最是其失。"《求古录礼说》卷七《禘祭考》，《续修四库全书》，第110册第288页上栏。又孙诒让："郑谓圆丘祭北辰耀魄宝，郊祭感生帝灵威仰，诸名本于纬书，王肃难之，持论自正。"《周礼正义》卷四二，第8册第1746页。

②姜伯勤：《敦煌艺术宗教与礼乐文明：敦煌心史散论》，中国社会科学出版社1996年版，第447—448页。

③陈戍国：《中国礼制史》隋唐五代卷，第122—123页。

④刘浦江：《"五德终始"说之终结——兼论宋代以降传统政治文化的嬗变》，《中国社会科学》2006年第2期。

⑤陈登原：《国史旧闻》"纬书"条，第1册第428页以下；钟肇鹏：《谶纬论略》，辽宁教育出版社1991年版，第1章第2节"谶纬的定型和兴衰"。

神昊天上帝，是为了加强王权统一性、正统性的象征。"①章群先生指责姜先生"不知何所指而云然"②，然而姜先生的话并不错，倒是章氏只知其一、不见其二了。祭"感生帝"等于宣告本朝只是"五德"之一，跟老天签的只是"固定期限劳动合同"，聘期一满就得拎包走人，另有四个"德"在排队候补呢。再看五方帝。昊天上帝与万民中间横插着一群五方帝、五人帝，像列国诸侯、割据藩镇似的，抢了昊天上帝的不少风头吧？那么，罢免"感生帝"，淡化五方帝与五人帝的集体领导，突出昊天上帝的"核心"地位，怎么就没有加强了王权的统一性、正统性呢？武则天下令五方帝不准称"天"、只许称"帝"③，唐德宗又宣告祭五人帝时他将不再称"臣"④，皇帝祭华岳由"北面再拜"变成了"署而不拜"⑤，还有九

①姜伯勤：《敦煌艺术宗教与礼乐文明：敦煌心史散论》，第447页。
②章群："其意谓只祭昊天上帝，不祭感生帝也。案：惟天子可以祭天，祭感生帝亦然，即使二者兼祭，仍出同一王朝，同一皇帝，本无其他政权，本无其他帝皇，所谓'加强对王权统一性、正统性的象征'，诚不知何所指而云然。"《唐代祠祭论稿》，台湾学海出版社1996年版，下篇第二节。
③武则天：《五帝皆称帝敕》，《全唐文》卷九六，第990页下栏。五方帝与昊天上帝合称"六天"。皇帝头上有一堆"天"，造成了沉重压抑感。只剩一"天"，皇帝就轻松多了。
④《旧唐书》卷二一《礼仪志一》；《全唐文》卷五一，第560页上栏。五人帝即太昊、神农、黄帝、少昊、颛顼，又称"五方配帝"，或简称"配帝""五帝"。不称臣的理由是"统天御极，则朕位攸同"，皇帝跟五人帝是平起平坐的。任爽先生评述说："及德宗在位，又诏改祭五方帝祝文，……五方帝由天降为帝，祭祀之君主由对其称臣改为不称臣。"《唐代礼制研究》，第25页。按，唐德宗不称臣的是五人帝，即五方配帝，不是五方帝。
⑤唐高祖祭祀华岳时"北面再拜"，武则天时有司议云："谨按五岳视三公，四渎视诸侯。天子无拜诸侯之礼，臣愚以为失尊卑之序。其日月以上，请依旧仪；五岳以下，署而不拜。"皇帝"制可之"。《唐会要》卷二二《岳渎》，第427—429页。

宫贵神的祭祀等级之争①，在这一系列的礼制变动中，都能看到皇帝在"欲与天公试比高"。

如果说"周礼崇拜"是"教条主义"的话，唐高宗的六冕改革，就是"修正主义"的。理性化、世俗化的倾向，逐渐主导了礼制规划；南北朝隋唐间一度高涨的"古礼复兴运动"，开始退潮。郑玄、王肃的继承者的"鹬蚌相争"，最终是皇权"渔翁得利"了。具体看礼制在忽左忽右、时郑时王，总体上却在沿"尊君""实用"的方向推进；不利于"尊君""实用"的东西，一点点被铲平、被摘除、被磨掉、被"和谐"了。也好比一个鱼群，近看是一条条鱼上下翻滚、方向不定；拉远了看，鱼群却向特定方向移动着。唐初君臣一度为《周礼》而屈尊，听任"君臣冕服倒置"；此时转斥《周礼》"理极未安"，一脚踏了过去。同时，虽搁置了大裘冕，鷩冕以下不用，法令上的六冕却有意不做改动，即"著在令文，不复施用"，"令文因循，竟不改削"。那是中国法律的一种特殊运用方式，法典上的条文并不一定是供实施用的。尽管实际已非六冕，但若只看法典的话，六冕还赫然在目地列着，"周礼"那面旗子还在打着，在发挥余热，即发挥象征作用。"修正主义"只是"修正"而已，却不是离经叛道。这在后来孙茂道、苏知机冕服改革建议的遭遇中，也看得出来。

大概是受了当时礼制争议的启发触动，又有人在冕制改革上跃跃欲试。唐高宗龙朔二年（662年），孙茂道针对一品官的衮衣生事发难："准《令》，诸臣九章服，君臣冕服，章数虽殊，饰龙名衮，

①任爽：《唐代礼制研究》，第34页。"关键是君主是否应对九宫贵神称臣，而非后者当属大祀抑或中祀。"

尊卑相乱。望请诸臣九章衣，以云及麟代龙，升山为上，改名为冕。"①孙氏反对臣下的衮衣用龙，这个意见后来引起金朝制礼者的重视（参看第十一章第4节）；但孙氏"以云及麟代龙"的建议，时人的回应是纷纭不定的，因为那把传统的十二章本身也给改了。

仪凤二年（677年），又一名苏知机继踵而来。苏知机不甘寂寞，也想对十二章做更大幅度的改弦更张："今请制大明冕十二章，乘舆服之，加日、月、星辰、龙、虎、山、火、麟、凤、玄龟、云、水等象。鸾冕八章，三公服之；毳冕六章，三品服之；黼冕四章，五品服之。"②苏知机拉大了君臣级差，取消了三公用龙，那还是小事；更重要的是，他的"大明冕"主意把皇帝十二章弄得面目全非，而三公以下所用冕名服章跟皇帝又不相同，又有了鸾冕、黼冕之名，又有了鹰鹊、熊罴、水草（莲花）之类服章。苏知机也太大胆、太迂怪了。"教条主义"刚被纠正，"修正主义"却引发了标新立异者的大修大改热情。然而，那将严重损害古礼的庄重性和服章的神圣性，立遭抨击。

有司详议中，杨炯的抨击既有力度又有深度："夫以周公之多才也，故治定制礼，功成作乐。夫以孔宣之将圣也，故行夏之时，

---

①孙茂道：《请改服制奏》，《全唐文》卷一六八，第1720页下栏。按"改名为冕"四字意义含糊，似有脱漏。《旧唐志》作"仍改冕"，《通典》卷五七《礼十七》作"仍改冕名"，《册府元龟》卷五八六《掌礼部·奏议一四》作"改名为冕"，皆非。我认为，"改名为冕"原文当作"改名为山冕"。孙茂道意谓若"升山为上"，"山"就成了九章之首了，那顶衮冕就应改名"山冕"。臣下的衮冕改名山冕，就可以跟皇帝的衮冕区别开来了。先秦文献中有"山冕"，北周也有山冕，为诸侯所服，可以视为孙茂道之所本。
②苏知机：《请改定章服奏》，《全唐文》卷二〇一，第2036页以下。

服周之冕。先王之法服,乃此之自出矣;天下之服,能事又于是乎毕矣。"周公制度是完美无缺、无以复加的,连孔子都无意改作,坚持"服周之冕"。"若夫礼唯从俗,则命为制,令为诏,乃秦皇之故事,犹可以适于今矣。若夫义取随时,则出称警,入称跸,乃汉国之旧仪,犹可以行于代矣。亦何取于变周公之轨物,改宣尼之法度者哉!"①杨炯并不反对像秦皇汉帝那样,从俗制礼而随时立制;但若是周公、孔子业已确定的东西,就必须"顺考古道,率由旧章"。可见"修正主义"也有原则,原则就是"修而不离其正";若偏离经典太远,"变周公之轨物,改宣尼之法度",则期期不可。皇帝也得提防着,不要滋生出离经叛道的青萍之末来,若有,赶紧掐死。

---

①杨炯:《公卿以下冕服议》,《全唐文》卷一九〇,第 1923 页以下。苏知机、杨炯奏议,又见《旧唐书》卷四五《舆服志》、《通典》卷五七《礼十七》、《唐会要》卷三一《舆服上》等,互有详略及异文。如"鸾冕"误作"鷟冕","黼冕"误作"绣冕"等。

# 第十一章 《周礼》六冕在宋明的余波

宋明留下的冕服史料丰富得多,服饰史的研究空间大为开阔了。然而本书却已临近尾声,因为本书的中心线索,是《周礼》所记、郑玄所论的六冕制度。一般性的冕服叙述,是服饰史的任务,而不是本书的任务。我们特意把全书主线选定为《周礼》六冕的兴衰,是为了从这个侧面,探求那场"古礼复兴运动"的兴衰,以及相关的学术与政治纠葛。

自唐朝"鷩冕已下,乘舆更不服之"和搁置大裘冕以来,那种以"君臣通用"为特征的"多列式"六冕制度,已明显变质,一天天在走下坡路。宋朝继续着这个走势,"尊君"与"实用"倾向,已经变成了冕服变迁的主导。

本章选择四点,以期为《周礼》六冕在宋明的余波,提供一个扫描。这四点分别是:第一,旒数由奇数降为偶数,此事涉及了诸侯与诸臣的相对关系变动,为显示其变动意义,我们要做一个历史的回顾比较。第二,冕服等级功能的下降和应用范围的收缩,这也是"古礼复兴运动"趋于低落的表现之一。第三,"以衮袭裘"问题。大裘冕出自《周礼》,大裘与衮冕的结合,给《周礼》六冕又一沉重打击。第四,由宋经辽金元而至明,冕服逐渐成了皇族子弟的特权,官僚没份儿了,《周礼》六冕制度彻底衰落。

# 1. 由偶数冕旒看诸侯诸臣的关系变迁

先从北宋官僚冕服的章旒谈起。

北宋冕制,起初省去了唐朝的八旒、六旒之冕。九旒九章者,亲王、中书门下、三公奉祀服之;七旒五章者,九卿奉祀服之;五旒无章者,四五品担任献官者服之;无旒无章者,太祝奉礼服之。但在北宋,礼官时不时地提出各种调整意见,那些意见可能被采纳也可能不被采纳,采纳了章旒就会发生变动,总之随意性是很大的,并不严格遵循《周礼》。但南宋把诸臣旒数改为八旒、六旒、四旒和无旒4等,这个变动被赋予的一个深意,却值得专门讨论。

宋徽宗大观年间(1107—1110年),宇文粹中对奇数的冕旒提出质疑:"盖出、封则远君而伸,在朝则近君而屈。今之摄事及侍祠皆在朝之臣也,在朝之臣乃与古之出、封者同命数,非先王之意","古者,诸侯有君之道,故其服以五、七、九为节。今之郡守,虽曰犹古之侯、伯,其实皆王臣也。欲乞只用群臣之服,自鷩冕而下,分为三等:三都、四辅为一等,初献鷩冕八旒。经略、安抚、钤辖为一等,初献毳冕六旒,亚献并玄冕二旒,终献无旒。节镇、防、团、军事为一等,初献缔冕四旒,亚、终献并玄冕无旒"①。

─────────────
① 《宋史》卷一五二《舆服志四》。

依照《周礼》，诸侯的命数是奇数，如九命、七命、五命；诸臣的命数都是偶数，如八命、六命、四命。宇文粹中的宗旨，首先是旒数应该依命数，进而奇数的冕旒是诸侯用的，朝臣不该用，而应使用偶数的旒数。有很多祭祀的场所不在首都而在地方，例如海岳之祭，其祭祀通常由地方官代摄，这些地方官也是中央任命的。汉人往往把郡守比作古诸侯，而"诸侯有君之道"。宇文粹中却特别强调"今之郡守，虽曰犹古之侯、伯，其实皆王臣也"，地方官也是"王臣"，不算诸侯。"摄事及侍祠皆在朝之臣"，无论地方的摄事之官，还是中央的侍祠之官，都是在朝之臣，所以其冕旒都应使用偶数，以合于《周礼》命数。宇文粹中的意见，反映了中央集权体制已巍然屹立，不可撼动。他的着眼之点，就是要以旒数安排的变动，来体现现行品位结构中诸侯与诸臣的关系变动，淡化诸侯而凸显诸臣。

回顾此前各朝的偶数章旒，首先有南齐，其三公用八旒，九卿用六旒，旒数用《周礼》命数。其次是北魏北齐，三公八章八旒、九卿六章六旒，糅合了《周礼》与《伪孔传》。北周有偶数章旒，不过那是等级繁密、《周礼》章旒被细化造成的。又，唐高宗仪凤二年（677 年）苏知机建议改革服章时，其所设想的是三公鷩冕八章，三品毳冕六章，五品绣冕四章，章数全用偶数。所以在旒数的奇偶上做文章，倒不以宇文粹中为始，是冕服制度的"数字化"特征本身所引发的。

北宋末年宇文粹中的偶数旒数建议，相当于一个预告。到了南宋，偶数旒数就闪亮登场了："中兴之后，省九旒、七旒、五旒冕，定为四等：一曰鷩冕，八旒。二曰毳冕，六旒。三曰𫄸冕，四旒。四曰玄冕，无旒。其义以公、卿、大夫、士皆北面为臣，又近尊者而屈,故其节以八、以六、以四,从阴数也。"①鷩冕八旒七章,毳冕六旒五章,𫄧冕四旒三章,玄冕无旒无章,另有紫檀冕,以四旒冕配紫檀衣,博士、御史服之。"北面为臣""近尊者而屈",与宇文粹中的意见完全相合。使用偶数冕旒,其意义在于进一步显示,王朝如今是以诸臣为主干来安排冕服的。以诸臣为主干来安排冕服,事实上早已如此;但偶数冕旒的采用,依然使那个事实在外观形式上也大大强化了。

八旒、六旒、四旒全盘面向诸臣了,那诸侯怎么办呢?宋代封爵制度如下:王正一品,嗣王、郡王、国公从一品,开国郡公正二品,开国县公从二品,开国侯从三品,开国伯正四品,开国子正五品,开国男从五品。这些王爵和五等爵的拥有者就是诸侯,如依古礼,他们都是"君",有权"开国",在礼制上是不能看成"北面之臣"的。相应地,他们应使用奇数旒数。可现在奇数的旒数没了,那么他们如何服冕呢?宋朝是这样处理的:皇太子作为特例,助祭时祭服用九旒九章之冕,从而保留了一个奇数冕旒;南宋绍兴年间,皇子邓、庆、恭三王的祭服,使用八旒之冕②;至于五等爵,根本没有独立的服冕资格。就算你拥有五等爵号,也得另行根据你的职务、官阶,以及你在祭祀上是初献、亚献或终献,来决定是否服冕、服什么冕。宋代冕服的使用范围大大萎缩,只用作祭服,所以不参与祭祀,就与冕无缘。就此而言,若不考虑诸王,旒数只限于偶数的做法,等于宣布只有诸臣服冕,五等诸侯不能了。宇文粹中说的就是"欲乞只用群臣之服",也就是不用诸侯之服。

为了理解这个事件的意义,就有必要从《周礼》的诸侯、诸臣

---

①《宋史》卷一五二《舆服志四》。
②《宋史》卷一五一《舆服志三》。

概念出发,回顾宋朝以前的历代诸侯、诸臣相对关系,及其在冕制上引发的变动。

周朝的诸侯即公侯伯子男是"君",公卿大夫士的拥有者则是官员。郑玄有鉴于此,所以在安排冕服时,把诸侯、诸臣分成了两块,诸侯居诸臣之上。这种冕服安排,更接近周朝的政治形态和权力结构。

帝制时代的权力结构变了,诸侯诸臣的关系也变了。在秦汉中央集权之下,诸侯不再是真正意义上的"君"了,形式上身份高贵,实际只能"衣食租税而已"。三公九卿肩负着帝国行政,也是官僚服冕的主体。所以在汉明帝的冕制中,诸侯跟三公平起平坐,都是九章九旒,没让诸侯压三公一头。从朝位看,东汉诸侯还在三公之下;而且诸侯之中,只有侍祠侯能服冕①。

魏晋时"周礼复古"开始升温,王朝品位结构开始发生变化。魏末恢复了五等爵制度,在《魏官品》中,王与公侯伯子男都在第一品,高居官品之首。与此同时,王公衮冕被安排在九章九旒,同居一品的三公却被"损略"到了七章七旒;官居三品的九卿被"损略"到五章五旒。晋代五等爵中的侯伯子男如何服冕,还不怎么清楚。陈朝冕制则有明文:"五等诸侯,助祭郊庙,皆平冕九旒。"②又,魏明帝"损略"冕服时拿诸臣开刀,把公卿各降了一等,却不动诸侯;回首汉制,诸侯原是服九章九旒的。那么参照汉、魏与陈,也许可以反推晋朝的五等爵助祭,都是使用平冕九旒的。

---

① 《后汉书》卷十六《邓禹传附邓康传》注引《汉官仪》:"诸侯功德优盛,朝廷所敬者,位特进,在三公下。"又《唐六典》卷二《吏部郎中》引《汉朝杂事》:"诸侯功德优盛,朝廷所敬异,有赐位特进,在三公下,平冕、玄衣,侍祠郊庙。"第29页。特进侯也在三公之下。

② 《隋书》卷十一《礼仪志六》。

那么人们看到，与汉制相比，魏晋以来的公卿冕服，比诸侯下降了一等。中古五等爵全部服冕的这个礼遇，比汉代诸侯只有"侍祠侯"才能服冕的做法，更为优越。

那么从《周礼》的诸侯、诸臣概念看，较之汉代，魏晋以降的诸侯冕服礼制待遇明显呈现上升趋势。这样做是出自身份安排的考虑。统治者安排等级时，可能有两种考虑："运作考虑"和"身份考虑"。前者是为了保障行政秩序与行政运作，后者是为了安排统治集团的身份秩序，维系政治效忠，优待"拥戴群体"。魏晋王爵与五等爵的拥有者，主要由宗室和功臣、亲信构成。西晋的"五等之封，皆录旧勋"①，公侯伯子男五百余国，构成了一个庞大封闭的既得利益集团②。范文澜先生也指出：西晋大封国王和五等爵的目的，就是要造成一个皇族势力和一个士族势力"合力来拥戴帝室"③。日人甚至有这样看的：魏晋时"封爵是保证政治特权的第一位因素"④。王爵与五等爵是"拥戴群体"的标志，等于是司马氏死党的党徽。五等爵最初高居一品，高于行政官僚，就是此期在等级安排上"身份考虑"重于"运作考虑"的表现之一。而诸侯冕服高于诸臣，也出于同样原因。用高等冕服来装饰的宗室与亲信，是司马氏皇权的防波堤。

然而"爵"这种源于周朝的古老位阶，在帝制时代具有了双重意义：既可以作为特殊人群的身份标志，也可以用作官僚管理和激励的手段。魏晋政治中皇族、士族、家族因素的分量大起来了，爵制的身份意义就水涨船高，跟着大起来了。这个变化波及了冕

---

①《晋书》卷三《武帝纪》泰始二年（266 年）二月诏。
②可参看杨光辉：《汉唐封爵制度》，学苑出版社 1999 年版，有关部分。
③范文澜、蔡美彪：《中国通史》，人民出版社 1994 年版，第 2 册第 366 页。
④越智重明：《晋爵与宋爵》，《史渊》第 85 期。

制,就是代表官僚行政的公卿地位下降,而拥有贵族身份的爵位拥有者地位升高。然而从来就没有真正的历史重演。中古门阀政治看上去像是历史的倒卷,可贵族政治与"爵本位"时代毕竟早已过去了。经过秦汉官僚帝国的四个多世纪统治,"官本位"体制已在神州大地扎下了根。魏晋以来的专制官僚政治,虽然颇受士族特权的侵蚀,但根基还在。比之《魏官品》,《晋官品》中的五等爵已有了一点儿变化:开国郡公、县公仍在第一品,开国县侯及伯子男爵降为二品了①。东晋皇权跌落到低谷,南朝皇权便再度复兴。至南朝末年,人们在《陈官品》中看到的是郡王一品,开国郡公、县公二品,开国县侯、县伯、县子、县男三至六品②。就是说,五等爵在官品中向下舒展开来。魏晋的三公七章七旒、卿五章五旒之制,在南齐也变成了三公九章八旒、九卿七章六旒。比起东汉的公卿旒数,南齐公卿只差一根旒了。一个有趣的事实浮现出来了:魏晋五等爵在品位顶端,随后便向下舒展,即重心下降;而魏晋被压低了的公卿冕服,在南齐有回升之势。二者呈反向变化。我们认为,这是封爵作为官僚管理激励手段的方面,其分量再度回升的反映,也是南朝官僚政治复兴的反映。

再转身去看北朝。北魏道武帝时,王公侯子分布于一至四品。北魏后期位阶,"开国"公侯伯子男分布于一到五品,"散"公

---

① 《通典》所载《魏官品》制定于曹魏咸熙年间(264—265年),265年即进入西晋。所以晋初所用官品可能与那份《魏官品》相去不远。《通典》所载《晋官品》,应是较晚时候修订的。

② 分见《通典》卷三六《职官十八》、卷三七《职官十九》、卷三八《职官二十》,中华书局1984年版,第205、209、215页。南朝梁十八班只用于确定官僚的官资,所以其中没有列入封爵。

侯伯子男分布于从一品到从五品①。

西魏北周的服章严格区分诸侯与诸臣,诸侯压诸臣一头。那样做,既是为了标榜《周礼》,也反映了这个偏处一隅的政权,在官阶安排上重身份、重品位的突出特点。但与此同时,北周依然通过旒数、等数、服数,平衡了章数安排所造成的诸侯与诸臣的不对称。让诸侯冕服在诸臣之上,目的是显示"复古";用旒数、等数、服数来平衡位阶,则是出于王朝行政的"实用"需要。

隋朝开皇冕制,先把诸臣中的三公提到了衮冕九章;但因北周冕制的惯性影响,三四五品官仍被压低在絺冕三章之上。大业冕制中则摆脱了北周冕制的惯性,做出了重大调整:王与一品官同服衮冕九章,公侯与三品官同服鷩冕七章,伯与四品官同服毳冕五章,子男与五品官同服絺冕三章。五等爵的冕服继续走低,品官的冕服却明显提升,可以说诸侯与诸臣并驾齐驱了。

李唐的诸侯品级是这样规定的:王及国公一品,郡公、县公二品,侯三品,伯四品,子男五品。而冕服等级是这样规定的:衮冕为一品之服,鷩冕为二品之服,毳冕为三品之服,绣冕为四品之服,玄冕为五品之服。自隋大业至唐,服冕资格基本依官品而定,爵级(及勋官、散官等)也是以其所在官品为中介,才与冕服等级联系起来的,也就是依品服冕。《旧唐书·舆服志》:"诸勋官及爵任职事官者(散官、散号将军同职事),正衣本服,自外各从职事服。"勋官与封爵的拥有者,其所担任的职事官往往低于其勋官与爵号的品级,所以允许他们根据其勋官与爵号的品级服冕,是为"正衣本服"。总之,诸侯与诸臣,冕服等级上一体化了。

为便理解,兹据史料,把宋以前的诸侯、诸臣冕服相对变化,

---

① 《魏书》卷一一三《官氏志》。

列表示意：

| 东汉 | | 魏晋 | | 齐 | | 陈 | |
|---|---|---|---|---|---|---|---|
| 诸侯 | 诸臣 | 诸侯 | 诸臣 | 诸侯 | 诸臣 | 诸侯 | 诸臣 |
| 诸侯九章九旒 | 三公九章九旒 | 王、五等爵九章九旒 | | 王九章九旒 | 三公九章八旒 | 五等爵九章九旒 | 公、从公九章九旒 |
| | 卿七章七旒 | | 三公鷩冕七章 | | 九卿七章六旒 | | 卿大夫七章五旒 |
| | | | 九卿毳冕五章 | | | | |

| 北周 | | 隋开皇 | | 隋大业 | | 唐 | |
|---|---|---|---|---|---|---|---|
| 诸侯 | 诸臣 | 诸侯 | 诸臣 | 诸侯 | 诸臣 | 封爵 | 官品 |
| 公衮冕九章侯山冕八章伯鷩冕七章子火冕六章男毳冕五章 | | 王公从一品衮冕九章 | 三公正一品衮冕九章 | 王衮冕九章 | 三公衮冕九章 | 王、国公一品 | 一品衮冕九章 |
| | | 侯正二品伯正三品鷩冕七章 | | | | 郡公县公二品 | 二品鷩冕七章 |
| | 三公火冕六章三孤毳冕五章六卿藻冕四章大夫绣冕三章 | 子正四品男正五品毳冕五章 | | 公侯鷩冕七章 | 三品鷩冕七章 | 侯三品 | 三品毳冕五章 |
| | | | 三至五品褕冕三章六七五旒 | 伯毳冕五章 | 四品毳冕五章 | 伯四品 | 四品绣冕三章 |
| | | | | 子男褕冕三章 | 五品褕冕三章 | 子男五品 | 五品玄冕一章 |

上表显示，在诸侯方面，魏晋南朝及北周冕制中，五等爵是具有特殊地位的；而从杨隋大业到李唐，随着五等爵与官品的一体化，五

等爵的冕服下降了，其下限降到了五品。诸臣方面呢？诸臣的冕服等级在魏晋明显下降，此后在南朝渐次上升；北周又成了诸臣冕服的一个低谷，但从隋大业到唐，诸臣冕服恢复常态了，一品官升至衮冕。

魏晋南北朝时，五等爵的冕服等级变化轨迹，与诸臣的冕服等级变化轨迹，看上去是此消彼长的。我们认为，二者的关系变迁，处于两种因素的左右之下。第一是文化因素。"周礼复古"需要，有可能促使王朝照搬《周礼》与郑玄注，照搬《周礼》郑玄注所描述的那种等级样式，诸侯在诸臣之上。第二是政治因素。即如，或从"身份考虑"出发，利用冕服来优待与标志"拥戴群体"，主要是宗室与功臣；或从"运作考虑"出发，基于行政运作需要，给予官阶较高、行政权责较大的官员以较高冕服。东汉帝国处于政治"常态"，"运作考虑"分量较重，相应就有一种冕服安排。魏晋南北朝时政治发生了较大"变态"，"身份考虑"重起来了，五等封爵适应了时代需要，于是出现了新的冕服安排。南北朝后期，帝国政治逐渐恢复，并继续进步，"运作考虑"所占比重回升，五等爵拥有者的特殊服冕资格淡化了，若不考虑宗室封爵，五等爵主要作为一种官僚激励手段而发挥作用，爵级从属于官品，不具有独立于"官本位"的特殊意义了。公侯伯子男与官僚都依官品服冕，就是在这个背景之下发生的。

在有些时候，唐朝五等爵的用冕资格甚至低于品官，例如婚礼用冕。职事官三品与公爵的嫡子，其婚礼可以使用四品官的𫄨冕。公爵在一二品，侯爵在三品。三品职事官的嫡子，其婚礼可以用𫄨冕；但同在三品的侯爵，其嫡子就不能服冕，只能去服爵弁。是品官反高于封爵了。这样的安排，在其他若干礼制上也能看到，例如媵妾制度。晋制，诸王可置八妾，公侯可置六妾，一二品官可置四妾,三四品官可置三妾①。晋代公侯的官品都是第一品,其置妾之数却在一品官之上,明显是优待诸侯而压抑诸臣的。唐制就不同了。《新唐书》卷四六《百官志一》:"国公及三品,媵六人。"国公位在一品,可是其置媵之数只等于三品官,是诸侯又低于诸臣了。正如顾江龙君所论:"这显示了该项待遇上由爵重于官到官重于爵的变化。"②爵是一种富有贵族色彩的古老位阶,是周朝的历史遗产。在贵族政治色彩日益稀薄,官僚已成为无可置疑的支配阶级,官品已成为品位结构的主干之时,唐朝安排冕服等级时就采用了"官本位"原则,从而顺应了从"爵本位"到"官本位"的历史变迁。

李唐冕服依官品而定,这是个"官本位"的体制,即以朝廷上的官位为本,官位是变动不居的;姬周则以爵命为等级秩序的主干,爵命是稳定不变的,这是个"爵本位"的体制。官品与爵命,各自适应了不同的政治结构,一个服务于官僚政治,一个却有浓厚贵族色彩。李唐封爵已非周爵之旧了,不再是现行品位结构的主干,而是"官本位"的一种补充了。

时至赵宋,王朝采纳了宇文粹中的建议,依《周礼》诸臣命数,定品官旒数为八、六、四,也算是又一次向天下宣示,"公、卿、大夫、士皆北面为臣","近尊者屈"了。五等爵丧失独立的服冕资格,由此在冕服礼制上诸臣全面排挤诸侯,这显示"官本位"已根深蒂固,来自周朝的五等爵已变质为官僚的激励手段,不具有标识特殊群体的特殊意义,丧失了制造周朝那种传统贵族的能力了。

---

①《北史》卷十六《元孝友传》引《晋令》。
②顾江龙:《汉唐间的爵位、勋官与散官——品位结构与等级特权视角的研究》,北京大学历史系 2007 年博士学位论文,第 235 页。

## 2. 冕服的等级功能下降和应用范围收缩

在宋朝冕制变迁中，一方面能看到诸臣全面排挤诸侯，已如前节所述；但就诸臣而言，又能看到冕服等级功能的下降，以及应用范围的收缩。

前面谈到，北宋品官之冕，九旒九章者，亲王、中书门下、三公奉祀服之；七旒五章者，九卿奉祀服之；五旒无章者，四五品担任献官者服之；无旒无章者，太祝奉礼服之。南宋冕服，则用八旒、六旒、四旒。礼官时不时对冕服等级提出各种调整意见，有"有司仍不制七旒冕，乃有四旒冕"的时候，也有"去三公衮冕及䌸冕，但存七旒鷩冕、五旒毳冕与无旒玄冕，凡三等"的时候。总的说来，赵宋冕服的章旒随意性较大，不怎么整齐划一。旒数的级差是九、七、五、〇，前三项在数列上还算连贯。章数的级差则是九、五、〇，跳跃性太大，无法比拟或附会《周礼》了。很可能，礼制规划者本来就没想对《周礼》亦步亦趋，不是非得跟《周礼》严丝合缝不可。宋朝制冕之时，《周礼》已不像北周隋唐间那样，具有必须句句照办、"落实不走样"的指导意义了。所以宋廷礼官有"国家服章，视唐尤为不备"之说。

在周朝，"乘轩服冕"的是贵族，冕服有强烈个人属性。汉魏南北朝皇帝赐冕，仍是重大的个人品位荣耀。冕服被用于官僚的个人丧葬、家族婚礼。隋唐的官僚冕服，仍保持了浓厚的个人属性，不但用于朝仪，而且用于家礼。开皇《丧纪令》："有封者敛以冕服。"[1]唐

---

[1]《通典》卷八四《礼四四》，中华书局1984年版，第454页下栏。

礼:五品以上官子弟,冠礼可以使用父亲的冕服。婚礼亲迎、私家祭祀也用冕。李华《常州刺史厅壁记》:"在部视侯伯,入朝亚卿尹,其车服皂盖朱轓,华虫七旒,进贤两梁冠,玉佩青绶。"①"华虫七旒"就是鷩冕。冕服足以让穿着者自矜自夸。

唐朝服冕资格同于北周,依品而定,五品以上官都服冕,以合于"大夫服冕"的古礼。宋朝迥然不同了。宋朝冠服曾经依官品而定②,但因为等级秩序变迁,官品几近失效,后来就依阶官而定③。至于冕服,明确规定只是"奉祀服之",只限于祭礼上的执事官员,与唐朝依品服冕之法大不相同。宋朝服冕等级资格的确定,既考虑祭祀的分工,又考虑执事者的地位。上节所引宇文粹中之言说得很清楚:"欲乞只用群臣之服,自鷩冕而下,分为三等:三都、四辅为一等,初献鷩冕八旒。经略、安抚、钤辖为一等,初献毳冕六旒,亚献并玄冕二旒,终献无旒。节镇、防、团、军事为一等,初献𫄨冕四旒,亚、终献并玄冕无旒。"也就是说,是服鷩冕、毳冕、希冕还是玄冕,首先根据职务高低,其次根据是担任初献、亚献还是终献,两个条件都具备才能服冕,缺一不可,也就是说在祭

---

① 《全唐文》卷三一六,第 3207 页。

② 黄正建先生叙述说:唐后期"随着散官地位的下落,服色也逐渐向依职事官品的方向发展,到宋代就全都依职事官官品了"。《唐代衣食住行研究》,首都师范大学出版社 1998 年版,第 57 页;又其《隋唐五代社会生活史》,中国社会科学出版社 1998 年版,第 83 页。

③ 宋初的王朝品位结构刚刚经历了一场巨大震荡。由于唐后期职事官的剧烈"品位化",宋初官品的效力大为下降,官品体制几近瓦解了,转以"本官"即阶官确定官资,以"差遣"委寄职事。宋神宗元丰二年(1079 年),详定朝会仪注所讨论冠服等级时,就指出了"品不可用","差遣又不可用",建议"以官为定",即依阶官而定冠服。其时冠服分为七等。参看《宋史》卷一五二《舆服志四》。

礼上没有职事,就不服冕。那么服冕的人数与场合,就将比唐朝大大减少。唐朝那支浩浩荡荡的服冕大军,由五代而入北宋,风流云散了。

宋朝的官僚冕服已丧失了个人属性,纯是祭服,只在祭祀时助祭者穿戴一下而已。服什么冕,取决于祭礼上的职事;对官僚的日常品位、个人官资无大影响,祭礼结束则服饰一切如故①。所以宋朝的冕服,有点像学校团体操上分发的服装,事毕收回,属公用服装,既非个人所有,也不由个人保存②。朱熹还描绘了那样一幅图景:祭服由有司保管着,官员平时看不见也用不上,大典礼时才分发使用。因为发祭服、换衣服十分麻烦,还得给搬祭服祭器的人赏钱,所以每逢典礼,皇帝"例降旨权免",宣布本次典礼不用冕服了,又省事又省钱。冕服经常保管不善,拿出来一看破破烂烂,要修补又怕花钱,干脆包起来丢回库房。没谁喜欢冕服,人人都觉得穿戴着很不舒服。"唐人法服犹施之朝廷,今日惟祭祀不得已乃用,不复施之朝廷矣。且如今之冕,嵯峨而不安于首。"③

正因为对"服周之冕"失去了兴趣,冕服形制也变得散漫了,"助祭之官所服六冕衣裳画绣之等,多不依古制",经常被儒臣挑出种种不妥之处,如冕版上下皆青,旒色旒数都不与古同,服章之

---

① 例如《政和五礼新仪》卷十二列举了一品九旒冕、二品七旒冕、三品五旒冕及无旒冕,然后对承担分献、捧俎、读册、抬鼎、搏黍、执爵等职责的官职,一一明列。《景印文渊阁四库全书》,第 647 册第 174 页。也就是说,不承担那些职事的同品官员,助祭时不服冕服。

② 掌管百官朝服和诸司礼衣的机构,称"朝服法物库",本属太常寺,宋徽宗时将之并入了殿中省。南宋祭服的制造、保管和使用情况,可看《中兴礼书》卷十一《郊祀祭服》,《续修四库全书》,第 822 册第 46 页以下。

③《朱子语类》卷九一《礼八》,第 6 册第 2324—2325 页。

数没用全,分等混乱,蔽膝、大带等多有不当,等等①。反正就是临时穿一会儿的东西,是不是合乎"古制",没多少人在乎了。

其实在唐朝,已能看到礼典与生活的脱节了。唐礼虽然规定了冠礼、婚礼上高官子弟可以用冕,但是否人人奉行,仍是很可疑的。初唐的实用服饰其实很世俗化,甚至很"胡化",深受北族影响,多杂鲜卑之制。黄正建先生论唐代冠服制度:"令文归令文,在实际的社会生活中这些规定常常是徒有虚名。"②唐后期尤其如此。以冠礼为例,尽管礼典有其文,柳宗元却说冠礼"数百年来不复行",还提到了这么一件事儿:有人心血来潮行冠礼,结果被看成作怪捣鬼③。连冠礼都不举行了,冠礼服冕之礼更是一纸空文了。宋朝司马光也说"冠礼之废久矣",他自己在《书仪》中所拟订的冠礼三加,是巾、帽、幞头④,而不是冕。

唐朝的婚礼,虽有若干礼节可以勉强比附古礼,实际也很世俗化⑤。一份敦煌书仪中看到的新郎婚服,其中提到了衣冠、剑履、襕笏,却没提冕⑥。婚礼所用的一首《去幞头诗》,其中"何须

①欧阳修:《太常因革礼》卷二四《舆服二》,宋真宗咸平五年(1002年)大理寺丞李坦奏及太常礼院详定。《宛委别藏》,第52册第311页以下。
②黄正建:《唐代衣食住行研究》,第54页;又《隋唐五代社会生活史》,第81页。
③《柳河东集》卷三四《答韦中立论师道书》,上海人民出版社1974年版,第542页。
④司马光:《书仪》卷二《冠仪》,《景印文渊阁四库全书》,第142册第469页。
⑤赵守俨:《唐代婚姻礼俗考略》,《文史》第3辑,中华书局1963年版。
⑥敦煌文书P.2646写本书仪叙毕"合卺"之后,云:"则女婿起,侧近脱礼衣冠、清剑履等,且襕笏入……"黄永武主编:《敦煌宝藏》,台湾新文丰出版公司1986年版,第123册第123页下图;《法国国家图书馆藏敦煌西域文献》,上海古籍出版社2001年版,第17册第90页上图。周一(转下页注)

作形迹,更用幞头遮"①之句,说明新郎是戴幞头的。敦煌壁画《婚礼图》中的新郎,也不戴冕而戴幞头。宋朝婚礼,皇帝戴通天冠,诸王以下公服亲迎②。司马光《书仪》拟定的婚服是"婿盛服"③,把孔子"冕而亲迎"的古训忘在脑后了。附带说,吴丽娱先生对唐代丧服制度的研究,也表明"古代传至唐代社会的礼与现实世界脱节的问题已十分严重"④。唐宋很多礼制只存在于典章之中,作为一种象征而已。典章中虽存其制,但实无其事;对之你不能不认真,但又不能认真——中国人对法典的那种特殊态度,不但源远,而且流长。

上述情况说明什么呢？说明"古礼"的号召力、神圣感和权威性,业已低落、动摇了,理性化和世俗化成为时代潮流,进而成为规划礼制的主导思想。森严的君臣等级还在,繁密的舆服等级也

---

(接上页注)良先生谓:"以上文字意义不甚清晰,当指婿脱去礼服及装饰。"见其《敦煌写本书仪中所见的唐代婚丧礼俗》,《文物》1985 年第 7 期。周先生的引文被排作"侧近晚礼衣服冠清剑履等","脱"误作"晚","衣"后衍"服"。在其《唐五代书仪研究》(中国社会科学出版社 1995 年版)一书中,那两个错字未能得到更正(第 289 页)。"且襕笏入"的"且"字原文不清,吴丽娱先生录作"具"字,见其《唐代婚仪的再检讨》,《燕京学报》新 15 期,北京大学出版社 2003 年版。

①敦煌文书 P. 3252 号写本唐律背面。黄永武主编:《敦煌宝藏》,第 127 册第 190 页;《法国国家图书馆藏敦煌西域文献》,第 22 册 308 页。

②如宋哲宗元祐七年(1092 年)纳后仪注:"奉迎……皇帝服通天冠、绛纱袍。"宋高宗绍兴十三年(1143 年)册贵妃吴氏为皇后,礼同。见《宋史》卷一一一《礼志十四》。按皇帝亲迎不亲出,只遣使亲迎。又诸王以下亲迎,"子公服",同书卷一一五《礼志十八》。

③司马光:《书仪》卷三《婚仪》,《景印文渊阁四库全书》,第 142 册第 476 页上栏。

④吴丽娱:《唐礼摭遗——中古书仪研究》,商务印书馆 2002 年版,第 432 页。

**图 24  敦煌晚唐 12 窟婚礼图,未见用冕**

（李永宁:《莫高窟壁画艺术》,甘肃人民出版社 1986 年版,第 17 页）

还在,然而舆服已更多适应了风习变迁,另有更合时的梁冠、品服
等维系着等级秩序。对来自三代的古老冕服,人们兴趣索然,连
朝廷都视为无味儿的鸡肋,"祭祀不得已乃用"。就算孔圣人曾倡
言"服周之冕",那又怎么样呢? 不喜欢就是不喜欢。

唐玄宗在朔望朝时"专用常服",唐文宗开成元年(836 年)正
月"常服御宣政殿",大赦改元。孙机先生因谓:"在这种正旦受
朝、大赦改元之隆重场合,皇帝本应服衮冕,但文宗仅着常服。可
见这时连衮冕和通天冠也逐渐退出实用的领域了。"①赵宋的冕服

---

①孙机:《两唐书舆(车)服志校释稿》,收入《中国古舆服论丛》(增订本),第
　409 页。

继续从实用领域收缩。宋神宗元丰二年（1079年）详定正日御殿仪注所言："今元会行礼于朝，而天子服祭服，诸侯服朝服，未合礼意。欲乞元日受朝贺服通天冠、绛纱袍。从之。"皇帝从之①。表面上礼官是在维护"在朝君臣同服"的"礼意"，然而不是往"如王之服""君臣同冕"上说，却往"君臣同不用冕"上说；不是让群臣随皇帝服冕，而是让皇帝随群臣不服冕。此前元会行礼只有皇帝服冕，群臣不服，此后连皇帝也不服了。"万国衣冠拜冕旒"的壮志豪情，烟消云散了。朝礼如此，祭祀也只是少数献官服冕而已，其余的陪祠助祭者，服常袍服②。

又，隋朝皇帝不用鷩冕以下，诸祭均用衮冕。到了唐中期，皇帝不用鷩冕以下，鷩冕以下诸冕所适用的常祀，皇帝大抵并不亲临，而是派遣公卿代祭。宋朝也是如此，"其每岁常祀，遣官行事。摄公则服一品九旒冕，摄卿则服三品七旒冕"③。从"摄公""摄卿"之辞看，实际是连公卿也不亲身前往的，又转包给了更低的官员，由他们代摄。其实唐后期就已那么做了。唐德宗贞元十三年

①《宋会要辑稿》卷一九七九〇《舆服四》，中华书局1957年版，第2册第1800页下栏；《文献通考》卷一一三《王礼考八》"诸侯服朝服"作"群臣服朝服"，上册第1023页上栏。似以《文献通考》为是。

②郊天时连太常卿也不能服冕。宋仁宗皇祐四年（1052年）太常礼院言："窃观国家南郊大礼，太常卿止服朝服，前导皇帝。若亚献、终献及坛陛献官，乃服以祭服。明太常卿非祠官，而服朝服，礼也。"《宋会要辑稿》卷一九七九一《舆服四》，第2册第1803页上栏。宋神宗元丰元年（1078年）详定所议："古者皆以冕为祭服，未有朝服。而助祭者、百官不执事者皆服常袍，祔元以从，此礼之失也。"元丰七年以吕升卿议，改行"行事及陪祠官并服祭服之仪"。宋哲宗元祐元年（1086年）又回归于"行事、执事官并服祭服"，"他处行事官仍服朝服"之法。《文献通考》卷一一三《王礼考八》，上册第1025页上栏。

③《宋史》卷一五二《舆服志四》宋仁宗庆历三年（1043年）礼官议。

（797年）祭祀济渎庙和北海坛，就是皇帝既不出驾，公卿亦不远行，而是由地方府县官员暂摄的①。唐敬宗时刘宽夫上言："近日摄祭多差王府官僚，位望既轻，有乖严敬。伏请今后摄太尉，差尚书省三品已上及保傅宾詹等官。如人少，即令丞郎通摄之。"②

"摄祭"之制，说来倒是于古有据。《周礼·春官·大宗伯》："若王不与祭祀，则摄位。"郑玄注："王有故，代行其祭事。"贾公彦疏云："有故者，谓王有疾及哀惨皆是也。"③那么我们知道了，原来只是在天王遇病、服丧时，才遣人摄祭。正如苏轼云："然则摄事，非安吉之礼也。后世人主不能岁岁亲祭，故命有司行事，其所从来久矣。"④依照古礼，摄祭并不是"安吉之礼"，后代却成了常礼。遣官摄祭有很多好处。尽管"人海战术"的大型典礼是"权力自我展示"的良机，为中国皇帝所厚爱，但也如苏轼所指出：那不是没有代价的，皇帝受累，百官受累，卫兵也受累。对"国家级

---

① 张洗：《唐济渎庙北海坛新置祭器沉币双舫杂物之铭（并序）》，《全唐文》卷六三三，第6396页。其时内史毳冕七旒五章，任初献；"县尹加绣冕、六旒三章"，任亚献；"邑丞元冕，加五旒无章"，任终献。"内史"应系河南尹的别称（隋朝河南尹曾一度称内史），从二品，依制应毳冕。不过这位内史不是依其本品服毳冕的，看看另两位县令和县丞就清楚了。绣冕是四品之服，玄冕是五品之服，河源县的县令、县丞本没资格服用，但因祭祀时暂摄四品五品之事，故"加"绣冕、"加"玄冕。赘言之，摄祭者所服之冕，非其本官之冕，而是所摄之官之冕。唐制，皇帝毳冕"祭海岳则服之"；皇帝既不亲祭，则代摄其事者服毳冕而祭。又唐敬宗《宝历元年正月（825年）南郊赦》："五岳四渎，宜委本州府长吏备礼致祭，当极丰洁，以副如在之诚。"《唐大诏令集》卷七十，学林出版社1992年版，第361页。也反映了当时的五岳四渎，是委派本州府长吏代祭的。
② 《旧唐书》卷一五三《刘乃传附刘宽夫传》。
③ 《十三经注疏》，第763页中栏、下栏。
④ 李焘：《续资治通鉴长编》卷四八一，宋哲宗元祐八年（1093年）二月壬申，苏轼论合祭，中华书局1993年版，第32册第11455页。

祭祀"带来的巨大骚扰耗费,苏轼一一指陈,毫不掩饰自己的排斥厌烦。周天子祭必躬亲,是以小国寡民、政务疏简为前提的,今上不宜邯郸学步,否则弄巧成拙。所以苏轼力主"不折腾",反对一岁再郊,支持天地合祭与三年一郊①。这一类祭祀从简从俭的言论,都可以看成是礼制理性化趋势的一部分。

## 3. 脱衮服裘·脱裘服衮·以衮袭裘

在各等冕服之中,中国皇帝使用最久的是衮冕。衮冕之上是大裘冕,衮冕之下是鷩冕、毳冕、绨冕、玄冕。我们考察《周礼》六冕的兴衰变异,其线索之一,就是考察皇帝是否使用大裘冕,以及是否使用鷩冕以下诸冕。如果皇帝上不用大裘冕,下不用鷩冕以下诸冕了,那就意味着《周礼》六冕礼制低落衰败了。

唐高宗不用鷩冕以下,等于拆掉了《周礼》六冕的一根柱子。大裘冕这根柱子虽一时没动,但大势所趋,躲过了初一躲不过十五,唐玄宗时搁置了大裘冕,还是给拆掉了。而在赵宋之初,《周

---

① 苏轼:"(周)天子所治,不过王畿千里,惟以斋祭礼乐为政事,能守此则天下服矣。是故岁岁行之,率以为常。至于后世,海内为一,四方万里,皆听命于上,几务之繁,亿万倍于古,日力有不能给。自秦汉以来,天子仪物日以滋多,有加无损,以至于今,非复如古之简易也。……古者以亲郊为常礼,故无繁文;今世以亲郊为大礼,则繁文有不能省也。若帷城幔屋,盛夏则有风雨之虞,陛下自宫入庙出郊,冠通天,乘大辂,日中而舍,百官卫兵暴露于道,铠甲具装,人马喘汗,皆非夏至所能堪也。……天子出郊,兵卫不可简省,大辂一动,必有赏给。今三年一郊,倾竭帑藏,犹恐不足;郊赉之外,岂可复加?"李焘:《续资治通鉴长编》卷四八一,第 32 册第 11454 页以下。

礼》"祀昊天上帝，则服大裘而冕"的说法一度又打动了皇帝，大裘冕一度死灰复燃，被启用了。然而争端也由此发生，好多汉魏经学家，如郑玄、张融、王肃等，也被人从棺材里拉出来助战。

我们说宋初又启用了大裘冕，可能会招来质疑，因为有人说宋初没有大裘冕，是宋神宗才恢复了大裘冕的①。但我不那么看。宋初有大裘冕，史有明文。宋神宗元丰四年（1081 年）详定官："《开宝通礼》：皇帝服衮冕出赴行宫，祀日，服衮冕至大次。质明，改服大裘而冕出次。"②由此可知，在宋太祖的《开宝通礼》之中，"大裘而冕"明文俱在。《开宝通礼》是开宝四年到六年（971—973 年）编成的，其撰写以唐《开元礼》为本，再根据"国朝新制"而加损益③。上述以衮冕为斋服、以大裘冕为祭服的礼制，就是直接袭用《开元礼》的④。

但有人又说了，《开宝通礼》中虽有大裘冕，但没造没用⑤，徒有其文。但我仍不那么看，有史料证明当时大裘冕被造了用了。

①崔圭顺云："宋初没有大裘冕之制。……至宋神宗元丰年间，方恢复大裘冕。"见其《中国历代帝王冕服研究》，第 93 页。

②《宋史》卷一五一《舆服志三》；又《文献通考》卷一一三《王礼考八》，上册第 1022 页上栏、中栏。

③参看楼劲：《关于〈开宝通礼〉若干问题的考察》，收入《中国社会科学院历史研究所学刊》第 4 集，商务印书馆 2007 年版，第 411 页以下。楼先生认为，除《开元礼》外，《大周新礼》可能也构成了《开宝通礼》蓝本。

④《大唐开元礼》卷四《吉礼·皇帝冬至祀圆丘仪》：散斋四日、致斋三日，"皇帝服衮冕"；祀日銮驾发引，"皇帝服衮冕，乘舆以出"；"质明，皇帝改服大裘而冕，出次"。第 35、39、40 页。又见《通典》卷一〇九《礼六九·开元礼类纂》"皇帝冬至祀圆丘仪"，中华书局 1984 年版，第 573 页以下。

⑤王雪莉云："宋初并没有大裘冕，直到神宗始用大裘冕"，"宋初虽有《开宝通礼》制定了大裘制度，但实际上并没有制造服用，而一直只用衮冕为皇帝祭服"。《宋代服饰制度研究》，第 52 页。

查宋太祖乾德元年(963年)十一月《南郊赦文》:"由是考百王之旧制,缉千古之宪章,坠典必修,无文咸秩。洁牺尊而谒清庙,被大裘以郊上玄。"①由"被大裘以郊上玄"一句就可知道,在编辑《开宝通礼》之前的乾德元年,赵匡胤就已身披大裘临坛郊天了。由《赦文》还能知道,那次南郊前还曾"考百王之旧制,缉千古之宪章",也就是说,有检索经书、考求古制之事,而那也能在史料中找到痕迹,那是指尹拙、窦仪等人的"详定"工作②。赵匡胤大裘南郊,就是《开宝通礼》"改服大裘而冕出次"的来源。然则宋初有大裘冕,皇帝曾服以南郊,并被录入礼典,其事无可置疑。

　　唐后期大裘冕已被搁置,礼典上徒存条文而已。宋太祖起用

①《宋大诏令集》卷一一九,中华书局1962年版,第406—407页;李攸:《宋朝事实》卷四《郊赦一》,《丛书集成新编》,第28册第642页下栏;《全宋文》,上海辞书出版社、安徽教育出版社2006年版,第1册第52页。

②《续资治通鉴长编》卷二〇六宋英宗治平二年(1065年)李育奏:"太祖建隆元年少府监进所造冕服,及二年博士聂崇义进《三礼图》,尝诏尹拙、窦仪参校,皆仿虞、周、汉、唐之旧。至四年冬服之,合祭天地于圆丘,用此制也。"第15册第4992页。其事又见《宋史》卷一五一《舆服志三》。又《玉海》卷八二《车服·建隆衮龙服制度》:"(建隆)二年,聂崇义上《三礼图》,仿虞、周、汉、唐之旧。詹事尹拙言'衮冕而下,合画充耳',尚书窦仪议从之。四年冬,服之合祭圆丘。"江苏古籍出版社、上海书店1987年版,第1525页下栏。建隆四年冬即乾德元年冬,其年十一月改元。那么事情始末应是这样的:聂崇义建隆二年上《三礼图》,随后尹拙、窦仪等详定冠冕,其中有大裘冕,再后是乾德元年宋太祖大裘冕祭圆丘。然则不但大裘冕,而且《南郊赦文》的"考百王之旧制,缉千古之宪章",也是实有其事的,当时确实"考"过一番、"缉"过一番。大裘冕既跟聂崇义《三礼图》有关,而《三礼图》依郑玄,大裘冕无章无旒,那么宋太祖所用大裘冕、进而是《开宝通礼》中的大裘冕,都应无章无旒。《长编》卷二〇六又记李育奏请:"与《通礼》、《衣服令》、《三礼图》制度不同者,宜悉改正。"也反映了《开宝通礼》《衣服令》《三礼图》三书冕制相同。

大裘冕,显有标榜古礼、号召士人的用意。然而到了宋太宗时,大裘冕即遭秋扇之捐。宋太宗太平兴国六年(981年)十一月《南郊赦文》,"被衮冕以降圆坛"①,这次圆坛祭天不用大裘冕,改用衮冕了。宋英宗、宋神宗时,一批"好古"的礼官再度呼唤大裘冕,并以"服周之冕"为其诉求②,随即引发了一系列辩论。一个简简单单、无章无旒的大裘冕,干吗又生是非呢?就是因为它太简单了,配不上郊天的隆重和皇帝的高贵。唐玄宗搁置大裘冕,主要就是因为它太"朴略"了,不如"衮冕为美"。

本来,依礼家旧说,礼节既有"以文为贵"的,也有"以素为贵"的。《礼记·礼器》:"有以素为贵者:至敬无文,父党无容,大圭不琢,大羹不和,大路素而越席,牺尊疏布幂,樿杓。此以素为贵也。"③文中的"至敬无文",被认为就是指大裘冕④,尽管大裘冕不见于《礼记》。古礼,越崇高的祭祀越简素。《左传》中还有一段很动人的话:"苟有明信,涧溪沼沚之毛,苹蘩蕴藻之菜,筐筥锜

---

①《宋大诏令集》卷一一九,第408页。李攸:《宋朝事实》卷四《郊赦一》所引"降"字作"陟",疑是。《丛书集成新编》,第28册第643页上栏。又《全宋文》亦作"陟",第4册第90页。

②《续资治通鉴长编》卷二〇六宋英宗治平二年(1065年)李育奏:"服周之冕,观古之象,愿复先王之制,祖宗之法。"第15册第4994页。"先王之制"指周制,"祖宗之法"指宋太祖冕制。

③这段话可参王梦鸥先生译文:"但又有以素为贵的,例如:祭天的礼服用大裘而无文饰。又如,在父亲的地方,不须装模作样。又如最大的圭不加雕琢,大祭的羹汤不须调味,祭车没有雕刻而但铺以草席,牺尊只有粗布覆盖,而勺子则用本色之木,这又显得愈素愈贵了。"《礼记今注今译》,台湾商务印书馆1992年版,上册第319页。

④孔颖达疏:"'至敬'谓敬之至极,谓祭天服用大裘,是'无文'也。"《十三经注疏》,第1434页上栏。

釜之器,潢污行潦之水,可荐于鬼神,可羞于王公。"①最高级的天帝祭祀不用玉爵,低一等的先王祭祀才用玉爵②;王后、太子日常吃肉要经过煎和("齐以五味"),祭祀用的肉就不作五味煎和了③。这都是祭祀"尚质"的意思。大裘冕被"建构"为无章无旒的样子,其目的就是"示质"④,以其简洁无华的外观,给人以古老、悠远、质朴和庄重的感受,令人肃然起敬,"报本反始"之心油然而生。

然而皇帝们怎么看呢? 南朝梁武帝精通经史,他对大裘冕的"示质"还是心领神会的。隋唐皇帝标榜"复古",因大裘冕是六冕之一,就在捆绑销售的情况下一块买下来了,未必是真的对"质"发生了兴趣。皇帝们多半不懂"以素为贵"的深义,他们怀着土财主的世俗趣味,只觉得冠冕就该堂皇,繁华奢丽才配得上"盛世"的丰亨豫大。由五代而入赵宋,各种冠冕都在日趋繁缛。宋初的衮冕上承五代奢风,其外观是这样的:

> 广一尺二寸,长二尺四寸,前后十二旒,二纩,并贯真珠。又有翠旒十二,碧凤御之,在珠旒外。冕版以龙鳞锦表,上缀玉为七星,旁施琥珀瓶、犀瓶各二十四,周缀金丝网,钿以真

---

① 《左传》隐公三年,《春秋经传集解》,第 19 页。
② 《周礼·天官·大宰》郑玄注:"不用玉爵,尚质也。"贾公彦疏:"享先王用玉爵,尚文;此祭天不用玉爵,故云尚质。"《十三经注疏》,第 650 页上栏。
③ 《周礼·天官·内饔》"凡宗庙之祭祀,掌割亨之事"句贾公彦疏:"上王后言煎和,此不言煎和者,鬼神尚质,不贵亵味,故不言煎和。"《十三经注疏》,第 662 页中栏。
④ 《周礼·天官·司裘》郑玄注:"郑司农云:大裘,黑羔裘,服以祀天,示质。"贾公彦疏:"又云'服以祀天,示质'者,以其衮已下皆有采章,惟此大裘更无采章,故云质。"《十三经注疏》,第 683 页上栏。

珠、杂宝玉,加紫云白鹤锦里。四柱饰以七宝,红绫里。金饰玉簪导,红丝绦组带。亦谓之平天冠。(《宋史》卷一五一《舆服志三》)

面对着琳琅满目的珠玉金翠,那还能说是古冕吗?不如说是珠宝店的货架子。主张"礼,与其奢也,宁俭"的孔老夫子若见了,恐怕要摇头蹙眉,作"冕不冕?冕哉,冕哉"之叹了。衮冕的趋奢趋丽,虽因礼官抗议而多次减损,却每每旋复如故,弄得"珍异巧缛,前世所未尝有"①。宋神宗时朝廷议冕服,礼官们就抱怨着"大裘之制,本以尚质,而后世反以尚文,故冕之饰大为不经"②。有人说宋代"服饰上渐趋保守、拘谨,形成淡雅恬静的风格"③,实不尽然,最多只是部分士大夫的休闲服装那样罢了。

　　冕服越弄越华丽,让人想起武则天修明堂来了。"儒生们坚持要按上古的模样,'茅宇土阶',不事修饰,但这怎么能与唐代富强的国力相配呢?武则天要的是严奥鸿丽,体现王者气派的建筑。"④坐落在洛阳的明堂气魄雄伟,富丽堂皇,后来屋顶还装饰了

①宋朝"帝后及群臣冠服,多沿唐旧而循用之,久则有司浸为繁文,以失法度"。宋仁宗景祐二年(1035年)诏"蠲减珍华,务从简约"。而宋仁宗至和三年(1056年)王洙又奏:"天子法服,冕旒形制重而华饰繁,愿集礼官参定。""其后,冕服稍增侈如故。"宋英宗治平二年(1065年)下诏简化衮服,其时李育云:"国朝冕服虽仿古制,然增以珍异巧缛,前世所未尝有。"《文献通考》卷一一三《王礼考八》,上册第1020页以下。

②《宋史》卷一五一《舆服志三》。

③任崇岳主编:《中国社会通史·宋元卷》,山西教育出版社1996年版,第320页。另有学者认为"宋代衣服变古"。参看刘复生:《宋代"衣服变古"及其时代特征——兼论"服妖"现象的社会意义》,《中国史研究》1998年第2期。

④赵澜:《武则天时代的礼仪与政治》,《福建学刊》1998年第2期。

一只凌空欲飞的金凤。因其华丽奇特,被儒生指为"雕饰谲怪,侈而不法",甚至是"商琼台、夏瑶室之比"①。

为赵宋皇帝制造冕服的有司,属于"技术官僚",其审美情趣当然很世俗。而且这伙人得迎合皇帝,他们把冕服越弄越华丽的做法,所反映的是皇帝、皇室的好尚。有这么一个历史小花絮:内侍建议用黄金匣子装大裘,宋徽宗很乐意;随后士大夫表示反对,宋徽宗立刻翻脸了,说是受不了他们的炒作②。可见我们判断皇帝的口味是繁华奢丽,并非厚诬。冕服的变迁,在皇帝的世俗口味与儒生的复古要求之间行进着。皇帝对礼乐的看法,不会抱有儒者那种情怀;在"复古"以宣示正统的政治需要淡薄之后,他们对大裘冕的态度就会变化。

宋太宗搁置大裘冕,祭仪便与《开宝通礼》不同了,通天冠上路,衮冕临祭,没大裘冕什么事儿了③。其实《开宝通礼》对皇帝的好尚还是有所照顾的:"唐《开元》及《开宝礼》,始以衮冕为斋服,裘冕为祭服,兼与张融'临燔柴、脱衮服裘'之义合。"皇帝斋戒先服衮冕,临祭时再换上大裘冕,为什么那么折腾呢?"盖衮冕盛服而文之备者,故于郊之前期被之。"④因为衮冕是"盛服",有华丽文饰,多穿一会儿是一会儿,临坛再换大裘不迟。两冕并用,本

<hr />

① 《新唐书》卷一一二《王求礼传》。

② 陆游:《家世旧闻》卷上:"徽宗初郊,内侍请以黄金为大裘匣。度所用止数百两。然议者皆以郊费大,不应复于故事外妄费。一日上谓执政曰:'大裘匣是不可邪?'楚公对曰:'大裘尚质,诚不当加饰。'上忽变色曰:'如此可便罢之,受不得丰稷煎炒矣。'"中华书局1993年版,第183页。"楚公"即陆佃,丰稷当时是工部尚书。

③ 《宋史》卷一五一《舆服志三》:"今仪注,车驾赴青城,服通天冠、绛纱袍。祀之日,乃服靴袍至大次,服衮冕临祭,非尚质之义。"

④ 《宋史》卷一五一《舆服志三》。

来就是皇帝倾心"盛服"的结果。然而大裘冕仍让皇帝怏怏不乐。

上文提到的申说"临燔柴,脱衮服裘"之义的那位张融,系曹魏博士①。不知是什么人搞"知识考古",把千年之前张融说的"临燔柴,脱衮服裘",发掘出来讲给唐宋皇帝听,并被皇帝采用了。先衮冕而后大裘,可以说是"先文后质"。天子衮冕以斋、大裘以祭,倒不悖于《周礼》郑玄注,因为郑玄有"斋、祭异冠"之论:祭礼分为斋戒和临祭两个阶段,两个阶段各用不同的冕冠。斋冠比祭冠低一等。比如说,玄冕以祭,则用低一等的玄冠以斋;缔冕以祭,则用低一等的玄冕以斋②。

在曹魏时,博士张融曾跟王肃辩论经义③,而那位专门跟郑玄

①《隋书》卷三二《经籍志一》:"梁有《当家语》二卷,魏博士张融撰,亡。"
②参看《礼记·玉藻》郑玄注及孔颖达疏,《十三经注疏》,第 1476 页下栏。四命以上者自祭,亦"斋、祭异冠",如诸侯玄冕祭、玄冠斋、孤则爵弁祭、玄冠斋。四命以上者助祭,则另用"斋、祭同冠"之法。三命以下大夫士,自祭用玄冠,斋冠也用玄冠,也是"斋、祭同冠"。参看下表:

|  | 自祭 | 助祭 |
|---|---|---|
| 天子 | 斋、祭异冠 |  |
| 四命以上 | 斋、祭异冠 | 斋、祭同冠 |
| 三命以下 | 斋、祭同冠 | 斋、祭同冠 |

③《旧唐书》卷一一二《元行冲传》:"子雍(即王肃)规玄数十百件。守郑学者,时有中郎马昭,上书以为肃缪。诏王学之辈,占答以闻。又遣博士张融案经论诘,融登召集,分别推处,理之是非,具《圣证论》。王肃酬对,疲于岁时。……又王肃改郑六十八条,张融核之,将定臧否。融称玄注泉深广博,两汉四百余年,未有伟于玄者。然二郊之祭,殊天之祀,此玄误也。其如皇天祖所自出之帝,亦玄虑之失也。"看来张融的主张偏向郑玄,但对郑、王仍是各有批评的。张融对王肃《圣证论》的评议,见马国翰辑《圣证论》所附"张融评曰"。《玉函山房辑佚书·经编·五经总类》,第 2 册第 1980 页以下。

过不去的王肃,另有一个次序相反的"脱衮服衮"设计:天子上路祭天穿大裘,登坛临祭再把大裘脱掉,换上龙衮。《孔子家语·郊问》:"天子大裘以黼之,被裘象天,乘素车,贵其质也。……既至泰坛,王脱裘矣,服衮以临,燔柴戴冕,璪十有二旒,则天数也。"注云:"大裘为黼文也。言被之大裘,其有象天之文,故被之道路,至大坛而脱之。"①本书第六章第6节对此已有讨论了。《周礼》"大裘而冕"被郑玄解作一套无章无旒的冕服,居六冕之首;张融以衮冕为斋服,以大裘冕为祭服,仍是以《周礼》六冕为本、以郑玄为本的。临坛以"裘",是以"质"为主。王肃所持却是一种"五冕说",他以《礼记》为本,对《周礼》"大裘而冕"做出新解,认为"大裘而

---

① 宋神宗元丰四年详定官云:"王肃据《家语》,以为临燔柴,脱衮冕,著大裘。则是《礼记》被衮,与《周礼》大裘,郊祀并用二服,事不相戾,但服之有先后耳。"见《宋史》卷一五一《舆服志三》。这显然是张冠李戴,把张融的见解安在王肃头上了。同《志》宋哲宗元祐元年(1086年)何洵直反驳陆佃时,有"兼与张融'临燔柴,脱衮服裘'之义合"之言,以"脱衮服裘"属张融,那才是正确的传述。可证"临燔柴,脱衮服裘"是张融的意见,不是王肃的意见。但详定官的错误,不能认为完全出自他们的学问粗陋。查《礼记·郊特牲》孔颖达疏云:"按张融谨按:郊与圆丘是一。……《家语》又云:'临燔柴,脱衮冕,著大裘,象天。'"《十三经注疏》,第1453页上栏。这里所谓《家语》,我想其实是张融的著作《当家语》——《隋书·经籍志》记张融有《当家语》二卷——而不是王肃的《孔子家语》。孔疏的"《家语》又云",我认为应该是"《当家语》又云"。因孔疏文阙"当"字,又没把张融、王肃的区分说明白,详定官便误以"临燔柴,脱衮冕,著大裘"属王肃了。这就是错误的由来。又《明集礼》卷一:"《家语》则曰,临燔柴,脱衮冕,著大裘","唐天子……既临燔柴,脱衮服裘……盖《家语》之说也"。《景印文渊阁四库全书》,第649册第79—80页。又孙诒让《周礼正义》卷四十,也把"脱衮冕,著大裘"引为《孔子家语》之文。第6册第1626页。他们的一错再错,都来自《郊特牲》孔疏中引述《当家语》时"当"字的缺漏,是读者所当注意的。

冕"就是头戴衮冕,身上再加披一件大裘;"大裘"只是路上穿的裘衣,非冕;路上披大裘是"贵其质",燔柴服衮是"文"。这就与张融的"先文后质"相反了,是以"文"为主,"先质后文"的。刘师培先生特意指出:"王肃注以大裘为黼文,与先郑'尚质'义背。"[1] "先郑"即郑众,郑众用"示质"阐释大裘冕,他的说法被郑玄采取了。在王肃的说法中,大裘上还有华美的黼文,这也为祭天增加了"文"的因素。总之,争端发生在"裘""衮"之间,以及"裘""衮"具体该怎么穿上。郑玄对《周礼》"大裘而冕"的解释,再度遭遇挑战。

王肃的"脱裘服衮"之说,曾影响了魏明帝冕制,参看本书第六章第6节。此处重揭王肃,是因为王肃经说随即又要影响赵宋的冕服争端了。赵宋的礼官跟造冕的"技术官僚"当然不一样,他们是人文学者,其言论富有学术含量。但儒者也分两派:恪守经典派和与时俱进派。前者更看重经典的神圣性、古礼的象征性和传统的连续性,认为那与王朝合法性息息相关;后者则富于实用精神和功利精神,相信若时移世易,则"王者相变"势在必行。赵宋的时世有什么变化呢?是一个更集权、更世俗化了的皇权,以及今非昔比的社会时尚。皇家既对"以素为贵"不称心,便有宋儒"春江水暖鸭先知",不肯放过那个有缝的鸡蛋,投身理论创新,想方设法把大裘冕弄"文"了。

北宋有个叫陈祥道的,提交了这么一项科研成果:"然则合《周官》、《礼记》而言之,王之祀天,内服大裘,外被龙衮。龙衮所以袭大裘也。"陈祥道把"大裘"说成是龙衮底下的一件衣服,大裘是象征"内质"的,龙衮及冕璪十二旒是象征"外文"的。张融的

---

[1]刘师培:《西汉周官师说考》,收入《刘申叔遗书》,第196页。

图25 清《钦定礼记义疏》卷七九大裘图

（《景印文渊阁四库全书》，台湾商务印书馆1986年版，

第126册第522页）

"脱衮服裘"是"先文后质"，王肃的"脱裘服衮"是"先质后文"。陈祥道呢？他建议天子两件都穿，都不脱，里面是大裘，外面是龙衮，是为"内质外文"。其灵感的火花，来自张融、王肃吧①？不愧是朱熹所赞扬的"棣萼一门双理学，梅溪千古两先生"之一，陈祥道的"以衮袭裘""内质外文"后来居上，又胜王肃一筹。一番化解，居《周礼》六冕之一的大裘冕面目全非，变成龙衮底下的一件

---

①陈祥道《礼书》卷一："《家语》谓大裘黼文以象天，王至泰坛脱裘服衮；张融又易之，以为王至泰坛，脱衮服裘。盖王肃托孔子以信其说，张融疑王肃以变其论，……二者之说误矣。"《景印文渊阁四库全书》，第130册第10—12页。陈祥道虽对王、张各加指摘，然而那恰好暴露了他的"以衮袭裘"之说，是受了张、王启迪，进而再行立异而来的。

大裘了。无论"脱衮服裘"还是"脱裘服衮",总还有以大裘冕示人的时候;而在陈祥道的设计中,大裘深裹在龙衮里头,根本看不着了。龙衮覆盖了大裘的质素,却装饰了帝王的虚荣。

宋神宗元丰四年(1081年),详定官以衮冕祭天"非尚质之义",请求恢复大裘冕。大裘冕与衮冕被拉上台,在"二进一"的决赛中做终极PK。一位唤作陆佃的充当大裘冕的杀手,向皇帝申说"王服大裘,以衮衣袭之也"①。

陆佃的意见同于陈祥道②,又继续在"袭"字上做文章。据说先秦礼服,裘衣之上又有裼衣(即罩衣),裼衣之上又有外衣(即正服),在穿法上则有"裼""袭"之分。若袒开外衣而露出裼衣之美,称"裼",称"见美";若把正衣穿严实了,就是"袭",属"充美"③,"充"是覆盖的意思,意谓正衣把里面的华美给盖住了,包裹在里面了。盛礼以"质"为贵,其时用"袭",把华美覆盖起来;

---

① 参看《宋史》卷一五一《舆服志三》。又见陆佃:《陶山集》卷五《元丰大裘议》,《景印文渊阁四库全书》,第1117册第93页;中华书局1985年版,第54页以下。

② 《宋史》卷一五一《舆服志三》。陈祥道《礼书》虽然是宋哲宗时成书的,但他在宋英宗治平四年(1067年)进士及第之前,已有多种礼学论文发表了,其《礼书》结集了那些论文的见解。陆佃阐述"以衮袭裘",应与陈祥道有关。

③ 《礼记·玉藻》:"裘之饰也,见美也。吊则袭,不尽饰也;君在则裼,尽饰也。服之袭也,充美也,是故尸袭,执玉龟袭。无事则裼,弗敢充也。……礼不盛,服不充,故大裘不裼。"《正义》:"充,犹袭也。"《十三经注疏》,第1480页上栏、第1484页上栏。"裼",开正服前襟,并袒左袖,以见裼衣之美。参看钱玄:《三礼名物通释》,江苏古籍出版社1987年版,第25页;钱玄、钱兴奇:《三礼辞典》,第955—956页;王梦鸥:《礼记今注今译》,上册第415页;杨天宇:《礼记译注》,上海古籍出版社2004年版,上册第372页。

至于非盛礼的场合,就可以"文"一些了,可以用"裼"的穿法以"见美"①。大裘当然用于"礼盛服充"之时了。陆佃便曲之为解、大做文章,说"大裘不裼"就是"袭","袭"大裘的就是龙衮。可龙衮比大裘更华美,穿在外面,怎么是"充美"呢? 这个陆佃就不管了。陆佃还旁征博引说:"'表裘不入公门',而乃欲以见天地,可乎?"其所引系《礼记·玉藻》,可《玉藻》原文是"表裘不入公门,袭裘不入公门"。那么不仅"表裘",连"袭裘"也不能入公门;再按陆佃"不入公门"就不能"见天地"的逻辑来推导,则"袭裘"也不能"见天地"吧? 然而对后半句陆佃装没看见,使用双重标准,照"袭"不误。对于"祭天尚质,故徒服大裘"的说法,陆佃的回击是:"臣以为尚质者,明有所尚而已,不皆用质也。""质"那东西用一点儿就够了,但别全"质",免得皇上嫌素淡。陆佃还主张,只在冬至那次祭天袭大裘,发挥保暖功能而已;若其他季节祭天,连大裘也不必袭,只服龙衮就成了。

有人认为"陆佃的说法更符合传统的礼法制度"②。然而"传统礼法制度"是家异其说、人异其词的,并不存在一个作为标准答案的"传统礼法制度"。比如陆佃力驳的"徒服大裘",就是对"大裘不裼"的另一种解说。"徒服大裘"意思是说,大裘外面什么也不加穿,既无裼衣,更无外衣。雷氏《五经要义》就持有这种看法,认为大裘不同于其他的裘,既不"裼"也不"袭",而是

---

① 《礼记·表记》:"裼、袭之不相因也。"郑玄注:"不相因者,以其或以裼为敬,或以袭为敬。礼盛者,以袭为敬,执玉龟之属也;礼不盛者,以裼为敬,受享是也。"孔颖达疏:"行礼之时,礼不盛者,则露见裼衣,礼盛之时,则重袭上服。"《十三经注疏》,第 1638 页上栏。
② 崔圭顺:《中国历代帝王冕服研究》,第 96 页。

"不覆"的①。与陆佃正面PK的何洵直,也是那么看的,认为大裘与别的裘不一样,"是裘之在表者","无别衣以裼之"。何氏还赞成张融的意见,只把衮冕用作祭天时的斋冠②。双方各执一端,从宋神宗时一直辩论到宋哲宗时。

但分歧要由皇帝拍板、恭承圣裁的,不会没完没了。其实事情在宋神宗时就定案了。经陆佃一番辩驳,详定官们又赞成陆佃了。元丰六年,"神宗始服大裘而加衮冕焉"③。陈祥道和陆佃赢得了最高统治者的肯定,"以衮袭裘"成为定制。总之,居六冕之首、但被唐玄宗搁置的大裘冕,在北宋一度又被启用,梅开二度;但它并没有赢得凤凰涅槃、烈火新生的好运,反倒像毛主席老人家所说的"捣乱,失败,再捣乱,再失败",终期于尽,复归于寂。《周礼》六冕的颓势,看来已不可逆转。

眼看着宋儒乌烟瘴气地捣鬼,我们又好气又好笑,嘴巴上"为天地立心",实际在讨皇帝欢心。笔者这么说并非一意刻薄。不妨扪心自问,假如我们自己来为皇上规划礼服,那么是觉得质朴

---

① 梁人雷氏《五经要义》:"古者著裘于内,而以缯衣覆之,乃加以朝服。……加以朝服谓之袭,袒谓之裼。大裘不覆,反本以其质也。"《太平御览》卷六九四《服章部》引,第3册第3099页。这部"雷氏《五经要义》"大概是南朝之书。《隋书》卷三二《经籍志一》:"《五经要义》五卷,梁十七卷,雷氏撰。"马国翰云:"雷氏不详何人,《隋志》五卷,梁十七卷,雷氏撰。《唐志》亦五卷,序次刘向《五经通义》下。余萧客《古经钩沉》遂以属之刘向,非也。今其书佚,采辑二十余节。说裼、袭、彤管,皆详晰有古致。盖承汉人遗说也。"《玉函山房辑佚书·经编·五经总类》,第2册1969页。王仁俊《玉函山房辑佚书续编》,仍以《五经要义》属刘向。上海古籍出版社1989年版,目录第4页及正文第75页。
② 《宋史》卷一五一《舆服志三》;《历代名臣奏议》卷二一,上海古籍出版社1989年版,第1册第269页。
③ 《宋史》卷一五一《舆服志三》。

简洁好,还是不由自主地往华丽高贵里设计？您将怎么设计呢？都是中国人,对中国人的潜意识,不会参不透吧。总之,连作《祭礼》的朱熹门徒杨复、作《文献通考》的马端临,还有若干明儒清儒,都觉得"以衮袭裘"那主意真对真好①,清人秦蕙田甚至啧啧赞叹为"千万世之准绳"②。若由他们组成一个"新儒学评奖委员会"的话,准会给陈祥道、陆佃各发一个"尊君卑臣突出贡献奖"的。张融、王肃的大裘、衮冕之说被闲置了很多世纪,但在唐宋再度时来运转,共同促成《开元礼》《开宝礼》的"脱衮服裘"和宋神宗的"以衮袭裘"了。谋求"为帝王师"的士人们不必悲叹"献赋十年犹未遇"了,尽管"赋就金门期再献"好了,是金子总会发光的;而儒家经说在千百年后的兴风作浪能力,士大夫损益传统、迎合时政的继往开来功夫,再度让人叹为观止！

何洵直在大裘冕问题上的意见近于张融,也就是近于郑玄,而陈祥道、陆佃的意见则近于王肃。王肃的"脱裘服衮",给了宋儒陈祥道、陆佃以灵感的火花,陈、陆得以踵事增华,再创"以衮袭裘"之说。清儒秦蕙田力赞陆佃,而皮锡瑞不以为然:"秦蕙田《五礼通考》多蹈陈祥道《礼书》,舍郑从王之失,似即以《礼书》为蓝本。"③又清人焦廷琥云:陈氏《礼书》"强合《周礼》、《郊特牲》之

---

① 杨复:"愚按六服而冕,注说恐未安,当从陈氏大裘、衮衣同冕之说。"马端临:"盖大裘、衮衣不可分而为二服,而服与冕皆五。"《文献通考》卷一一一《王礼考六》,上册第1002页上栏。又孙诒让《周礼正义》卷五十:"王安石、陈祥道、王昭禹、郑锷、方苞、姜兆锡并谓祀天服大裘,更袭龙衮。"第6册第1626页。又如王舆之《周礼订义》、方回《续古今考》、柯尚迁《周礼全经释原》、王志长《周礼注疏删翼》、孙希旦《礼记集解》等,均以陈祥道为是。

② 秦蕙田:《五礼通考》卷四,《景印文渊阁四库全书》,第135册第184页上栏。

③ 皮锡瑞:《经学通论》卷三《三礼》,第35页。

义,吾谓此王肃、张融之调人耳,非经义也"①。然而"经义"本来就是存在矛盾的,《周礼》《礼记》两书各是各,难以事事捏合,若以此驳彼,难免弄出一些糊涂账来。

　　从学术上说是糊涂账,从政治说就未必真糊涂了,如何发言谁爱听,潜台词是什么,当事人多半心知肚明。"以衮袭裘"表面只是个礼制问题,但从遵循古礼照搬大裘冕,到与时俱进改造大裘冕,其背后是王朝对"周礼"态度的实用化、世俗化。在回应那个变动时,士大夫左右分化了,分成了恪守经典派和与时俱进派。也不能说恪守经典一定就是老古董,与时俱进一定就是小滑头。处在同一个权力结构和利益格局之下,行动者仍有不同生存策略可供选择的。连家养的宠物都是如此:猫猫较有自主性、独立性,是为"猫策略";狗狗完全以主人为中心,是为"狗策略"。在谋生谋利上两种策略优劣互见,各有所长。若用一种比较阴暗的眼光——如"学术背后的利益"——去观察,则二者都是博弈之方,都出自士人的理性算计:恪守经典,是一种神乎其技、高自标置的"自重"策略;与时俱进,是一种弃己从人、以曲求伸的"分赃"策略。然而恪守经典派有一个"阿喀琉斯之踵":好比垄断价格联盟,若有盟友中途反水,与时俱进,向统治者廉价倾销,联盟就难以为继了。其时帝国统治者作为买主,将是最大的获利者。纵观中国历史后期,那个"学成文武艺,货与帝王家"的士人阶层,其卖价自主的能力不断下降,原因之一,就在于与时俱进者与日俱增。在个人层次上看问题,与在社会层次上看问题,看到的东西是不一样的。在个人层次上,我们其实没有质疑陈祥道、陆佃的人品,没说他俩是佞人,也许争论的双方都是认认真真的。但在社会层

①焦廷琥:《冕服考》卷二,《续修四库全书》,第 109 册第 266 页。

次上,从群体行为的意义看,背离"以素为贵",揭举"以衮袭裘",客观上即属"狗策略",属廉价倾销。

## 4. 由宋至辽金元明冕服专属皇族

本章第 2 节中我们已经看到,南宋的八旒、六旒、四旒级差,显示冕服体制面向诸臣;不过同时,诸臣服冕之法本身又成了强弩之末了,其对官僚实际品位的影响已微不足道。而且皇帝、皇族却利用冕服自我尊崇,又逐渐剥夺了诸臣的服冕资格。

在南北朝和隋朝,皇太子是否服衮冕,是否服冕朝贺,一度成

图 26　敦煌 158 窟壁画中的服冕王子(局部)
(敦煌文物研究所编:《中国石窟·敦煌莫高窟》第 4 卷,
文物出版社 1987 年版,第 65 页)

了敏感问题。在唐初,九章九旒一级的冕服皇帝不用,专门留给皇太子。武德之制和开元之制都是如此。赵宋皇太子依然是衮冕九旒。南宋绍兴年间,又规定皇子祭服是"金涂银八旒冕"①。那与皇帝的衮冕放在一起,就形成了一个皇帝十二旒、皇太子九旒、皇子八旒的级差。同时官僚层的冕服被压低了,一品三公的冕服由九章变成了七章。参看下文金朝金熙宗时的太常寺议。对品官来说,冕服的等级功能在萎缩着,对皇族就不全那样了。

辽、金、元的少数民族王朝一度打断华夏舆服的变迁进程,但"打断"的同时也有"参与"。比如在冕服之制上,辽、金、元王朝在中华冕服变迁史上留下了印记。

辽朝的契丹族皇帝衮冕十二章,但只皇帝服冕。辽朝另有一种实里薛衮冠,号称"国服衮冕"②,虽有衮冕之名,实为比附而已。金朝皇帝衮冕十二章十二旒,皇太子九章九旒。皇太孙册命虽然使用远游冠,谢庙则服衮冕③。金熙宗皇统七年(1147年),太常寺议庙祭之服:"凡行事、执事、助祭、陪位官,准古典当服衮冕九章,画降龙,随品各有等差。……今汴京旧礼直官言,自宣和二年已后,一品祭服七旒冕,大袖无龙。唐虽服九章服,当时司礼少常伯孙茂道言,诸臣之章虽殊,然饰龙名衮,尊卑相乱,请三公服鷩冕八章为宜。臣等窃谓历代衣服之制不同,若从后魏则止服朝服,或用宋服则为七章,若遵唐九章,则有饰龙名衮尊卑相乱之议。"唐朝三公用衮冕九章,系遵古礼,然而当时已有孙茂道跳出来加以指责,还有苏知机想把三公降到鷩冕八章了。从上引金朝

①《宋史》卷一五一《舆服志三》。
②《辽史》卷五六《仪卫志二》。
③《大金集礼》卷八《皇太子冠服·大定二十七年册皇太孙》,中华书局1985年版,第109页。

的太常寺议,我们知道南宋三公的服章又变成了七章。金朝总结历史经验、顺应历史发展趋势,索性不让诸臣服冕。史称:"尚书省乃奏用后魏故事。"①最利于"尊君卑臣"的方案入围中标了。

元朝"宪宗壬子年秋八月,祭天于日月山,用冕服自此始"②。宪宗即蒙哥大汗,其年为1252年。据说忽必烈时"礼乐大备,粲然

图 27　永乐宫壁画南极长生大帝(局部)

(柴泽俊编:《山西寺观壁画》,文物出版社1997年版,第206页)

---

① 《金史》卷四三《舆服志中》。按,"准古典当服衮冕九章,画降龙"一句,中华书局本标点为"准古典当服衮冕、九章画降龙",不甚妥,径改。
② 《元史》卷七八《舆服志一》。

成方"，"考古昔之制而制服焉"①。这说法倒是出人意表的，恐是夸饰吧。元朝冕制，皇帝冕服十二章十二旒，皇太子衮冕九章九旒，三献官及司徒、大礼使用笼巾貂蝉冠为祭冠，助奠以下诸执事官用貂蝉冠、獬豸冠、七梁冠、六梁冠、五梁冠、四梁冠、三梁冠、二梁冠，不用冕。元武宗至大年间（1308—1311年），太常博士李之绍、王天佑疏陈，亲祀冕无旒，服大裘而加衮，裘以黑羔皮为之②。蒙古统治者对汉式礼仪的等级意义并不敏感，冕无旒就无旒吧，并不那么在意。与之同时，这个异族政权与辽金一样，只把服冕资格限于皇帝父子，他人不得染指。

中国王朝更替和皇权转移的通常规律是"马上天下"，即"由政治军事集团通过战争建立政权"。李开元先生认为这是一种缺乏创造性的改朝换代方式③，梁启超又看成一种专制体制自我强化的机制："专制权稍薄弱，则有分裂，有分裂则有力征，有力征则有兼并，兼并多一次，则专制权高一度，愈积愈进。"④骑马民族的入主，在某种意义上说是一种特殊类型的"马上天下"。在异族政权中，民族征服与压迫，骑马民族的军事性格和主奴观念，造成了一种结构性的张力，在与汉式专制官僚组织结合之后，孕育出了

---

① 《元文类》卷四一，《经世大典序录·舆服》，商务印书馆1958年版，下册第545、547页。

② 《元史》卷七八《舆服志一》；又参史卫民：《元代社会生活史》，中国社会科学出版社1996年版，第98页以下。

③ 李开元：《汉帝国的建立与刘邦集团——军功受益阶层研究》，生活·读书·新知三联书店2000年版，第256页。

④ 梁启超：《中国专制政治进化史论》，收入《梁启超全集》第3卷，北京出版社1999年版，第777页。

更强悍的专制集权①。姚大力先生认为："主奴观念进入元代君臣关系是受蒙古旧制影响的结果，并且它已经渗透到汉式的皇帝—官僚关系中间。"②辽金元帝国上承北魏前期冕制，不许臣下服冕，不能说与同期中国史上"尊君卑臣"的进一步发展无关。

**图 28　定陵出土的十二旒冕**

（北京市昌平区十三陵特区办事处编：《定陵出土文物图典》卷一，

北京美术摄影出版社 2006 年版，图 10）

　　明太祖朱元璋"驱逐胡虏、恢复中华"。洪武元年（1368 年）二月壬子即"诏衣冠如唐制"。同年学士陶安请制五冕，不过朱元

①参看拙作：《波峰与波谷——秦汉魏晋南北朝的政治文明》，北京大学出版社 2009 年版，第 12 章。
②姚大力：《论蒙元王朝的皇权》，《学术集林》第 15 辑，上海远东出版社 1999 年版。

璋嫌"五冕礼太繁"而不用。洪武四年正月制,"亲祀圆丘、方丘、宗庙及朝日夕月服衮冕,其余用皮弁"①。"正旦、冬至、圣节并服衮冕,祭社稷、先农、册拜,亦如之。"按,朱元璋即位的当年,就在钟山亲祭昊天上帝与圆丘,次年又亲祭地于方丘。这时的天地分祀之制,与《周礼》相合。为什么天地之祀用《周礼》呢?朱元璋称:"元兴以夷变夏,民染其俗,先王之礼几乎熄矣。而人情狃于浅近,未能猝变。今命尔稽考典礼,合于古而宜于今者,以颁布天下,俾习以成化,庶几复古之治也","自元氏废弃礼教,因循百年,而中国之礼变易几尽",而他将"斟酌先王之典,以复中国之旧"。我们看到,当时朱元璋已有"合于古"和"宜于今"两方面的考虑了。在"恢复中华"的民族情感支配下,"复古之治""先王之典"的方面,一度被他特别看重。但没多大工夫,其态度就变了。洪武十年(1377年)又改为天地合祀了,即合祀天地于南郊大祀殿。朱元璋声明:"若措礼设仪,文饰太过,使礼烦人倦,而神厌弗享,非礼也。……朕周旋祀事十有一年,见其仪太烦,乃以义更其仪式,合祀社稷,既祀神乃欢。"②没过几年,"宜于今"的考虑就占了上风。

洪武二十六年(1393年)朱元璋定制,皇太子陪祀天地、社稷、宗庙及大朝会、受册、纳妃服衮冕,九旒九章;亲王助祭、谒庙、朝贺、受册、纳妃服衮冕,服同太子;亲王世子圣节、千秋节并正旦、冬至、进贺表笺及父王生日诸节庆贺服衮冕,七旒七章。永乐

---

① 徐学聚:《国朝典汇》卷一一一《冠服》,北京大学出版社1993年版,第5379页以下。洪武四年所建圆丘、方丘、日、月、社稷、太庙等祭祀建筑,参看王剑英:《明中都研究》,中国青年出版社2005年版,第84页以下。
② 《皇明宝训》卷二《议礼》,台湾学生书局1986年版,第142—143页;《洪武御制全书》,黄山书社1995年版,第463—464页。

皇帝又有所调整，皇太子、亲王衮冕九旒九章，亲王世子八旒七章，郡王七旒五章①。山东曲阜明朝鲁王朱檀墓所见九旒冕实物②，就是亲王服冕的物证。皇族的冕服等级更细密了，同时却不给臣子服冕资格。除了朱家的皇子皇孙和王爵拥有者，公侯伯（明无子男之爵）及品官都无冕服，大礼时梁冠朝服而已③。那么，"皇帝衮冕升座，皇太子、诸王衮冕，自殿东门入侍立"之类景象，就向天下昭示了皇室与臣民身份悬隔④。

朱元璋恢复了华夏衣冠冕服，但被他所驱逐的"胡虏"的某些做法，又被他暗中承袭了。辽金元已切断了公卿服冕的历史传统，而明廷不准臣下服冕，与辽金元冕制是上承下效关系，甚至可以上溯到北魏孝文帝。这样看来，朱皇帝"恢复中华"是有选择的，对中华传统文化他要挑拣一番，有的"取其精华"，有的就选择

①以上见《明史》卷六六《舆服志二》。亦可参看《明会典》卷六十，中华书局1989年版，第365页以下；《王国典礼》卷二，《北京图书馆古籍珍本丛刊》，书目文献出版社2000年版，第59册第67页以下。
②山东省博物馆：《发掘明朱檀墓纪实》，《文物》1972年第5期。
③明初李贞、徐达的传世画像，有冕服九旒。参看周锡保：《中国古代服饰史》，第29、41页。按李贞为朱元璋姊夫，死后追赠陇西王；徐达封魏国公，死后追封中山王。冕服九旒，是符合二人所拥有的王爵的。又明初功臣开平王常遇春、宁河王邓愈、黔宁王沐英（均为追封），都有传世戴冕图像。参看苏振申：《中国历史图说》十（明代卷），台湾世新出版社1984年版，第20—21页。封公爵者则无戴冕图像。明熹宗时各地为魏忠贤立生祠，其塑像用冕旒。榆林市新明楼的铜像原有冕旒，据考证是魏忠贤生祠。参看徐涛、刘合心：《榆林新明楼魏忠贤铜像考》，《文博》2002年第3期。是为特殊情况。此外，图像中的古帝王或被祭祀的神像，其有冕旒者也同时都有帝、王资格，如孔子、关帝、南海广利王、封王的城隍等。
④对明初冕服变迁的过程及意义，张志云先生有更详细的考察阐说，见其《重塑皇权：洪武时期的冕制规划》，《史学月刊》2008年第7期。本书交稿时尚未读到此文，今利用校对之机插入补注，敬希参看。

图 29　明鲁王朱檀墓出土九旒冕

（王莉编著：《中华古文明传真》第 9 册，上海辞书出版社、

香港商务印书馆 2001 年版，第 47 页）

性失明，或干脆"去其糟粕"。尽管孟子号称"亚圣"，对孟子之书，朱元璋却必删之而后快，像蝙蝠憎恨阳光一样憎恨"民贵君轻"之说。周良霄先生论明初政治："朱元璋以'拯生民之涂炭，复汉官之威仪'为标榜，灭元兴明。在建制上以承唐、宋为名义，而实际上却继承元朝，不过将一些蒙古的名号、制度予以废弃和改易。君尊臣奴在名义上当然已改变了，但君臣尊卑的差距却一仍元旧。"①跪拜之礼便是如此。康有为说："汉制，皇帝为丞相起；晋、六朝及唐，大臣皆坐；唯宋皆立，至元乃跪，后世从之。"②唐以前的君臣相见之礼，是双方席地而坐，大臣是能够与皇帝"坐而论

①周良霄：《皇帝与皇权》，上海古籍出版社 1999 年版，第 271 页。

②康有为：《丁巳要件手稿·拟免跪拜诏》，《康南海先生遗著汇刊》，台湾宏业书局有限公司 1987 年版，第 13 册第 7 页。

道"的。宋朝则变成了君坐臣立。蒙元的政治风气是视臣如奴，臣下必须跪伏奏事。明初君主专制趋于强化，蒙元的跪拜之礼，理所当然地被朱皇帝发扬光大了①。张帆先生认为，蒙元的臣僚奴化、家臣专政等政治特点，与唐宋以来的专制强化趋势相结合，就成为明朝极端君主专制的两个来源②。跪拜礼的变迁，是张先生论断的又一明证。而且冕服也是。宋以来冕服逐渐限于皇室的趋势，经过辽金元推波助澜，就变成了明朝的那个样子。赘言之，明朝的冕制，是唐宋以来王朝品位结构的内源性发展，与异族皇权的外源性影响共同塑造的。

　　宋以来冕服逐渐限于宗室的内源性发展，这里也做一简要陈述。诸侯与诸臣的冕服等级变迁，其背后是爵级与官阶的关系变迁，即帝国品位结构变迁。这大致经历了四个阶段。第一阶段是周朝的"爵本位"。此时爵为身份之本。五等爵是国君的爵级，官员以所谓"内爵"公卿大夫士为品位，大夫以上都能服冕。第二阶段是秦汉的"爵—秩体制"，其时封爵、二十等爵与官阶禄秩两立对峙，前者用以安排身份，后者用以保障行政。但不能依爵级入仕，爵、秩疏离。在冕服安排上，诸侯也与公卿平分秋色。第三阶段是魏晋南北朝隋唐，爵级被整合于官品框架中，可以按爵级获得做官资格，"官本位"初步确立。王爵与五等爵用于保障核心统治集团的身份。所以这期间的冕服安排中，诸臣下降而诸侯上升。第四阶段是宋以下，其时配置于爵上的利益大为减少，不能凭爵级获得做官资格了。明朝荫叙主要依官品，爵级主要用来封

<hr>

①参看杜家骥:《中国古代君臣之礼演变考论》,《中国社会历史评论》第1卷,天津古籍出版社1999年版,第260页以下。
②张帆:《论蒙元王朝的"家天下"特征》,《北大史学》第8辑,北京大学出版社2001年版。

授将领,文臣很难得到封爵,科举学历变成了官僚的基本个人品位。"爵"的功能,一是尊宗室,二是赏功臣。到了明清,宗室封爵与官僚封爵各成序列,分道扬镳了①。在这时候,就官僚而言,"爵"的身份功能大大弱化了;对宗室来说,"爵"的身份功能却大大强化了。在辽金元冕制的推动下,明朝就采用了这样的制度:剥夺官僚的服冕资格,只让拥有王爵的宗室服冕。

明初的冕服,在形制上倒是参照了古礼的,曾经花了功夫考求古书。外观用爵弁样式,而不是加缫版于通天冠上;旒用五彩珠,而不是白玉珠。但历史早期卿大夫乃至士都可以服冕(爵弁)的传统,具有"君臣通用"性格的六冕体制,已荡然无存。丘濬概括了这个变迁:"古者自天子以下至于士,皆有服章多少之数,以次而杀,上得兼下,下不得僭上。今世冕服,惟天子及亲王有之,自公侯以下皆无有也。"②在辽金元明(及清),用"冠冕"指称官僚士大夫已不妥当,因为他们没资格戴冕了;"无冕之王"的比喻倒是合乎事实了,因为这句比喻以"非王不冕"的制度为前提。

清朝顺治九年(1652年),以《服色肩舆条例》终结了汉式冠冕。血腥的"薙发易服"之余,华夏冠服就只能在戏台上和朝鲜半岛一隅看到了③。皇帝虽有衮服,上面也有十二章,但那已不是华夏冕服之旧。乾隆宣称:"至于衣冠,……则依我朝之旧,而不敢

---

①明朝宗室之封,使用王、将军、中尉之号;异姓之封,使用公、侯、伯三号。清朝宗室之封,使用王、贝勒、贝子、国公、将军等号;民爵之封,使用五等爵及都尉、骑尉之号。这个趋势其实从唐朝就开始了。唐朝宗室诸王、公主食实封的人数和户数,远远多于功臣封爵者。可参马俊民:《唐朝的"实封家"与"封户"》,《天津师范大学学报》1986年第3期。

②丘濬:《大学衍义补》卷九十《备规制·冕服之章》,《摛藻堂四库全书荟要》,第67册第111页上栏。

③参看葛兆光:《大明衣冠今何在》,《史学月刊》2005年第10期。

**图 30　清帝朝服上的十二章刺绣**

（宗凤英：《清代宫廷服饰》，紫禁城出版社 2004 年版，第 24—26 页）

改焉"，"且北魏辽金以及有元，凡改汉衣冠者无不一再世而
亡。……可不慎乎？可不戒乎？"①乾隆的服饰政策，不能说是杞
人忧天、无事生非。对异族统治集团来说，丧失民族个性与丧失
政权，并不是毫无关系的②。但清朝在皇袍上采用了十二章，算是
满族汉化的物证之一，也用以象征满族统治华夏的合法性。

　　太平天国的官制参考了《周礼》，但没采用《周礼》冕服。天
王使用的是纯金朝冠，又称"角帽"；东王等人的礼冠皆纸骨贴金，

①《皇朝礼器图式序》，《景印文渊阁四库全书》，第 656 册第 2 页。
②可参看刘浦江：《女真的汉化道路与大金帝国的覆亡》，《国学研究》第 7
　卷，北京大学出版社 2000 年版。

上缀龙凤不等①。

当国门打开，人们发现这世界上竟有另一些人群以另一种方式生活之时，情况又发生了变化。康有为上《请断发易服改元折》，说是现在"万国交通，一切趋于尚同"，大清不能"衣服独异"；而且当今是"机器之世"，留辫子很容易搅到机器里送命；主张穿西服，说西服其实是合于古制的②。不久，革命者进而觉悟到"这大清的天下是我们大家的"③，废除帝制建立共和。1912年民国政府颁布第一批服制条例，宣告了王朝舆服等级制寿终正寝。但民国的国家祭服最初仍用爵弁，以章数为等差④，依然显示了冕服传统的强大影响。

袁世凯为了给称帝制造合法性，着手祭孔祭天⑤。面对着"尊天为帝制所从出，郊祀非民国所宜存"的质疑，袁世凯引证《礼记》

---

① 简又文：《太平天国典制通考》，简氏猛进书屋1958年版，第1册第152页以下；夏春涛：《略论太平天国的服饰》，《文史杂志》1988年第6期；夏春涛：《太平天国服饰制度探微》，收入《近代中国社会生活与观念变迁》，中国社会科学出版社2001年版，第136页。
② 康有为：《戊戌奏稿》，收入《康南海先生遗著汇刊》，第12册第56页以下。
③ 鲁迅：《药》，收入《鲁迅全集》第1卷，人民文学出版社2005年版，第469页。
④ 参看《内政年鉴》四《礼俗篇》，商务印书馆1936年版，第三章"服制"，第11页以下。
⑤ 杨格（Ernest P. Young）评论说，袁世凯鼓励和资助祭孔，是"希望人民对这些仪式会有像古代一样的回应，以期达成目前的政治和社会目的。为了同一目的，袁世凯恢复祭天典礼——古代一种只由天子主持的祭典"。见其《现代化的保守人物——袁世凯》，收入张玉法主编：《中国现代史论集》第4卷《民初政局》，台湾联经出版事业公司1980年版，第176页。鲁迅《在现代中国的孔夫子》也指出："从20世纪的开始以来，孔夫子的运气是很坏的，但到袁世凯时代，却又被从新记得，不但恢复了祭典，还新做了古怪的祭服，使奉祀的人们穿起来，跟着这事出现的便是帝制。"收入《鲁迅全集》，第5卷第332页。

《周礼》予以驳斥："《特牲》之篇，著仪于《戴记》；圆丘之制，辨位于《周官》。钦若昊天，亭毒万物；粤稽古训，祀事孔昭！"议员孙毓筠倡议以冕服为祭天之服，冕服遂昙花一现，死灰复燃了。1914年12月23日在北京天坛，袁世凯这位窃国大盗身着十二团大礼服，头戴爵弁面对苍天①。由历史照片所见，其时助祭者也服爵弁。袁世凯还预制了皇帝冕冠一种，今藏国家博物馆②。后人有诗讥之："郊天祀典附成周，监制王冠十二旒。"③那是帝王"服周之冕"的最后一个泡沫，也是一个肮脏的泡沫。

① 陶菊隐：《北洋军阀统治时期史话》，生活·读书·新知三联书店 1957 年版，第 2 册第 28 页。其时陪祭者礼服，特任官九团，简任官七团，荐任官五团，遵循着十二、九、七、五的礼制级差。下裳一色为紫缎裙。

② 周锡保：《中国古代服饰史》，第 24 页。又据丁中江，这位"洪宪皇帝"的祭天龙袍耗资 50 万元；登极龙袍耗资 30 万元，均由北京最大的瑞蚨祥服装店承制。其袍用真金丝盘织龙衮，遍嵌珠宝，大东珠取自清之内库。平天冠一顶，旒用珍珠。见其《北洋军阀史话》第 2 卷，中国友谊出版公司 1992 年版，第 140—141 页。又见白蕉：《袁世凯与中华民国》，台湾文海出版社 1967 年版，第 362 页。袁氏登极和祭祀之服，为衮冕、玄衣、纁裳、大带、中衣、朱袜、赤舄。衮冕前后垂旒各十二，每旒贯明珠十二，珠径二分，末缀五彩玉；冕的边饰金云龙二，上施八梁，下施金绣云山纹，两旁垂白玉瑱。衣用金绣日、月、星辰、龙、山、华虫、火、宗彝、藻九章，裳用金绣粉米、黼、黻三章。参看《袁大总统登极大典》稿本，转述自侯宜杰：《袁世凯的一生》，河南人民出版社 1982 年版，第 447 页；《袁世凯全传》，当代中国出版社 1994 年版，第 460—461 页。又可参张新吾：《袁世凯称帝前后》，收入《文史资料存稿选编精选·清末民初风云》，中国文史出版社 2006 年版，第 95 页以下；魏宜之：《帝制收支，豪奢无度》，收入文斐编：《我所知道的袁世凯》，中国文史出版社 2004 年版，第 211 页。

③ 刘成禺：《洪宪纪事诗》，收入《洪宪纪事诗三种》，上海古籍出版社 1983 年版，第 5 页。

**图 31　袁世凯戴冕（爵弁）在天坛祭天**

（张筱强编著：《图片中国百年史 1894—1994》下卷，

山东画报出版社 1994 年版，第 77 页）

# 第十二章　理性化与世俗化

　　王朝舆服等级制给了我研究的选题,它滋生于一个悠久而深厚的传统,我们出自那个传统,不难感受到它巨大而浓重的身影,只能正视它,并去探讨它。《周礼》六冕提供了一个很不错的实例,让我们来观察中国"古礼"与王朝等级制的互动,以及其间宗经、复古、尊君、实用各种考虑所发挥的作用。六冕在战国的礼书中诞生,两汉间古冕被王朝采用,南北朝隋唐间出现了一个使用六冕的高峰,又在宋明逐渐低落下去了。其长达十几世纪的变迁,留下一道漫长的起伏轨迹。导致轨迹起伏的,不只是社会风尚变迁,还可以在服饰史、官阶史和经学史的交界面,发掘出服饰背后的权力,学术背后的利益。

　　那条轨迹的起点是中国礼制的"建构期",被某些论者看成史实的《周礼》六冕,我们认为是"建构"出来的。进一步说,千百年来被看成制度楷模的"周礼",某种程度也是一座"空中楼阁",只存在于儒家礼书和儒者研讨之中。当然,"建构"也是用了原材料的,那就是周朝的"原生礼制",可以通过"解构"尝试复原其原貌;而且建构者所使用的方法、逻辑、思路本身也值得关注,因为它本身就是早期礼乐精神的体现。考察显示,《周礼》六冕结构,是以周朝的等级祭祀制、等级君主制与等级祭服制为素材,通过若干规则而变换生成的。所以六冕的"如王之服"特征,是周朝政权结构与神权结构的一个折射。战国的剧烈历史转型,造成了礼崩乐坏和礼、法分途。在政治领域,帝国法制在突飞猛进,"古礼"传统呈现断裂;但在学术领域,"古礼"却也在儒生的研讨建构中获得了空前发展。

在帝制时代导致了"古礼"的轨迹重新上升的,是士人阶层的"复古"和"宗经"的观念。王朝采用"古礼",就等于打起了一面鲜艳的红旗,表明本朝系圣人的追随者和经典的奉行者。为把拥有丰厚"文化资本"的士人整合到体制之内,迎合士人而"制礼作乐""服周之冕",也是必要之举。当然"复古"也可能有助于"实用",礼书所记制度若善加利用,也能成为制度创新的资源。在历史前期人们对冕服尚不陌生,用它来赋予大臣荣耀、调整品位资望,是可行的。古冕也足以显示君权来自古老而神圣的传统,不容置疑。

然而古冕与现实又不可能丝丝入扣。除了服饰风尚今非昔比之外,还因为建构古冕时所参照的政权结构与神权结构,并不同于现行的政权结构与神权结构;而若干民间学者的"二次建构",只是一种"理想国"想象或纯学理推导,没充分考虑政治需要。战国秦汉发展起来的帝国体制,指导这个体制发展的法家学说,都富有浓厚的实用精神和功利精神,从而构成了统治者对待"古礼"的又一出发点。从"尊君"和"实用"方面说,冕服必须被改造以适合时政国情。大概没有哪个王朝的祭服是全盘照搬"古礼"的,或多或少都曾加工改造,调整这个细节,改动那个局部,以适合于不同的需要。正如肖像画一样,鼻子改大点,嘴巴改小点,那脸蛋就变形了。标榜的是复兴古冕,凑近了细看却已不是原貌。各朝冕服等级结构呈现出各种变化,时而"六冕同制""单列式",时而"君臣通用""多列式"。有时为了利用"复古"来标榜文化正统,皇帝甚至可以暂时容忍君臣冕服等级倒置。历朝对诸侯冕服与诸臣冕服的不同安排,也是一个值得寓目之处。《周礼》六冕本是以诸侯的爵级为主干的,到唐代就变成以诸臣的官品为主干了,其背后就是一个从"爵本位"到"官本位"的历史进程。最后的结局明朝皇帝、皇族对冕服的独占,则是专制主义进一步强化的表现。

士人是经典的承载者和解释者。若士人在政权中影响变大,学术论战的狼烟就会燃烧到朝堂上去。因身份的官僚化,各朝的叔孙通们迎合时君、适应时政,为君臣的冠服之荣提供理论根据。而恪守经典者的鲁两生们,又会跟与时俱进者发生龃龉。各种经说,为此沉浮不定。时势因素也不能忽略。汉帝国的繁荣强盛,支撑了新莽的变法雄心。东汉初承新莽复古余波,礼制上便不能毫无作为。东晋小朝廷风雨飘摇,没能力"制礼作乐"了。南北朝时帝国复兴,各政权以"复古"来推动制度创新,争夺中华正统。隋唐制度发展"百川归海","古礼"用于夸耀"盛世"的降临。

各种力量的错综交织之下,冕制的变迁做蛇形推进。汉廷独尊儒术,导致了冕服的复兴;而随时光流逝、去古已远,早期儒家的理想主义、浪漫主义日益退潮。在经历了充分的"解魔"(disenchantment)洗礼之后,"吾从周""服周之冕"失去了炫人心目的感召力。古礼古制那面红旗逐渐褪色、逐渐低垂了,实用化、世俗化开始主导官制和舆服的变迁。中国的皇帝不是神而是人,甚至不是儒家期许的圣人而是凡人①,他也渴望着士人和民间的乐趣,他

---

①中国的帝王被认为受命于天,但其本人不被看成神,而是人。因为统治者是人不是神,所以昏君、暴君,史不绝书。《白虎通义·爵》:"帝王之德有优劣。"陈立:《白虎通疏证》,第2页。阮籍《通老论》:"三皇依道,五帝仗德,三王施仁,五霸行义,强国任智,盖优劣之异,薄厚之降也。"《阮籍集》,第30页。

的荣华是世俗化的荣华。比如，他也觉得端正站立乘马车，不如牛车悠闲自在；他也不喜欢古式辂车，勉强乘辂南郊，礼毕就纵马而归；他有时也厌倦了礼服的约束，而心仪着巾帢和幞头的舒适轻松。中国等级制的特点，是既存在着森严等级，各等级间又存在着活跃流动。这一特点也将影响到服饰变迁上。"衣着习惯可能从社会高层滑向底层，但也可能朝反方向滑动。"①宫廷妆饰会流到民间，若干新起服饰会被纳入王朝冠服。对官僚来说，其官服既合乎社会时尚又高人一等，才能显出他们是"人上人"呢。舆服是"能指"的符号，因时尚变迁，特定符号可能丧失象征能力，那么就会被新的符号取而代之。跟进舆服时尚，把散漫无章的时尚等级化，吸收新事物为旧制度服务，也是中国舆服的规律性现象。于是在安排官贵身份上，古老的冕服最终成了"已陈之刍狗"。朝廷偶尔在少数典礼上才打出"古冕"那面旗来，用以象征皇帝的神圣与皇族的高贵，仅此而已。

在冕制变迁的背后，是士人及其承载的文化传统与王朝政治的互动，进而是早期中国文化的"礼制浪漫主义"与中国制度的"官僚理性主义"的互动。中国历史演进的主体，除了国民与疆土之外，就是其特有的文化与制度了。文化的代表者是孔夫子，制度的奠基人是秦始皇。在某种意义上可以说，中国历史就是孔夫子与秦始皇的历史。并且在中国，文化与政治既相互分离，又不可分离。儒家的礼制建构，自初就是一个政治建构。在"轴心时代"中国出现了一部以"官"叙"礼"的《周礼》之书，通过官制来构

<hr>

① 罗什：《平常事情的历史：消费自传统社会中的诞生，17—19 世纪》，百花文艺出版社 2005 年版，第 246 页。

建礼制,不同凡响,极富"中国特色"①。若干王朝还真就按《周礼》改革官制,以安排天地人秩序;而按一部理想蓝图建构行政体制的做法,在其他国度的历史上也极罕见。然而民间儒者的礼制建构,并非实用立法,很难避免空想或纯理成分,某种程度只是一座"空中楼阁"。君臣可以只吸收其蕴含的政治思想,有选择地利用其中的制度资源;也可能被"空中楼阁"的金碧辉煌所眩惑,直接拿它去改建帝国大厦了。不过经漫长适应摸索,在如何运用儒家经典、如何看待儒家礼制上,君主、士大夫都逐渐趋于理性化了。

清人赵翼论"汉时以经义断事":"援引古义,固不免于附会,后世有一事即有一例,自亦无庸援古证今,第条例过多,竟成一吏胥之天下,而经义尽为虚设耳。"②经义仍是大政的指南,但已不是日常行政的教条了。汉儒反《周礼》,多半出自门户之争③。宋儒就相当不同了,他们由"疑传"进而"疑经",其对《周礼》的抨击,

①古希腊政治学的重心不是研讨官制,而是研讨政体与治理。参看萨拜因、索尔森:《政治学说史》,商务印书馆 1986 年版,第 60 页以下;施特劳斯、克罗波西:《政治哲学史》,河北人民出版社 1993 年版,第 1—4 章;王乐理主编:《西方政治思想史》第 1 卷《古希腊罗马》,天津人民出版社 2005 年版,第 1 编。古印度有一部《政事论》(可参《古印度帝国时代史料选辑》,商务印书馆 1989 年版,第 25 页以下),讨论了国王和各种官员的职能与品德,但也不是系统化的官制设计。中国人在"轴心时代"就信奉"设官分职,以为民极",通过"官"来安排天地人秩序,显示了中国文化的浓厚行政气息。到了清末,康有为仍有"设官分职以任庶事,此万国古今之公理也"的论调,见其《官制议序》,收入《康南海政史文选》,广东教育出版社 1993 年版,第 68 页。

②赵翼:《廿二史札记》卷二《汉时以经义断事》,王树民:《廿二史札记校证》,中华书局 1984 年版,第 43 页。

③章太炎:"何以汉儒谓《周礼》为黩乱不验之书也? 以汉初经师之说,与《周礼》不同,故排弃之耳。"《国学讲演录》,第 102 页。

往往在于其与现实的脱节。欧阳修指出了《周礼》制度的种种不合理处，认为历代实行的都是秦制，而《周礼》"体大难行"，强行照搬则"反秦制之不若"①。苏轼不相信《周礼》的五等封国之制："非圣人之制也，战国所增之文也。"②苏辙批评《周礼》"诡异远于人情"，认为"因事立法以便人者有矣，未有立法以强人者也!"③黄震不但一一揭举《周礼》设官之琐屑重叠，而且以子之矛攻子之盾，把"建构"《周礼》的"数字化"手段拿来"解构"《周礼》，通过官民比例的计算，展示了其书的荒唐无稽④。胡宏主张天地合祀，指《周礼》为刘歆伪书，力诋六冕之制"颠倒人伦""颠倒鬼神"⑤。类似的批评延续到了明朝⑥。他们的很多批评，足以让今天仍把

①欧阳修：《欧阳文忠公全集·居士集》卷四八《问进士策三首之一》，《欧阳修全集》，中国书店 1986 年版，第 326 页。
②苏轼：《东坡续集》卷九《天子六军之制》，《苏东坡全集》，中国书店 1986 年版，下册第 271 页。
③苏辙：《栾城后集》卷七《周公论》，《栾城集》，上海古籍出版社 1987 年版，下册第 1217 页以下。
④黄震：《黄氏日抄》卷三十《读周礼》，《景印文渊阁四库全书》，第 707 册第 834 页以下。
⑤胡宏："刘歆附会成书，乃曰：'享先王则衮冕，享先公、飨射则鷩冕。'是降先公于先王，使与宾客诸侯为伍也，天下宁有是，故《周礼》之书颠倒人伦，不可以为经也。……《周礼》乃曰：'祀山川则毳冕，祭社稷则绨冕。'是以社稷降于山川也。故刘歆颠倒鬼神，其书不得与《易》、《诗》、《书》、《春秋》比也。"《皇王大政纪·极论〈周礼〉》及《周礼祀冕》，《胡宏集》，中华书局 1987 年版，第 259、253 页。
⑥例如霍韬《与夏公谨书》对《周礼》祭祀制度的讥讽。《明文海》卷五三，中华书局 1987 年版，第 428 页以下。又如谢肇淛《五杂俎》卷一三对《周礼》占梦制度的嘲笑："天下之广，亿兆之众，使尽献其吉梦，大（卜）人不胜占，而王亦不胜拜矣。"中华书局 1959 年版，下册第 376 页。又如丘濬《大学衍义补》卷五六《郊祀天地之礼》对《周礼》天地分祀的批判。京华出版社 1999 年版，中册第 489 页。

《周礼》引为史实的研究者们汗颜。明世宗打算依《周礼》实行天地分祀，引发了大礼之争，不过那场"礼争的全过程，其实质也是皇权与阁权之争"①，而不是向往"理想国"，真心"复古"。上述那些对《周礼》的批评都是实用主义的，即，以是否可行、是否有效、是否"便人""便事"作为尺度，若不可行、用之无效，即不可取。

基于实用立场对《周礼》的批评，从本质上说，又只是帝国金字塔上看到的景象，而不是学术象牙塔中看到的景象。因为在那些批评中，如下一点又被抹煞了：《周礼》仍是"轴心时代"一部不朽之作，它把中国早期"礼制浪漫主义"精神发挥到了极致，虽没有实用意义，却富有思想价值。所以那些批评不但是理性主义的，而且是"官僚理性主义"的。官僚们都习惯于从有用、没用看问题，是一种"实用理性"，"实用"就是治国平天下之用。我曾提出：早期儒学中的非理性因素，如经典崇拜、古礼崇拜、天人感应、三统五德说之类，及"乌托邦"式的社会规划，最终被官僚帝国的理性行政所清洗了，使历史后期的儒学呈现出"高度现实主义的经世精神"②。简言之，官僚行政，是中国文化之理性精神的重要来源。

若以那种理性精神对待"古礼"，则一如荀子所说，"君子以为文"，用作沟通天人的政治文饰；二如章太炎所说，师其意而不师其迹③，把"古礼"中的等级精神和治国理念，用可操作的手段来

---

① 刘真武：《嘉靖初年大礼之争与皇权的强化》，收入葛金芳主编：《中国传统社会探研》，人民出版社 2005 年版，第 367 页；又参田澍：《嘉靖革新研究》，中国社会科学出版社 2002 年版，相关部分。

② 拙作：《士大夫政治演生史稿》，第 9 章第 3 节。

③ 章太炎："后之论者，以王莽、王安石皆依《周礼》施政而败，故反对《周礼》。余谓二王致败之由，在不知《周礼》本非事事可法，只可师其意，而不可师其迹。"《国学讲演录》，第 102 页。

贯彻保障。那就在汉唐"古礼复兴运动"的低落中反映出来了。虽如学者所说,宋元明清是"中国礼教思想变本加厉的时代"①,但若具体辨析,问题还没那么简单,还得把"礼仪"与"礼义"分开来看。日人副岛一郎考察唐礼,看到了"中唐儒学自礼乐说向仁义说转变"②。其实两汉之间、新莽变法之后,已有一次类似转变了,陈苏镇先生将之表述为从主张"以礼为治"到主张"以德化民"③。这样的转变,也可以说就是"师其意而不师其迹"。具体到冕服上,就是"君子必古言、服,然后仁"的观念淡化了,把"服周之冕"看成"为邦之道"的观念淡化了。"路漫漫其修远兮",十几个世纪的礼制、冕制变迁,折射出了中国人在"以官治国""以礼治国"道路上的上下求索。在帝国礼制史上,《周礼》六冕因早期儒学的经典崇拜、古礼崇拜而风生水起,又因实用化、理性化和世俗化的潮流而夕阳西下④。

无论如何,在政治行政等级与古礼等级的那对矛盾中,前者才是"矛盾的主要方面",是帝国大厦的真正支柱。《周礼》六冕的"如王之服"的特点,在帝国时代就行不通了。《尚书伪孔传》

---

① 蔡尚思:《中国礼教思想史》,上海古籍出版社 2006 年版,第 73 页以下。
② 副岛一郎:《中唐儒学的演变及其背景》,《集刊东洋学》第 77 号,1997 年;《从"礼乐"到"仁义"——中唐儒学的演变及其背景》,收入《气与士风——唐宋古文的进程》,上海古籍出版社 2005 年版,第 81 页以下。
③ 陈苏镇:《汉代政治与春秋学》,中国广播电视出版社 2001 年版,第 449 页。
④ 有学人提出,明朝服饰的变化不仅仅是实用化、世俗化。对此要作说明,我所讨论的只是冕服,不涉其他服饰;我所说的实用化、世俗化不仅指服饰的便利合时。"实用化"指"官僚理性主义",即按现实政治行政需要安排冠服;"世俗化"则是相对于宗教化、神道化,相对于"礼制浪漫主义"而言的。

论服章运用:"上得兼下,下不得僭上。"①那个"重要思想"在唐以后被纳入法律,被一遍遍地申说,推广到各种服饰之上②。"周礼"与现行政治体制相抵牾的东西,逐渐被磨平了。类似例子还有很多。像《周礼》五辂的制度,就经历了一个与六冕类似的变化。又如跪拜之礼。周礼,君臣席地而坐,天子也须跪拜臣下的;而在历史后期的景象,却变成了臣下向皇帝三跪九叩头。乾隆声称,就算"古有三公坐论之礼",大学士也得就地长跪,"盖以君尊臣卑,预防专擅之渐"③。还有"三老五更"古礼,此礼来自周朝的敬老传统④,君主要依礼"父事三老,兄事五更",行礼时不仅向三老跪拜,还得亲自给三老割牲、执酱、执爵。这项礼制,在东汉、曹魏、北魏、北周曾断续实行。周武帝行礼,真就跪着给三老于谨切肉、敬酒,并恭听其南面训话。但唐以后,这项礼制逐渐被篡改、

---

① 《十三经注疏》,第 141—142 页。

② 唐开元二十五年(737 年)《衣服令》:"凡王公已下及妇人服饰等级,上得兼下,下不得僭上。"《大唐开元礼》卷三《序例下·衣服》,第 31 页;《通典》卷一〇八《礼六十八·开元礼纂类三》,中华书局 1984 年版,第 570 页下栏。又《旧唐书》卷四五《舆服志》:"妇人宴服,准令各依夫色,上得兼下,下不得僭上。"仁井田升将之确定为开元二十五年令,见其《唐令拾遗》,第 399 页。又《大金集礼》卷三十《舆服下》:"又八品官带,上得兼下,下不得僭上。"第 266—267 页。《元典章》卷二九《衣服》:"服色等第,上得兼下,下不得僭上,违者职官解见任。"中国书店 1990 年版,第 451 页上栏;《大元圣政国朝典章》,中国广播电视出版社 1998 年版,第 1112 页。

③ 《清高宗实录》卷一三一乾隆五年(1740 年)十一月戊子,中华书局 1985 年版,第 913 页上栏。

④ 参看郭政凯:《周代养老制度的特点》,收入陈金方主编:《周文化论集》,第 108 页以下。

被搁置了①。乾隆一度心血来潮,打算选几位三老礼敬一下,然而张廷玉婉言劝止,说是"臣下谁敢受之"。乾隆转眼就改主意了,还特意写了篇《三老记》以辟其礼之谬。清朝不是没有养老之礼②,但有碍君尊臣卑的"古礼"则置而不用。乾隆郑重告诫臣民:"于可复古者复之,其不可复者,断不可泥古而复之!"③

摆在我们面前的是两条轨迹:一条是《周礼》六冕,其轨迹由衰而盛、由盛而衰;另一条是君尊臣卑、官贵民贱的等级体制,其轨迹在三千年中扶摇直上,历久不衰。两条曲线不重合的部分,就是前者对后者的"冗余"部分,就是"古礼"不适合"尊君""实用"需要的部分,就是"礼制浪漫主义"与"官僚理性主义"相冲突的部分。我们不把前一轨迹的低落,看成是中国礼制的衰落,而是将之理解为两条曲线的合而为一,即中国礼制与中国政制的一体化,宗经、复古、尊君、实用各种考虑各得其所;进而是中国士人与帝国官僚的一体化,两方面无缝对接。质言之:"四美俱,二难并。"

---

① 唐朝三老五更之礼徒有其文,并不实行。宋朝的三老五更礼文中,皇帝示敬的仪节被大量删略,变成了皇帝南面、三老北面,倒了过来。元明则连虚文都不见了。

② 可参《清朝通典》卷五七《嘉礼七·优老》,商务印书馆 1936 年版,第 2415 页以下;又《万寿盛典·初集》卷十八至二一《养老》,北京古籍出版社 1996 年版。

③ 《清实录》卷一二二四乾隆五十年(1785 年)二月丁亥,第 24 册第 409 页下栏。乾隆自我检讨说:自己"年少时犹未免有泥古好名之意,至今则洒然矣"。同书,第 24 册第 411 页上栏。乾隆还有这样的诗句:"曩余佩古训,治理颇能言,行之扞格多,乃悟实践难!""酌古要须不泥古,井田封建可行乎?"《御制诗集·初集》卷八《古风》及《五集》卷十九《酌古堂口号》,《清高宗御制诗文全集》,台湾"故宫博物院"1976 年版,第 2 册、第 9 册。

总之，君尊臣卑、官贵民贱的等级体制，穿越了治乱，穿越了"变态"，也穿越了"宗经""复古"的浪漫时代，日益完善、精致，并寄托于新的舆服形式之中。我们不由得惊叹它非凡的坚韧和顽强，惊叹它利用与损益传统资源、吸收与消化异变因素的强大能力。无论是冕旒，是梁冠、品色，还是顶戴、补服，或其他什么，其背后永远是君—臣—民的三层一元等级结构。即令它的众多构件已经更新，其结构依然故我。那种无与伦比的自我延续和自我更新能力，使两千年呈现为一个"螺旋形上升"的进程，其间只有治乱，只有"变态"；却无转型，更无"变革"。它不断地自我调整与更换构件，不断地自我复制而再获新生。

于是我就想起了罗素的名言："中国总是一切规律的例外。"[1]并因此而有了一个看法：超越各种"分期论""变革论"，转而去解析中国历史的"周期性"和"连续性"，应成为21世纪中国史学的主要任务之一。这里所说的"周期性"不再是简单循环，所说的"连续性"也不再是线性发展，而是充分考虑"断裂""变态"和异质因素冲击的"周期"与"连续"。亦即，在中国文化制度遭遇"异变"和发生"断裂"时，它是如何最终维持了其基本特征的。周朝是中国国家的1.0版，秦汉以下是中国国家的2.0版。后者保持了前者若干最基本的特征，同时又在"断裂"之后升级换代了。包括冕服在内的"古礼"，对帝国体制一度成了一种异质因素，它与经历"断裂"的帝国体制之间发生了什么，或许能为我们观察19世纪与20世纪之交新的"断裂"，展望未来中国国家升级换代的3.0版，提供启迪。

无论如何，我们对中国冕服——主要是《周礼》六冕——的叙

---

①罗素：《权力论：新社会分析》，商务印书馆1991年版，第129页。

述,至此告一段落了。不知道还有哪一种服装能像中国冕服那样,作为正式礼服被使用了如此之久,被赋予的文化意蕴如此丰厚,其等级结构如此精巧,其运用规则如此复杂。其所吸引的学者精力之多,其所造成的学术纠葛之多,甚至其所引发的数列运算之多,在古今五千年、中外八万里的人类服饰史上,很可能都是举世无双的。我们围绕六冕,在服饰史、经学史和官阶史的交界面上,提供了一个"从冕服看权力"的考察,希望能带来一些超出服饰史、经学史和官阶史的启示,亦即,一些关于传统中国的礼制与政制、学术与权力相互关系的启示。

# 附录一　读书笔记:服饰等级与服饰平等

图 32　大地女神狄蜜特赐给青年屈普托勒莫斯一把麦
穗,由他传给人类,背后的春神柏西风为他戴上花冠
(《纽约大都会博物馆美术全集》第 2 册《希腊与罗马》,
台湾国巨出版社 1991 年版,第 68 页)

几乎绝大多数传统社会都使用等级服饰，在这一点上，通行着洁白 Chiton 的古典希腊，显得有些特别。我们已知道服饰的背后是权力，"服装是一种压迫工具，一种与穷人为敌的武器"，少数人用以"表明他们在智力、道德和社会地位方面的优越性"；我们也知道服饰的背后是利益，在等级服饰上投入的更大精力，与他们由此而获得的物质利益与象征利益成正比。那么服饰等级制的存在或不存在，至少就有一部分原因，要在权力结构和分配格局中寻求。

古希腊的权力结构是民主制，雅典是"靠民主制度繁荣的唯一古代民族"[1]。"主权在民"是那个国度最耀眼夺目的地方。能不能判断，古希腊的 Chiton 上看不到等级印记一点，与其时的民主制存在关系呢？阿拉伯人也穿白袍，原因是气候，"因为它对于生活在炎热的中东地区的人们来说有无法取代的优越性"[2]。古希腊人穿 Chiton 当然也跟气候有关，但要理解古希腊的服饰没有等级印迹一点，就得去探讨更多事实，而不能只拿气候来解释了。

古典时代之前，希腊的服装原是有等级与身份区分的；而随城邦民主制的来临，服饰同时趋简，二者至少在时间上呈现了相关性。所以学者认为从华丽复杂到简洁朴素，是古希腊服饰的变迁趋势之一。甚至有学者说，尽管希腊文化对罗马的意义有如巴黎对十八九世纪的欧洲，可是说到服装史，希腊就是"空白"了，因为那里服装简单[3]。希腊人穿袍子也跟气候有关，但服装上身份

---

[1]阿克顿：《自由史论》，译林出版社 2000 年版，第 11 页。
[2]黄运发、黄民兴：《中东画卷：阿拉伯人的社会生活》，辽宁大学出版社 1996 年版，第 92 页以下。
[3]科斯格拉芙：《人类炫耀自我：3500 年时装生活史》，东方出版中心 2004 年版，第 44 页。

**图 33　和平女神**

公元前 4 世纪,怀抱的婴儿象征财富,

表示财富在和平中才能发展

(迟柯主编:《世界雕塑图典》,湖北美术出版社 2002 年版,

第 1 册第 114 页)

标识的繁复或阙如,就不止是气候问题了。那块并不肥沃的土地
不适合奢靡的生活,却是滋养自由与平等的沃土。地主的土地也

不过 4 公顷左右,大地产是很少的。雅典最大的地产仅有 30 公顷;斯巴达在数百年间公民都享有相等的份地,维持着公餐制度,国王的生活不比普通公民优越多少①。古希腊的公民们只怕失去自由,却不怕朴素与贫穷。在这一点上,德谟克利特留下了一句让人感愧的申言:"在一种民主制度中受贫穷,也比在专制统治下享受所谓幸福好,正如自由比受奴役好一样!"②斯巴达曾发布禁令:妇女旅行所携衣服不得超过 3 套。用特定服饰来给人划分等级的现象,在那里相当罕见。

当然也不是说古希腊人的生活单调乏味,千篇一律。与之相反,"雅典那时有一种活泼的自由,以及礼节、风俗和精神、文化上活泼的平等……在不违背平等和自由的范围以内,一切性格和才能上的不同,以及一切特质上的参差,都得到了最无拘束的发展,都在他的环境里得到了最丰富的刺激来发扬光大"③。他们绝不缺乏服饰美感,也有漂亮的彩装和珠宝④。而且我们不想粉饰生活,抹煞古希腊阶级的存在。那时的有钱人能购置较多首饰,而劳动者的穿着有所不同,其衣服多露出右肩⑤。但同样重要的,是它与同期其他社会的不同之处,即等级服饰制度的淡薄或阙如。现代服装也可能因贫富、因地位而有差异,可那并不是独占性、等级性的。简洁无饰也好,丰富多彩也好,只要出于自由选择,而没

①丛日云:《西方政治文化传统》,大连出版社 1996 年版,第 5—6 页。
②北京大学哲学系外国哲学教研室:《古希腊罗马哲学》,生活·读书·新知三联书店 1957 年版,第 120 页。
③黑格尔:《历史哲学》,第 258 页。
④威尔·杜兰:《世界文明史·希腊的生活》,第 213 页;莫里斯:《古希腊》,明天出版社 2005 年版,第 42 页。
⑤威尔科克斯:《西方服饰大全》,第 9 页;莫里斯:《古希腊》,第 42 页。

形成等级服饰,造成人群隔阂,就含有平等的意义。古希腊就是如此。

本来,在古希腊的僭主时代,穷奢极欲和铺张浪费一度是僭主们的爱好,他们还把巨额财富倾注于神庙,以夸耀个人的成功。那也没什么特别的,古今中外的富贵者大抵如斯。但在民主制降临之后,一些变化就令人瞩目了:雅典的富贵者开始"处于极大的压力之下,不得不使这种奢侈的消费降低到最小限度,并且更加慷慨、更加明显地把时间与金钱花在所有公民的利益上,主要是通过克里斯提尼时代以来发展起来的社会捐献制度,以适应一种较为平等和民主的意识形态。通过这种方式,富人为国家的许多节日提供经费,做出贡献,赞助并指挥雅典的三列桨战舰——雅典取得军事胜利的基础"。富贵者那样做是为了个人声誉,为了公职的选票,以及为了在法庭上胜诉——这时的法庭,几乎被贫穷公民担任的陪审员所控制了[1]。是选票,民主制的选票,给了贫穷的人们以力量与尊严! 由此造成的社会压力,有力限制了富贵者的奢侈夸耀,迫使他们低下傲慢的头颅,从感恩出发,从谦卑做起,向弱势群体示好,并投身公益。

当然,城邦民主伴随着重重弊端。库朗热就用厌恶的语调,描述了穷人"利用手中拥有的选举权来生财",描述了穷人对富人的剥夺[2]。我们也没想美化它,那毕竟是两千多年前。就是今天,揭露民主制弊端的言论又何尝不是盈目充耳呢。用社会压力造成服饰的单一化,从今天看也许并不可取。然而,就算民主制有

---

①卡特里奇主编:《剑桥插图古希腊史》,山东画报出版社 2005 年版,第93—94 页。

②库朗热:《古代城邦:古希腊罗马祭祀、权利和政制研究》,华东师范大学出版社 2005 年版,第314—315 页。

**图 34　基里克斯陶杯上的彩绘,雅典人在投票与计票**

约公元前 470 年左右

(卡特里奇主编:《剑桥插图古希腊史》,山东画报出版社 2005 年版,第 144 页)

一百个不是,两千多年前的雅典毕竟昭示了一个真理:民主不仅仅是一种优秀领导人的选举机制,一种集思广益的决策机制,或一种防止腐败的监督机制,民主还是一种资源与利益的分配机制。弱肉强食的"丛林法则"在各处都是生活的常态,强权者从来就是既切蛋糕又分蛋糕,心安理得拿大块儿的。但民主却给了弱者以权利和机会,让他们也能跻身餐桌,而不是远远等待着残羹剩饭。民主并非无关民生,选票就是劳苦者的餐券!从大尺度、长时段看,在民主制下,权利、机会、地位与声望的综合分配,总会渐趋平等一些;反之,则将趋悬殊。有人谆谆教育我说,很多时期、很多国度不适合民主,民主之下照样有贫富差距。但即令如此,也请不要回避那一事实:那些地方将保留强权者优先,将保留鲜明的尊卑贵贱;若无民主,那里的贫富差距会变得更大。

那么,雅典民主所造成的社会压力、所改变的分配格局,曾限制了权势与财富对等级服饰的独占吗?学者继续告诉我们:民主"标志着城邦历史上一个决定性转折。现在,城邦开始摒弃传统的贵族行为。……财富的炫耀、服装的华丽、葬礼的奢侈、服丧时过分痛苦的表现、妇女过分显眼的举止、贵族青年过分大胆自信的行为等,也都被当作'狂妄自大'而受到指责。所有这些做法从此都被拒绝,因为它们会突出社会的不平等,加深人与人之间的隔阂……人们现在崇尚的是一种节制、谨慎、朴素的理想,一种近乎苦行主义的严厉的生活作风,它能消除公民之间在习俗和地位上的差异,使他们更容易相互接近,像家庭成员一样团结在一起"①。不该让特殊或华丽服装把衣衫褴褛者分隔开来,因为在民主雅典的公民理想中,权势与财富都不该是夸耀的资本,它们应让位于人与人之间那种家庭、亲人般的和睦友爱。反过来说,另一些惯于容忍和不断制造尊卑贫富的社会,另一些信奉"我有钱是我靠本事挣的,我爱怎么花就怎么花"的人,就是没把他人看成同胞,看成十指连心的兄弟姐妹的。连过分华丽的服饰夸耀都必须收敛了,在城邦的权力结构中,更没有孳生等级服饰的温床。民主雅典没人那样花心思:规划出一套舆服礼制来,以令"尊贵有序,贵贱有等",以期"见其服而知其贵,望其章而知其势"。

罗马也流行一种白色长袍,称 Toga②。在共和国初期,Toga的等级性还不怎么明显。但随帝国时代的降临,官吏贵族、神职人员的白袍就被镶上紫边了,地位更高者则为紫袍,装饰着名贵

---

① 韦尔南:《希腊思想的起源》,生活·读书·新知三联书店1996年版,第50—51页。

② Sara Pendergast and Tom Pendergast, *Fashion*, *Costume and Culture*, Vol. I, *The Ancient World*,第178页以下。

的宝石。白色虽仍象征着纯洁,紫色已用来凸显高贵了①。权力结构的变化,随即就推动了 Toga 的分化。具体如下:

Toga picta:紫色,有金色纹绣,凯旋的将军或元首服用。

Toga palmata:用金线绣上棕榈(palm)的枝叶,凯旋的将军或元首服用。

Toga trabea:紫色者为祭司敬神时或元首服用,白紫相配者为共和政体下的官员服用,紫与深红相配者为占卜师服用。

Toga praetexta:有紫条缘饰,是司政官、领事、检察官的制服。名门少年也穿。

Toga candida:candida 是"雪白"之意。这种无饰的 Toga 供官吏候补者服用。

Toga virilis(Toga puro):virilis 意谓 man's,纯白无饰,且比其它 Toga 短 15cm,普通市民服用。②

普通人的 Toga 用毛织或麻织物裁制,贵族、官吏和元首则用丝绸。元首、元老和行政长官"唯一的特殊标志是那御用或军用的紫袍,而元老服装则用一条较宽的,骑士阶级则用一条较窄的,同样那种尊贵颜色的带子或绶带作为他们的特殊标志"③。那可是名贵的"帝王紫",提炼于一种贝类海生物 purpura,价等白银。(purpura 后来成了英语 purple 的词源④。)推动了紫袍使用的,大约是凯

<hr>

①叶立诚:《中西服装史》,第 47 页。
②李当岐:《西洋服装史》,第 30—32 页。
③爱德华·吉本:《罗马帝国衰亡史》,商务印书馆 1997 年版,上册第 214 页。
④威尔科克斯:《西方服饰大全》,第 14 页。

**图 35　穿紫色 Toga 的男子**

（Sara Pendergast and Tom Pendergast, *Fashion, Costume and Culture*,

Vol. I, *The Ancient World*, Thomson Gale Inc. , 2004, p. 178）

撒其人。"观赏竞技时,凯撒身穿紫袍,当作一个官服的标记;很多显贵因而也模仿,但不久紫袍成为君王的特权。"①君士坦丁大帝(306—337 年在位)曾炫耀自己是"从紫色中诞生的人"。罗马

①威尔·杜兰:《世界文明史·凯撒与基督》,东方出版社 1999 年版,第 276 页。

皇帝还为自己戴上了王冠,那也许是受了波斯专制制度的影响。既已说到了波斯,就不妨多说一点儿:"根据波斯国王的命令,每个阶层的人只能穿本阶层的服装。不管是谁来到国王跟前,国王从他的衣着就可以判断他的职业和所属的阶层。"①

在欧洲中世纪的贵族等级社会中,衣冠服饰是最容易展现人们社会等级和地位的用品和标志。英国盎格鲁-撒克逊时代的爵爷们,用帽子上的貂皮、金环、金叶片、银环与银球的数量来区分爵级②。1463年限制服饰的法律,规定惟有骑士以上等级身份的人及其夫人,方可身着丝绒和锦缎衣饰。1597年又有一项类似的法令颁布。尽管这种法律实施时会遇到困难,但毕竟还是使各个等级逐渐形成了一整套的着装习惯和制度。后来灰色与黑色成了贵族的习尚,例如给人强烈高贵之感的黑缎子和黑天鹅绒。法令甚至限定,子爵以上身份的人才准许穿用黑色貂皮。1636年,查理一世对首饰的使用做出了规定③。

等级礼制的法规,其实倒经常出现在等级礼制遭遇挑战之时。在16—18世纪的欧洲,城市生活造成了传统等级的混乱,旨在维护等级制的服装禁令,便应运而生,纷纷出台了,其中包括下等妇女不得染指贵妇的裙子、戒指、花边的条文,等等。"有关服

---

① 艾哈迈德·爱敏:《阿拉伯—伊斯兰文化史》第2册《近午时期(一)》,商务印书馆1990年版,第155页。
② 在当时,公爵帽子上镶有四行貂皮,其冠冕上有一个金环,饰有8个红色金叶片;侯爵帽子上镶有三行半貂皮,冠冕上装有一银环,饰有4片金叶和4个银球;伯爵软帽上镶有三行貂皮,冠冕上有一镀金银圈,饰有8个银球;子爵帽子上有两行半貂皮,冠冕上有一银环,饰有6个银球;男爵帽子上镶有两行貂皮,冠冕上有一个浅色银圈,饰有6个银球。参看阎照祥:《英国政治制度史》,人民出版社1999年版,第67页以下。
③ 阎照祥:《英国贵族史》,人民出版社2000年版,第179—180页。

装的规章比较详细地规定了每个等级的人应该戴的头饰的颜色、质量和价值,以及镶边的大小,遮盖人的形式,允许戴的戒指的数量和手上首饰的质量。"①

然而在同一时候,服装禁令又屡屡被自由所冲破,因为"想在大庭广众展示美的欲望,是时代的内在本质造成的"②。在文艺复兴时代的意大利,"服装成了纯粹个人的事情,每个人都为自己设计式样,……多数人无论如何也表现出了他们能够按照他们个人的体裁来改变服装式样。……那些道学家遗憾地承认:在贵族和市民之间看不出区别来"③。服饰禁令经常变成了一纸空文,并在18世纪中后期被废弃了。

随后就是资产阶级时代。此时"服装的特点也应当是民主化,也就是资产阶级式的"。第一"就是它的样式划一。从今而后,人人都是平等的公民了。所以服装也不应当像从前那样,用允许一个人使用、却遭到另一个人出于害怕受罚而唾骂的某些特征来将人们彼此加以区别";第二"就在于它是劳动者的服装,是一个不知疲倦、朝气勃勃的人的服装",而旧服饰却是有闲阶级的显阔摆谱手段,其式样不容许无拘无束的自由动作④。繁冗雕琢的首饰与衣饰萎缩了,过时了,让位于各种简便的服装,让你可以随时投入工作与劳动,投入朝气蓬勃的生活。这是个真正的"时

①范迪尔门:《欧洲近代生活:村庄与城市》,东方出版社2004年版,第207页以下。

②爱德华·傅克斯:《欧洲风化史·文艺复兴时代》,辽宁教育出版社2002年版,第165页以下。

③布克哈特:《意大利文艺复兴时期的文化》,商务印书馆1983年版,第363—364页。

④爱德华·傅克斯:《欧洲风化史·资产阶级时代》,辽宁教育出版社2000年版,第160页以下。

装"时代。把"时装"看成一种"身体自我表现的技术"①的视点，特别适合这个时代。

环顾中外、反观古今，很多地方、很多时候存在着等级服饰，甚至繁密的等级服饰，有些地方、有些时候就没有。

历史展示给我们：服饰的平等自由，与社会的民主自由，是一对美丽的孪生姐妹。

---

①克雷克：《时装的面貌》，第 1 页以下。

# 附录二　日本古代国家的服制与等级 *

徐　冲

　　与古代中国一样,日本的古代国家中也存在着发达的"服制"。对此,从多种研究角度出发,已经积累了丰厚的成果。特别是飞鸟时代与奈良时代,是日本文明间接或者直接自大陆大量摄取文物制度的时期。对其时"服制"的研究,很多都是在与中国制度的关联与对比中进行的。本文主要择取其中关乎等级安排的部分,做一简单介绍①。

---

＊徐冲同学在日进修期间,为我提供了这篇报告,附录于此。——阎步克
①本文所做介绍,均据日本相关研究编译而成,不包含任何原创内容。主要参考论著包括:武田佐知子『古代国家の形成と衣服制─袴と貫頭衣』(吉川弘文館,1984 年);増田美子『古代服飾の研究─縄文から奈良時代』(源流社,1995 年);武田佐知子「古代天皇の冠と衣服─中国衣服制の継受をめぐって」(『岩波講座 天皇と王権を考える9・生活世界とフォークロア』所収,岩波書店,2003 年);松本郁代「中世の「礼服御覧」と袞冕十二章」(『立命館文學』587,2004 年)。当然,作为较新的研究成果,以上论著中的叙述也是在大量先行研究的基础上进行的。本文不再一一注明。

# 1. 冠位制（推古朝—天智朝）

可以确认,自古坟时代(4世纪初—7世纪)以来,政治权力就通过对于服装的规制而发挥作用①。不过在服装上明确等级规定——即服制,是直到7世纪初才出现的,这就是所谓的"冠位十二阶"。据《日本书纪》,推古天皇十一年(603年)十二月:"始行冠位。大德、小德、大仁、小仁、大礼、小礼、大信、小信、大义、小义、大智、小智,并十二阶。并以当色缝缝之。顶摄总如囊,而着缘焉。唯元日着髻花。"其事亦见《隋书》卷八一《东夷传・倭国》。

这一冠位十二阶,是现在所能确认的日本最早的位阶制度。虽然从实际的例子来看,其行用仅限于畿内及周边地区,但是在日本历史上无疑是具有划时代意义的,被认为是日本迈向中央集权化的第一步。因此很早以来就备受关注。

但是,由于资料很少,对于这一制度的确切状况,一直以来即争议不断。如一般认为,这里的"位冠"主要用于仪礼的场合。但也有学者认为其相当于"朝服"②。最大的争议在于这一制度中标示等级的"当色",迄今尚无定论。主要说法如下表所示:

---

① 如武田佐知子即认为,其时自贯头衣、横幅衣系统衣服向袴系统衣服的转变,乃是王民制秩序扩展并可视化的结果,见其『古代国家の形成と衣服制』第一编第三章"推古朝以前的衣服形态"。
② 增田美子『古代服飾の研究』第三章第一节"推古朝—天智朝的服饰"。

表 1　冠位十二阶的当色

| | 大小德 | 大小仁 | 大小礼 | 大小信 | 大小义 | 大小智 |
|---|---|---|---|---|---|---|
| 五行说 | 紫 | 青 | 赤 | 黄 | 白 | 黑 |
| 隋制说 | 紫 | | | 绯 | 绿 | 缥 |
| 大化说 A | 紫 | 赤 | 青 | 绀 | 黑 | 绿 |
| 大化说 B | 赤 | 青 | 黑 | | | |

资料来源：据增田美子『古代服飾の研究』第三章第一节"推古朝—天智朝的服饰"。

实际上每种说法都有矛盾的史料存在。新的说法也不断出现。大体而言，仁位以下的当色，是很有可能比定为五行思想之五色的。争议主要出现在德位的当色上。有的学者认为，至少推古十六年（608年）迎接隋使裴世清时，很可能皇子、诸王所着为织冠、绣冠或者紫冠，大臣所着为紫冠，德位所着为锦冠，仁位以下则着各自当色的五色之冠①。

其后，这一冠位制度在孝德天皇大化三年（647年）进一步扩展为七色十三阶，继而在大化五年扩展为十九阶冠位，天智天皇三年（664年）二月扩展为二十六阶冠位（均见《日本书纪》）。其中的等级安排大致如下表所示：

---

① 增田美子『古代服飾の研究』第三章第一节"推古朝—天智朝的服饰"。

**表 2　冠位制简表**

| 推古 | | | | | 大小德 | 大小仁 | 大小礼 | 大小信 | 大小义 | 大小智 | |
|---|---|---|---|---|---|---|---|---|---|---|---|
| | 冠色 | | | | （绯） | （青） | （赤） | （黄） | （白） | （黑） | |
| 大化三年 | 冠位 | 大小织 | 大小绣 | 大小紫 | 大小锦 | 大小青 | 大小黑 | | | | 建武 |
| | 服色 | 深紫 | 深紫 | 浅紫 | 真绯 | 绀 | 绿 | | | | 不明 |
| 大化五年 | 冠位 | 大小织 | 大小绣 | 大小紫 | 大花小花 | 大山小山 | 大乙 | | 小乙 | | 立身 |
| | | | | | 上下上下 | 上下上下 | 上下 | | 上下 | | |
| 大化五年 | 冠位 | 大小织 | 大小绣 | 大小紫 | 大锦小锦 | 大山小山 | 大乙 | | 小乙 | | 大小建 |
| 天智三年 | 冠位 | 大小织 | 大小缝 | 大小紫 | 上中上中下下 | 上中上中下下 | 上中下 | | 上中下 | | |

资料来源:据增田美子『古代服飾の研究』第三章第一节"推古朝—天智朝的服饰",有变动。

值得注意的是,第一,冠位制中既未包括天皇的等级,也未包括天皇的服装。也就是说,冠位制是不适用于天皇（及皇后、皇太子）的。这一点作为日本古代服制的重要特征,为其后的《衣服令》所继承。而不同于《衣服令》的是,冠位制的等级安排中并未明确区别皇族与诸臣的位阶。很可能另外存在与冠位制不同的诸王五位制。

第二,冠位制等级安排的本质在于,通过使王朝内部个人的

"衣冠"之颜色差别化来显示其社会关系上的位置与身份——这被日本的研究者称为"服色制度"。而中国古代的传统服制,却主要是通过服饰(指服装的装饰品,包括文样及佩饰等)来体现身份等差的。虽然中国传统的"服色"本指与王朝之德相当的某一五行之色(天子以下的百官一律着此色,所谓"服色尚某"也),但是以衣服本身的颜色来表示贵贱的制度,仍然可以追溯到中国的北朝时期[即北周大象二年(580年)所成立的"品色衣",甚至可能是北魏太和年间成立的"五等公服"]。这样的制度为隋唐服制所继承,并由此扩展至整个东亚世界。从这一角度来说,虽然一般多认为冠位十二阶主要是经由朝鲜半岛(主要是百济)而导入的,但也有学者认为有可能是直接从中国引入的①。

## 2. 冠位制的废止与朝服色制度的建立(天武朝—持统朝)

7世纪后半期,以建立天皇为中心的强大中央集权政权为目标,日本古代国家真正开始了向律令制国家的转变。这一变动在服制上也体现出来。持续了八十年的冠位制于天武天皇十一年(682年)被废止,十四年正月则确立了新的位阶制,七月制定了各级位阶的位色(朝服色)②。据《日本书纪》,天武天皇十四年七

①武田佐知子『古代国家の形成と衣服制』第一编第四章"中国的衣服制与冠位十二阶"。
②増田氏认为冠位制的"当色"只体现于"冠"而不及衣服,具有浓重的朝鲜文化因素;天武朝的新制度以"唐风化"为志向,用"朝服色"来标示等级的做法引自唐制[同氏『古代服飾の研究』第三章第二节"天武（转下页注）

月:"庚午,敕定明位以下进位以上之朝服色。净位以上,并著朱花。正位深紫,直位浅紫,勤位深绿,务位浅绿,追位深葡萄,进位浅葡萄。"这一制度在其后的持统天皇四年(690年)有所改定。基本情况如下表所示:

表3 天武、持统朝的朝服色制度

| | 爵位 | 明 一二 | 净 一二三四 | | | | | |
|---|---|---|---|---|---|---|---|---|
| 天武十四年 | 服色 | 朱花 | 朱花 | | | | | |
| | 爵位 | | 正 一二三四 | 直 一二三四 | 勤 一二三四 | 务 一二三四 | 追 一二三四 | 进 一二三四 |
| | 服色 | | 深紫 | 浅紫 | 深绿 | 浅绿 | 深葡萄 | 浅葡萄 |
| 持统四年 | 爵位 | 明 一二 | 净 一二 | 净 三四 | | | | |
| | 服色 | 朱花 | 黑紫 | 赤紫 | | | | |
| | 爵位 | | 正 一二三四 | 直 一二三四 | 勤 一二三四 | 务 一二三四 | 追 一二三四 | 进 一二三四 |
| | 服色 | | 赤紫 | 绯 | 深绿 | 浅绿 | 深缥 | 浅缥 |

资料来源:引自增田美子『古代服飾の研究』第三章第二节"天武朝—持统朝的服饰",有所变动。

与冠位制相比,新的朝服色制度最大的特征是以位阶的形式明确区分了皇族与诸臣的等级。最高的两级明位、净位作为皇族

---

(接上页注)朝—持统朝的服饰"]。而武田氏则认为以"朝服色"来标示等级的特征在冠位制中就已经体现出来了,可能是直接从中国北朝引入的;但她也承认天武朝的新制度对冠位十二阶以来的服制做了重大变更(同氏『古代国家の形成と衣服制』第一编第四章"中国的衣服制与冠位十二阶"、第二编第四章"日本衣服令的成立")。

的亲王、诸王之位,以特有的"朱花"服色明确标示。诸臣则被分布于自正位至于进位的四十八级位阶中,其朝服以深浅之紫/绯、绿、葡萄三种色相共六色区别开来。这成为奈良时代服制的基础。同时,冠位制中以颜色来标示等级的特点也变得更加清晰了。

## 3. 奈良时代《衣服令》中的等级安排

奈良时代被视为日本古代典型的律令制国家时期。而构成其时国家体制的基础律令,就是大宝元年(701年)制定的《大宝令》与其后养老二年(718年)所制定的《养老令》。这两者都包括被称为《衣服令》的部分。《大宝令》现仅存部分逸文,不过日本学者在它的复原工作上做了很多努力。其中就包括对《衣服令》的复原。关于奈良时代《衣服令》中的等级安排,下面尝试从三个方面做简单介绍。

首先是礼服、朝服及制服。

奈良时代的《衣服令》中,明确规定了礼服、朝服及制服的区别。制服的对象主要是执行勤务的低级官吏及家人、奴婢等。礼服与朝服的对象为皇族与官僚。"诸臣"的位阶是自一位至于初位,但是着用"礼服"的只限于五位以上的高级官僚。但是其具体应用的场合,则存在争议。有的学者认为《衣服令》中的礼服与朝服均为仪礼用服装。前者用于重要祭祀及元旦的场合(大礼服),后者用于每月一日及其他仪礼场合(中礼服),日常勤务则着私服①。也有学者认为,朝服的应用涵括了朝廷上的仪式与日常勤务两种

———————————
①增田美子『古代服飾の研究』第四章第一节"礼服、朝服、制服之制"。

场合①。

其次是位阶与服色、礼冠。

《大宝令》与《养老令》中的位阶与服色规定，基本继承了天武、持统朝的相关制度。同时，也有所改变。基本情况如下表所示：

**表4　奈良时代的位阶与服色**

| | 位阶 | 明/亲王 一至四品 | 净/诸王 一至五品 | | | | | | |
|---|---|---|---|---|---|---|---|---|---|
| 大宝元年 | 服色 | 黑紫 | 黑紫 | 赤紫 | | | | | |
| | 位阶 | | 正 | | 直 | | 勤 | 务 | 追 | 进 |
| | | | 一品 | 二三品 | 四品 | 五品 | 六品 | 七品 | 八品 | 初 |
| | 服色 | | 黑紫 | 赤紫 | 深绯 | 浅绯 | 深绿 | 浅绿 | 深缥 | 浅缥 |
| 养老二年 | 位阶 | 亲王 一至四品 | 诸王 一至五品 | | | | | | |
| | 服色 | 深紫 | 深紫 | 浅紫 | | | | | |
| | 位阶 | | 一品 | 二三品 | 四 | 五 | 六 | 七 | 八 | 大少初 |
| | 服色 | | 深紫 | 浅紫 | 深绯 | 浅绯 | 深绿 | 浅绿 | 深缥 | 浅缥 |

资料来源：据增田美子『古代服飾の研究』第四章第一节"礼服、朝服、制服之制"，有变动。

与前代相比，最明显的改变就是原来标示皇族身份的"朱花"为"黑紫"与"赤紫"所替代，皇族与诸臣的高层之间在服色上的差别不复存在。皇族包括"亲王"与"诸王"，前者指天皇的兄弟及皇子，后者指天皇之孙、曾孙、玄孙。并且，这一服色制度是通用于礼服与朝服的。

---

①武田佐知子『古代国家の形成と衣服制』第二编第五章"日本衣服令的特质"。

在《衣服令》礼服的场合,位阶的等级也通过"礼冠"的差别规定而精细地体现出来。如下表所示:

表5  养老《衣服令》中的"礼冠"

| | 位阶 | 礼冠本体 | 冠顶饰玉 | 枏形饰玉 | 押鬘饰玉 | 徽 |
|---|---|---|---|---|---|---|
| 亲王 | 一品 | 漆地金装 | 水精3 琥碧3 青玉5 | 白玉8 | 绀玉20 | 青龙 |
| | 二品 | 漆地金装 | 水精3 琥碧3 青玉5 | 白玉8 | 绀玉20 | 朱雀 |
| | 三品 | 漆地金装 | 水精3 琥碧3 青玉5 | 白玉8 | 绀玉20 | 白虎 |
| | 四品 | 漆地金装 | 水精3 琥碧3 青玉5 | 白玉8 | 绀玉20 | 玄武 |
| 诸王 | 一位 | 漆地金装 | 琥碧5 绿玉6 | 黑玉8 | 绿玉20 | 凤 |
| | 二三位 | 漆地金装 | 琥碧5 绿玉5 白玉1 | 朱玉8 | 绿玉20 | 凤 |
| | 四位 | 漆地金、银装 | 琥碧5 绿玉6 | 无 | 前白玉10 后青玉10 | 凤 |
| | 五位 | 漆地银装 | 琥碧5 绿玉6 | 无 | 前黑玉10 后青玉10 | 凤 |
| 诸臣 | 一位 | 漆地金装 | 琥碧5 绿玉6 | 绀玉8 | 绿玉20 | 麟 |
| | 二三位 | 漆地金装 | 绿玉5 白玉3 赤黑玉3 | 朱玉8 | 绿玉20 | 麟 |
| | 四位 | 漆地金、银装 | 琥碧5 绿玉6 | 无 | 前白玉10 后青玉10 | 麟 |
| | 五位 | 漆地银装 | 绿玉5 白玉3 赤黑玉3 | 无 | 前黑玉10 后青玉10 | 麟 |

资料来源:据增田美子『古代服飾の研究』第四章第一节"礼服、朝服、制服之制",有所变动。

相对来说,"朝服"的等级差别在"冠"上的体现并不明显。《养老令》关于朝服的规定如下:

　　　　一品以下，五位以上，并皂罗头巾，衣色同礼服，牙笏，白
　　袴，金银装腰带，白袜，乌皮履。六位，深绿衣。七位，浅绿
　　衣。八位，深缥衣。初位，浅缥衣。并皂缦头巾，木笏，乌油
　　腰带，白袴，白袜，乌皮履。袋从服色。亲王，绿绯绪。一品
　　四结，二品三结，三品二结，四品一结。诸王，三位以上同诸
　　臣，正四位深绯，从四位深绿，正五位浅绯，从五位深缥。结
　　同诸臣。诸臣，正位紫绪，从位绿绪。上阶二结，下阶一结，
　　唯一位三结，二位二结，三位一结。以绪别正从，以结明上
　　下。朝庭公事则服之。

中国的诸臣礼服之冠，是与皇帝一样的带旒的冕，这与日本的礼
冠是非常不同的。另外，中国表示位阶的制度，是通过旒以及衣
裳文样之数、绶之颜色来实现的，衣裳的颜色则自一品至于五品
均为青衣纁裳。与此相对，日本诸臣的服制在冠的装饰有所区
别，但主要的位阶标示是通过衣裳的颜色来实现的。上衣之色为
一位深紫（黑紫）、二位三位浅紫（赤紫）、四位深绯、五位浅绯，这
是不分礼服、朝服，都是用这样的颜色来表示位阶的。中国的礼
服，冕以及衣裳所附十二章的文样具有重要意义；而日本的礼服，
则是冠与衣服的颜色具有重要意义。这是自古坟时代以来就持
续的传统[1]。

　　第三个是色彩规制。

　　在上述"位色"之外，养老《衣服令》中还有另外的色彩规制，
即学者所谓的"服色条"：

　　　　凡服色，白、黄丹、紫、苏方、绯、红、黄橡、纁、葡萄、绿、

---

[1] 增田美子『古代服飾の研究』第四章第一节"礼服、朝服、制服之制"。

> 绀、缥、桑、黄、楷衣、蒅、柴、橡墨，如此之属。当色以下，各兼
> 得服之。

这里的服色规定对应于上述"礼服""朝服"及"制服"之外的其他
"公服"，其应用范围也包括天皇在内。具体而言，则如下表所示：

表 6　养老《衣服令》中的公服服色规制

| 身份 | 位阶 | 可以着用之服色 |
|---|---|---|
| 天皇·太上天皇 | | 服色条白以下全部颜色 |
| 皇后·皇太后 | | 服色条白以下全部颜色 |
| 皇太子 | | 服色条白以外颜色 |
| 亲王<br>（含内亲王） | 一二三四<br>（品） | 服色条白、黄丹以外颜色 |
| 诸王<br>（含女王） | 一 | 服色条白、黄丹以外颜色 |
| | 二三四五 | 服色条白、黄丹、深紫以外颜色 |
| 诸臣<br>（含女官） | 一 | 服色条白、黄丹以外颜色 |
| | 二三 | 服色条白、黄丹、深紫以外颜色 |
| | 四 | 服色条白、黄丹、紫、苏方以外颜色 |
| | 五 | 服色条白、黄丹、紫、苏方、深绯以外颜色 |
| | 六 | 服色条白、黄丹、紫、苏方、绯、红、黄橡、缥、葡萄以外颜色 |
| | 七 | 服色条白、黄丹、紫、苏方、绯、红、黄橡、缥、葡萄、深绿以外颜色 |
| | 八 | 服色条白、黄丹、紫、苏方、绯、红、黄橡、缥、葡萄、绿以外颜色 |
| | 初 | 服色条白、黄丹、紫、苏方、绯、红、黄橡、缥、葡萄、绿·深缥以外颜色 |

| 身份 | 位阶 | 可以着用之服色 |
|------|------|----------------|
| 无位 | 男 | 服色条白、黄丹、紫、苏方、绯、红、黄橡、缥、葡萄、绿、缥、桑以外颜色 |
| | 女 | 同诸臣六位 |

资料来源:据增田美子『古代服飾の研究』第四章第二节"位色与色彩制度",有所变动。

可以看到,自天皇至于无位之低级官吏,所可着用之服色种类,依身份或位阶的高低而递减。这也暗示着服色条所列举的诸颜色,自白色至于桑色以下,其所象征的尊贵程度是依次递减的。可以认为,这是自推古朝以来以颜色的差别化来标示等级的进一步发展。

关于日本"衣服令"的特质,武田氏有如下看法值得注意:

日本的衣服令,实际上并非是唐衣服令规定的原样引入,而是抽取了唐仪制令中关于朝参之服的规定,将其作为衣服令而体系化发展了。这一结论从日唐律令中仪制令、衣服令排列的不同中也可以看出来。据《大唐六典》卷六,开元七年令的排列顺序为衣服令、仪制令、卤簿令,同条所引隋开皇令也是按照衣服令、卤簿令上下、仪制令的顺序排列的,即衣服令总是位于仪制令之前。而在日本养老令中,仪制令之后才是衣服令。这是因为日本令与隋唐令中衣服令与仪制令的相互关系不同而造成的。在隋唐令中,衣服令并不仅仅限于朝仪,其所规定的,是将全社会性的礼之规范具现化的仪式上——自国家性祭祀至于私家祭祀——所应该着用的衣服。而仪制令规定的则为朝参等朝仪,只是社会全体诸仪式的一环或者一部分。可以认为,在隋唐,与仪制令相关的朝仪之场,只是与衣服令相关的仪礼总体中被特殊化的一个层面。因此,衣服令被排列于仪制令之前。与此相对,在日本令中,首先是规定朝仪的仪制令的存在,其后则将本来只是唐仪制令中朝仪规定之一的朝参之服,作为衣服令而加以体系化。可以认为在日本令中,衣服令只是仪制令的一部分的体系化表现。因此,两者的排列与唐令恰好相反。日本的衣服令,并非是如中国的衣服令那样包揽礼之整体的全社会性的构想,而只是以朝仪这样个别的、具体的事物为对象而制定的①。

## 4. 天皇服制

无论是"冠位制"还是"衣服令",其规制的对象都只限于皇族与官僚(有时也向下延展至奴婢),作为日本古代国家最高统治者的天皇,并不在其中。与中国的服制相比,这是非常显著的特征。一般认为,这显示了古代日本的天皇是超越了礼之秩序的存在。而武田氏则指出,虽然唐衣服令中包含了皇帝的服制,但是其仪制令中却只有官僚间的等差规定。那么,既然日本衣服令是自不包含皇帝规定的唐仪制令条文形成的,那么其中不包含关于天皇衣服的规定就是很自然的了②。

冠位制时代,天皇的服制如何,因为资料的缺乏,尚无定论。有的学者从后世的记载推测,认为可能是着白色帛衣③。如前所

①武田佐知子『古代国家の形成と衣服制』第二编第四章"日本衣服令的成立"。
②武田佐知子『古代国家の形成と衣服制』第二编第五章"日本衣服令的特质"。
③増田美子『古代服飾の研究』第四章第一节"礼服、朝服、制服之制"。

述,在《衣服令》的色彩规制中,白色是天皇(及皇后等)的专用服色。

而进入奈良时代以后,虽然《衣服令》中并没有记录天皇的服制如何,但是从其他史料中,可以得到部分的信息。其中常为学者引用的,是如下两条。《续日本纪》天平四年(732年)正月一日:"春正月乙巳朔。御大极殿受朝。天皇始服冕服。"《日本纪略》弘仁十一年(820年)二月:"诏曰。云云。其朕大小诸神事及季冬奉币诸陵。则用帛衣。(元)正受朝则用衮冕十二章。朔日受朝。日听政。受蕃国使。奉币及大小诸会。则用黄栌染衣。"增田氏据此认为,奈良时代就已经采用了仿照中国制度的冕服作为礼服。而到平安时代的弘仁十一年,进一步明确了天皇的服制:在传统神事以及祭祀祖先时着白色帛衣,这是天皇的传统正装;元旦受朝则着中国风格的冕服,且明确为"衮冕十二章";在其他的公事场合,则着黄栌染衣①。而武田氏则根据对于天平胜宝四年(752年)东大寺大佛开眼会之时天皇服装的研究,推测天平四年天皇所着之"冕服",可能只是引入了"冕冠",至于衣服则仍然是传统的白色帛衣②。

无论如何,自平安时代开始,中国风格的"衮冕十二章"确实作为天皇的礼服之一而成立,并一直持续到江户时代③。这显示

①增田美子『古代服飾の研究』第四章第一节"礼服、朝服、制服之制"。
②武田佐知子「古代天皇の冠と衣服」。
③"衮冕十二章"最初是作为元旦朝贺之际天皇的礼服而成立的。虽然自993年之后,朝廷不再举行元旦朝贺,但是仪式本身被天皇的即位仪礼所继承。也就是说,平安时代中期以降,天皇着用"衮冕十二章",就只限于即位仪礼的场合了。"礼服御览"作为天皇即位之前的一种仪式也随之成立,参看松本郁代:「中世の「礼服御览」と衮冕十二章」。

了中国文明对于古代日本的巨大影响。不过,天皇的礼服虽然称为"冕服""衮冕",却也并非是原封不动地照搬中国制度。主要的不同之处有如下三点。

第一,中国古代王朝的冕服,是自皇帝至于群臣通用的。即将君臣作为同一体系对待而加以差别化。但是日本古代则只限于天皇自身(皇太子亦着"衮冕九章"),其他自亲王、诸王至于诸臣,是不允许着用冕服的。也就是说,天皇着用"衮冕十二章"的机能性意义,并不在于视觉性的显示身份性差别,而在于通过着用来显示其身份的独特存在①。

第二,中国古代冕服中的冕冠,其十二旒以白玉珠制成,分布于冕版的前后方。日本天皇冕冠之旒,最初也是这样前后垂下的。但到了 17 世纪初的江户时代初期,就改变为自四周垂下的形制了。并且其材质为各种各样的宝石,并不仅限于白玉珠②。

第三,中国的衮衣,自汉代以降一直为"玄衣纁裳",即黑色上衣与红色之裳的组合形制;而日本天皇的衮衣,则自弘仁年间以降,上下装均为红色。不过武田氏认为,这一特征实际上也是自中国引入的③。

---

① 松本郁代「中世の「礼服御覧」と衮冕十二章」。
② 武田佐知子「古代天皇の冠と衣服」。
③ 武田佐知子「古代天皇の冠と衣服」。

# 附 记

自己前几种书的研究动机，都萌生于史实细节考证。《品位与职位》的写作，是从北周"双授"的考证发端的;《从爵本位到官本位》的写作，是从"宦皇帝者"的考证发端的。本书也是如此。

2005年春开始的那个学期，我打算在古代官阶的课上加入等级舆服的内容，为此开始阅读历代《舆服志》。这时在《唐书》中看到一个现象:唐前期的某些祭祀上，皇帝冕服等级竟然只相当四五品官。兴趣油然而生了。那种"君臣倒置"之事，在中国礼制史上似乎绝无仅有。它是如何发生的呢?结课后我开始动笔，觉得至少可以写篇知识性的东西吧。暑假结束时完成了七八万字，超出预期。其主体部分以《宗经、复古和尊君、实用——中古〈周礼〉六冕制度的兴衰变异》为题，在《北京大学学报》上连载。

这个论题，涉及了很多服饰史、经学史的知识。服饰史、经学史是非常专门的学问，而我完全是门外汉，满眼陌生，只能边学边写，从ABC开始。不过心态尚好，仍像年青时那样不怕出错，不懂的东西也敢碰，不怕说了外行话。当然，现在对服饰史和经学史照样不懂，只是冕服部分稍微多知道了一些罢了。

对如何把握论题，学生们曾提出过若干意见。比如，有个建议是可以从人类学角度考察十二章。斟酌之余，我仍维持原先的视角,即"服饰背后的权力,学术背后的利益"。当然,这就跟另一些论著的视角不同了,比如把冕服视为灿烂遗产而加歌颂的视角。真理不止一个,不同出发点,我想可以并行不悖吧。

具体操作时,采用了一种非常"形式主义"的方法,大量进行结构分析。这给了我一种干理工科的有趣感觉,可能跟自己干过雷达兵有关吧。在我的想象中,事情总是在一个结构中展开的。期待人物、情节与场面的读者,会觉得缺乏历史感,那就没法兼顾了。好比我选择了吃苹果,那我并不指望品尝到梨子的味道。曾有一种倾向:把制度史视为政治史的附庸,制度史是为政治史做注脚的,制度研究只有从政治史开始、并最终归结到政治史上去,才算有深度。但我不那么看。从"政治史主体"的立场观察,有血有肉的人的活动才是历史,人的思想言行、人与人的关系,集团、事件和冲突,才是历史的中心。而在"制度史主体"的目光中,人的活动也好,政治事件也好,它们都发生在一个结构之中。宛如湖面上的一场风波,政治史把它刻画得栩栩如生;但制度史关心的,却是湖泊的水文、地质、气象问题。在"制度史主体"的立场中,研究应首先从法定成文制度开始,随后是其运行状况,最后才是其与政治、文化、经济、社会、民族等因素的关系。制度的最基本要素就是结构、功能和形式,所以形式排比和结构分析,是制度史研究的基本方法。

后来在冕服和冠服上,陆续又发表了几篇文章,算来有十多万字了,就想把它们凑成一书完事。不过在把文章连缀成书时,实际耗费的时间超出了预先估计很多。写书毕竟跟写论文不相同,要有整体的规划和连贯的主线,各个论点需要彼此支撑、彼此照应,结构上也要调整得匀称均衡。好比一堆石材,在把它们搭在一起的时候,彼此间就出现了很多空隙需要填补;而且搭成什么样子好看,又成了一个新的问题。这就很花时间。而且细节上也枝蔓丛生了。重新审视史料,又感觉若干细节仍未澄清,试图澄清时又发现了更多的未知细节,如同陷进泥塘,越陷越深。这期间还得应付别的事情,断断续续地磨着拖着。觉得自己很缺少一种本事,就是"恰到好处"地写一本书,不浪费一丝时间精力,差不多了就抽身而去。后来都有"久病不愈"之感了。屡下决心将此"病灶"一刀了断,不过在几乎结稿的前几天,还是被一个细节缠了腿,多写出了一节,就是"'重行'与'小章'"那一节。从最初动笔至今,这个课题做了四年。

勉强"出院"了,然而感觉是"带病出院"的。所涉时段太广,浩瀚史料,主要是历史后期的相关史料,无力遍检通读。精力大不如前,视力明显变坏,每次关电脑时都眼睛疼。"只问耕耘,不问收获"的老话,现在觉得很亲切。生也有涯,知也无涯。个人的能力太有限了,能做多少算多少,做到哪儿就算哪儿。另外,本书文风比较随意。如果有人认为那不是学术著作的应有写法,没关系,别把它看成学术著作就成了。写不了几本书了。手中既然还有一个东西可写,就宁愿按自己开心的样子写,不会为别的什么委屈了自己。

感谢张继海君为编辑此书付出的心血,我的屡屡改动给他添了麻烦。感谢叶炜、孙正军、陈文龙诸君在校对上耗费的精力。书稿中的大量疏误因他们而得以纠正。

阎步克

2009 年 5 月最后改定